中国易学史略

傅海燕 著

社会科学文献出版社
SOCIAL SCIENCES ACADEMIC PRESS (CHINA)

《周易》的历史地位与核心价值（代序）

  《周易》为群经之首，是我国现存最古老的文化经典，是中华文化重要的源头活水，是中华民族精神和智慧的集中体现。易学思想作为中国传统思想文化的主潮、主旋律，对中国传统思想文化发展的影响至深至远。《周易》天人合一、太和中正的和谐思想，自强不息、与时俱进的创新精神，厚德载物、海纳百川的包容态度，居安思危、慎终敬始的忧患意识等，都已融入中华民族的人文心理和价值观念之中，成为中华民族精神的重要组成部分。《周易》一书以其宏富的内容、精深的思想，传承不绝，历久弥新，数千年来始终受到人们的特别推崇和高度重视。从刘向、刘歆父子的《七略》和班固的《汉书·艺文志》，到作为中国古代文献总汇的《四库全书》，《周易》一直在其中占据着首要地位。如果说中国传统思想文化的核心是经学，那么《周易》则是经学之冠冕。随着历史的发展，《周易》一书得到不断的完善和升华，逐渐由原始的卜筮之书发展为人文化、哲理化的哲学著作，并对中国的传统政治、经济、军事、法律、教育等制度建设，对天文、历法、地理、数学、化学、农林、医药、建筑、史学、文学、艺术等学科发展，都产生了极其深远的影响。目前，我们国家正在实现伟大复兴，经济社会飞速发展，综合国力不断提升，中华优秀传统文化也越来越受到人们的关注。"文化是一个国家、一个民族的灵魂。文化兴国运兴，文化强民族强。没有高度的文化自信，没有文化的繁荣兴盛，就没有中华民族伟大复兴。要坚持中国特色社会主义文化发展道路，激发全民族文化创新创造活力，建设社会主义文化强国"①。当前，坚定文化自信，推动社会主义文化繁荣兴盛业已成为一种国家战略。若想深入了解、真正认识中华民族传统文化及其演变历程、发展规律，《周易》和易学都是无法回避的关键之所在。

一　易学的研究内容

《周易》一书所自甚早，东汉班固在《汉书·艺文志》中明确提出了"人更三圣，世历三古"，将《易》之成书，视作伏羲、文王、孔子三位圣人的相继创作、推演、加工的产物。今天的研究成果表明，《周易》的两大部分经与传，其中《易传》部分在历经了春秋以来数百年的人文理性的浸润之后，最迟在战国中后期就已经形成。而更早的《易经》部分，其源头虽不必然如古人所说的那样，是伏羲氏仰观俯察，近取诸身，远取诸物的结果，但也绝不是一朝一夕所能骤成的。张政烺先生曾试图以"数字卦"解释《易经》的起源，而近年来有关清华简的一些研究成果，也同样说明了《易经》在早期形成过程中的复杂和久远②。当然，正如《周易·系辞下传》中所说的那样："苟非其人，道不虚行。"《周易》能成为中国古代最具代表性的元典之一，并非仅仅因为其年代久远、文字古奥，而是自汉朝以来，作为中国古代文化阶层基本知识构成的重要组成部分，《周易》本着"推天道以明人事"的思维方式与开拓进取、顺时而变的价值理念对历代的思想创新和社会变革，都起到了积极的推动作用。同时，在应用阐发的过程中，《周易》博大深邃的思想得以不断拓展，《周易》"无所不包"的社会价值得以不断发掘。这种互动关系使《周易》成为中华民族思想文化中的一条主线，贯穿于各个历史时期。由此形成的对《周易》的种种理解以及以之为基础而建构起来的庞大的理论体系，即为易学。如果从春秋战国时期的易学算起，易学在中国最少已有两千多年的历史，其成果之丰硕、

---

① 习近平：《决胜全面建成小康社会　夺取新时代中国特色社会主义伟大胜利——在中国共产党第十九次全国代表大会上的报告》，人民出版社，2017，第40~41页。
② 参见李学勤《清华简〈筮法〉与数字卦问题》，载《文物》2013年第8期。

名家之辈出、流派之纷呈，堪称中国古代经典之最。清代四库馆臣曾对易学之发展进行过归纳、总结，其言曰："《左传》所记诸占，盖犹太卜之遗法。汉儒言象数，去古未远也。一变而为京、焦，入于禨祥，再变而为陈、邵，务穷造化，《易》遂不切于民用。王弼尽黜象数，说以老庄。一变而胡瑗、程子，始阐明儒理，再变而李光、杨万里，又参证史事，《易》遂日启其论端。此两派六宗，已互相攻驳。"[1] 此论固然可视为探究古代易学发展时的不刊之论，但近代以来，在"西学东渐"的大背景之下，传统易学的研究视域与研究方法已产生了巨大的变化，今时今日易学之研究内容已非旧式之貌，概而言之主要有以下三大领域。

第一，对易学理论的研究。其内容主要有两部分，其一是对《周易》经传本身所作的文字训解以及多角度、跨领域的文化阐释，很多研究者在此基础上也形成了一套以易学为核心的理论体系；其二即所谓的易学史研究，虽然撰述者因其所择取的立足点的差别而导致其内容乃至结论各有千秋，但是其研究之视域，或者说研究的基本实体，则都是中国历史上的易学专家与易学典籍。自然，与中国古人视《周易》经传为圣人之言从而"不敢越雷池一步"不同，现当代的易学理论研究单就其多样性而论已经是空前的了。在中国大陆二十世纪八十年代以来所取得的最炫目的易学成果中，易学理论的研究是占据主要部分的。然而，我们也明显地感到，由于种种原因，这些研究往往只是在传统经学的范围内周旋，把注意力放在典籍授受、经传注释、学派演变等问题上，关注的是那些专门的易学著作，那些专治易学且有著述传世的易学家，而未能紧密结合社会政治背景和思想文化氛围展开多视角、全方位考察，致使易学史上的某些阶段几乎没有什么内容可讲。例如，对于秦汉易学、南北朝易学、明代易学的研究就显得有些薄弱。这其中比较突出的问题是，易学研究范围较窄，研究对象较少。因此，我们应该摆脱传统的研究内容和方法的束缚，将考察的范围扩展至受《周易》及易学启示、影响的全部历史过程和学术文化现象上来。易学的研究对象，应当包括《周易》和易学启示、影响下的整个思想文化

---

[1] （清）永瑢等：《四库全书总目》卷一《易类一》，中华书局，1965年影印本，第1页。

领域，包括曾经研究易学、运用易学的所有重要人物和著作的思想主张，而不管这些人物是否有所师承的易学家，不管这些著作是否专门的易学著作。只有这样，才能全面了解、把握易学发展的轨迹和规律，认识、解读当时的社会政治和思想文化现象，从而推动易学研究的不断深化和拓展。

第二，对易学典籍的研究。中国古代易学的发展源远流长，博大精深，几乎所有易学家都有各自的注本，各家《周易注》就不知凡几。此外，以《周易》学说为本的历法、乐律、中医学等各种著述所在多有。如果计算与易学相关的文章、诗词等著述，则无异于恒河沙数。故如不适时加以整理、研究，则必将有泛滥无归、无处措手之憾。正因为如此，古代学人非常重视对不同时期的易学发展加以总结，并集中体现在目录学著作中。从《汉书·艺文志》《隋书·经籍志》《崇文总目》《新唐书·艺文志》等官修书目里，可以清楚地看到易学文献在历代国家大规模典籍整理时的情况。而从《郡斋读书志》《直斋书录解题》《遂初堂书目》《文献通考·经籍考》等私家书目里，则可见易学典籍在私人藏书家手中的存留情况。正是得益于前人打下的雄厚、坚实的学术基础，发展到清代，易学典籍研究取得了令人瞩目的成就。学者朱彝尊的《经义考》是一部经学专科目录，其中有70卷涉及《周易》，占总卷数的四分之一。朱氏所论及的易学典籍不但数量众多，而且涉及面广。尽管有许多本不属于正统的经学范围，但也由此得以展现出易学文化的全貌。中国古代典籍的大规模整理工作最为瞩目的当属乾隆年间的《四库全书》。《周易》作为儒家五经之首，位列开篇。《四库全书·经部·易类》就有161部，逾千卷，是所有分类中最多者。随之而辑录的《四库全书总目》则是中国目录学发展过程中的集大成之作，而其中的《经部·易类》又是中国易学文献目录的重要作品。另外，阮元主持编纂的《清经解》中所汇集的清儒易学作品，其规模虽不及《四库全书·经部·易类》，但却是对清代易学水平的总结，其集大成之功不容低估。王先谦又在阮元的基础上，编成《清经解续编》，续收清代学者经学著作209种，其中就有胡渭、惠栋、李林松、张惠言、宋翔凤、李富孙、李锐、姚配中、胡祥麟、俞樾等十数家之易说，清代易学之全貌得以完整展现。民国初年，一些学者出于补正《四库全书》之失的考虑，本着考察"二百年来新出书籍"之态度，倡议编纂《续修四库全书》。此事虽得到了相关部门的支持，但随着时局的动荡，续修之事不了了之。然而，在"北京人文科学研究所"的组织下，一些文史领域内的学者仍然撰写出了《续修四库全书总目提要》一书。其中，易学文献依旧居于各种典籍之首。通过此书，后人可以更好地了解清代嘉庆、道光直至民国时期的最新易学研究成果。直至今天，在重新整理易学典籍时，它仍是重要的参考用书。新中国成立之后，尤其是改革开放以来，在前人成就的基础上，新的易学典籍工程开始不断涌现。1994年，我国启动了《续修四库全书》大型文化工程，其中仅《经部·易类》又收书200余部，数千卷。1998年四川大学启动《儒藏》编纂工程，2002年北京大学也启动《儒藏》编纂工程，易学典籍整理再次焕发出勃勃生机。

当然，易学典籍研究并不仅仅包括传世文献，同样也包括出土文献。王国维先生曾说："古来新学问起，大都由于新发见。"[1] 新中国成立以来陆续出土的一批简帛文献中，就有不少易学方面的内容。从1973年湖南长沙马王堆3号汉墓出土的的帛书《周易》，到1977年安徽阜阳双古堆1号墓中发掘的汉简《周易》；从上海博物馆藏战国楚竹书中的迄今为止版本最为古老的《周易》[2]，到敦煌经部文献中《周易注》《周易正义·贲卦》的整理[3]，再到近年来清华简中颇为学界所重视的《筮法》《别卦》两篇易学文献的公布[4]。每一次"新发见"所带来的不仅仅是出土易学文献及其与传世文献相互释证的研究，更在深层次上推动了易学理论的研究。然而，令人遗憾的是，正如上所言，因缺乏足够的"易学视角"，这些"新发见"尚未从根本上改变易学研究的整体面貌。

第三，对国外易学的研究。《周易》是中国的，也是世界的，是人类文

---

[1] 王国维：《最近二三十年中中国新发见之学问》，《王国维全集》第14卷，浙江教育出版社、广东教育出版社，2010，第239页。
[2] 马承源主编《上海博物馆藏战国楚竹书（三）》收录竹书四篇，分别为《周易》《中弓》《恒先》和《彭祖》，上海古籍出版社，2003。
[3] 收录于张涌泉主编《敦煌经部文献合集》第一册《群经类周易之属》，中华书局，2008。
[4] 收录于清华大学出土文献研究与保护中心编《清华大学藏战国竹简（肆）》，中西书局，2013。

明共同发展的成果。国外易学发展的历史，在一定意义上也可以说是一部中华文化对外传播、本土与域外文明交流融合的历史。如今，《周易》已先后被译为拉丁文、德文、法文、英文、日文、朝鲜文、俄文、荷兰文等十多种文字。各国纷纷建立从事《周易》研究的学术组织，手段和方法不断创新，成果和著述相继推出，其中更是不乏拥有全球视野和国际视野、富于启发性的佳作。"他山之石，可以攻玉"。加强对国外易学的研究，能够为我们提供新的视角、新的问题意识以及新的研究方法，更好地帮助我们认识自身文化，这对于推进本土易学研究，丰富和完善自身文化体系，坚持文化自信，实现文化创新，提升文化整体实力和竞争力具有重要作用。总的来看，关于国外易学典籍，目前除了日本足利学校藏南宋初刻本《周易注疏》和法国国家图书馆藏孤本《郭氏易解》等少数几种有学者整理外[1]，其他大多处于介绍研究动态、梳理传播史和学术史的阶段，较少有专门的整理成果、系统的翻译作品、全面的研究论著，在研究领域、研究方法以及专业知识储备等方面还有一定的开拓空间。特别是现存易学典籍的总数、详目尚无整体性定论，也没有系统规划、编纂的书面成果。普查、编目等基础性工作方面的薄弱，限制了国外易学典籍整理、研究的深化和发展。因此，对国外易学典籍进行系统、全面的整理和研究已成为相关学者义不容辞的责任。

二 易学的学术思想价值

众所周知，《周易》由《易经》和《易传》两部分组成。《易经》原为卜筮之书，最迟在西周初年就已经成书，但当时人们关注的主要还是其宗教卜筮方面的功能和作用。战国中后期，《易传》诸篇陆续问世，它以百虑一致、殊途同归的包容精神，儒道互补、以儒为主、综合百家、超越百家，建立起一个以阴阳学说为主要内容，以《易经》的框架结构为外在形式的

---

[1] 《南宋初刻本周易注疏》，郭彧汇校，上海古籍出版社，2014；《影印南宋官版〈周易正义〉》，北京大学出版社，2017；（明）郭子章著《郭氏易解》，谢辉点校，上海古籍出版社，2017。

思想体系，《周易》完成了由宗教巫术向人文化、哲理化的过渡。秦始皇不焚《周易》，易学的传承在汉初得以延绵不绝。汉武帝"独尊儒术"后，《周易》逐渐取得了群经之首的崇高地位。两汉是易学发展的一个重要阶段，其间的易学名家层出不穷。此阶段的易学被后人称为"汉易"，其主要特征是用卦气说解释《周易》原理、宣讲阴阳灾变的象数之学。孟喜、京房、郑玄、荀爽、虞翻是汉易的代表人物。魏晋南北朝至隋唐，是易学史上的大转变时期。王弼扫落象数，直指"汉易"流弊，由此开辟了以老庄玄学解易的道路。之后数百年间，虽不乏反对之声，但玄学派易学还是占据了主流的地位。其主要特征是充分借鉴道家的某些学说，追求《周易》经传中的抽象原则，从而使传统易学的理论思辨水平大为提高。这种包含着浓厚理性主义色彩的义理派易学在隋唐时期得到了进一步延续，《周易正义》以王弼为宗就是最好的证明。然而，象数易学并没有退出舞台，李鼎祚的《周易集解》即为汉易学说的大汇集。两宋是易学发展的黄金阶段，此时的经学，已由注重文字训诂的"汉学"步入了推崇义理阐发的"宋学"时代。受此影响，宋代的各派易学家都以研究《周易》的哲理为主，从而形成了古代易学哲学的高度繁荣。宋代易学流派纷呈，不仅有胡瑗、二程、朱熹、杨简的理学派易学、心学派易学，还有启自陈抟，大成于周敦颐、邵雍的图书象数派易学，更有成熟于李光、杨万里的"参证史事"派易学。宋易影响所及，遍及元、明二代。清代易学著作丰富，内容与倾向也较为复杂，但总体特点表现为汉易的复兴。具体而言，以黄宗羲、黄宗炎、毛奇龄、胡渭为代表的前期学者对宋易中的图书之学进行了大批判。之后，以惠栋、张惠言为代表的中期学者则对汉儒易学尽行了系统的辑佚、整理与考证工作。清儒的易学研究以考据为本，即使有焦循这种颇具创获的易学家的出现，仍不能从整体上改变清代易学在理论方面的匮乏。

回看古代易学的发展历程，我们可以发现其轨迹与梁启超先生对中国古代学术思潮变迁的总结"先秦子学——两汉经学——魏晋玄学——隋唐佛学——宋明理学——清代朴学"颇为吻合。应当说这不是一个偶然的现象。众所周知，作为中国古代思想文化的重要组成部分，经学在传统社会里占据着不可替代的重要地位，清人章学诚在其代表作《文史通义》中所提出的"六经皆史"的观点，反映的不仅是经、史之间的密切关系，更点明了经学在认识古代历史、解读传统文化中所起的积极作用。正如清末张之洞所谓"由经学入史学者，其史学可信"①，诚为清儒不欺之论。所以，作为六经之首的《周易》，对于今人在审视、研究古代中国的哲学、宗教、科技、文学艺术乃至政治伦理等诸多领域时所发挥的作用自然也是不可忽视的。

概而言之，在哲学方面，不论是有关天地万物本根与演变的本体论、宇宙论，还是在古代人生论中占据显著位置的天人关系思想，乃至在讨论义利、性命、损益、动静等人生基本问题时，《周易》始终都是能给予古代思想家重要启示的一部典籍。这也就是为什么中国古代一些思辨成果突出、哲学思潮浓厚的时代，诸如魏晋玄学与宋明理学时期，易学在理论探索与建构方面同样取得了辉煌的成就。在宗教方面，对古代中国社会影响最为深刻的两大宗教——佛教与道教，与易学也有着不解之缘。就佛教来说，虽然清代四库馆臣认为"以禅言《易》，起于南宋之初"②，明代智旭的《周易禅解》也为人所熟知，但事实上易学与佛教在很早的时候就建立起了密切的关系。譬如，唐朝是佛教最为兴盛的时期之一，而会通《易》、佛者更是不在少数，僧一行对《周易》的研习，李通玄以易学理论诠释华严宗，宗密的"心宗"范畴与"太易说"的关系等都是颇具代表性的例子。相比佛教，道教与易学的关系无疑更为紧密。不仅道教史上许多著名的人物同样也是著名的易学专家之外，道教中的一些重要理论，如"参同学"与《周易》更是有着天然的联系，收录于《道藏》中的易学类著作更是古代易学典籍不可分割的组成部分。"道教易学"的价值业已得到了学术界的充分重视。在科技方面，易学的积极影响主要表现于数学、天文学、医学等领域，清儒所说的"《易》道广大，无所不包，旁及天文、地理、乐律、兵法、韵学、算术以逮方外之炉火，皆可援《易》以为说，而好异者又援以入《易》，故《易》说愈繁"③，应当是一个恰如其分、较为精准的总结。

---

① （清）张之洞编撰，来新夏等汇补《书目答问汇补》，中华书局，2011，第978页。
② （清）永瑢等：《四库全书总目》卷三《童溪易传》，中华书局，1965年影印本，第15页。
③ （清）永瑢等：《四库全书总目》卷一《易类一》，中华书局，1965年影印本，第1页。

而近代以来兴起的"科学《易》",也应当视作易学这一传统的延续。在文学艺术方面,不仅以易学范畴为命题的各类"易赋""易诗"在中国文学史上不绝如缕,在古代文人的精神世界中,《周易》与易学同样发挥着不可替代的作用。以唐代诗人为例,陈子昂《感遇·其一》:"微月生西海,幽阳始化升。圆光正东满,阴魄已朝凝。太极生天地,三元更废兴。至精谅斯在,三五谁能征。"李白《陈情赠友人》:"薄德中见捐,忽之如遗尘。英豪未豹变,自古多艰辛。"白居易《哭刘敦质》:"愚者多贵寿,贤者独贱迍。龙亢彼无悔,蠖屈此不伸。哭罢持此辞,吾将诘羲文。"这些都充分表现出《周易》在诗人心目中并不是一个固化的典籍,而是活生生的能给予其文化滋养或精神解脱的一种"依靠"。此处虽然并不涉及过多的易理思辨和探索,却仍能让人感受到易学的"日常之用",在古代文人的精神世界里产生了延绵不绝的巨大影响。

三　易学的当代价值

纵观中国易学的演变和发展,我们可以清晰地看到,"中国智慧在《周易》,《周易》智慧在和谐"[①]。和谐是中国传统文化的核心价值之一与根本精神之一,而追根溯源,《周易》实为其重要渊薮。《周易》通过六十四卦来推衍阴阳变化,又通过卦象的阴阳变化来寻求包括自然、社会在内的天人整体和谐。《周易》将宇宙万物抽象为阴阳二体,用阴阳二爻加以体现。六十四卦正是通过阴阳二爻的当位得中及相应来体现天地之间的和谐秩序,其基本规则是:《周易》六十四卦,每卦六爻,各有其位,初、三、五为阳位,二、四、上为阴位,若阳爻居阳位,阴爻居阴位,即为得位或当位,得位为正,象征阴阳各就其位,合于其应然的秩序。六十四卦中,每卦有上体、下体或外卦、内卦之分,二为下体(或称内卦)之中,五为上体(或称外卦)之中,若爻居中位即为得中,象征守持中道,中庸而行,合于

---

① 余敦康:《中国智慧在〈周易〉,〈周易〉智慧在和谐》,载《光明日报》2006年8月24日,第7版。

阴阳和合的法则，从而体现和谐之道。在当位执中的基础上，若卦中六爻上下相应，即初与四、二与五、三与上，两两相互交感，相互遇合，刚柔相济，彼此推移，就能达到完美的结合，象征着阴阳进入最佳的和谐状态，也就是《周易》所说的"太和"。《乾卦·象传》曰："乾道变化，各正性命，保合太和，乃利贞。首出庶物，万国咸宁。""太和"是和谐的最高形态，和谐是《周易》所追求的终极目标。天道变化，社会发展，正是在变化、摇摆特别是螺旋式上升中寻求这种和谐的目标。

《周易》倡导的这种建立在阴阳和谐基础上的和谐，大体上包含有三层含义：一是人与自然（天人）的和谐，二是人际关系（人与人、人与社会）的和谐，三是人自身的心灵和谐。《周易》的这一和谐理念就是要通过人的发展来协调和沟通社会发展的诸要素，最终使人与自然、人与社会获得更高层次、更高水准、更加全面的发展。也就是说，人的心灵和谐是整个社会保持和谐状态的基础，最终能够推动人际关系、天人关系走向和谐的局面。这种目标追求成为推动社会发展、文明进步的灯塔。充分挖掘、认真借鉴《周易》与易学的和谐思想、和谐智慧，无疑将有助于当前加强社会建设，及时化解各种社会矛盾，保持社会和谐稳定，有助于"加强和创新社会治理，维护社会和谐稳定，确保国家长治久安、人民安居乐业"[1]。尤其值得关注的是，面对我国资源约束趋紧、环境污染严重、生态系统退化的严峻形势，越来越多的人开始在传统文化中去寻得解决现实环境问题的智慧。《周易》及易学典籍是中国传统环境文化、生态文明思想的重要源头和载体，它在一定程度上指导、影响着古代中国人的环境实践。特别是其中天人合一、阴阳和谐的思想观念和主张，尊重自然、顺应自然、保护自然的生态文明理念，在当前"坚持节约资源和保护环境的基本国策，"[2] 推动形成绿色发展方式和生活方式，建设美丽中国的进程中仍然具有重要的借鉴作用和启发意义。

当然，在阴阳相互激荡、交替运行中，寻求和谐的目标需要有力的支

---

[1] 习近平：《决胜全面建成小康社会　夺取新时代中国特色社会主义伟大胜利——在中国共产党第十九次全国代表大会上的报告》，人民出版社，2017，第23页。
[2] 《习近平谈治国理政》（第二卷），外文出版，2017，第394页。

撑，这个支撑点就是创新。创新从来都是人类社会不断发展、不断进步的动力源泉，而《周易》则是中华民族创新理念的重要思想渊薮。《周易》以变化"日新"，生生不已为根本，主张"天行健，君子以自强不息"，颂赞"刚健笃实，辉光日新"，要求"去故""取新"，强调"日新之谓盛德，生生之谓易"。刚健有为、自强不息、推陈出新、革故鼎新是贯穿于《周易》全书和整个易学发展史的基本思想线索，创新是《周易》的重要内涵。

中华民族的创新精神首先是忧患意识、进取精神的产物，而这种意识、这种精神可追溯到《周易》。《周易》带有浓厚的周族性格因素，周族曾因种种原因而多次迁徙，在不断的迁徙中，周族形成了戒慎警惧、执中守正的忧患意识，保持着刚健有为、自强不息的进取精神。周文王被拘羑里而推演《易》道，文、武二王周革殷命，就是这种精神、这种意识的充分体现和高度发展。而作为对易学的创新发展，文王演《易》本身又开启了周王朝在政治、经济、文化制度等方面的创新，使得后世几千年不断溯其源而扬其波。

中华民族的创新精神是在包容、吸纳、融摄外来文化的基础上形成的，这与《周易》海纳百川的兼容理念有着密切联系。《周易》承认世界的多样性和文化的多元性，强调在多样性、多元性的前提下寻求天地万物之间的联系性、统一性，即"天下同归而殊途，一致而百虑"。《周易》要求兼容并包，并施以智慧，从而"厚德载物"；讲求融通，"圣人有以见天下之动而观其会通"，从而"弥纶天地之道"，以总结规律，科学创新。

中华民族的创新精神是在科学思想、科学方法的指导下总结规律、运用规律的结果，而《周易》正是对天地之道、万物情理的归纳与总结，带有某种规律性。其中的阴阳思想、辩证思维、整体观念、符号系统、感应观念、类比方法、系统原理、数列思想、相对原理、对称图式、互补原理、均衡思想、周期循环思想等，对中国科技、人文的发展和创新都产生了重要影响。中国古代高度发达的物质文明、历朝历代的政治改革，无一不是创新精神的体现，都有易学的创新理念在其中发挥着或多或少、或隐或显的重要作用。

中华民族历经五千多年生生不息，日新月异，其发展的内在动力就是创新，而这种创新精神正是易学变通、"日新"、革故鼎新等理念的实践性表达。中华民族不断创新的目的就是追求和谐，追求人类个体的身心和谐，追求人与自然、人与人以及人与社会的整体和谐。而这种对和谐的追求也理当进一步扩展到世界不同文明的碰撞与融会之中。伴随着西方文明发展困境的日益凸显，越来越多的人开始将目光转向东方、转向中国，以寻得人类文明发展新的方向、新的途径。作为东方智慧核心代表的《周易》和易学，已经成为全球关注的焦点。有必要继续加快中华文化走出去的步伐，向全球推广易学等优秀传统文化，使之真正成为人类共同的精神财富，扩大中华文化在人类文明中的话语权；有必要从思维方式的角度去探讨中外文明差异背后的深层次原因，充分运用易学智慧特别是其"会通"理念、包容精神，建立起具有实质性的世界文明对话的模式、机制和平台，从而有助于实现中外文化的沟通、交流和融会，互学互鉴，消除东西方文化的对立和冲突，有助于中外携手共建人类命运共同体，实现人类文明的进步和发展。

目前，中国已经在全面建成小康社会的道路上取得了巨大成就，中华民族正在发扬自强不息、厚德载物的精神，大步迈向实现伟大复兴的光辉目标，《周易》经传和易学思想必将在这一进程中起到重要的启发和借鉴作用。易学文化研究也会历久弥新，返本开新，实现创造性转化和创新性发展，从而迎来更加深广、更加健康的"《周易》文化热""易学热"，最终为实现中华民族伟大复兴的中国梦尽绵薄之力。

最后要说明的是，海燕的这本书，是她多年学《易》、研《易》、弘《易》的一点心得，也吸收、借鉴了我们这个学术团队长期以来所坚持的治学理念、所取得的学术成果，希望得到读者的批评指正。谢谢！

张　涛

2019 年 6 月 1 日

于北京师范大学京师大厦

目 录
CONTENTS

第一章　先秦易学 / 1

第一节　易学的产生与早期发展 / 2

　一　易学的产生 / 2

　二　易学的早期发展 / 4

第二节　《易传》的成书与学派归属 / 6

　一　《易传》与儒家 / 7

　二　《易传》与道家 / 9

　三　《易传》与诸子百家 / 10

　四　综合·扬弃·超越 / 13

　五　清华简与战国易学 / 15

第二章　秦汉易学 / 17

第一节　秦始皇与《周易》/ 18

　一　《周易》的宗教巫术形式与秦文化传统 / 19

　二　秦始皇君臣对《周易》和易学的取鉴 / 20

　三　秦始皇不焚《周易》的影响和意义 / 22

第二节　象数易学体系的建立和完善 / 24

　一　董仲舒与象数易学 / 24

　二　象数易学兴起的自然环境和社会政治根源 / 29

三　魏相以政治力量推进易学发展 / 35
　　四　孟喜为象数易学的兴盛奠定了坚实基础 / 37
　　五　京房象数易学体系的推出 / 41
第三节　象数易学的盛极而衰 / 50
　　一　郑玄象数易学体系 / 50
　　二　荀爽象数易学体系 / 57
　　三　虞翻象数易学体系 / 61

第三章　三国两晋南北朝易学 / 68
第一节　王弼与《周易注》/ 69
　　一　"物无妄然，必由其理"的取义说 / 70
　　二　重义而不扫象的"取象说" / 76
第二节　韩康伯易学 / 77
　　一　韩康伯《易》注的特色 / 78
　　二　韩康伯易学的学术价值及其影响 / 81
第三节　南北朝易学的发展 / 82
　　一　北朝易学 / 82
　　二　南朝易学 / 90

第四章　唐代易学 / 99
第一节　《周易正义》的源流及其意义 / 100
　　一　《周易正义》的源流 / 101
　　二　《周易正义》的文化史意义 / 111
第二节　汉宋易学之津梁——李鼎祚的《周易集解》/ 114
　　一　象数与义理并重的易学倾向 / 115
　　二　《周易集解》的学术史价值 / 122

第五章　宋代易学 / 126
第一节　疑经变古思潮中的宋代易学考辨 / 128

一　欧阳修对"十翼"的考辨 / 129
　　二　朱熹、杨简对"十翼"的考辨 / 132
　　三　叶适对"十翼"的考辨 / 135
　　四　宋代易学考辨的学术史意义 / 139
第二节　邵雍、程颐的易学思想 / 141
　　一　图数与义理 / 141
　　二　"数"、"理"与新儒学建构 / 148
第三节　史事易学的发展 / 155
　　一　李光与《读易详说》/ 156
　　二　胡宏与《易外传》/ 162
　　三　杨万里与《诚斋易传》/ 167
　　四　李杞与《用易详解》/ 169
第四节　朱子易学 / 175
　　一　朱子易学的主要内容 / 176
　　二　朱子易学的特色 / 178
　　三　朱子易学在朱子学术中的地位 / 181

第六章　元代易学 / 182
　第一节　元代朱子易学的总体面貌 / 183
　　一　朱子易学著作的研究 / 183
　　二　朱子易学观点的研究 / 185
　　三　折衷程朱易学 / 188

第七章　明代易学 / 190
　第一节　心学易学的发展 / 191
　　一　王阳明易学思想 / 191
　　二　王畿易学思想 / 195
　第二节　来知德易学思想 / 201
　　一　"不知其象，《易》不注可也"/ 201

二 来知德易学评价 / 207

第八章 清代易学 / 210

第一节 明清之际的易学 / 211

一 顾炎武易学 / 211

二 王夫之易学 / 217

三 黄宗羲易学 / 221

第二节 朴学易学的产生与发展 / 227

一 胡渭易学 / 228

二 李光地易学 / 232

三 惠栋易学 / 238

四 钱大昕易学 / 241

五 张惠言易学 / 249

六 焦循易学 / 252

第九章 现当代易学研究 / 260

第一节 易学与二十世纪中国学术 / 261

一 二十世纪前二十年：新因素的孕育 / 263

二 二十世纪二十年代：易学发展的大变革 / 267

三 二十世纪三四十年代：易学的重建与发展 / 273

四 1949~1978：海峡两岸迥异的治《易》门径 / 280

五 二十世纪的最后二十年：易学发展的多元化 / 284

六 关于现当代易学的一点思考 / 286

参考文献 / 289

后　记 / 300

第一章
先秦易学

　　大约在西周初年，《易经》(《周易》六十四卦及其卦爻辞)问世，接下来易学产生，开始了漫长的演变和发展历程。作为先秦易学发展的一个重要阶段，春秋时期，伴随着王官之学的分化，易学出现多元化倾向，诸子易学初步形成。在这一过程中，易学的义理阐释愈益重要，其中的人文精神得以彰显。

　　从治《易》的学术立场看，春秋易学大体可以区分为"卜筮""象数"和"义理"三派。卜筮派以龟卜和易象占筮人事。春秋前期，人们更多地从卜筮的角度来利用、发挥《易经》。随着文化思潮的演进，卜筮派易学更多地由卜筮活动进而探求其义理，而非单纯依赖卜筮求得吉凶，超出了三代原始易学的水平。对卜法筮理及卜筮经验进行系统的探索和总结，这就为象数学的形成、发展奠定了基础。春秋时期晋国大夫韩简云："龟，象也；筮，数也。物生而后有象，象而后有滋，滋而后有数。"[1] 韩简的象数之辨区分了两种象数，象有龟象、物象，数则有筮数及基于物象的自然之数。揭示卜筮内含的象数之理而返诸物，为易学的进一步发展确立了一条新的思维原则，由此开辟原始义理学之一途。战国时期的易学继承春秋晚期多元化的易说而又加以反思、扬弃、发挥和综合，将萌生于春秋时期的新观念、新思想、新方法或加以透彻的思辨，进行历史的总结；或加以综

---

[1] 《左传》卷十四《僖公十五年》，(清)阮元校刻《十三经注疏》，中华书局，1980年影印本，第1807页。

合使之系统化，将之作为创建新哲学思想的基础。诸子各派在学术思想上的内部分野，成为划分战国时期易学流派的主要标准。诸子易学在成为这一时期主流的同时，又与春秋时期诸如儒家、墨家、道家、名家、法家、阴阳家，乃至纵横家、兵家与杂家等等以及三代以来的易学传统有着内在的、十分复杂的历史文脉联系。

汉初司马谈《论六家之要旨》，分先秦诸子为阴阳、儒、墨、名、法与道德六家。《汉书·艺文志》又增加纵横、杂、农与小说四家，是为诸子"十家"。而战国诸子易学若细分之，至少可分为十二家：一、儒家；二、道家；三、墨家；四、名家；五、法家；六、阴阳家；七、兵家；八、纵横家（谋略家）；九、杂家；十、农家；十一、术数家；十二、医家或方技家。其中，虽以儒、道家最为重要，最具代表性，但墨家、阴阳家、兵家与医家等诸家对《易》也都有重要的发挥。随着战国中后期政治的渐趋统一，诸子各家之间出现了互相吸收、互相渗透、互相融合的局面。形成于这一时期的《易传》采自其他各家的思想，又与儒家、道家思想彼此融会而浑然一体，交相辉映，闪耀着智慧的光芒；《易传》"儒道互补、以儒为主"[①]、"吸收百家、综合百家，又扬弃百家、超越百家，从而承前启后，成为秦汉思想的内在灵魂和重要源头"[②]。

第一节　易学的产生与早期发展

一　易学的产生

众所周知，《周易》包括经和传两部分。《易经》又分为上经和下经，由六十四卦及其卦爻辞组成。关于《周易》的作者，《周易·系辞下传》提及伏羲作八卦，司马迁曾指出伏羲作八卦，周文王被囚羑里而演为六十四

---

① 张涛：《易学研究新视野：从综合百家到融通三教》自序，社会科学文献出版社，2019，第3页。
② 张涛：《秦汉易学思想研究》，中华书局，2005，第8~9页。

卦、三百八十四爻，并且认为孔子作"十翼"，班固则加以继承，并在《汉书·艺文志》中提出"人更三世，世历三古"的说法。

上述说法或有传说的成分存在，但我们必须注意到，先秦一些典籍如《左传》已提到用《易经》占卜的事实。这说明，《易经》起源甚早，中国易学的发展源远流长，"人更三世，世历三古"的说法是有一定历史依据的。

至迟在西周初年，随着《易经》的成书，易学就产生了，并开始了悠久的演变和发展历程。《易经》是一部占筮之书，《易传》则是一部哲学著作，而其哲学思想又是以解说《易经》为形式，借助占筮的特殊结构和方法展开的。作为宗教巫术，卜筮曾在世界各民族普遍流行。中国古代思想文化的产生和发展，更是与卜筮密不可分。早在龙山文化时期，使用兽骨来卜测吉凶的现象已经产生，后来逐渐发展成为一种卜筮文化，或称宗教文化。人们利用占卜来预测吉凶，并用以决定国家大事，出现了专职或半专职的卜筮人员，这在一定意义上标志着中华文明的起源。占筮使用蓍草，按照一定法式推算出数目，求得某种卦象，然后依据卦辞、爻辞，对所问事情进行判断和推理。现存的《易经》可以说是这类活动的一种记录。实际上，上古时用于占筮的筮书有《连山》《归藏》《周易》（即《易经》）"三易"[①]。根据汉代郑玄等人的解释，"三易"分别是夏、商、周三代之书[②]，只不过《连山》《归藏》皆已亡佚，惟有《周易》流传于世。《易经》分为上下两篇，包括六十四卦的卦象和筮辞即卦辞、爻辞。它大体成书于西周初年，由当时掌管宗教巫术的卜筮之官和兼掌卜筮之事的史官采辑、订正、增补、编纂而成，并非出自具体的一时一人。六十四卦构成的基础是八卦，即乾、坤、震、艮、坎、离、兑、巽。据《周礼·春官·太卜》，八卦称为经卦，六十四卦称为别卦。八卦的卦象有八种，但它们的基本符号只有两个，这就是"—"、"--"，分别表示阳爻和阴爻。八卦都是三画

[①] （唐）贾公彦：《周礼注疏》卷二十四《春官·太卜》，（清）阮元校刻《十三经注疏》，中华书局，1980年影印本，第802~803页。

[②] 1993年湖北江陵王家台秦墓出土了竹简《归藏》，证明《归藏》确为早于《周易》的商易，"三易"之说是有根据的，不应轻易否定。见林忠军《王家台秦简〈归藏〉出土的易学价值》，载《周易研究》2001年第2期。

卦，即每卦由"—"、"--"依不同次序三叠而成。将八卦两两相重，便形成了六画卦的六十四卦。从八卦发展到系统的六十四卦，其间肯定经历了一个不短的历史时期。换言之，八卦一定在《易经》成书也就是西周初年以前很久即已出现。目前考古发现的最早的《易》卦材料，是一种用十进位数字表示的数字卦，由三位数或六位数组成。李学勤先生指出，它们可以按奇数为阳、偶数为阴的原则转译为《易》卦[1]。张政烺先生认为，《易》卦的两个基本符号"—"、"--"皆经由"一""六"两个数字简化而来。卦的数字先简化为"一""六"，再变作后来的卦画。[2] 经历了漫长的演变和发展，与龟卜卜辞及简单的八卦结构相比，文本化的《易经》筮辞在内容、形式和功能上都有所进步，已经蕴含着某些条理性、系统性、规律性的东西，不仅成为后来占筮活动中推论的依据，还成为人类认识进一步发展的中介和前提，显示出某种理性思维和逻辑推衍的因素。特别应该指出的是，《易经》的一些卦爻辞以自然现象比拟人事，注意到天道与人事的一致性，意识到吉凶得失不是固定不变的，而是可以转化的，且对人们有一定的劝诫和教育意义，表现出某种人文化、哲理化的思想倾向。根据《左传》、《国语》等典籍的有关记载，作为占筮活动的重要依据，作为传统礼制的组成部分，《易经》在周王室及各诸侯国广泛流行，备受重视，而这又为易学和易学思想的迅速发展提供了广阔的空间。

二 易学的早期发展

春秋战国时期，中国经历了一场巨大而深刻的社会变革。在思想文化领域，中国与世界其他文明区域一样步入著名的"轴心时代"，诸子蜂起，百家争鸣，理性文化逐渐与卜筮文化分离并开始取得主导地位。这种政治、经济、社会、文化的巨大变革也反映到易学和易学思想领域。春秋时期，在《易经》仍继续发挥宗教巫术作用的同时，易学逐渐与卜筮过程分离，

---

[1] 李学勤：《失落的文明》，上海文艺出版社，1997，第269页。
[2] 张政烺：《帛书六十四卦跋》，《张政烺论易丛稿》，中华书局，2010，第30~43页；《易辨》，《张政烺论易丛稿》，中华书局，2010，第44~63页。

并摆脱其束缚，开始向哲理化、抽象化方向发展，卦爻辞被赋以各种思想内涵和价值意义。在这一过程中，孔子发挥了重要作用。孔子对《周易》颇为喜爱，很有研究，"读《易》，韦编三绝"①，并以易学传授弟子。孔子将《周易》视为道德训教之书，强调最大限度地发掘其中的伦理政治内涵，加以适当的引申，从而发挥它在现实社会生活中的借鉴和教育作用。

与此同时，巫、史逐渐分离，兼掌卜筮之事、对《易经》成书和保存做出巨大贡献的原始史官开始转型，演变成为官僚化、专门化的史官。以他们为代表，一批有识之士结合卦象、卦名等，视《易经》为天道变化之书，将天道和人事密切联系起来，从自然界的变化和人事兴衰的过程理解《周易》的卦象。《左传》昭公三十二年记晋国史墨之言："社稷无常奉，君臣无常位，自古以然。……在《易》卦，雷乘乾曰大壮䷡，天之道也。"在史墨看来，大壮的卦象是雷在天上，雷本来是在天之下的，而大壮的卦象却是雷在天上，这种转化乃"天之道"。就社会现象而言，"社稷无常奉，君臣无常位"，君臣上下的地位不是永恒不变的。从自然现象来看，高岸可以变为深谷，深谷也可以变为山陵。经过史墨全新的解释，大壮卦象就不再仅仅是预示吉凶的征兆，而成了反映自然界和人类社会变化规律，表述、阐发一种哲学思想的工具。史墨所说，体现了当时理性觉醒和思想解放的时代潮流，是剧烈的社会变革在意识形态中的突出表现，也是具有人文精神的史官文化进一步发展的重要标志。当然，史官与卜筮之官的传统联系并未中断，直到西汉中期司马迁时还留有某种遗迹。

战国时期，社会变革更为剧烈、更为深刻、更为全面，诸子各家都重视易学研究，希冀从中汲取养料来充实、发展自己的思想学说，以适应社会变革的需要，从而出现了各家皆治《易》的局面。同时，各家的理论主张和治学旨趣也程度不同地反映到易学研究中，影响着易学的发展。儒家、道家、墨家、阴阳家等学派都对《易经》有所研究，并以自己的学说影响易学。不过，从另一个角度讲，《易经》也是儒家、道家等诸子学说的一个

---

① （汉）司马迁：《史记》卷四十七《孔子世家》，中华书局，2013，第 2334 页。

重要的思想源泉，易学的发展也在不断向诸子各家提供新的养料。同时，各家都以易学为媒介，互相借鉴，互相补充，互相融合，力求为社会变革提供更多更有利的理论指导。正是在这样的背景下，对《易经》的各种各样的解释性著作也就是《易传》相继推出。《汉书·艺文志》曰："昔仲尼没而微言绝，七十子丧而大义乖，故……《易》有数家之传。"例如，西晋时在汲冢出土的战国竹书中，"其《易经》二篇，与《周易》上下经同。《易繇阴阳卦》二篇，与《周易》略同，繇辞则异。《卦下易经》一篇，似《说卦》而异。《公孙段》二篇，公孙段与邵陟论《易》"①。再如，《战国策·齐策四》记隐士颜斶对齐宣王说："《易传》不云乎：'居上位未得其实，以喜其为名者，必以骄奢为行；据慢骄奢，则凶从之。是故无其实而喜其名者削，无德而望其福者约，无功而受其禄者辱，祸必握。'"颜斶所引文字不见于今本《易传》，或乃某家《易传》之佚文。而在这一过程中，今本《易传》也陆续问世了。

第二节　《易传》的成书与学派归属

《易传》共七种十篇，即《彖传》上下、《象传》上下、《文言传》《系辞传》上下和《说卦传》《序卦传》《杂卦传》，均是对《易经》的解释和阐发，《易纬》称之为"十翼"。关于《易传》的作者，自汉至唐很少有人怀疑，认为是孔子所作，至北宋欧阳修开始有所质疑。关于《易传》的成书和学派属性，学术界至今仍存在许多不同的看法。或认为《易传》乃孔子所作，属于儒家的作品[2]；或认为《易传》与道家有很大的关系，应归于道家[3]。此外还有其他不少更加具体的说法，比如有的认为《易传》多出自荀子门徒[4]；有的则认为《易传》是颜氏之儒的遗著，虽非孔子所作，历史

---

① （唐）房玄龄：《晋书》卷五十一《束晳传》，中华书局，1974，第1432页。
② 金景芳：《关于〈周易〉的作者问题》，载《周易研究》1988年第1期。
③ 陈鼓应：《〈易传·系辞〉所受老子思想的影响》，载《哲学研究》1989年第1期。
④ 郭沫若：《青铜时代·〈周易〉之制作时代》，《郭沫若全集·历史编》第一卷，人民出版社，1982。

上却是以孔子手著的名义发挥影响①；还有的认为《彖》《象》二传以及《系辞》的有关章节曾经思孟学派整理、润色过②，等等，可谓众说纷纭，论争激烈。经过较长时期的思考和研究，我们得出一个新的认识：《易传》不仅与道家、儒家关系密切，而且与其他诸子的思想也有一定的相通相似之处；它并不专属于某家某派，而是以儒为主、儒道互补、综合百家、超越百家的产物。

一 《易传》与儒家

易学的演变和发展与孔子、与儒家有着深刻的渊源关系。孔子对《周易》颇为喜爱，且颇有研究，并以其传授弟子。据《论语·子路》，他曾引述《周易·恒卦》九三爻辞"不恒其德，或承之羞"，以说明卦爻辞有益于提高人的道德修养水平。更为重要的是，孔子认为，善于学《易》的人不必去占筮，即所谓"不占而已矣"，从而进一步淡化了《易经》的宗教巫术色彩。孔子还强调，学《易》可以使人改过从善。《论语·述而》曾记述孔子之言："加我数年，五十以学《易》，可以无大过矣。"此处汉代《鲁论》读"易"为"亦"，只是在流传过程中产生的讹误，所以郑玄、陆德明等从《古论》对其加以改正。长沙马王堆汉墓帛书《要》篇也记述"夫子老而好《易》，居则在席，行则在橐"，提到孔子对《周易》"不安亓用而乐亓辞"，并载其言曰："夫《易》，刚者使知瞿，柔者使知刚，愚人为而不忘，奸人为而去诈。文王仁，不得亓志，以成亓虑。纣乃无道，文王作，讳而辟咎，然后《易》始兴也。""《易》，我后亓祝卜矣！我观亓德义耳也。幽赞而达乎数，明数而达乎德，又仁守者而义行之耳。赞而不达于数，则亓为之巫；数而不达于德，则亓为之史。史巫之筮，乡之而未也，好之而非也。后世之士疑丘者，或以《易》乎？吾求亓德而已。吾与史巫同涂而殊归者也。君子德行焉求福，故祭祀而寡也；仁义焉求吉，故卜筮而希也。祝巫卜筮亓后乎？"③ 由此可以

---

① 张岱年：《〈易传〉与中国文化的优良传统》，载《江汉论坛》1984 年第 8 期。
② 刘大钧：《周易概论》，齐鲁书社，1986。
③ 廖名春：《帛书〈要〉释文》，《帛书〈周易〉论集》，上海古籍出版社，2008，第 389 页。

看出，孔子对《周易》中蕴含的哲理非常重视。

关于《易传》的作者，汉唐时期的学者皆认定是孔子。《史记·孔子世家》说："孔子晚而喜《易》，序《彖》《系》《象》《说卦》《文言》。读《易》，韦编三绝。曰：'假我数年，若是我于《易》则彬彬矣。'"《汉书·儒林传》也说：孔子"盖晚而好《易》，读之韦编三绝而为之传"。《艺文志》亦云："孔氏为之《彖》《象》《系辞》《文言》《序卦》之属十篇。"实际上，从前引《论语·子路》《述而》及长沙马王堆汉墓帛书《周易》之《要》篇等可以看出，孔子对《易》的确非常精熟。若"细籀《论语》"，可以发现，孔子对于宇宙之观念、其任世力行之精神和正名主义，"颇有与《易传》所言暗合处"，二者多相发明，有些语句"几若出诸一人之手"。"此外，《论语》中论忠恕一贯之道，中庸恒谦之德，与《易传》符合处，更俯拾即是"[①]。尤其值得注意的是，马王堆汉墓帛书《要》篇记孔子之言曰："后世之士疑丘者，或以《易》乎？"而《孟子·滕文公下》记孔子作《春秋》则曰："知我者其惟《春秋》乎？罪我者其惟《春秋》乎？"这里孔子的口吻与《要》篇所记是颇为相似的。《要》篇中还记有孔子的一些话，与《系辞传》等密切相关。如其记孔子曰：《周易》"古之遗言焉，予非安亓用也。"记子赣（贡）言："夫子今不安亓用而乐亓辞。"这与《系辞上》"以言者尚其辞"的语意是相近的[②]。还有，《史记·范雎蔡泽列传》记蔡泽之语："圣人曰：'飞龙在天，利见大人。''不义而富且贵，于我如浮云。'""飞龙在天"句为《周易·乾卦》九五爻辞，同时又见于《文言》。"不义"句为孔子之语，见于《论语·述而》。这里两句连在一起，且冠以"圣人曰"，至少说明《史记》《汉书》关于孔子作《易传》的说法是有一定根据的，包括《系辞传》《文言传》等在内的《易传》与孔子是有联系的，或者说有些内容出于孔子之手而由其弟子及后学加以整理。的确，《易传》蕴涵着儒家的思想内容，体现了儒家的文化价值理想，特别是其中的自强不息、刚健中正，更是孔子及儒家的道德哲学和人生态度。

[①] 苏渊雷：《易学会通》上篇《绪论》，《苏渊雷全集》（哲学卷），华东师范大学出版社，2008，第12页。

[②] 李学勤：《简帛佚籍与学术史》，江西教育出版社，2001，第259~265页。

众所周知，孔子推崇坚强刚毅的意志品格，立志做肩负起历史使命和时代责任的志士仁人，为追求人生理想而乐观进取，不断奋斗。他强调"刚毅木讷近仁"①，并说自己是"学而不厌，诲人不倦""发愤忘食，乐以忘忧，不知老之将至"②。但孔子又反对不讲条件的急躁冒进，要求做到行为适中，认为"过犹不及"③，从而形成了著名的"中庸"学说。这种刚健而用中的思想在《易传》中得到了进一步升华和发展。再者，《易传》中有关宗法等级和伦理道德的内容也大都来自儒家。它特别重视仁义礼贞，肯定仁义是人道的基础，并将其与自然万物的演进结合起来。如《说卦传》指出："立天之道曰阴与阳，立地之道曰柔与刚，立人之道曰仁与义。"《序卦传》则说："有天地，然后有万物；有万物，然后有男女；有男女，然后有夫妇；有夫妇，然后有父子；有父子，然后有君臣；有君臣，然后有上下；有上下，然后礼义有所错。"显然，这些都带有强烈儒家色彩。

二　《易传》与道家

道家也非常重视《易经》的研究，但与儒家不同，它注重从天道观或者说宇宙观、自然观方面挖掘《易经》的思想内涵及其价值和影响，以阴阳变异观念解《易》，《庄子·天下》"《易》以道阴阳"一语具有典型意义。可以说，在道家内部，无论是老庄学派还是黄老学派或称稷下道家，都曾从哲学的高度致力于易学的丰富和发展，进一步淡化了《易经》宗教巫术的性质。

我们知道，《易传》总结了多方面的理论成果，利用《易经》的形式系统、框架结构，建立了一个完整的思想理论体系。当然，《易传》尽管内容丰富，但其主导思想还是十分明确的，这就是用阴阳刚柔解释《易经》，解释天地万物和一切社会现象。这一思想是有其渊源和演变过程的。西周末年，太史伯阳父将地震的成因解释为阴阳两种对立势力的失调④，但尚未达

---

① 《论语·子路》，（清）阮元校刻《十三经注疏》，中华书局，1980年影印本，第2508页。
② 《论语·述而》，（清）阮元校刻《十三经注疏》，中华书局，1980年影印本，第2483页。
③ 《论语·先进》，（清）阮元校刻《十三经注疏》，中华书局，1980年影印本，第2499页。
④ 《国语·周语上》，上海古籍出版社，2015，第18~19页。

到哲理化的高度。

曾做过史官的老子将阴阳说纳入哲理的范畴。他把阴阳看作万物产生和发展的基本动力或属性："道生一，一生二，二生三，三生万物。万物负阴而抱阳，冲气以为和。"① 后来庄子及其后学也喜谈阴阳，并用以解《易》，说"《易》以道阴阳"。其实《易经》中并无"阴阳"一词，只有《中孚卦》九二爻辞"鸣鹤在阴，其子和之"中出现了一个"阴"字。以阴阳解《易》是易学研究逐步抽象化、哲理化的结果。到了《易传》，以阴阳解《易》已经十分普遍，阴阳变易已被视为《周易》及宇宙万物的普遍法则，从卦象、爻象到各种自然现象和社会现象，都可以用阴阳来解释，这样就形成了"一阴一阳之谓道"的精湛命题。阴阳说在《易传》特别是《系辞》中，已经发展到很高的程度，并且成为它的一个重要理论内容。从这一点上说，两者可谓若合符节。

惟其如此，蒙文通先生认为："《易传》多论天道，言性命，言感寂，言道器，颇近道家。《易》家显然是有取于道家的。"② 的确，像《易传》中阴阳变化这样的内容，孔子平素是很少谈及的。《论语·公冶长》记子贡曰："夫子之文章，可得而闻也；夫子之言性与天道，不可得而闻也。"我们还是要强调这样一种观点：就《易传》的思想体系来看，其自然主义的天道观，其由天道推衍人事的整体思维模式，其关于事物发展变化的辩证思想等，有许多都是与道家老庄学派和黄老学派相一致的。

三 《易传》与诸子百家

《易传》最终成书于诸子蜂起、百家争鸣之时。《易传》与儒、道两家有相通之处，与此同时，墨家、阴阳家、法家、兵家等学派的思想倾向在《易传》中也有不同程度的反映。

首先看阴阳家。阴阳家是以阴阳作为立论的基础，并成为其思想学说

---

① 《老子》第四十二章，楼宇烈《老子道德经注校释》，中华书局，2008，第117页。
② 蒙文通：《儒学甄微·经学抉原》，《蒙文通全集》一，巴蜀书社，2015，第320页。

的基本范畴。如前所述,《易传》中也讲阴阳,并且《庄子·天下》指出"易以道阴阳",从而对《周易》中的哲学范畴也进行了限定。《系辞上传》中还指出"一阴一阳谓之道",将阴阳的对立和变化看成是一种规律性的东西。而"一阴一阳"却是阴阳家邹衍所提倡的"阴阳消息",故而二者在立论方面是有相似之处的。

其次再看墨家。尚贤是墨子思想中非常重要的内容,且墨子还专门有论贤德专篇《尚贤》。在墨子看来,国家有没有贤人是评判一个国家"治厚""治薄"的标志,他指出"国有贤良之士众,则国家之治厚,贤良之士寡,则国家之治薄。故大人之务,将在于众贤而已"。墨子提出举贤应该以德为标准,而不应该看贤者的出身,指出"列德而尚贤,虽在农与工肆之人,有能则举之,高予之爵,重予之禄,任之以事"。此外墨子还指出尚贤是古代先王一直都遵守的一条治国之道,即"尚贤,政之本也"[①]。

《系辞上传》中有这样一句话:"履信思乎顺,又以尚贤也。是以'自天祐之,吉无不利'也。"此句话可以看出易学已经把尚贤作为一个非常重要的内容。此外,在《颐卦·象传》中有:"天地养万物,圣人养贤以及万民,颐之时大矣哉!"此处将"天地养万物"与"圣人养贤以及万民"作为一种非常重要的规律性的东西来进行阐述,这与墨子所提倡的"尚贤,政之本也"的观点是一致的。可见无论是墨子还是《易传》,其思想中都有注重尚贤的思想,且二者之间多有相似之处。

墨子还有许多与易学思想相似之处。如《墨子·非命下》说:王公大人勤于国事,是"以为强必治,不强必乱;强必宁,不强必危,故不敢怠倦"。卿大夫勤于政务,是"以为强必贵,不强必贱;强必荣,不强必辱,故不敢怠倦"。农夫勤于耕种,是"以为强必富,不强必贫;强必饱,不强必饥,故不敢怠倦"。妇人勤于织作,是"以为强必富,不强必贫;强必暖,不强必寒,故不敢怠倦"[②]。墨子所推崇的这种人生态度,与《易传》自强不息、健行不息的精神是颇为相通、相近的。

---

① 《墨子》卷二《尚贤上》,吴毓江《墨子校注》,中华书局,1993,第67页。
② 《墨子》卷九《非命下》,吴毓江《墨子校注》,中华书局,1993,第418页。

又如法家，其用狱尚刑的观点在《易传》特别是《象传》中亦多有反映。《蒙卦·象传》："利用刑人，以正法也。"《噬嗑卦·象传》："雷电，噬嗑，先王以明罚敕法。"《丰卦·象传》："雷电皆至，丰，君子以折狱致刑。"《旅卦·象传》："山上有火，旅，君子以明慎用刑，而不留狱。"这些都体现了《易传》不仅仅蕴含着德的思想，而且更蕴含着以德为主而辅以刑罚的倾向。

我们知道，和谐是《周易》的根本精神，其经传中蕴含着丰富而深刻的和谐理念。法家非常重视法约束人们行为的重要作用，然而法家并非是只强调法律的权威，他们也非常重视"和"的作用。如《韩非子·解老》说："积德而后神静，神静而后和多，和多而后计得，计得而后能御万物，能御万物则战易胜敌，战易胜敌而论必盖世，论必盖世，故曰'无不克'，无不克本于重积德，故曰'重积德则无不克'。"这里提出"和多而后计得"，可见在法家看来，和在成功之中占有的地位和作用。另外，《韩非子·难二》有言："举事慎阴阳之和，种树节四时之适，无早晚之失，寒温之灾，则入多。"韩非在此强调"阴阳之和"与"四时之适"，其中含有把它们作为一种规律去遵守的意味，说明法家在做事的时候也是非常注重"和"与"时"的。

以孙子、孙膑等为代表的兵家，其思想主张与《易传》也有很多相似之处。《周易》不少卦的爻辞都与战争有关，《易传》中军事思想则更为丰富，而这又与兵家关系密切。例如，兵家强调战争要讲究"时"，提出"发火有时""以时发之"等重要思想①，强调"时"在战争中的关键作用。《易传》中也不乏类似的论述。例如，《革卦·彖传》谓："天地革而四时成，汤武革命，顺乎天而应乎人。革之时大矣哉！"这就凸显了"时"对于"革命"之重要。

惟其如此，清代魏源曾在《孙子集注序》里发出"《易》其言兵之书乎"的感叹，并强调它与"兵家之《孙》"，"其道皆冒万有，其心皆照宇宙，其术皆合天人、综常变者也"②。贾若瑜先生则进一步指出："《周易》不仅是古代一部占卜书、哲学书，而且还是现存的最早的兵书。它不仅记

---

① 《孙子》卷下《火攻篇》，杨丙安《十一家注孙子校理》，中华书局，1999，第280页。
② （清）魏源：《孙子集注序》，《魏源集》，中华书局，1976，第226页。

录了军事方面的事情，而且提出一些重要的作战原则和方法，乃至于某些攻防措施，所有这些，对孙武不能不产生影响。《孙子》接受《周易》中带有原则性的观点并加以提高发展，当是不奇怪的。"[1] 我们要说的是，《易传》中许多论兵之语，本身就已经吸收、融会了兵家的思想成就。另外，战国时期兵家的重要代表孙膑是一位具有顽强坚韧性格的军事家，他屡遭庞涓的陷害，身体受到严重摧残，但是仍然保持着坚忍不拔的个性，这与《易传》中自强不息、刚健有为、不断进取的人格品行是一致的。

四 综合·扬弃·超越

正像余敦康先生所指出的那样，《易传》围绕着"一阴一阳之谓道"而展开的思想体系，是自然主义与人文主义的有机结合。就《易传》的思想渊源而言，其自然主义的思想与道家有一定的相通之处，其人文主义的思想则与儒家相似。就《易传》追求的天人和谐的"太和"境界来说，先秦道家侧重于自然和谐，儒家注重的则是社会人际关系的和谐。《易传》根据一致百虑、殊途同归的治学旨趣，在总体上反映出儒道互补的特征，把道家的自然主义思想与儒家的人文主义思想有机地结合起来，一方面避免了道家蔽于天而不知人的缺陷，另一方面又避免了儒家蔽于人而不知天的缺陷，成为当时对整体和谐的最完美的表述。就根本精神而言，《易传》同样是包容两家而又超越两家。在其"太和"思想中，分属阳刚型和阴柔型的儒道两家的根本精神不再彼此排斥，而形成了一种刚柔相济、阴阳协调的互补关系，阳刚、阴柔紧密联结，表现为一种中和之美。《易传》所谓"天行健，君子以自强不息"和"地势坤，君子以厚德载物"，就是其中一个最好的体现[2]。我们要强调的是，《易传》不仅与儒家、道家有一定的关联，而且也与墨家、法家、阴阳家、兵家等有一定的关系。除了儒、道两家，墨家、阴阳家、兵家、农家等学派的思想倾向在《易传》中也有不同程度

---

[1] 贾若瑜：《孙子探源》，国防大学出版社，2000，第91~92页。
[2] 朱伯崑主编《周易知识通览》，齐鲁书社，1993，第177页。

的反映。《易传》中这些采自其他各家的思想与道家、儒家思想彼此融会而浑然一体，交相辉映，闪耀着智慧的光芒，也凸显出易学和易学思想的演变与发展。

战国中后期，与政治渐趋统一的形势相适应，诸子各家之间出现了互相吸收、互相渗透、互相融合的局面。黄老学派或者说稷下道家的形成，《吕氏春秋》的编撰，都是这一局面的反映，而包容性、超越性表现得最突出的就是《易传》诸篇的问世。它并非成于某一时间、某一地点、某一学派、某一学者，而是陆续成于战国中后期易学家之手。它以宽广的文化胸襟，始终保持开放的姿态，成为各家各派以自己的思想观念治《易》而又彼此影响、彼此交融的范例。它吸收百家，综合百家，又扬弃百家，超越百家，从而承上启下，成为秦汉思想的内在灵魂和重要源头。众所周知，思想文化的发展，不仅是某一特定时代社会存在的反映，而且是对以往思想资料加以继承和发展的结果。"每一个时代的哲学作为分工的一个特定的领域，都具有由它的先驱传给它而它便由此出发的特定的思想资料作为前提"[1]。就《易传》这部以筮书形式出现而内容广泛的哲学著作而言，其博大精深的思想体系、独具特色的思维方式、高度凝练的语言表述、兼容并包的学术宗旨，令后来的易学家、思想家和政治家为之叹服、为之倾倒、为之孜孜探究，成为他们从事社会政治、思想文化活动的重要资鉴。可以说，秦汉时期及其以后的许多重大思想理论问题，都不难在这里找到某种雏形或依据。"秦汉以后中国文化的发展往往要回到先秦来寻找精神的原动力，而找来找去，又往往归结为由《易传》所奠定的易学传统。这种情形决不是什么历史的误会，而主要是由于《周易》的那一套八八六十四卦的符号体系以及囊括天地人三才之道的整体之学，仿佛是一个巨大的海绵体，把这个时期诸子百家所创造的共同成果都吸收容纳进来，并且综合总结成为一种卷之则退藏于密的易道，因而理所当然地被后世公认为代表了中国文化的根本精神"[2]。我们研究易学文化，对此务必要有充分认识和真正把握。

---

[1] 《马克思恩格斯选集》第四卷，人民出版社，2012，第612页。
[2] 余敦康：《中国哲学论集》，辽宁大学出版社，1998，第376～377页。

五　清华简与战国易学

我们知道，象数起源、数字卦筮法及其与大衍筮法的关系、数字卦与卦爻符号等易学问题，多年来一直是学界关注的重要内容。2013年底出版的整理报告《清华大学藏战国竹简（肆）》（以下简称清华简）中就收录有《筮法》和《别卦》两篇易学文献①。学者们借助新的出土材料，从不同角度对上述问题进行了深入的探索，取得了一些极具价值的学术成果。

清华简《筮法》中的筮数系统将十二辰划分为六组，每组各对应一个筮数，与《淮南子》所论"六府""六合"，与《太玄》《五行大义》所论"支干别数"应同属一脉。汉代京房开创的纳甲纳支的筮法，在很大程度上与上述筮数系统一脉相承。因此，根据清华简《筮法》中的筮数与十二辰的对应关系，我们能够看出，清华简《筮法》实质上是通过十二辰的形式来效法日月之会或效法北斗的运行以及季节的变化以实现与天地相感通，从而达到占筮预测万事万物吉凶的目的，具有一定的宇宙论意义。此外，清华简《筮法》中各种筮数出现的概率相差悬殊，也与其筮法紧密相关，这与传世文献《周易》中的"大衍筮法"所得各筮数的概率亦非相等，可能有内在的数理渊源。值得注意的是，清华简《筮法》称举筮数的顺序八、五、九、四，除了反映它们出现的频次外，还可能有深刻而复杂的内涵②。举筮数八、五、九、四的取象，或表明其筮法取爻象为占时，以取八、五、九、四之爻象来断卦。针对过去出土的数字卦（筮数易卦），曾有学者以是

---

① 《文物》2013年第8期发表李学勤《清华简〈筮法〉与数字卦问题》和廖名春《清华简〈筮法〉篇与〈说卦传〉》两篇文章，对清华简《筮法》做了初步介绍和研究。
② 《筮法》把常见的占问事项分作十七类，称为"十七命"。"十七命"在简文里都有对应专节（个别有出入），各附数字卦占例。所有数字卦均系骈列的两组六爻卦，亦即四个三爻卦。其阳爻以"一"表示，少数作"九""五"；阴爻以"六"表示，少数作"八""四"。卦中数字写法也都同于天星观等简（后者尚未发现有"四"）。简文只见三爻卦即八经卦之名，没有六爻卦即六十四别卦之名，也未出现卦爻辞。参见清华大学出土文献研究与保护中心编《清华大学藏战国竹简（肆）》，中西书局，2013，第75页。

否出现"七"总结出两种揲蓍法,而这一解释又与清华简《筮法》以"一"代"七"的筮法明显不同①。

对于清华简《筮法》中的筮数八、五、九、四,有学者认为这些筮数应是大衍筮法数。用大衍筮法"挂扐法"可以推演出清华简由一、六构成的卦。一、六卦参杂了筮数八、五、九、四,与战国楚地风俗习惯相关。清华简的筮法应该与《周易》大衍筮法是近亲。清华简虽然为战国简,但从其根源说,其筮法不可能是晚于《周易》的大衍筮法。清华简与之前出土的数字卦,有相似之处,保留了战国前流行的数字的特征,透过清华简可以看到数字卦数字过渡到一、六,再转化为阴阳符号是一个过程。清华简对于数字意义的解释和使用三位数字卦占,是由早期单数占过渡到三位数占,证明了早期数字卦起源于单数占和早期数字卦三位数占的存在,后世的八卦占与清华简数字占一脉相承。清华简与传世辑本和出土《归藏》关系密切,其筮具和筮法应与出土王家台秦简《归藏》一样,以蓍草为筮具的复杂筮法和以刻有数字的骰子为筮具的简化筮法并用,而在现实生活中,更多是用简化的筮法②。

清华简《筮法》从名义和字形上解读了四正卦的含义,主张坎南离北,坎火离水,并且将卦的五行关系作为占断方法之一种,是目前所见易学与五行相结合的最早记录。《筮法》着眼于四时运行的角度讲六卦之吉凶,不仅体现了变通趣时的精神,而且其所包含的四时五行关系亦是战国中期阴阳与五行说合流之初始阶段的反映。同时,我们也应看到,虽然只论乾坤之外六卦的四时吉凶而不论乾坤,有其内在的依据,但在学理方面仍不够圆融,尚欠完整。因此,《筮法》极有可能是战国中期糅合《归藏》《周易》以及某些占验之术的产物③。

《清华大学藏战国竹简(肆)》的整理和出版,确实为学界深入探讨战国易学,尤其数字卦、《归藏》《周易》筮法等重要问题提供了新的出土材料。有了新的文献证据,新的成果也随之不断涌现,必将推动易学研究进一步繁荣和发展。

---

① 参见李尚信《论清华简〈筮法〉的筮数系统及其相关问题》,载《周易研究》2013年第6期。
② 参见林忠军《清华简〈筮法〉筮占法探微》,载《周易研究》2014年第2期。
③ 参见张克宾《论清华简〈筮法〉卦位图与四时吉凶》,载《周易研究》2014年第2期。

第二章
秦汉易学

　　秦汉易学是先秦易学的延续和发展。《易经》在周初成书以后,易学随之产生。春秋末年,孔子及各国史官的易学研究使《易经》成为宣传道德训教、诠释天道变化的工具,易学便朝着哲理化、抽象化的方向迅速发展。战国中后期,著名的《易传》诸篇陆续问世,一个以阴阳学说为主要内容,以《易经》的框架结构为外在形式的思想体系最终建立起来。《易传》作者以其百虑一致、殊途同归的包容精神和超越意识,使《易传》成为与九流十家比肩而立甚至超迈其上的一个独立的思想流派。秦汉时期的许多重大思想理论问题,都可以在《易传》中找到某种雏形或依据。

　　这一时期特别是汉代易学的发展,人物众多,学派林立。其共同特点是重视《周易》本源的探讨,从不同的学术角度,运用不同的学科方法和材料阐释易学的象数问题,建立起象数体系,在易学史上形成了相对独立的象数派易学。汉代易学的演变可分为西汉和东汉两个时期。西汉易学,据《史记·儒林列传》和《汉书·儒林传》记载,孔子传《易》于商瞿,经六世传于田何。汉兴,田何又传于杨何、周王孙、丁宽、服生,丁宽传易于田王孙,田王孙又授易于施雠、孟喜、梁丘贺,于是"易有施、孟、梁丘之学"。其中,孟喜传《易》于焦延寿,焦又影响京房,于是"易有京氏之学"[①]。西汉易学除儒家经学一系外,汉初诸子说《易》者不乏其人,

---

① (汉)司马迁:《史记》卷一百二十一《儒林列传》,中华书局,2013,第3127页;(汉)班固:《汉书》卷八十一《儒林传》,中华书局,1962,第3597~3602页。

或以阴阳五行论《易》，或援《易》以推阐黄老思想。东汉易学，据《后汉书·儒林传》："建武中，范升传孟氏易，以授杨政，而陈元、郑众皆传费氏易，其后马融亦为其传。融授郑玄，玄作《易注》，荀爽又作《易传》，自是费氏兴，而京氏遂衰。"[①] 东汉时期，孟、京易学业已衰落，但传费氏易者，一般仍受到京氏易学和《易纬》的影响。东汉另有经师注释《周易》，以马融、郑玄、荀爽三人为代表，汉末还有虞翻、王肃、魏伯阳等人。

秦汉易学，特别是汉代易学是古代易学发展史上的一个重要阶段，形成了或以象数为主、或以义理为主的两大流派，特别是象数学派解《易》的方法和学风惠泽后世。宋代邵雍、朱震等一大批象数学家纷纷涌现，开创图书一派；清代汉学弥炽，惠栋作《易汉学》，张惠言撰《虞氏易》，极其推崇汉易象数学。汉代易学所形成的以卦气论为中心的易学体系，不仅在易学研究中占有重要地位，而且对中国学术史、思想史、哲学史和文化史有着深远的影响。

第一节　秦始皇与《周易》

长期以来，人们习惯上往往以尊崇法家思想、实行焚书坑儒来概括秦始皇时期的指导思想和文化政策，以《易》为占筮之书而免于秦火的说法来简单解说秦始皇与《周易》的关联，解说《周易》和易学在秦朝的命运，使得秦代易学成为秦代历史特别是思想文化史研究中的薄弱环节。我们有必要重新审视秦始皇不焚《周易》一事，从而揭示其根本原因和深刻影响，展示秦始皇与《周易》的种种关联，展示易学在秦代思想文化发展中的重要地位和作用。秦代易学的发展，主要表现为秦始皇君臣对《周易》及其思想的借鉴和发挥。秦始皇统一天下，对《周易》未加焚毁，且颇为喜爱和重视，这一方面是因为《周易》乃卜筮之书，而宗教

[①]（南朝宋）范晔：《后汉书》卷七十九上《儒林传》，中华书局，1965，第2554页。

巫术在秦地一直较为活跃，秦始皇本人亦对此深信不疑，另一方面也是更重要的，则是因为《周易》的宇宙观等思想内涵和整体思维方式合于秦始皇的思想性格与政治需要。秦朝的许多社会政治思想和措施往往是通过对《周易》的直接取资表现出来的。在秦始皇焚书坑儒之后，众多学派都将《周易》作为护身符，将易学作为避风港和借以表达自己思想主张的工具，易学几乎成为显学，其包容性、超越性和影响力进一步增强，并从此开始了一个以易学为中心综合、融通、发展诸子百家之学的新时代。

一 《周易》的宗教巫术形式与秦文化传统

如前所述，春秋战国时期，《周易》逐渐演变成为一部蕴藏着深邃而丰富的哲学和社会政治思想理论的文化典籍，人文化、哲理化也因此成为易学发展的主流。然而，"自古圣王将建国受命，兴动事业，何尝不宝卜筮以助善！……王者决定诸疑，参以卜筮，断以蓍龟，不易之道也"[1]。受社会认知和思维水平的限制，《周易》以其人文理性与宗教巫术奇妙的结合的特点，一直发挥着占筮吉凶、预测未来的功能。秦始皇统一天下，结束了长期割据纷争的局面，易学也开始进入一个新的发展阶段。春秋战国时期的历史大变革至此基本完成，但社会思想意识中的变革并未随之立即终结，统一的思想文化并未迅即建立起来，人们还需要借助各种方式和途径去把握自己的前途命运。这样，以占筮为外在形式，以求变为根本意蕴的易学就得到了赖以延续和发展的土壤与空间。再者就文化渊源来说，秦文化曾深得周文化的沾溉和影响。根据文献特别是考古资料，早在居于西垂时，秦人就学习、利用了周人的制陶工艺。立国于西周故地后，他们更在农业、青铜手工业以及文字、礼仪制度等各个方面广泛吸收周文化的成分。而《周易》乃周文化特别是周朝礼制的重要组成部分，势必为秦人所熟悉。还有，经济、社会、文化原本比较落后的秦国，宗教巫术等神秘主义因素更为活跃，并与各种政治、军事等活动密切相关。凡有重大决策，他们一般

---

[1] 《史记》卷一百二十八《龟策列传》，中华书局，2013，第3889页。

都要求神问卜或观天视日。《周易》在其间的作用是显而易见的。如秦文公"至汧渭之会","乃卜居之,占曰吉,即营邑之"①。又如穆公"伐晋,卜徒父筮之,吉:涉河,侯车败"②。秦始皇统一天下后,这一传统得到延续和发展,而且进一步贯彻到政治制度建设中。据《史记·秦始皇本纪》,秦始皇在中央政府设有太卜官,作为九卿之一——奉常的属官,同时还在朝廷内养有"候星气者至三百人"。值得注意的是,秦始皇本人也曾倾心于占卜吉凶。秦始皇三十六年,有人通过使者献上玉璧,且言"今年祖龙死"。"于是始皇卜之,卦得游徙吉"。始皇乃"迁北河榆中三万家",并于次年出游各地。所以,《史记·日者列传》指出:"自古受命而王,王者之兴何尝不以卜筮决于天命哉!其于周尤甚,及秦可见。"③ 当然,在这一过程中,用作占卜工具的肯定不止《周易》一种,如卜徒父占卜用的卦辞就不见于《周易》,或出于与《周易》同类的其他筮书杂辞。当时在秦地流行较广的卜筮之书还有《日书》等,中下层社会尤甚。但不管怎样,重视宗教巫术的社会文化氛围,必然使《周易》和易学受到特别重视。李斯建议秦始皇焚书,其中提到:"非博士官所职,天下敢有藏《诗》、《书》、百家语者,悉诣守、尉杂烧之","所不去者,医药、卜筮、种树之书"④。在这里,《周易》以及其他卜筮之书确实得到了一种特别关照和特殊保护。

二 秦始皇君臣对《周易》和易学的取鉴

我们说,除了占卜吉凶,最使秦始皇倾心并将其更多地贯彻落实到实际行动中去的,则是《周易》深邃的思想内涵、独特的思维方式和宽广的学术胸襟。我们先看看曾经作为秦始皇政治纲领和教科书的《吕氏春秋》与《周易》的种种关联。《吕氏春秋》杂取道、儒、阴阳、法、墨、兵、

---

① (汉)司马迁:《史记》卷五《秦本纪》,中华书局,2013,第228页。
② 《左传》卷十四《僖公十五年》,(清)阮元校刻《十三经注疏》,中华书局,1980年影印本,第1805页。
③ 《史记》卷一百二十七《日者列传》,中华书局,2013,第3879页。
④ (汉)司马迁:《史记》卷六《秦始皇本纪》,中华书局,2013,第325页。《李斯列传》也载有李斯焚书之议,文字略异。

农、名、纵横诸家之说，同样也吸收了易学研究的成果。刘长林先生指出：作为秦汉学术思想大综合的重要准备和发端，《吕氏春秋》采集诸家之说，进行加工改制，试图构筑一个具有整体结构的理论框架，"试图形成一个新的天道、地道、人道相统一的庞大的思想体系，在一定意义上它是不自觉的在更高层次上对《易经》的重复，只是不再像《易经》那样，带有筮书的性质"①。值得注意的是，秦始皇后来废黜了吕不韦，但《吕氏春秋》不仅没有遭到禁毁，而且它的一些重要思想依然为秦始皇所用，其中就包括易学思想。

秦始皇的许多社会政治思想和措施往往是通过对《周易》的直接取鉴表现出来的。由秦代刻石文字中可以清楚地看出这一点。如始皇封禅文刻石曰："事天以礼，立身以义，事父以孝，成人以仁。"② 琅邪台刻石则宣传"圣智仁义"，又强调"尊卑贵贱，不逾次行"。泰山刻石曰："贵贱分明，男女礼顺，慎遵职事。昭隔内外，靡不清净，施于后嗣。"会稽刻石亦曰："饰省宣义，有子而嫁，倍死不贞。防隔内外，禁止淫泆，男女洁诚。夫为寄豭，杀之无罪，男秉义程。妻为逃嫁，子不得母，咸化廉清。"③ 另外，据《史记·货殖列传》，巴寡妇清能守家业，"用财自卫，不见侵犯。秦皇帝以为贞妇而客之，为筑女怀清台"。这个"女怀清台"后来就演化成了贞女台、贞女山等等。上述思想显然属于儒家伦理道德的范围，但其表述方式似乎与《易传》有着更为直接的渊源关系。如封禅文刻石所谓"立身以义""成人以仁"，与《说卦传》的"立人之道曰仁与义"，在思想上和表述上都极为类似。诸刻石中涉及尊卑、贵贱、男女之别的文字，亦与《易传》所说不无关系。《周易·家人卦》卦辞言"利女贞"，《象传》进而指出："家人，女正位乎内，男正位乎外。男女正，天地之大义也。家人有严君焉，父母之谓也。父父、子子、兄兄、弟弟、夫夫、妇妇而家道正。正家而天下定矣。"不难看出，上引秦代诸刻石的有关文字与此多有相似、相

---

① 刘长林：《中国系统思维》，中国社会科学出版社，1990，第143页。
② （唐）杜佑：《通典》卷五十四，中华书局，1988，第1508页。
③ （汉）司马迁：《史记》卷六《秦始皇本纪》，中华书局，2013，第308、310~311、329页。以下所引刻石文字均出于此。

同之处。

秦始皇的朝廷重臣也看好《周易》，研习易学。提出焚书之议的李斯就是其中的一位。据《史记·李斯列传》，李斯身为秦朝丞相，富贵已极，但却郁郁不欢，喟然而叹："嗟乎！吾闻之荀卿曰'物禁大盛'。夫斯乃上蔡布衣，闾巷之黔首，上不知其驽下，遂擢至此。当今人臣之位无居臣上者，可谓富贵极矣。物极则衰，吾未知所税驾也！"有的学者认为，此处李斯所言"物极则衰"云云，很有可能是受了战国时代易说的影响①。再者，上面提到的刻石文字，有一些或为李斯所作。还有，李斯曾说："五帝不相复，三代不相袭，各以治，非其相反，时变异也。"②除了法家的思想因素，其中明显有《周易》及时变化之说的影子。此外，李斯曾师从荀子，"知六艺之归"③，对《周易》的根本意蕴必定有所认识。这样，李斯后来建议焚书，自然就对《周易》网开一面了。就对待《周易》的态度而言，秦始皇、李斯君臣可谓相得益彰、彼此呼应。当然，由于自身思想理论的贫乏，加之受制于急功近利和实用主义的思想，秦始皇君臣的易学思想及以此为本采撷的诸家思想，并未交织融会成一个体系，有什么系统性、深刻性。

三　秦始皇不焚《周易》的影响和意义

对于极讲实用的秦始皇来说，《周易》确实是一部有用之书。据《史记·秦始皇本纪》，在焚书事件的第二年，他说道："吾前收天下书，不中用者尽去之，悉召文学方术士甚众，欲以兴太平。"由此可见，秦始皇所焚之书皆是其认为"不中用者"，也就是无用之书，而不在此列的《周易》等未禁之书自然就是有用之书了。我们知道，六经乃先王之政典，并非儒家所专有。特别是作为人类智慧结晶的《周易》，得到秦始皇的偏爱、保护和运用本是很自然的事情，然而到了汉代，出于政治目的，许多学人将秦始皇作为自己的对立面，历数其对六经的摧残，以受害者自命。那些治经儒

---

① 朱伯崑：《易学哲学史》第一卷，昆仑出版社，2009，第44页。
② （汉）司马迁：《史记》卷六《秦始皇本纪》，中华书局，2013，第321页。
③ （汉）司马迁：《史记》卷八十七《李斯列传》，中华书局，2013，第3092页。

生尤其如此。他们对秦始皇爱好《周易》一事自然讳莫如深，极力回避，在谈到六经中惟有《易》幸免于秦火时，只好反复从其为卜筮之书上讲原因，强调"秦燔书，而《易》为卜筮之事，传者不绝""及秦禁学，《易》为卜筮之书，独不禁"①"及秦焚《诗》、《书》，以《易》为卜筮之书，独不焚"②。如前所述，这种对秦始皇不焚《周易》原因的解说并不全面。秦始皇不焚《周易》而视其为有用之书，除了基于《周易》作为卜筮之书所起到的推断吉凶的作用，更重要的是它的宇宙观、人生理想观等思想观念颇合于秦始皇的思想性格和政治需要。

可以说，在秦始皇焚书坑儒以后，《周易》就成了诸家思想的护身符和烟幕弹，易学就成了它们的避风港，成了"学者们的安全阀"，"学者们要趋向到这儿来，正是理所当然的事"③。各种学派纷纷明修栈道，暗度陈仓，借助《周易》、利用易学来宣传自己的学说主张。这样，易学就获得了一个绝好的发展机会，解《易》述《易》以及与易学有关的著作也层出不穷。《礼记》中的《中庸》，一向被说成是子思的作品。虽然郭店楚简中的有关内容证明此说有一定根据，但曾经后人加工、润饰过的今本《中庸》，其最后定型则大体是在秦代。对此，前人已多有考证。所以，马非百先生径将其著录于《秦集史·艺文志》。值得注意的是，《中庸》的思想是源于《周易》的，其宇宙观、人生理想观等基本上是《易传》中同类观念的继承和发展。惟其如此，熊十力先生指出："《中庸》本演《易》之书。"④ 杨向奎先生则强调：《中庸》"完全可以纳入《易传》的行列中，变作'十一翼'，不会有'非我族类'之感"⑤。帛书《周易》之《二三子》《易之义》《要》《缪和》《昭力》等篇也大致撰成于秦初至秦末汉初之间⑥。这种形势和氛

---

① （汉）班固：《汉书》卷三十《艺文志》，中华书局，1962，第1704页；《汉书》卷八十八《儒林传》，中华书局，1962，第3597页。
② （汉）荀悦：《两汉纪》卷二十五，中华书局，2002，第434页。
③ 郭沫若：《青铜时代·〈周易〉之制作时代》，《郭沫若全集·历史编》第一卷，人民出版社，1982，第402页。
④ 熊十力：《原儒》下卷，上海龙门联合书局，1956，第1页。
⑤ 杨向奎：《〈易经〉中的哲学与儒家的改造》，载《北京大学学报》（哲社版）1995年第2期。
⑥ 陈鼓应：《易传与道家思想》，三联书店，1996；朱伯崑：《帛书易传研究中的几个问题》，载朱氏主编《国际易学研究》第1辑，华夏出版社，1995。

围亦为易学在入汉以后全面兴盛、迅速发展奠定了坚实的基础。更为重要的是，焚书坑儒虽然表面上结束了思想文化史上诸子蜂起、百家争鸣的局面，但却从此开始了一个以易学为中心而综合、融通、发展诸子百家之学的新时代。

第二节 象数易学体系的建立和完善

两汉时期，是中国历史上象数易学创立及最为兴盛的时代。在汉代，经学占有绝对的统治地位，而《周易》又为众经之首，故汉代治《易》者甚多。汉代易学的显著特征，是极为重视象数，象数易学在这一时期得到广泛而空前的发展。以象数来阐释《周易》，主要以施雠、孟喜、梁丘贺、京房四家为代表。该派将《周易》八卦原理与阴阳五行、日月星辰、四季物候变化相结合，创立卦气、纳甲、爻辰、飞伏、世应等象数模式，并用奇偶之数、八卦之象和卦气来阐释《周易》原理，利用《周易》讲阴阳灾变。其中孟喜有《易章句》《周易灾异》，用《周易》卦象解说一年节气的变化，即以六十四卦配四时、十二月、二十四节气、七十二候，为汉易中卦气说的倡导者。京房有《京房易传》《京房章句》，把《周易》看成是占算吉凶的典籍，创造了八宫卦、纳甲、世应、六亲、四时卦候、六日七分法等许多占算体例，以讲占候之术闻名于当世。西汉是"天人感应"神学唯心主义极为盛行的时代，因此这一时期的易学大多服务于占筮及其对阴阳灾异的解说，人们常常称西汉为卜筮派象数易学。

一 董仲舒与象数易学

汉初之时，黄老之学居于统治思想的地位，但儒家思想经过不断吸收、消化其他各家思想，进行自我改造和完善，其影响也在悄然增加，包括易学在内的经学逐步成为儒家的专利，成为儒学的代名词。汉武帝即位，为巩固和强化专制主义的大一统政治、经济局面，首先在思想文化方面采取改革措施，接受董仲舒的建议，卓然罢黜百家，独尊儒术，表章六经，儒家学说取代道家黄老之学成为统治思想，它所尊崇的六经成为社会政治和思想文化生活的最高准则，并列为官学，置博士官及其弟子员，各以家法教授。就易学而言，首先列为官学的乃田何所传之学，杨何、田王孙先后为博士。据《汉书·儒林传》，田王孙受《易》于丁宽，又授与施雠、孟喜、梁丘贺，由是《易》有施、孟、梁丘之学。随着五经博士及其弟子员额的不断增多，三家之学相继列入。其中孟喜传《易》于焦延寿，延寿又授与京房，于是《易》有京氏之学，其传人也立为博士。在上述各家之中，施氏之学尚能恪守田何一系的治学风格，偏重义理，且未杂入异说。孟氏之学则杂入阴阳灾变之说，使象数易学得领风骚。京氏之学在此基础上更有所发展，从而使象数易学迅速兴盛起来。梁丘之学基本上能坚持田何、杨何之风，但又喜欢占筮之事，用以占事知来，在易学中独成一体。然而，不管怎样，施、孟、梁丘、京氏之学均为今文经学，属官方易学系统。当时还有民间易学系统，古文为费氏之学，今文为高氏之学。费氏之学创始人为费直，活动于成、哀年间。其学无章句，专以《易传》解说经义。高氏之学创始人为高相，治《易》与费直同时。其学亦无章句，专说阴阳灾异。

与西汉前期一样，当时除了这些专治易学的经师，还有大批思想家、学者关注、研究易学，对易学和易学思想的发展产生了深刻影响。董仲舒、司马迁、魏相、严遵、刘向、谷永、刘歆、扬雄等，就是其中的典型代表。他们与孟喜、京房、《易纬》的象数易学一起，显示出西汉中后期易学及其思想的发展脉络和演变轨迹，而且为后者提供了重要的思想氛围、观念背景和理论基础，董仲舒的天人感应、阴阳灾异理论更是如此。

董仲舒，广川（今河北景县西南）人，是汉代著名的思想家、经学大师，精于《春秋》之学，是公羊学派的代表人物。据现有资料，董仲舒似不曾专门研究《周易》和易学。但是，董仲舒思想理论体系的形成，确实又是与取资、借鉴易学研究成果分不开的。而在汉代易学发展史上，董学的影子也时时闪动，其精神主旨、学术风格对易学家们颇有影响和启示，二者有着一种不解之缘。董仲舒精研《春秋》，但对包括《周易》在内的其他儒家经典也均有所涉及或研究。《春秋》和《周易》都在儒家经典中占有特别重要的地位，人们可以从中更好地了解、把握自然界和人类社会的发展、演变及其规律，得到更为重要的教益和启发。正因为如此，董仲舒明确将《周易》与《春秋》并列，谓"《易》《春秋》明其知"①。实际上，早在春秋末年，《周易》与《春秋》的原型《鲁春秋》就为人们所并重。《左传》昭公二年载晋国韩宣子来鲁，"观书于太史氏，见《易象》与《鲁春秋》，曰：'周礼尽在鲁矣。吾乃今知周公之德与周之所以王也。'"这里的《易象》就是《易经》。的确，《周易》《春秋》二者相辅相成，相得益彰。《春秋》是以人事体现天道，《周易》则是以天道推衍人事；《春秋》是通过史实的记述来反映其中隐含的微言大义，《周易》则是依据普遍的思想原理来揭示具体实际所应遵循的规律和法则。用司马迁的话来说就是："《春秋》推见至隐，《易》本隐之以显。"②特别应该指出的是，《周易》和《春秋》都曾推究宇宙万物生成的根源，《易传》提出了太极之说，而《春秋》则提出了元（元气）的概念。西汉末年，刘歆还在其著名的《三统历》中对此作了较为详尽的诠释。杨向奎先生在谈到汉代公羊学派时说："他们是以《易》代表天道，以《春秋》专讲人事；《易》以道天地的变化，《春秋》以辩人事的是非，而人间是非是与天道变化分不开的，这样天人的相应，也是《易》与《春秋》的结合。这就是他们的'天人之际'，也就是'天人之学'。"③受董仲舒影响，此后不仅治《春秋》的学者往往兼重《周易》，而且治《周易》的学者对《春秋》也极为重视。京房等人就曾多次称引《春秋》所记灾异向最高统治者阐述《周易》之义。

董仲舒创立的天人感应的神学目的论是一种典型的天人之学。传统儒学偏重人道，罕言天道，关注的是人伦道德，《春秋》经传即是如此。要适应西汉中期的社会需要，解答时代的政治难题，必须适当调整一下注意力，重视天道和天人关系，力求从自然界中寻得人类社会发展的某种法则和规

---

① （汉）董仲舒：《春秋繁露·玉杯第二》，（清）苏舆《春秋繁露义证》，中华书局，1992，第35页。
② （汉）司马迁：《史记》卷一百一十七《司马相如列传》，中华书局，2013，第3698页。
③ 杨向奎：《司马迁的历史哲学》，《绎史斋学术文集》，上海人民出版社，1983，第126页。

律。于是,《易传》的天人合一思想和贯通三才之道的天地人一体观及推天道以明人事的整体思维方式在董仲舒那里得到很好的继承和进一步发挥。董仲舒认为,宇宙构成有三个基本要素或必要条件,即天地人,三者乃"万物之本","相为手足,合以成体,不可一无也"①。他力主天人同类,又将天塑造为具有某种神秘性和人格化的至上神:"天亦有喜怒之气、哀乐之心,与人相副,以类合之,天人一也。春,喜气也,故生;秋,怒气也,故杀;夏,乐气也,故养;冬,哀气也,故藏。四者,天人同有之。"② 在董仲舒看来,人是天的造物,天按照自己的形态或规律造出了人,人的形体和内在的道德、情感、意志等皆与天相类。天是人的主宰,人是天的附属,人必须遵从天道,服从天意。这样,《易传》中以自然天道观为主导的天人合一思想,被董仲舒发展成为一种理性与神秘主义的混合物,成为调节天人关系、解决社会政治问题的基本模式和理论依据。此后,易学的研究和运用也大都遵循了这一思路。值得注意的是,董仲舒不仅强调天人同类,而且推出"人副天数"的理论,将人的身体各部分的数字与天可以数得出来的数字相合,以进一步突出"天人一",使天人关系扣得更为紧密。此举显然有取于《易传》的筮数说。"由《周易》的流行,而更增数的神秘性,认为数是天道的一种表现。这一点完全由董氏所继承"③。正是在这种意义上,董仲舒曾经明确概括《周易》的特点:"《易》本天地,故长于数。"④ 应该承认,这对后来象数易学的兴盛也是有一定的舆论引导和推动作用的。

"《易经》的阴阳学与战国以来盛行的阴阳五行学,融合成为董仲舒的春秋公羊学"⑤。"《易》以道阴阳",《易传》提出了太极阴阳说,推出了"一阴一阳之谓道"的精湛命题。董仲舒对此加以继承和发挥。他将元(元

---

① (汉)董仲舒:《春秋繁露·立元神第十九》,(清)苏舆《春秋繁露义证》,中华书局,1992,第168页。
② (汉)董仲舒:《春秋繁露·阴阳义第四十九》,(清)苏舆《春秋繁露义证》,中华书局,1992,第341页。
③ 徐复观:《两汉思想史》第二卷,华东师范大学出版社,2001,第241页。
④ (汉)董仲舒:《春秋繁露·玉杯第二》,(清)苏舆《春秋繁露义证》,中华书局,1992,第36页。
⑤ 范文澜:《中国通史简编》(修订本)第二编,人民出版社,1964,第113页。

气）视为产生天地万物的本始物质，而元气就是阴阳中和之气，类似于《易传》的太极。在他看来，"天地之常，一阴一阳"①，阴阳交替，周而复始，流转不止。应该指出的是，先秦和汉初易学中有阴阳却无五行之说，二者更未结合起来。《易传》中讲过天地之数以五为贵，但并未以金、木、水、火、土的范畴解《易》。《尚书》中的《洪范》虽然讲了五行但却不言阴阳。所以，除了战国时期以邹衍为代表的阴阳家，后世所谓"儒家之中，就现在可考见者而言，首先兼言阴阳五行者，似是董仲舒"②。董仲舒认为，"天地之气，合而为一，分为阴阳，判为四时，列为五行"③，他将阴阳五行进一步结合起来，融为一体，提出了一整套更为系统、更为神秘的阴阳五行学说，其影响及于易学等领域。正是在这个意义上，司马迁将易学的宗旨概括为"著天地、阴阳、四时、五行"④。此后京房将五行之说全面引入易学领域，在重视阴阳之气、四时之气的同时，尤为重视用五行之气对阴阳之气、四时之气作进一步详尽的说明。阴阳五行学说的全面运用，使汉代易学特别是象数易学得以发展和完善。在这里，董仲舒所起的作用也是不容忽视的。

董仲舒的阴阳五行学说较之以往此类理论，也有着突出的人文化、伦理化、道德化的特征。《易传》中已有阳尊阴卑之说，并出现了比附社会现象的倾向，但毕竟不够明确、系统。董仲舒进一步发展了这种理论，指出"天数右阳而左阴"，"阳贵而阴贱"，且将其贯彻到了人类社会，"不当阳者，臣子是也；当阳者，君父是也。故人主南面，以阳为位也。阳贵而阴贱，天之制也"⑤"君臣、父子、夫妇之义，皆取诸阴阳之道。君为阳，臣为阴；父为阳，子为阴；夫为阳，妻为阴"⑥。经董仲舒之手而与阴阳联系

---

① （汉）董仲舒：《春秋繁露·阴阳义第四十九》，（清）苏舆《春秋繁露义证》，中华书局，1992，第341页。
② 张岱年：《中国哲学大纲》，商务印书馆，2015，第99页。
③ （汉）董仲舒：《春秋繁露·五行相生第五十八》，（清）苏舆《春秋繁露义证》，中华书局，1992，第362页。
④ （汉）司马迁：《史记》卷一百三十《太史公自序》，中华书局，2013，第3975页。
⑤ （汉）董仲舒：《春秋繁露·天辨在人第四十六》，（清）苏舆《春秋繁露义证》，中华书局，1992，第336~337页。
⑥ （汉）董仲舒：《春秋繁露·基义第五十三》，（清）苏舆《春秋繁露义证》，中华书局，1992，第350页。

起来的五行之说也同样被赋予社会道德属性:"五行者,乃孝子、忠臣之行也。"董仲舒曾以父子关系解释五行相生,力求使之合于"厚养生""谨送终之旨"①。这样,儒家的价值理想和道德规范就被自然地纳入阴阳五行家的宇宙图式之中。董仲舒这一思想主张和思维模式在京房、《易纬》等的卦气理论中得到了较好的继承和发挥。

在这里,我们还可以更清晰地看出当时易学自身演变和发展的轨迹。汉初易学注重义理,主要是阐发《周易》经传的人道教训之义。正如清儒皮锡瑞所说,"汉初说《易》,皆主义理,切人事,不言阴阳术数","盖得《易》之正传。田何、杨叔之遗,犹可考见"②。董仲舒本人也是属于义理之学的路数。然而正是其天人感应、阴阳灾异之说的推出和盛行,为不久以后象数易学的兴起,为它迅速发展并跃居汉代易学的主流和官方地位提供了重要契机。孟、京易学的产生,本质上是汉代以董仲舒为代表的天人感应、阴阳灾异理论在易学中的具体发展和表现。"董仲舒学说的基本内容即是以阴阳与五行之消息盈虚为天道之正常与变异及由此造成的人事吉凶祸福之根据。孟喜不过是把它具体引入易学,使之易学化而已"③。如果说孟喜、京房是汉代象数易学的开创者和奠基人,那么至少在一定意义上应该承认,董仲舒是孟、京易学的不祧之祖。董学构成了汉代象数易学的观念背景、思想基础和理论依据。

二 象数易学兴起的自然环境和社会政治根源

汉武帝以后,易学作为官方经学的组成部分而得到迅速发展,同时也步入了一个分化变革时期,其主要表现就是孟喜、京房象数易学的兴起。同任何思想文化的发展一样,易学的发展是与现实社会政治的发展演变密切相关的。汉武帝的一系列改革措施,使西汉皇朝进入颠峰状态,但物极

---

① (汉)董仲舒:《春秋繁露·五行之义第四十二》,(清)苏舆《春秋繁露义证》,中华书局,1992,第322页。
② (清)皮锡瑞:《经学通论·易经》,中华书局,2017,第26页。
③ 金春峰:《汉代思想史》(修订增补版),中国社会科学出版社,1997,第339页。

必反,盛极而衰,此时封建社会的固有矛盾也愈加激化,危机四伏。武帝晚年的轮台罪己,改弦更张及随后的昭宣中兴,虽然使社会矛盾有所缓和,经济生产有所恢复和发展,但并未也不可能从根本上解决问题。特别是在元帝放宽对私人工商业和地方宗族豪强的政策以后,土地兼并和贫富分化加剧,政治日益腐败、黑暗,出现了严重的社会危机。在这种情况下,对那些要求改变现状并时刻把握自身和国家命运的人们来说,以变为本而又能占筮吉凶的《周易》自然受到关注和钟爱。再者,最高统治集团在指导思想上的微妙变化,也使易学获得了更为广阔的发展空间。

　　武帝表章六经,但并没有给诸经之学以同等礼遇,而是根据现实政治需要和个人好恶,对春秋公羊学情有独钟。因为公羊学倡导的大一统精神对"汉武帝可谓正中下怀。一方面,这里包含着'尊王攘夷'之义,可以外事四夷;另一方面,可以在内部确立统一的礼义制度"[①]。就整个思想倾向而言,公羊学既有倡导礼乐仁德的一面,更有近于刑名法术之学的一面,这就为他在开展礼制建设的同时频频用兵和大兴土木提供了理论依据。实际上,后来的最高统治者都与武帝一样,选取最有利于自己统治的某种经义,给以特别尊崇,只是不像汉武帝那样突出、那样明确罢了。武帝死后,随着战争机制的解体与和平呼声的高涨,公羊学显然不宜再充当统治思想的主体部分。此后,得宣帝支持,偏重王道德治和宗法情谊的穀梁学一度得势,但已不能像公羊学那样独占鳌头。于是,经学中其他各家纷纷登场献艺,以求得到最高统治集团的垂青,在思想文化领域取得领先地位,进而获得更多的政治、经济利益。在这个过程中,各种学派几乎都曾受董仲舒天人感应、阴阳灾异之说的濡染和启发,从单纯关注人事,转向借助天道,借助各种自然现象来干预政治,但大都不可能从根本上改变以人事为本的状况。

　　在群经之学中,惟有易学偏重天道,关注自然界及其变化并与人事相联系,"所以会天道、人道也"[②],推天道以明人事,这就使易学具有了独特

---

① 田昌五、安作璋主编《秦汉史》,人民出版社,1993,第8页。
② 荆门市博物馆:《郭店楚墓竹简》,文物出版社,1998,第194页。

的优势。这一独特优势又因为当时自然环境和生存条件的某种变化而引起人们的特别关注。许多文献、考古资料和当代自然科学特别是地质学、气象学等研究成果表明，春秋、战国、秦和西汉，历时八九百年，是我国的第一个暖期，而从公元初到公元 600 年前后，我国出现了第二个冷期，经历了东汉、三国、两晋和南北朝时期。[①] 其间，由西汉后期开始至东汉时期，我国则处于一个由暖而寒的气候变迁时期，这在黄河流域表现得尤为显著。汉武帝以前，黄河流域盛产竹、漆等适宜温湿气候条件的植物，后来集中分布区域却不断南移。与此同时，在黄河流域，曾经是主要农作物的水稻，其种植面积日渐缩小，而耐寒耐旱的小麦和豆类作物则得到大面积推广。这些均与气候变得干冷有关。在历史文献中，自汉武帝之时起，有关气候异常寒冷的记载屡屡出现。武帝之后，气候寒冷而致灾的记述更是屡见于载籍。据有的学者统计，从西汉元帝至东汉明帝之间的 120 余年中，有关气候异常寒冷而导致灾异的历史记录特别集中，多达 20 余起。其中，元、成时代较为集中的 23 年中计有 6 起，而在王莽专政时最为集中的 10 年中，大约 7 年都曾有严寒导致的灾害[②]。与农时密切相关的二十四节气，在这期间也发生过一些变化。根据《礼记·月令》《夏小正》《汉书·律历志》引刘歆《三统历》，现今二十四节气中"雨水→惊蛰"、"清明→谷雨"的次序在汉初是"惊蛰→雨水"、"谷雨→清明"，武帝太初之时仍是如此。今本《逸周书·时训解》提及的二十四节气与现在相同。清代卢文弨在沈彤之校的基础上校注此处，曰："古雨水在惊蛰后，前汉未始易之，后人遂以习见妄改古书。此旧本亦以雨水在前，惊蛰在后，非也。今从沈改之。下谷雨、清明亦然。"[③] 潘振、丁宗洛、朱右曾相继校注《逸周书》，于此处皆从卢说。《淮南子·天文训》所列二十四节气亦与现在相同。王念孙曰："惊蛰本在雨水前，谷雨本在清明前。今本惊蛰在雨水后，谷雨在清明

---

① 竺可桢：《中国近五千年来气候变迁的初步研究》，《竺可桢文集》，科学出版社，1979，第 475~798 页。
② 王子今：《秦汉时期气候变迁的历史学考察》，载《历史研究》1995 年第 2 期。
③ 黄怀信等：《逸周书汇校集注》，上海古籍出版社，1995，第 624 页。

后者，后人以今之节气改之也。"① 实际上，《淮南子·时则训》所记孟春之月"蛰虫始振苏"、仲春之月"始雨水"以及《天文训》本身所说清明风为立夏前后之风，就证明了这一点。据现有资料，现今二十四节气的顺序首见于《京氏易传》，而在历法中则是由刘歆《三统历》确定下来的。对春季节气进行变动，先雨水而后惊蛰，先清明而后谷雨，正是当时人们为适应气候变冷而采取相应措施的一种反映。因为农业耕种"失时"，不论是"先时"还是"后时"，都会影响收成。所以，气候转暖时，先谷雨而后清明，使春播提前，以避免"后时"；气候转冷时，则先清明而后谷雨，以推迟春播，避免"先时"，从而保证农作物有一定的出苗率。② 此外，当时的一些易学著作也透露出气候变冷的某种信息，其中最突出的就是被称为"反映西汉社会风貌的一面镜子"的焦延寿《易林》③。《易林》中屡屡提及冰雹霜雪等自然灾害。如《泰之噬嗑》《蛊之未济》："固阴冱寒，常冰不温。凌人惰怠，大雹为灾。"对寒冷之灾给农作物生长和农民生活造成的危害，《易林》更是多有述及："飞风送迎，大雹将下。击我禾稼，僵死不起。"④"早霜晚雪，伤害禾麦。损功弃力，饥无所食。"⑤"喜怒不时，雪霜为灾。稼穑无功，后稷饥忧。"⑥ 当然，焦延寿等人并未感受和意识到这种寒冷是一个长时期、大范围的自然演变过程，而不是一时的偶然现象。

在科学水平不够发达的时代，气候的这种异常，不仅直接影响农业生产和农民生活，而且还会引发一系列社会问题。众所周知，人、社会与自然相互联系，相互作用，构成一个巨大的生态系统，构成一个统一的世界。自然界不仅是人和社会存在的外部条件，而且是整个生态系统的内在机制。也就是说，作为人的无机的身体，自然界参与人生和社会的创造活动，对

---

① （清）王念孙：《读书杂志·读淮南内篇杂志》，上海古籍出版社，2015，第2033～2034页。
② 王鹏飞：《节气顺序和我国古代气候变化》，载《南京气象学院学报》1980年第1期。
③ 唐明邦：《〈大衍新解〉序》，王赣、牛力达《大衍新解》，济南出版社，1992。
④ （汉）焦延寿：《易林·坎之渐》，徐传武、胡真校点《易林汇校集注》，上海古籍出版社，2012，第1112页。
⑤ （汉）焦延寿：《易林·需之咸》，徐传武、胡真校点《易林汇校集注》，上海古籍出版社，2012，第204页。
⑥ （汉）焦延寿：《易林·观之大畜》，徐传武、胡真校点《易林汇校集注》，上海古籍出版社，2012，第774页。

人类文明的演变、发展形成广泛而深刻的影响。尽管人和社会是创造历史的主体,但其创造活动又必须在一定的自然条件下进行。这本身也合于《周易》的天地人一体观。就自然灾害而言,它之所以被视为灾害,就是因为它具有明显的社会性,一旦发生,就会对人、人造物及其生存和发展的环境产生程度不同的冲击和危害。所以说,只要发生自然灾害,就会在一定程度上引起人类生存环境的大气层、生物圈、水域以及社会经济系统的连锁反应。"自然灾害的发生不仅仅直接冲击社会,还冲击构成社会的或社会生存与发展所依赖的自然环境、人文环境以及个人、家庭与社区。所以,与其说自然灾害对社会的冲击是一个自然过程,倒不如说是自然过程基础上的社会过程。而且自然灾害冲击社会的整个链条上的每一环都不是孤立的,而是相互联系和相互作用的"[1]。西汉后期,黄河流域地区气候变干变冷,自然灾害接连不断,加上董仲舒天人感应、阴阳灾异之说盛行于世,使人们在心理上产生了种种疑虑和恐慌,因为正常的气候和节气不仅是人类生存、发展的重要前提,而且是社会秩序正常、和谐的象征。为了进行必要的心理调适,人们需要更多地关注天道,关注自然界及其变化规律,而在经学独尊的形势下,人们自然将注意力转向反映天道的《周易》和易学,将对正常、合宜的气候和节气的期望、企盼寄托在井然有序的《易》卦体系上面。

就实际的社会政治形势而言,即使与被视为同等重要的《春秋》之学相比,易学也占有明显优势。《春秋》之学"以人事通天道",讲阴阳灾异时往往直接比附人事(包括史实和时政),这就比较容易触犯最高统治集团的忌讳,而在专制主义时代,统治者往往不顾长远利益而看重眼前的利益和权威。这样,《春秋》学者从董仲舒开始就面临性命之忧。当然,汉武帝、董仲舒之时虽已出现社会危机,但刘汉皇朝仍然是处于一个明显的上升时期,经学之士对时政还是充满信心的,也敢于和乐于借助《春秋》史实和经义来直抒胸臆,阐述己见,而汉武帝又是一个雄才大略的皇帝,对一些鲠骨之士尚能网开一面。在这以后,社会矛盾逐渐尖锐,危机日重,

---

[1] 陈兴民:《自然灾害链式特征探论》,载《西南师范大学学报》1998年第2期。

政治黑暗。此时要想打动最高统治集团，已经不能再像《春秋》学者那样偏于人道，借古讽今，或直接以灾异与人事相比附，而只能寻找一种更能显示天意、沟通天人，更抽象、更含蓄、更神秘的理论学说来表达政见、抒发胸臆。这样，《周易》和易学就成为令众多士人倾心的思想武器。他们借助于代表天象的卦象来考察灾祥，针砭时弊，阐述政见，以实现明王道、正人伦的目的。

社会危机的加深，促使思想家们对自己的理论体系和思想方法进行必要的深化，而当儒家经典成为最高的理论权威之后，这一切又几乎都得在经学范围内展开。前面说过，在受到尊崇的六经中，《春秋》与《周易》最为重要，但若再加区分，则又是《周易》居六经之首，为其他五经之本、之原。班固一方面强调"幽赞神明，通合天人之道者，莫著乎《易》、《春秋》"①，一方面又肯定了《周易》六艺之首、道之大原的特殊地位："六艺之文，《乐》以和神，仁之表也；《诗》以正言，义之用也；《礼》以明体，明者著见，故无训也；《书》以广听，知之术也；《春秋》以断事，信之符也。五者盖五常之道，相须而备。而《易》为之原，故曰'《易》不可见，则乾坤或几乎息矣'，言与天地为终始也。"②的确，就哲学思维水平来讲，《周易》要高于《春秋》，因而后世学者往往以《周易》为体，《春秋》为用。另外，较之其他诸经，《易》最容易进行附会和发挥，"居于最有利的地位。《书》只能附会《洪范》。翼奉的'《诗》有五际'，难得确解，即可知其附会的不易。《春秋》只能附会灾异。惟有《易》，卦爻自身，本是象征的符号，而其起源是凭'神以知来'，由天道以言人事。许多地方是直接谈到天道与人事关连的"③。应该指出的是，当时极盛的易学是象数易学。作为易学的重要组成部分，象数易学可谓源远流长。春秋时期已经出现零星的象数思想，特别是取象说已经相当丰富。到战国中后期，象数思想业已成熟。《易传》在重视义理的同时，进一步充实、发展以往的取象说，并创设爻位说，以象数注解卦爻辞，揭示出象辞之间的内在联系，对《周易》

---

① （汉）班固：《汉书》卷七十五《眭两夏侯京翼李传赞》，中华书局，1962，第3194页。
② （汉）班固：《汉书》卷三十《艺文志》，中华书局，1962，第1723页。
③ 徐复观：《两汉思想史》第二卷，华东师范大学出版社，2001，第295页。

象数的概念、性质和作用进行了较为全面、较为系统的概括，从而为后来象数易学的发展奠定了坚实的基础。汉初之时的易学领域，义理之学兴盛，象数易学隐而不显。但董仲舒已经开始注意象数在易学中的重要性，其思想学说则为后来象数易学的兴起准备了重要的观念背景、思想基础和理论依据。西汉后期，自然变迁更加剧烈，社会危机严重，又为象数易学的崛起提供了重要契机。就总体而言，"说天者莫辨乎《易》"①，《周易》注重阐发天道，与天文、历法活动联系密切。《易传》中最早使用"天文"一词，并提及"制历明时"云云，其筮法理论更与历法中关于一年日数以及五年设置闰月两次的规定有关。而易学家们也往往精通天文、历法之学，甚至同时就是天文学家、历法学家。应该说，易学中的任何流派都关注天道，但又以象数派最为突出，而且它"多参天象"②，注意借鉴、吸收天文、历法等方面的自然科学知识。这就使它在人们需要了解和把握天道的时候，显示出特殊的价值。再者，象数易学注重易学的宗教巫术形式，注重占验应用，这在自然、社会发生明显变化的时期，颇能引起那些需要占筮吉凶者的共鸣。另外，象数易学的语言有更多的神秘色彩，可以运用来批评时政而又不致遭遇杀身之祸。因为在当时，通过推演灾异来直接干预政治、比附人事而险遭不测甚至丢掉性命的士人中就有一些义理派易学家。如先学孟氏易后习韩氏易的盖宽饶曾上书批评宣帝为政"圣道浸废，儒术不行，以刑馀为周、召，以法律为《诗》《书》"，而且征引《韩氏易传》称："五帝官天下，三王家天下，家以传子，官以传贤，若四时之运，功成者去，不得其人则不居其位。"③ 结果被视为"大逆不道"，被逼自杀。在这种情况下，人们自然纷纷转向研究象数易学。

三 魏相以政治力量推进易学发展

象数易学的突飞猛进，开始于汉宣帝时期。丞相魏相虽非易学专家，

---

① （汉）扬雄：《法言·寡见》，汪荣宝《法言义疏》，中华书局，1987，第215页。
② （唐）李鼎祚：《周易集解·序》，中华书局，2016，第1页。
③ （汉）班固：《汉书》卷七十七《盖宽饶传》，中华书局，1962，第3247页。

但却是其间的关键人物。魏相，济阴定陶（今山东菏泽市定陶区）人，字弱翁。后徙平陵（今陕西咸阳西北）。汉宣帝时，封高平侯，官至丞相。他"少学《易》"，"明《易经》，有师法"，在政治上很有作为。他"取法天地"，进一步使易学与阴阳时节的变化联系起来。魏相曾数表采《易阴阳》及《明堂月令》上奏宣帝："臣闻《易》曰：'天地以顺动，故日月不过，四时不忒；圣王以顺动，故刑罚清而民服。'天地变化，必由阴阳，阴阳之分，以日为纪。日冬夏至，则八风之序立，万物之性成，各有常职，不得相干。东方之神太昊，乘震执规司春；南方之神炎帝，乘离执衡司夏；西方之神少昊，乘兑执矩司秋；北方之神颛顼，乘坎执权司冬；中央之神黄帝，乘坤、艮执绳司下土。兹五帝所司，各有时也。东方之卦不可以治西方，南方之卦不可以治北方。春兴兑治则饥，秋兴震治则华，冬兴离治则泄，夏兴坎治则雹。明王谨于尊天，慎于养人，故立羲和之官以乘四时，节授民事。君动静以道，奉顺阴阳，则日月光明，风雨时节，寒暑调和。三者得叙，则灾害不生，五谷熟，丝麻遂，中木茂，鸟兽蕃，民不夭疾，衣食有余。若是，则君尊民说，上下亡怨，政教不违，礼让可兴。夫风雨不时，则伤农桑；农桑伤，则民饥寒；饥寒在身，则亡廉耻，寇贼奸宄所由生也。臣愚以为，阴阳者，王事之本，群生之命，自古圣贤未有不由者也。"他还向宣帝建议："愿陛下选明经通知阴阳者四人，各主一时，时至明言所职，以和阴阳，天下幸甚！"宣帝接受了这一建议①。

魏相将《易》卦与方位、四时相配合，主要取资于《周易·说卦传》所言："万物出乎震。震，东方也。……离也者，明也，万物皆相见，南方之卦也。……兑，正秋也，万物之所说也。……坎者，水也，正北方之卦也。"但这里除兑卦外，其他卦并未明言季节。当然，季节与方位相联系的说法还曾见于其他古籍。如《管子·四时》说："春、夏、秋、冬将何行？东方曰星，其时曰春……；南方曰日，其时曰夏……；西方曰辰，其时曰秋……；北方曰月，其时曰冬……。"不过，在易学领域中，魏相却是第一次提出方位、四时说，并将《周易》纳入阴阳灾异系统，其中隐含有许多

---

① （汉）班固：《汉书》卷七十四《魏相传》，中华书局，1962，第3139页。

象数易学的内容，颇为后来的象数易学家所采。例如，孟喜所得《易家候阴阳灾变书》，据考证，就是魏相所表采之《易阴阳》①。京房也曾经"以明《易阴阳》得幸于上"②。从孟喜、《易纬》直至虞翻等，均以四正卦坎、震、离、兑表征冬、春、夏、秋四时之象，这也可能与魏相之说存在一种前后相承的关系。有的学者分析道："魏相以五帝乘卦执度衡之器司掌四时，焦赣、京房亦以六十四卦直日用事，皆以卦论时节风雨寒温之变。魏相之'奉顺阴阳'，主要在于日月是否光明，风雨是否符合时节，寒暑是否及时而且调和，这又与焦京以风雨寒温为候的论述若合符节。因此焦京之学或受魏氏之启迪，或对魏易有所承受。但可肯定，京房和焦赣的测候中蕴涵了魏相易学的主要内容。"③ 有的学者则认为，在前引魏相给宣帝的奏文中，已经隐含着卦气说、五行说、纳甲说等因素④，应该是很有道理的。再者，魏相身居丞相之职，其政治影响力必然有助于易学的改革与发展，这就为后来象数易学的全面兴盛提供了重要契机。还有，魏相主张在行政制度上进行改革，并促使宣帝改变奏章进呈办法，取消奏章副本，从而强化、巩固了皇权。这可以说是对《易传》变革精神的张扬。另外，鉴于当时"水旱不时"，"民多背本趋末，或有饥寒之色"，"民以其愁苦之气，伤阴阳之和也"，魏相建议宣帝采取"举贤良""宽租赋"等一系列措施，"周急继困，慰安元元"，从而实现"明主在上，贤辅在下"，"君安虞而民和睦"的社会政治局面⑤。这显然是对《易传》中正、太和观念的继承和弘扬，具有积极的政治和学术意义。

四 孟喜为象数易学的兴盛奠定了坚实基础

与魏相同时或略晚的孟喜，真正从理论上为象数易学的发展奠定了坚

---

① （清）全祖望：《读易别录》卷一，中华书局，1985 年影印《丛书集成初编》本，第 5 页。
② （汉）班固：《汉书》卷八十《宣元六王传》，中华书局，1962，第 3314 页。
③ 卢央：《京房评传》，南京大学出版社，1998，第 205 页。
④ 连劭名：《〈汉书·魏相传〉与西汉易学》，载《周易研究》2000 年第 2 期。
⑤ （汉）班固：《汉书》卷七十四《魏相传》，中华书局，1962，第 3137 页。

实基础。孟喜，东海兰陵（今山东兰陵）人，字长卿。本来，孟喜与施雠、梁丘贺同学于田王孙，为田何再传弟子，其治《易》路数自然属于义理一派。后来，他"得《易家候阴阳灾变书》"①，开始以阴阳灾异解说《周易》，建立起以卦气说为中心的较为完整的象数易学理论。这种理论按照一定规律，将《周易》卦爻与四时、十二月、二十四节气、七十二候有机地结合起来，而又以节气为本，故称卦气说。与魏相一样，孟喜以《易》卦与方位、四时相配，正居北、东、南、西四方的坎、震、离、兑为四正卦，分主一年四季，每卦六爻，共二十四爻，分主一年中的二十四节气。如坎居正北，卦象为两个经卦相重，均是二阴一阳，表示阳气萌动而尚未通达，至二月坎卦凝固之气消失，坎卦用事始告结束。所以坎卦自初爻至上爻，分别表示十一月至一月三个月中的六个节气，即冬至、小寒、大寒、立春、雨水和惊蛰。其他三个正卦亦依次类推。至于我们前面提到的雨水、惊蛰以及清明、谷雨在这里的先后次序，惜今所存孟喜之说的资料仅见于唐代僧一行《卦议》，因而不可得而知。僧一行制卦气图，宋代朱震《汉上易传》引李溉卦气图，虽皆源于孟喜所述之意，但其气节顺序等具体细节则是依据《京氏易传》《易纬》以及后来的历法等。

　　孟喜卦气说的主干是十二月卦即十二消息卦之说。消是阴进阳退，息是阳进阴退。阴阳二气的相互推移决定了四时的交替变化，这类似于阴阳二爻相互推移所引起的卦变。于是孟喜用以编制了一个卦气图式，从六十四卦中选取十二卦，将其有规律地与一年中的十二个月组合起来：复、临、泰、大壮、夬、乾、姤、遁、否、观、剥、坤分别配十一月、十二月、正月、二月、三月、四月、五月、六月、七月、八月、九月、十月。它们相配的依据在于阴阳消息。如十一月，"微阳动于下"，而复卦一阳生于五阴之下，可视为一阳长于坤阴之初，坤为地，故复卦配以十一月。在十二卦中，由复至乾，此六卦体现了阳长阴消的过程，故称息卦；姤至乾则为消卦，体现了阴长阳消的过程。阴阳消息，周流不已，以此显示十二月交替循环，即所谓"五六相乘，消息一变，十有二变而岁复初"。与此同时，孟

---

① （汉）班固：《汉书》卷八十八《儒林传》，中华书局，1962，第3599页。

喜又提出六日七分说、七十二候说。除离、坎、震、兑四正卦外，其余六十卦配一年三百六十五又四分之一日和七十二候。此六十卦以辟、公、侯、卿、大夫五等爵位命名，各十二卦。其中辟卦十二即上面提到的十二消息卦，因辟为主、为君，故又称十二主卦或十二辟卦。六十卦配三百六十五又四分之一日，就是按五等爵位依次交替进行，每月五个爵位，代表五卦。自十一月中孚为始，中孚为三公，复为天子，屯为诸侯，谦为大夫，睽为九卿，又升还从三公，如此周而复始。每月值五卦，十二个月共六十卦。但按照历法规定，每月实际日数并不都是三十，一年也不是三百六十日，而是三百六十五又四分之一日。六十卦三百六十爻，一爻主一日，还余五又四分之一日。于是孟喜将其平分到六十卦中。首先，用六十卦除三百六十日，每卦得六日，每日又分成八十分，五又四分之一日便是四百二十分，再除以六十卦，每卦得七分。是为孟喜六日七分说。此外，孟喜又提出七十二候说，以六十卦配一年七十二候。一年二十四节气，每一节气又分为初、次、末三候，共七十二候。每一节气十五日，每候主五日。而每卦约主六日，五乘以六为三十，相当于一个月的天数，即孟喜所谓"卦以地六，候以天五，五六相乘，消息一变"[①]。具体说来，六十卦与七十二候相配，初候为始卦，次候为中卦，末候为终卦。始候、次候、末候各为二十四。配公卦、侯卦，次候配辟卦、大夫卦，末候配侯卦、卿卦。这里与七十二候相配的为六十卦，尚缺十二卦，于是便以侯卦补之，将侯卦分为内、外两卦，使每个侯卦分主两候，十二侯卦则主二十四候。每月月首称节，月中称中，故二十四节气又分为中气十二、节气十二。凡是配节气、中气初候者称始卦，配次候者称中卦，配末候称终卦。就一年的节气变化而言，十一月中冬至，初候为公卦中孚，次候为辟卦复，末候为侯卦屯（内）。此为一年节气变化的开始。到次年十一月节大雷末候颐卦，为一年节气变化的终结。孟喜所谓"四象之变，皆兼六爻，而中、节之应备矣"[②]，就是对

---

① （唐）一行：《卦议》引《孟氏章句》，（宋）欧阳修《新唐书·历志》，中华书局，1975，第599页。
② （唐）一行：《卦议》引《孟氏章句》，（宋）欧阳修《新唐书·历志》，中华书局，1975，第599页。

这一过程的概括。

在孟喜的这个卦气图式中，时令、气候、方位等均可由六十四卦推演而来，二者有着极为密切、极为巧妙的结合。如果卦爻阴阳发生错乱，时令、气候等也会随之出现异常。在当时社会危机渐露端倪，自然环境出现变化，特别是天气由暖而寒的转变，人们更加热切地追求自然和谐，追求以自然和谐为根据的社会和谐，而孟喜则进一步将这种理想落实到《易》卦模式中。孟喜此举是易学思想史上的一次巨变，它彻底改变了战国至汉初说《易》解《易》的传统学风，标志着象数易学的兴起。《易传》虽然也讲象数，但毕竟以人文化、哲理化的义理为主。汉初说《易》皆主义理，切人事，象数之学几近销声匿迹。董仲舒提到"《易》本天地，故长于数"①，其天人感应、阴阳灾异之说亦为象数易学的繁盛提供了重要的观念背景和思想基础，但这些终究还不是具体的易学理论，而且董仲舒等人运用的还是义理派的路数。魏相的象数易学理论虽有重要意义，但非常零散和薄弱，根本构不成体系。孟喜起初走的也是义理派的路子，但他却适应时代的变化与发展，又"得《易家候阴阳灾变书》"②，一改师法，开风气之先，将天文、历法和气象等科学知识纳入《周易》的框架结构之中，创立了一套以卦气说为中心的象数易学理论，这就推动了易学的发展，使其更贴近社会，贴近时代，以满足现实政治与人们精神生活的需要。

当然，正如有的学者所指出的，卦气说在孟喜之前早已有传，并非孟喜之诈言，确由田何系统承自先儒旧说而来。在春秋战国时期的《子夏易传》和《易传》中，均有卦气说的思想因素。殷墟甲骨文中的四方之名，以及《尚书·尧典》中的"析""因""夷""隩"，与后天八卦方位中的四正卦相同。由此可知，卦气说渊源久远，孟喜之说并非毫无所本③。另外，孟喜打乱《周易》六十四卦的排列顺序，使之完全合于四时、十二月、二

---

① （汉）董仲舒：《春秋繁露·玉杯第二》，（清）苏舆《春秋繁露义证》，中华书局，1992，第34页。
② （汉）班固：《汉书》卷八十八《儒林传》，中华书局，1962，第3599页。
③ 刘大钧：《"卦气"溯源》，载《中国社会科学》2000年第5期。又参见连劭名《长沙楚帛书与卦气说》，载《考古》1990年第11期；廖名春：《〈周易〉经传与易学史新论》，齐鲁书社，2001，第26~41页。

十四节气、七十二候等历法规定，有着明显的削足适履、生搬硬套的弊端，尽管其间寄寓着他追求天人完美和谐的愿望和理想。孟喜依据卦爻的变化来推断、预测卦气的运行流转正常与否，主要目的还是要用以比附社会人事，用来占验阴阳灾异。"其说《易》本于气，而后以人事明之"①。在他看来，如果卦气出现参前错后的反常情况，这就是上天发出的灾异谴告。这是董仲舒灾异谴告理论在易学的运用和推广。值得注意的是，孟喜以卦气说为中心创立的象数易学理论，开始并未得到广泛认同，甚至被视为异端邪说。当时经学重师法，但孟喜的易学却背离了其师田王孙的学术方向和治学风格，所以当初孟喜做丞相掾时，"博士缺，众人荐喜。上闻喜改师法，遂不用喜"②。后来，人们逐渐感受到义理派易学在政治斗争中的不利之处，转而热衷于象数易学，孟喜在易学史上的地位得到提高，影响也随之大大增强。

五　京房象数易学体系的推出

对孟喜象数易学理论加以全面继承和发展的是京房。京房，东郡（今河南清丰西南）人，字君明。本姓李，吹律自定为京氏。他从焦延寿习《易》，精于象数之学，汉元帝时为博士，其著作现存有《京氏易传》。京房打破以《序卦》为代表的传统方法，用八宫卦来排列六十四卦的顺序，从而更好地反映出阴阳消长的过程。他将八经卦的重卦分为八宫，又称八纯，乾、震、坎、艮、坤、巽、离、兑依次排列，前四卦为阳卦，后四卦为阴卦。每宫一纯卦又统率七变卦，如乾宫乾为纯卦，统率姤、遁、否、观、剥、晋、大有七卦。纯卦又称做上世卦，六爻皆不变。其所属各卦，则根据卦爻变化情况，分别称做一世卦、二世卦、三世卦、四世卦、五世卦、游魂卦、归魂卦。这就发展了孟喜之说，再次集中显示了八卦相荡、阴阳消长的思想。与此相应，受《易传》天地人鬼合一思想的启示和影响，京

---

① （唐）一行：《卦议》引《孟氏章句》，（宋）欧阳修《新唐书·历志》，中华书局，1975，第599页。
② （汉）班固：《汉书》卷八十八《儒林传》，中华书局，1962，第3599页。

房又将八宫卦的一世、二世称为地易，三世、四世称为人易，五世、八纯称为天易，游魂、归魂称为鬼易。这是对易学整体思维方式的继承和发展，意在说明《周易》卦爻结构本身就是一个统贯天人、涵盖宇宙的统一整体。

为了确立一卦六爻中的主从关系，京房创设了"世应"的体例。一卦六爻中有一主爻，支配着整个卦，决定着这一卦的性质和吉凶，是为卦主。一卦的卦主就是世爻。与主爻相对应，处于从属地位的，称为应爻。世爻、应爻的确立完全依据八宫爻变原则，奇偶相与。一卦六爻，初、三、五为奇，二、四、上为偶。若初为世，则四为应；二为世，则五为应；三为世，则上为应。反之亦然。京房还比附人事，比附社会等级制度，将六爻视为六等，初爻为元士，二爻为大夫，三爻为三公，四爻为诸侯，五爻为天子，上爻为宗庙。六爻之间既有着主从、贵贱的不同，又存在着密切配合的关系，而且这种关系具有不确定性，随时可能发生变化，并形成新的关系。如京房解姤卦曰："元士居世，尊就卑，定吉凶，只取一爻之象。九四诸侯，坚刚在上，阴气处下。"意谓姤卦为乾宫一世卦，初六爻为世爻、为一卦之主，九四阳爻与之相应。其解剥卦曰："天子治世，反应大夫。"意谓剥卦为乾宫五世卦，六五爻为主，与六二爻相呼应。京氏世应说主要是为占筮之术服务的，但根本目的则在于调节社会等级秩序，以实现社会和谐并进而实现自然与社会的整体和谐，与京房承自《易传》的中正、太和之说，有着异曲同工之妙。

京房注意到，在卦爻结构中，阴阳变化往往处于隐显、有无、往来等状态，于是创设了"飞伏"的体例。可见而现于外者为飞，不可见而藏于内者为伏。卦象、爻象皆有飞有伏，阳飞则阴伏，阴飞则阳伏。由于六十四卦皆为八纯卦相重而成，八纯卦之阴阳又均为两两相对，所以乾与坤、震与巽、坎与离、艮与兑都是互为飞伏。这就在本卦卦爻象之外又增加了一卦爻象，可以更好地解释卦气图式中阴阳二气变易消息的规律，更灵活地比附人事，占验吉凶。

京房将八纯卦及其各爻与十天干、十二地支相配，创建了纳甲说。八纯卦各配以十天干，天干之首为甲，故称纳甲；各爻分别配以十二地支，故称纳支。一般称纳甲而兼赅纳支。乾卦内卦纳甲，外卦纳壬，坤卦内卦纳乙，外卦纳癸，其余六子卦各配以庚、辛、戊、己、丙、丁。同时，又将十二支纳入八纯卦中。八纯卦分为四阳卦和四阴卦，前者为乾、震、坎、艮，后者为坤、巽、离、兑。阳卦纳阳支，按其顺序而顺行；阴卦纳阴支，按其顺序而逆行。具体说来，自初爻至上爻，乾配子、寅、辰、午、申、戌；坤配未、巳、卯、丑、亥、酉；震配子、寅、辰、午、申、戌；巽配丑、亥、酉、未、巳、卯；坎配寅、辰、午、申、戌、子；离配卯、丑、亥、酉、未、巳；艮配辰、戌、申、戌、子、寅；兑配巳、卯、丑、亥、酉、未。京房的纳甲、纳支说，将卦爻的阴阳变化编排得如同干支六十周期那样井然有序，有条不紊，从而与历法进一步密切地结合起来，便于更好地推算人事的吉凶。特别是纳支，就筮法角度来讲，其作用远远超过了纳甲。《易》卦纳支及由纳支而建立起来的复杂的五行之间的关系，成为人们断卦的主要依据，后世受其启发而推出的爻辰说，则成为汉代象数易学的重要内容。

吸收、借鉴五行学说解释《周易》卦爻象和卦爻辞，是京房易学的一大特色。据现有资料，汉代以前，易学领域尚未系统使用金、木、水、火、土的范畴。《周易·说卦传》曾将坎、离象定为水、火，乾象定为金，巽象定为木，但未明确以五行与《易》卦相配。至汉代，虽然《淮南子》提出干支五行化思想，董仲舒又将阴阳说与五行说系统地结合起来，但却没有具体落实到易学之中。所以京房以五行配《易》卦，这是前所未有的发明。他以五行配八经卦，乾、兑为金，坤、艮为土，坎为水，离为火，震、巽为木。由此，六十四卦皆可视为由五行构成。如遁卦下艮上乾，可视为下土上金。而且六爻纳支，实为纳五行，卦中各爻皆按阴阳区分，配入五行。如乾为阳卦，各爻配以阳支，自初至上爻依次为子水、寅木、辰土、午火、申金、戌土。六十四卦三百八十四爻皆与五行相关联，从而形成了卦爻的五行之象。这就是京房所谓"八卦分阴阳、六位、五行，光明四通"[1]。京房还引入五行生克说，用以解释卦爻象的吉凶。如乾卦母为金，其初爻为水，母子关系是金生水，称福德；其二爻为木，母子关系是金克木，称宝

---

[1] （汉）京房：《京氏易传》卷下，中华书局，1991，第31页。

贝；其三爻为土，母子关系是土生金，称父母；其四爻为火，母子关系是火克金，称鬼或官鬼，彼此敌对；其五爻为金，母子皆为金，称同气，彼此相等，互不相害，反而伤木。京房此说，诠释了卦爻之间错综复杂的制约关系，进而编排成了一个更加适用、更为广泛的占验体系。

孟喜开风气之先，创立了卦气说，但其理论阐释还是初步的、粗线条的。京房在孟喜卦气说的基础上，建立了一套更为系统和完善的卦气理论。为了更好地以卦爻与二十四节气相配，京房在孟喜确立的四正卦即坎、震、离、兑之外，又增加巽、艮两卦，而且改变了孟喜四正卦每爻主一节气的做法，取每一卦初、四两爻，让每一爻主两个节气，这样六卦十二爻共主二十四节气：坎初六爻主立春、立秋，六四爻主立夏、立冬。巽初六爻主雨水、处暑，六四爻主小满、小雪。震初九爻主惊蛰、白露，六四爻主芒种、大雪。兑九四爻主春分、秋分，初九爻主夏至、冬至。艮六四爻主清明、寒露，初六爻主小暑、小寒。离九四爻主谷雨、霜降、初九爻主大暑、大寒。在京房看来，一年的节气，存在着一种相互对应的关系，上半年从立春到大暑，下半年从立秋到大寒，都是一一对应，所以每一爻皆主两个对应的节气。此时的二十四节气中，已是先雨水，后惊蛰，先清明，后谷雨，说明人们已经习惯了逐渐变冷的气候条件，并开始对历法规定作某些相应的调整。

京房又将六十四卦三百八十四爻与二十四节气相配，提出了建候说和积算说。京房认为，八宫六十四卦，每卦六爻，自世爻始，每爻历一月两节气，共历六月十二节气，是为建候。如乾卦世爻在上，故自上九开始建甲子，当十一月大雪、冬至两节气。初九建乙丑，当十二月小寒、大寒两节气。九二建丙寅，当正月立春、雨水两节气。九三建丁卯，当二月惊蛰、春分两节气。九四建戊辰，当三月清明、谷雨两节气。九五建己巳，当四月立夏、小满两节气。建候的原则是六辰自世爻开始受气，中经四辰积气，至最后一辰则气积而形成完整的卦体之象。京房的积算说以建候末干支为起点，每爻配一干支，轮流交换相配十次，六爻共配六十次。如乾宫乾卦建月甲子，至己巳止，积算自己巳起，至戊辰止，从己巳到戊辰，正好六十为一周。此法可以时、日、月、年计算，每爻分主十时、十日、十月、十年，也就是说每卦六爻分主五日、两个月、五年、六十年。六十干支被纳入每一卦之中，循环往复，象征着年月日时的变化，并以此预测吉凶。另外，京房也提出六日七分说，将六十四卦与一年三百六十五又四分之一日相配，得出一卦主六日七分。值得注意的是，与孟喜的六日七分说不同，京房是以六十四卦与一年日数相配。其分配方法是，四正卦中主二至二分的初爻，各为一日八十分之七十三，颐、晋、升、大畜四卦各居四正卦之前而为五日十四分，其余卦皆当六日七分。这种说法将四正卦纳入一年的月份之中，即坎当十一月，离当五月，震当二月，兑当八月。八纯卦中的其他四卦是乾主立冬，当十月；坤主立秋，当七月；巽主立夏，当四月；艮主立春，当正月。按京房"阴从午，阳从子，子午分行，子左行，午右行"的说法①，制成八卦卦气图。其所谓"子午分行"是说，从子左行至午，为阳气由萌生至兴盛的过程；从午右行至子，为阴气从萌生至兴盛的过程。

京房上述诸说，主要是对《周易》占筮体例的理解和发挥，其价值和作用也主要体现在宗教巫术方面。但是，京房之说始终贯穿着一个基本思想，即阴阳说。这是对《易传》阴阳变化学说的继承和发展。京房认为，《周易》所讲的变化就是阴阳变易，阴阳二气积聚一起而为宇宙本原，其散开、运动则引起天地万物的生成、演变和发展。"积气运动，天地剖判"，"阴生阳消，阳生阴灭，二气交互，万物生焉"②。阴阳二气生生不息，变化永无止尽，八卦的卦爻象亦变动不居。他说："八卦复位，六爻变迁，周而复始，上下不停，生生之义，易道祖也。"③ "天地若不变易，不能通气。""阳入阴，阴入阳，二气交互不停，故曰生生之谓易。天地之内无不通也。"正是从这一原则出发，他对每一卦爻象进行解说，并进而推断人事吉凶。他说："阴阳之义，岁月分也，岁月既分，吉凶定矣。故曰八卦成列，象在其中矣。六爻上下，天地阴阳，运转有无之象，配乎人事。"④ 京房曾用

---

① （汉）京房：《京氏易传》卷下，中华书局，1991，第31~32页。
② （汉）京房：《京氏易传》卷上《解卦》、《井卦》，中华书局，1991，第5、7页。
③ （汉）京房：《京氏易传》卷中《同人卦》，中华书局，1991，第25页。
④ （汉）京房：《京氏易传》卷下，中华书局，1991，第33页。

"相荡""交合""升降""交争""交互"等表述阴阳变化的各种形式,并阐述了阴阳转化、物极必反的思想观念。他说:"正盛则衰来,正衰则盛来。"①"有吉则有凶,有凶则有吉。"② 他在解释升卦时说:"自下升高,以至于极,至极而反,以修善道而成体。"在解释大壮卦时说:"内外二象动而健,阳胜阴而为壮。《易》曰:'羝羊触藩,羸其角。'进退难也。壮不可极,极则败。物不可极,极则反。故曰:'君子用罔,小人用壮'。"这些都是对易学辩证思维方式和辩证法思想的丰富和发展,特别是京房提出的"物不可极,极则反"的思想,进一步发挥、发展了《易传》物极必反的观念,这在易学史上更是具有积极意义和深刻影响。京房的阴阳说还有一个重要内容,就是通过对《周易》的解释来阐发灾异理论。他说:"生吉凶之义,始于五行,终于八卦。从无入有,见灾于星辰也。从有入无,见象于阴阳也。"又说:"八卦仰观俯察在乎人,隐显灾祥在乎天,考天时、察人事在乎卦。"京房阴阳灾异思想的提出,既是受《易传》天人之论中神秘主义思想因素影响的反映,也是受董仲舒思想理论濡染的结果。京房的卦气说虽然从天文、历法的角度来看有许多错乱不明之处,但用以讲阴阳灾异,则要比"春秋阴阳""洪范五行""四始五际""明堂阴阳"等理论要优越得多、有效得多,因为它有一套貌似精确的数学计算,似乎可以把阴阳灾异说得毫厘不差,神乎其神。如元帝"永光、建昭间,西羌反,日蚀,又久青亡光,阴雾不精。房数上疏,先言其将然,近数月,远一岁,所言屡中,天子说之"③。这样,对于推阴阳、演灾异的活动来说,京房的卦气说就成了一个得心应手、非常合用的工具④。

京房通过八宫、世应、飞伏、纳甲等理论,建构了一个庞大的以卦气说为中心的象数易学体系,丰富、充实了占筮方法,而这些占筮方法绝不单是用来为某个个人判断吉凶祸福,而是服务于封建国家的。可以说,京房是在为最高统治集团算卦,是在推断整个国家的前途和命运。更为重要

---

① (汉)京房:《京氏易传》卷中《涣卦》,中华书局,1991,第24页。
② (汉)京房:《京氏易传》卷下,中华书局,1991,第33页。
③ (汉)班固:《汉书》卷七十五《京房传》,中华书局,1962,第3160页。
④ 余敦康:《内圣外王的贯通——北宋易学的现代阐释》,学林出版社,1997,第458页。

的是，受《易传》中正、太和观念的影响，京房象数易学体系表现出对包括自然与社会在内的整体和谐的热切追求。京房认为，"天地革变，人事随而更也"①。宇宙万物的运动、发展是一个有规律的过程，最终是要达到一种自然和谐，人类社会不能违背这个规律，必须根据对天道的理解和把握，顺天而动，则天而行，顺应自然和谐的趋势，来求得一种和谐的社会秩序。应该指出的是，在这里，京房的所谓的天道规律，主要是指象数规律，或者说是指卦气。这一方面体现了天文历法科学的进步与普及，另一方面又反映了封建专制主义的政治需要。本于《易传》天尊地卑、乾坤定位的不易之义，京房所设想的以自然和谐为根据的社会和谐，是以宗法等级制度的延续和稳定为主要前提的。他说："阴阳得位，内外相资，二气相合，君君臣臣，父父子子，兄兄弟弟。"②"阴阳运行，一寒一暑。五行互用，一吉一凶。以通神明之德，以类万物之情。故《易》所以断天下之理，定之以人伦而明王道。八卦建，五气立，五常法象乾坤，顺于阴阳，以正君臣父子之义。"③ 在京房看来，封建纲常效法、顺应了"乾坤""阴阳"等自然法则，是永恒不变的，而所谓"变易"，只是在这个大前提下作一些升降、调节和改良，以实现阴阳得位，内外相资，君臣相应，和谐稳定的社会政治局面，最终实现天人之间的整体和谐。

在京房那里，易学理论也被当作决策的一种依据和从政的武器，广泛运用于社会政治实践。京房继承和发挥董仲舒天人感应、阴阳灾异之说，将其全面引入易学领域，认为天人感应是通过卦气表现出来的，卦气是否正常，主要取决于君主的行为，所谓"凡灾异所生，各以其政，变之则除，消之亦除"④。随着社会危机的日渐深重，不少士人开始对刘汉皇朝失去信心。昭帝时眭弘称述董仲舒之语，推演《春秋》之义，宣帝时盖宽饶引据《韩氏易传》，都曾流露出易姓更王、改朝换代的思想。焦延寿"更立贤主"之说也有类似的倾向。元帝之时，西汉王朝由盛而衰的形势更为显著，更

---

① （汉）京房：《京氏易传》卷上《革卦》，中华书局，1991，第9页。
② （汉）京房：《京氏易传》卷中《家人卦》，中华书局，1991，第19页。
③ （汉）京房：《京氏易传》卷下，中华书局，1991，第33页。
④ （南朝宋）范晔：《后汉书》卷三十下《郎顗传》，中华书局，1965，第1054页。

加突出。针对时弊，京房曾直截了当地对元帝说："今陛下即位以来，日月失明，星辰逆行，山崩泉涌，地震石陨，夏霜冬雷，春凋秋荣，陨霜不杀，水旱螟虫，民人饥疫，盗贼不禁，刑人满市，《春秋》所记灾异尽备。陛下视今为治耶，乱耶？"① 更有甚者，与眭弘、盖宽饶、焦延寿等前贤一样，京房也表露出改易朝代的思想倾向："凡为王者，恶者去之，弱者夺之。易姓改代，天命应常，人谋鬼谋，百姓与能。"② 其中"人谋鬼谋，百姓与能"出自《周易·系辞下传》。当然，京房并不愿意看到这种局面的到来，而是希望能早日结束危机，早日实现社会和谐。所以，他反复劝诫元帝把握时机，摈弃奸人，任用贤能，澄清吏治，并推出了"考功课吏法"。他指出："古帝王以功举贤，则万化成，瑞应著，末世以毁誉取人，故功业废而致灾异。宜令百官各试其功，灾异可息。"由此亦可看出，京房深受《易传》养贤、尚贤思想的影响。其实，在他的著述中也有这方面的内容。如《汉书·五行志》引京房《易传》屡屡提到"君不任贤"，"信衰贤去"，"佞人禄，功臣戮"，"邪人进，贤人逃"引发的各种灾异，其中有曰："经称'观其生'，言大臣之义，当观贤人，知其性行，推而贡之。否则为闻善不与，兹谓不知……。蔽贤绝道，故灾异至绝世也。经曰'良马逐'，逐，进也。言大臣得贤者谋，当显进其人。否则为下相攘善，兹谓盗明，厥咎亦不嗣，至于身僇家绝。"京房此说，是与他对天人和谐理想的追求相一致、相呼应的。

应该讲，京房的象数易学体系破绽、缺失甚多，从理论上、学理上根本经不起推敲。关于这一点，清代王夫之曾尖锐地指出：虽然"房之按日以候气，分卦以征事，所言者亦与当时之得失祸福合"，但却是"事已既然，取而求其所以然者，而实固非也。势已成，形已见，谓天之象数亦然，亦恶从而辨之？"王夫之又强调："盖房之为术，以小智立一成之象数，天地之化，且受其割裂，圣人之教，且恣其削补。道无不圆也，而房无不方，大乱之道也，侮五行而榷二仪者也。"③ 这些说法都不无道理。

---

① （汉）班固：《汉书》卷七十五《京房传》，中华书局，1962，第3162页。
② （晋）陈寿：《三国志》卷二《魏志·文帝纪》，中华书局，1959，第65页。
③ （清）王夫之：《读通鉴论》卷四，中华书局，1975，第97页。

然而，我们又必须承认，借助象数易学理论，京房在政治上也形成了不少看似迂谬但却是深中肯綮的远见卓识。汉元帝一度曾被京房说服，打算试行他的"考功课吏法"，后来又听信石显及其党羽的谗言而没有实施，京房也被调离京师，出任魏郡太守。在赴任途中，京房接连给元帝上了三道奏折，运用卦气理论淋漓尽致地表达政见，以期实现自己的价值理想。在第一道奏折中，他依据对卦气的分析，指出："辛酉以来，蒙气衰去，太阳精明，臣独欣然，以为陛下有所定也。然少阴倍力而乘消息。臣疑陛下虽行此道，犹不得如意，臣窃悼惧。守阳平侯凤欲见未得，至己卯，臣拜为太守，此言上虽明下犹胜之效也。臣出之后，恐必为用事所蔽，身死而功不成，故愿岁尽乘传奏事，蒙哀见许。乃辛巳，蒙气复乘卦，太阳侵色，此上大夫覆阳而上意疑也。己卯、庚辰之间，必有欲隔绝臣，令不得乘传奏事者。"后来果如京房根据卦气预测的那样，他未能获准乘传奏事。于是，京房又上了第二道奏折，通过讲述与弟子姚平讨论遁卦卦气的情况，希望元帝以国家安危为重，准许自己在魏郡试行"考功课吏法"，不要使"涌水为灾"的凶兆应验。其中提到作为六月辟卦的遁卦运行失常，"寒，涌水为灾"，虽然是就卦气而言，但也同样透露出当时气候变冷的某些信息，也反映了卦气说与气候变化的某种关联。见仍旧毫无结果，京房又上了第三道奏折，指出："乃丙戌小雨，丁亥蒙气去，然少阴并力而乘消息，戊子益甚，到五十分，蒙气复起。此陛下欲正消息，杂卦之党并力而争，消息之气不胜。强弱安危之机不可不察。己丑夜，有还风，尽辛卯，太阳复侵色，至癸巳，日月相薄，此邪阴同力而太阳为之疑也。臣前白九年不改，必有星亡之异。臣愿出任良试考功，臣得居内，星亡之异可去。议者知如此于身不利，臣不可蔽，故云使弟子不若试师。臣为刺史又当奏事，故复云为刺史恐太守不与同心，不若以为太守，此其所以隔绝臣也。陛下不违其言而遂听之，此乃蒙气所以不解，太阳亡色者也。臣去朝稍远，太阳侵色益甚，唯陛下毋难还臣而易逆天意。邪说虽安于人，天气必变，故人可欺，天不可欺也，愿陛下察焉。"在这里，京房强调，元帝听信石显等人的谗言邪说，结果影响了卦气，如果元帝仍甘受蒙蔽，今后的卦气将更加反常，太阳将更加昏暗无光，对此应给以高度重视。从上面三道奏折可以看出，京房以卦气说为中心的象数易学理论是与其政治实践密不可分、相得益彰的，前者为后者提供了理论基础和思想武器，后者则为前者提供了必要的实验场所。京房自觉不自觉地将二者结合起来，双管齐下，力求实现自己的价值理想。但是其政治活动终归失败，以"非谤政治，归恶天子"的罪名惨遭弃市①，而他的卦气理论却依旧保持着强大的生命力。因为在君主专制而又是经学独尊的时代，要想干预政治，对君权加以限制，只能借助经学中天人感应、阴阳灾异理论。与京房同时而专治《齐诗》的翼奉曾指出："《易》有阴阳，《诗》有五际，《春秋》有灾异，皆列终始，推得失，考天心，以言王道之安危。"② 推阴阳、演灾异已经成为一种时代思潮，任何旨在维护社会整体利益的经学家、思想家、政治家，都不可能置身其外。

第三节　象数易学的盛极而衰

东汉尤其是中叶以后，人们注重对《周易》经文的注释，代表人物为马融、郑玄、荀爽及虞翻等。东汉易学家虽很少言及占筮及阴阳灾异，但在对《周易》的注释过程中，也程度不同地吸取了西汉易学的卦气说。人们常常称东汉易学为注经派象数易学。两汉象数易学，至虞翻时发展到了顶峰。由于象数易学的极度泛滥及其自身的种种局限性，从而导致了魏王弼尽扫象数、专阐义理的易学革命。至南北朝时，南朝颇尊王弼易学，北朝虽亦崇郑玄易学，但两汉象数易学在这一时期，基本上处于衰落的状态。及至唐代，孔颖达奉敕撰定《五经正义》，于《周易》则专取王弼《易注》，郑玄易学也随之而消失，两汉象数易学则彻底走向衰亡。

一　郑玄象数易学体系

东汉后期，政治腐败，社会黑暗，包括易学在内的经学也受到巨大冲

---

① （汉）班固：《汉书》卷七十五《京房传》，中华书局，1962，第3167页。
② （汉）班固：《汉书》卷七十五《翼奉传》，中华书局，1962，第3172页。

击，其统治思想和官方学术的权威地位发生动摇。最高统治集团不断背离、抛弃经学的政治理念和思想原则，并对清正的经学家大打出手、残酷迫害，而这同时也促使刘汉皇朝迅速走向灭亡。"自桓灵之间，君道秕僻，朝纲日陵，国隙屡启，自中智以下，靡不审其崩离"①。随着与政治的逐渐脱钩，经学不再紧跟政治需要而亦步亦趋，不再简单追求经世致用，其直接表现就是今文经学衰微，古文经学兴盛，今古文之学出现某种程度的合流。作为经学的组成部分，易学同样如此。在这一过程中，郑玄是一个关键人物。郑玄，北海高密（今山东高密）人，字康成。自幼好学上进，博闻多识。"造太学受业，师事京兆第五元先，始通《京氏易》《公羊春秋》《三统历》《九章算术》。又从东郡张恭祖受《周官》《礼记》《左氏春秋》《韩诗》《古文尚书》"②。又师事扶风马融，传古文费氏易等。后聚徒讲学，遍注群经，创立郑学，实现了经学上的小一统，在易学发展史上也出现了一个新的局面。郑玄的易学著作十分宏富，主要有《周易注》《易赞》《易论》《易纬注》等。可惜除了《易纬注》，其他皆已亡佚，仅见于一些类书、旧注等。好在后人有多种辑本，便于我们认识、把握郑玄的易学思想和成就。

爻辰说是郑玄易学的重要内容。爻辰说源于京房的纳支说，后来刘歆以乾坤两卦爻象配十二个月，使之有所发展，到《易纬》时则更加完善。在对这些思想成果进行吸收、改造的基础上，郑玄提出了自己独具特色的爻辰说。《周易·系辞上传》曰："乾坤，其《易》之门邪！"本于此，郑玄的爻辰说沿着乾坤生六十四卦这一基本运思理路，将乾坤十二爻辰视为产生《周易》其他六十二卦三百七十二爻辰的根本。郑玄认为，乾坤十二爻与十二辰交错相配，且分别代表十二个月。乾六爻自下而上，依次配以子、寅、辰、午、申、戌，并代表一年中的单（奇）月，即十一、一、三、五、七、九月。坤六爻自下而上，依次配以未、酉、亥、丑、卯、巳，并代表一年中的双（偶）月，即六、八、十、十二、二、四月。这样的排列，

---

① （南朝宋）范晔：《后汉书》卷七十九《儒林传》，中华书局，1965，第2589页。
② （南朝宋）范晔：《后汉书》卷三十五《郑玄传》，中华书局，1965，第1207页。

反映出郑玄对自然界阴阳变化及其规律的深刻认识。《易纬·乾凿度》郑玄注："阳气始于亥，生于子，形于丑，故乾位在西北。""阴气始于巳，生于午，形于未，阴道卑顺，不敢据始以敌，故立于正形之位。"阳气产生于子，当十一月；阴气本产生于午，当五月，但由于避讳以阴为始，故阴气之生不用午（五月），而以未（六月）为正。乾坤两卦自初爻至上爻，分别表示随着月份的变化，阴阳二气由微而显。郑玄认为，《周易》其他卦的爻辰是由乾坤十二爻辰派生出来的，所以逢阳爻从乾爻所值，逢阴爻从坤爻所值。例如，屯卦初九为阳爻，纳辰同于乾卦之初九，故纳子；六二为阴爻，纳辰同于乾卦之六二，故纳酉。这样，以乾坤十二爻辰为中心的系统的爻辰说就被建构起来了。在这里，郑玄尤重象辞，并以象解辞，目的在于揭示象辞之间的联系，但他同时又或多或少地夸大了爻辰取象的作用，故而其中有不少牵强附会、抵牾矛盾之处。

五行说在郑玄易学中亦占有重要地位。以五行解释八卦的爻位始于京房，将五行同《周易》中的数联系起来，始于刘歆《三统历》。在此基础上，郑玄进一步将五行理论融合到易学之中。《礼记·月令》孟春之月"其数八"，孔颖达正义引郑玄注曰："数者，五行佐天地生物成物之次也。《易》曰：天一地二，天三地四，天五地六，天七地八，天九地十。而五行自水始，火次之，木次之，金次之，土为后。木生数三，成数八，但言八者，取其成数。"可见，在郑玄看来，五行之数即《系辞上传》中的天地之数，天地之数各有五，一、二、三、四、五之数即五行水、火、木、金、土的次序，六、七、八、九、十之数亦然。天地之数配五行，有生数和成数。前者为一、二、三、四、五之数，即生万物之数；后者为六、七、八、九、十之数，即成万物之数。八为木之成数，故曰"其数八"。这是以五行相生的顺序解释《系辞传》中天地之数的排列顺序。关于《系辞上传》所谓"五位相得各有合"，郑玄解释道："天数五，地数五，五位相得而各有合。天地之气各有五。五行之次，一曰水，天数也；二曰火，地数也；三曰木，天数也；四曰金，地数也；五曰土，天数也。此五者阴无匹，阳无耦，故又合之。地六为天一匹也，天七为地二耦也，地八为天三匹也，天九为地四耦也，地十为天五匹也。二五阴阳各有合，然后气相得，施化行也。"① 在这里，郑玄将五行之生数与成数相配，即地六配天一，地二配天七，地八配天三，地四配天九，地十配天五。天的五个数与地的五个数各相配合，是谓"二五阴阳各有合"。这样，天地之气方能化生万物。如此配合，其总数为五十有五。郑玄认为，天地之数以五行所居方位分居四方，而五十有五之数即大衍之数。郑玄指出："大衍之数五十，天地之数五十有五，以五行气通，凡五行减五，大衍又减一，故四十九也。""天一生水于北，地二生火于南，天三生木于东，地四生金于西，天五生土于中。阳无耦，阴无配，未得相成。地六成水于北，与天一并；天七成火于南，与地二并；地八成木于东，与天三并；天九成金于西，与地四并；地十成土于中，与天五并也。大衍之数五十有五，五行各气并，气并而减五，惟有五十。以五十之数不可以为七八、九六卜筮之占以用之，故更减其一，故四十有九也。"这就是郑玄的五行说或称五行生成说。很显然，此说旨在解释《系辞上传》中的天地之数和大衍之数。"这种解释，具有哲学的意义，即将大衍之数看成是五行之气生化万物的法则。其将筮法中的阴阳奇偶之数，推衍为五行之气的生数和成数，以'二五阴阳之合'说明万物的形成"。此说"乃五行相生说和卦气说相合的产物"②。

本于《易纬·乾凿度》之说，郑玄提出了独具特色的九宫数说。《乾凿度》："太一取其数，以行九宫，四正四维，皆合于十五。"郑玄注："太一者，北辰之神名也，居其所曰太一，常行于八卦日辰之间，曰天一，或曰太一。出入所游，息于紫宫之内外，其星因以为名焉。故《星经》曰：天一、太一，主气之神。行，犹待也。四正四维，以八卦神所居，故亦名之曰宫。天一下行，犹天子出巡狩，省方岳之事，每率则复。太一下行八卦之宫，每四乃还于中央。中央者，北神之所居，故因谓之九宫。天数大分，以阳出，以阴入，阳起于子，阴起于午，是以太一下九宫，从坎宫始。坎，中男，始亦言无适也。自此而从于坤宫，坤，母也。又自此而从震宫，震，

---

① （宋）王应麟：《周易郑康成注》，中华书局，2012，第57~58页。
② 朱伯崑：《易学哲学史》第一卷，昆仑出版社，2009，第221页。

长男也。又自此而从巽宫，巽，长女也。所行者半矣，还息于中央之宫。既又自此而从乾宫，乾，父也。自此而从兑宫，兑，少女也。又自此从于艮宫，艮，少男也。又自此从于离宫，离，中女也，行则周矣。上游息于太一天一之宫，而反于紫宫。行从坎宫始，终于离宫。数自太一行之，坎为名耳。出从中男，入从中女，亦用阴阳男女之偶，为终始云。从自坎宫，必先之坤者，母于子养之勤劳者。次之震，又之巽，母从异姓来，此其所以敬为子者。从息中而复之乾者，父于子教之而已，于事逸也。次之兑，又之艮，父或老顺其心所爱，以为长育，多少大小之行，已亦为施。此数者合十五，言有法也。"在这里，九宫和八卦的关系、九宫数和八卦数的关系都得到了很好的揭示。郑玄认为，九宫是太一居处游息之所，也就是天上八卦所在的位置。太一行九宫，先坎宫，后坤宫、震宫、巽宫，然后返回中宫，再由中宫到乾宫、兑宫、艮宫。太一行九宫的次序数就是八卦的数，即坎为一，坤为二，震为三，巽为四，乾为六，兑为七，艮为八，离为九。郑玄强调，这一图式是合于自然规律和家庭伦理规范的。太一之行始于坎，终于离，一方面符合"阳起于子，阴起于午"的规律，另一方面又合于父母教养的伦理道德规范。按郑玄所说，"此数者合十五，言有法也"，这里的"有法"，也就是《乾凿度》所说的"一阴一阳，合而为十五之谓道"。因此，郑玄的这一图式完全可以归入天地之数的衍生系统中。郑玄九宫数说的推出，标志着汉代象数易学的最新发展，也在一定程度上为宋代图书之学的产生准备了重要的思想前提。

郑玄还创立了爻体说这一解《易》的重要体例。爻体是指某一爻可以代表某一卦体，同时代表某一卦义。如屯卦上体为坎，下体为震。震之初为阳爻，凡初或四为阳爻，皆可称"震爻"，并取震卦之义。又如兑之上为阴爻，凡三或上为阴爻，皆可称"兑爻"，并取兑卦之义。这样，根据一爻就可以推导出一个新的卦象。这是对以往象数理论中卦主说的继承、丰富和发展。除了上述诸说，互体说、爻位说等也是郑玄常用的解《易》体例。

统观郑玄易学，可以发现，郑玄重视象数的出发点在于揭示和把握由各种卦爻象体现出来的天地变化之道，因而他在论象之后，最终又归本于人事，归本于社会政治问题。这样，借象明理就成了他解《易》的一个主要目的。例如，同人卦，离下乾上，郑玄注曰："乾为天，离为火。卦体有巽，巽为风。天在上，火炎上而从之，是其性同于天也。火得风，然后炎上益炽。是犹人君施政教，使天下之人和同而事之。以是为人和同者，君之所为也，故谓之同人。"同人卦象下体为离为火，上体为乾为天，而卦体互巽，巽为风。天在上，火的性质为炎上，而有了风，这种性质就更突出了。所以，郑玄以此来表示君主应该主动和同百姓。明夷卦，离下坤上，郑玄注曰："夷，伤也。日出地上，其明乃光，至其入地，明则伤矣，故谓之明夷。日之明伤，犹圣人君子有明德而遭乱世，抑在下位，则宜自艰，无干事政，以避小人之害也。"明夷卦象下为离为日，上为坤为地，象征日入地中。而郑玄又进一步借卦象来发挥义理，以代表光明的离为圣人君子，代表地的坤为小人，并指出圣人君子对待乱世的正确态度。《革卦》郑玄注曰："革，改也。水火相息而更用事。犹王者受命，改正朔，易服色，故谓之革也。"这是借革卦水火上下相灭相生的卦象来说明王朝更迭的道理。此外，有些卦象在郑玄《易》注中只起一种类比作用。如在注解《艮卦》时，郑玄用卦象艮为山来作类比，引发出君臣关系应相顺互通之理。他说："艮为山，山立峙各于其所，无相顺之时，犹君在上，臣在下，恩敬不相与通。"卦象之中并无此意，而郑玄却赋以其特定的思想内涵。再如《随卦》，震下兑上，郑玄注曰："震，动也。兑，说也。内动之以德，外说之以言，则天下之人咸慕其行而随从之，故谓之随也。"这样，随卦就被赋以君子进德修业的义理内涵。又如《贲卦》，离下艮上，郑玄注曰："贲，文饰也。离为日，天文也。艮为石，地文也。天文在下，地文在上。天地二文，相饰成贲者也。犹人君以刚柔仁义之道，饰成其德也。"于是，贲卦就具备了人君以刚柔仁义成其德性的象征作用。这些都对王弼等人有所启迪。从这种意义上讲，郑玄易学乃注重义理的玄学派易学之滥觞。郑玄此举也不妨视为他在社会政治问题上的一种二难心态的隐约表露：既要一心向学，远离政治，以避免小人加害，又向往通过各种方式甚至改朝换代这样的激进方式来消除社会危机，从而实现自己的政治理念，实现《易传》所高扬的太和、中正的社会理想。这也再次说明，在任何时代，任何学术研究都会自觉不自觉地与政治牵扯、纠缠在一起。我们说东汉后期经学与政治的分离，只是相对于此前刘汉统治者以经治国的局面而言。

另外，值得注意的是，郑玄的爻辰说除了含有京房、《易纬》等的遗传基因，也与古文费氏易学不无关系。清代钱大昕在谈到这一问题时指出："康成初习京氏易，后从马季长授费氏易。费氏有《周易分野》一书，其爻辰之法所从出乎！"① 后来皮锡瑞亦曾提出类似的观点②。也就是讲，郑玄爻辰说或出于费氏易学的分野之说。分野，本指王侯封国，上应星宿之位。费直解说《周易》，以八卦与星宿、干支等相配，故亦曰分野。惜其说已佚，清代马国翰辑有费直《周易分野》一卷。以八卦和干支相配，与郑玄的爻辰说相同，故曰爻辰出于费氏分野之说。这些都应引起我们的高度重视。从郑玄易学的上述内容亦可看出，易学史上的象数之学与义理之学及其分别侧重的天象和人事又是相互交织、密切联系在一起的，很难截然分开。象数易学虽然偏重天象，偏重自然之道，但也常常比附人事，具有明显的社会政治内涵；义理之学尽管偏重人生和社会问题，但又往往将天象、天道作为自己的理论依据和逻辑前提。二者只是在侧重点上有所不同，不可视如冰炭。我们研究易学，应该将象数、义理熔为一炉，兼治并重，综合考察，从而对易学人物、著作的思想和成就有更深刻的认识。

总之，郑玄综合众家之说，遍注群经，研《易》注《易》，系统清理和总结了汉代经学、易学的研究成果，堪称易学史、经学史乃至中国学术思想史上的一件盛事。然而，恰恰是郑学的兴起加速了汉代经学的衰落。"郑学虽盛而汉学终衰"，"郑《易注》行而施、孟、梁丘、京之易不行矣"③。就易学而言，郑玄一方面继承了古文费氏易学的传统，倾心于对经文进行义理性的诠释，另一方面又在其间援引、发挥象数之说，这就使汉代象数易学烦琐、虚妄的弊端暴露无遗，并将其引入死胡同。与政治密切相关，大讲天人感应、灾异谴告的孟、京象数易学及整个今文经学从此一蹶不振，中国思想文化史上开始迎来新的局面。不过，必须指出的是，郑玄的贡献

---

① （清）钱大昕：《潜研堂文集》卷四，上海古籍出版社，2009，第 59 页。
② 参见（清）皮锡瑞《经学通论·易经》，中华书局，2017，第 30 页；《经学历史·经学中衰时代》，中华书局，1959，第 142 页。
③ （清）皮锡瑞：《经学历史·经学中衰时代》，中华书局，1959，第 149 页。

主要表现在延续学术文化的传承，表现在对经书的一种几乎是纯学术的诠释，因而也就不具备直接调节现实生活的功能，与当时的社会批判思潮相比，缺乏一种特有的时代气息。所以余敦康先生指出："尽管郑玄的经学闳通博大，无所不包，对经文字义的训诂远远超过了前辈经师，但是，贯穿在汉代经学特别是今文经学中的浓郁的生活气息以及跳动着的时代精神，却是消失不见了。从思想史的角度来看，所谓'郑学虽盛而汉学终衰'，这种转变的意义，只是标志着自汉武帝以来阴阳术数与经义相结合的时代思潮至郑玄而终结。郑玄的经学，可以说是旧的时代思潮的掘墓人，却不能算作新的时代思潮的催生婆。"[1] 此论极为精当，且具有重大的启发意义。当然，我们不应忘记郑玄的学术贡献及其在易学由象数易学向玄学派易学转型过程中所起的激发和推动作用。

二 荀爽象数易学体系

荀爽，颍川颍阴（今河南许昌）人，字慈明，一名谞。他是与郑玄同时代而略晚的易学大师。据现有资料，荀爽、郑玄虽不曾谋面，但他们都是推动易学转型和发展的关键人物。我们知道，进入东汉以后，立于官学的孟喜、京房象数易学渐衰，主要流行于民间的费氏易学则日趋兴盛。《后汉书·儒林传》说："建武中，范升传孟氏易，以授杨政。而陈元、郑众皆传费氏易，其后马融亦为之传。融授郑玄，玄作《易注》，荀爽又作《易传》。自是费氏兴，而京氏遂衰。"的确，从汉末易学发展的趋势看，荀爽易学乃是费氏易学兴盛的重要环节，但就具体情况而言，荀爽又与郑玄一样是兼采今古文各家之说的，其中自然包括孟、京象数易学。正是在吸收、借鉴孟、京、《易纬》等象数之说的基础上，荀爽建构了一个以乾升坤降说为核心的独具特色的易学体系。

乾升坤降说或称阳升阴降说，是荀爽易学的核心内容。"易以道阴阳"，这是战国时期庄子学派对《周易》主旨的高度概括。虽然《易经》中尚无

---

[1] 余敦康：《内圣外王的贯通——北宋易学的现代阐释》，学林出版社，1997，第480页。

明确的阴阳观念，但由六十四卦组成的符号系统，却已具有阴阳变化的意蕴。到了《易传》，围绕着"一阴一阳之谓道"的命题，形成了关于阴阳变化的系统理论。然而，对这些理论进行具体阐释并用以建立庞大象数体系的，则是汉代孟、京等象数易学大师。荀爽的乾升坤降说，同样是对《周易》及汉代阴阳变化之说加以诠释和发挥的结果。乾坤升降说的理论前提是，乾坤两卦为阴阳之本、万物之祖，六十四卦都是乾坤中阴阳二爻交相推移变化而形成的。京房曾说："奇偶之数，取之于乾坤。乾坤者，阴阳之根本。""八卦之要，始于乾坤，通乎万物。"① 荀爽对此加以发展，并形成了乾坤为体、阴阳为用的思想。荀爽说："天地交，万物生。"② "阴阳相变，功业乃成。"阴阳二气的交感变化，相易相生，引起了宇宙万物的生成。"阴阳相亲，杂而不厌，故可久也；万物生息，种类繁滋，故可大也"。荀爽强调，乾坤为体，阴阳为用，"毁乾坤之体，则无以见阴阳之交易也"③。在这里，象数的形式与义理的内涵在一定程度上被统一起来。

  荀爽认为，阴阳二爻交相推移变易所遵循的原则是阴升阳降，阳升阴退，阳由七上到九，阴由八降至六。类似的思想已经在京房那里出现。如京房说："内外刚长，阴阳升降。"④ "阳升阴降，阳来荡阴。"⑤《易纬·乾凿度》说："阴丽阳而生，阳由七上九，阴由八降六，故阳性欲升，阴性欲承也。"但这些说法一则简略，二则偏重于占筮方面的意义，而荀爽则在以往思想成果的基础上，指出了阳升阴降的内在根据，并将其确立为爻变的体例，试图依据阳升阴降的象数形式来阐发六十四卦所蕴涵的义理。荀爽强调，阴阳二气相易相生，相感相成，这是一种天道法则。"阳升阴降，天道行也"⑥。所以荀爽指出，"天地既交，阳升阴降"⑦。依荀爽此说，乾升坤降，阳升阴降，乃是由其本性决定的。在他看来，阳当升在上，阴当降

---

① （汉）京房：《京氏易传》卷下，中华书局，1991，第33页。
② （唐）李鼎祚：《周易集解》卷二，中华书局，2016，第32页。
③ （唐）李鼎祚：《周易集解》卷十四，中华书局，2016，第442页。
④ （汉）京房：《京氏易传》卷上《屯卦》，中华书局，1991，第9页。
⑤ （汉）京房：《京氏易传》卷中《大壮卦》，中华书局，1991，第17页。
⑥ （唐）李鼎祚：《周易集解》卷一，中华书局，2016，第23页。
⑦ （唐）李鼎祚：《周易集解》卷十二，中华书局，2016，第379页。

在下，如此则吉无不利，反之则是一种不应有的反常状态。《升卦》上六："冥升，利于不息之贞。"荀爽注："坤性暗昧，今升在上，故曰冥升也。阴用事为消，阳用事为息。阴正在上，阳道不息，阴之所利，故曰利于不息之贞。"由此可见荀爽对升降说的重视。

那么，乾升坤降、阳升阴降时的爻变以什么为标准呢？荀爽由重二五之位入手，将中和确定为爻变的理想目标。我们知道，在易学领域，通过强调卦爻的得位、得中，《易传》提出了中正、太和之说，其后汉代易学家又不断加以阐发，《易纬》更明确使用了"中和"一词，这样就在易学史上逐步形成了系统的中和思想。荀爽进一步将中和贯彻到象数易学模式之中，将其确定为爻变所应趋向的理想标的。《系辞上》："天下之理得，而易成位乎其中矣。"荀爽注："阳位成于五，五为上中；阴位成于二，二为下中。故易成位乎其中也。"一卦六爻的象数模式，五为阳位之中，二为阴位之中，故而阳必升居五，阴必降在二，才算得上是"成位乎其中"。此处荀爽强调的是阴阳各得其位，并相互协同配合。"阴阳正而位当，则可以干举万事""阴阳相和，各得其宜，然后利矣"[1]。在这里，"中和既是爻变所应当趋向的理想目标，也是判定爻变是否正常的最高的价值标准"[2]。

通过分析《周易》六十四卦的爻位配置，荀爽认为，只有其中的既济卦最符合中和的准则。《乾卦·文言》："云行雨施，天下平也。"荀爽注："乾升于坤曰云行，坤降于乾曰雨施。乾坤二体成两既济，阴阳和均而得其正。"荀爽认为，原来乾二、四、上三爻失位，坤初、三、五三爻失位，经过乾坤十二爻按照阳升阴降的原则互易而使阴阳得正，乾坤二卦也就变成了两既济卦。既济卦坎上离下，初、三、五三爻阳居阳位，二、四、上三爻阴居阴位，九五与六二两爻俱得正得中，阴阳分布均衡，刚柔各得其位，是一个最理想的卦象。由乾升坤降说出发，荀爽还论述了卦爻的动转关系及范式，这些范式包括据、承、乘、征、求、比、应、贞等。

卦变说也是荀爽易学的重要内容。卦变，是指由阴阳二爻的变动而引

---

[1] （唐）李鼎祚：《周易集解》卷一，中华书局，2016，第9页。
[2] 余敦康：《内圣外王的贯通——北宋易学的现代阐释》，学林出版社，1997，第484页。

起的整个卦的变化，即因爻的变动而使某一卦变成另一卦。《易传》中已含有卦变说的思想因素，特别是泰、否、损、益等不少卦的《彖传》多有刚柔往来上下及"损下益上""损上益下"之语，说明它已意识到此类卦是由其他卦爻变动而来的。然而，这些观念在《易传》中还不够清晰、明确。荀爽是最早较为全面、系统地阐明《易传》卦变说并用以解经的易学家。就流传至今的有关卦变说的资料的数量而言，荀爽远逊于其后的虞翻，但就理论的深刻性来说，荀爽并不亚于虞翻。荀爽的卦变说大体可以分为以下几类：首先是一阳五阴之卦。如荀爽注《谦卦·彖传》"天道下济而光明"云："乾来之坤，故下济。"意谓谦卦由消息卦中的剥卦而来。剥卦上九为阳处极位而失位，应降居下体至九三而当位。其次是二阳四阴之卦。如荀爽认为屯卦来自坎卦，来自其初、二阴阳爻之易位；蒙卦来自艮卦，来自其二、三阴阳爻之易位。此外还有二阴四阳之卦、三阳三阴之卦。这些都对后世易学家特别是虞翻等产生了较大影响[①]。

在汉代易学中占有中心地位的卦气说，同样也是荀爽易学的重要内容。荀爽吸收、借鉴孟喜的十二辟卦（消息卦）说，肯定了《周易》阴阳变化之道是以一年四季节气的变化为基础的。他说："一冬一夏，阴阳相变易也。十二消息，阴阳往来无穷已。故通也。"[②] 在他看来，十二消息卦阴阳消息，周而复始，变化流行，充分体现了节气的变化。京房、《易纬》曾提出八卦卦气说，认为震主二月，巽主四月，离主五月，坤主七月，兑主八月，乾主十月，坎主十一月，艮主正月。荀爽在注《易》过程中，亦运用、发展了京房、《易纬》的八卦卦气说。如《姤卦·彖传》荀爽注："乾成于巽，而舍于离。坤出于离，与坤相遇，南方夏位，万物章明也。"此处荀爽是以巽为四月，离为五月。在注《说卦》"雷以动之"至"坤以藏之"一段经文时，他也完全采用了八卦卦气说。另外，在荀爽易学中，互体说、八宫说、飞伏说等也占有一定地位。

无论就形式而言还是从内容来说，荀爽易学的出现使汉代易学得到进

[①] 刘玉建：《两汉象数易学研究》下册，广西教育出版社，1996，第564~567页。
[②] （唐）李鼎祚：《周易集解》卷十四，中华书局，2016，第435页。

一步丰富和繁盛，在中国易学史上影响巨大。"由是究豫之言《易》者，咸传荀氏学"①。后世虞翻、王弼等易学家于此多有取资和借鉴。但应该指出的是，就经文的诠释而言，荀爽做得并不成功，主要表现在他过分看重卦象，试图使其与卦辞一一对应。尤其是他夸大乾升坤降说的作用，幻想以此解决易学中的一切问题。这就违背了立足于义理而以传解经的《费氏易》传统，也使自己的易学不时陷入捉襟见肘的窘境，以致有时不得不自破其例，强为之解。他将阳升阴降视为定则，同时又以阴升阳降为变例，认为若当位得正，即使阴升阳降亦无咎。如荀爽注《随卦·象传》云："动爻得正，故利贞。阳降阴升，嫌于有咎，动而得正故无咎。"意谓随卦乃由否卦而来，由否之初六与上九相互易位而成。否之初六升于上，上九降于初，这显然属于阴升阳降。但由于升降得正，故而无咎。类似于这样的情况，一方面说明荀爽在治《易》方面具有的较强的灵活性和变通性，显示出其"依经立注"原则的合理性，另一方面也使注文中的穿凿附会、自相矛盾之处明显增多，凸显出荀爽易学所存在的严重弊端。汉代象数易学发展到荀爽这里，象数形式与义理内涵的冲突、矛盾更加激化和剧烈，王弼义理易学的产生已经顺理成章而呼之欲出了。这本身也是荀爽易学对中国思想文化发展的重大贡献。

三 虞翻象数易学体系

虞翻，会稽余姚（今属浙江）人，字仲翔。他是继马融、郑玄、荀爽等之后的又一位易学大师，同样也是推动易学转型的关键人物，所注《周易注》在易学史上影响很大。据《三国志·吴志·虞翻传》裴松之注引《虞翻别传》所载虞翻奏文，自其高祖虞光起，经虞成、虞凤、虞歆至虞翻，五世俱传孟氏易。但按之现存虞翻《易》注，虞翻并非单传孟氏一家，而是吸收、综合各家之说，集汉代易学之大成。虞翻自己曾说："前人通

---

① （清）朱彝尊：《经义考》卷九《易八》，林庆彰、蒋秋华、杨晋龙等主编《经义考新校》，上海古籍出版社，2010，第116页。

讲，多玩章句，虽有秘说，于经疏阔。臣生遇乱世，长于军旅，习经于桴鼓之间，讲论于戎马之上，蒙先师之说，依经立注。……所览诸家解不离流俗，义有不当实，辄悉改定，以就其正。"① 虞翻治《易》的总的特点就是依经立注，以象解经，并进一步以《老》注《易》。

卦变说是虞翻易学的核心内容之一。荀爽对本于《周易·象传》的卦变理论加以总结，形成较为系统的卦变说，虞翻的卦变说则此基础上进一步融合和改造，从而更加详备、宏大。虞氏卦变说的主要内容为：一是乾坤父母卦衍生六子卦，二是十二消息卦衍生其系列卦。虞氏卦变说起自乾坤。早在《易传》以乾坤为本，乾为纯阳、为父，坤为纯阴、为母，乾坤交合而产生震、巽、坎、离、艮、兑六子卦。虞翻在借鉴此前汉易研究成果的基础上，对《易传》的这一思想作了进一步发挥和发展。如虞翻注"《易》有太极，是生两仪"云："太极，太一。分为天地，故生两仪也。"太一分为天地，故生两仪也。又虞翻注"两仪生四象"云："四象，四时也。两仪，谓乾坤也。乾，二、五之坤，成坎离震兑。震者，兑秋，坎冬，离夏。故两仪生四象。"四象指四时，如乾坤所生。乾卦的二、五爻来居坤卦的二、五爻之位，从而形成了坎、震两卦象。同样，坤二、五之乾，则形成离、兑两卦象。春、夏、秋、冬四时，即由震、离、兑、坎四正卦用事，所以说四象由两仪所生。又"四象生八卦"虞翻注："乾二、五之坤，则生震、坎、艮；坤二、五之乾，则生巽、离、兑。故四象生八卦。"又"刚柔相摩，八卦相荡"虞翻注："乾以二、五摩坤，成震、坎、艮。坤以二、五摩乾，成巽、离、兑。故刚柔相摩则八卦相荡也。"在这里，乾阳感坤阴则生震、坎、艮，坤阴感乾阳则生巽、离、兑。具体说来，乾、坤两卦二、五爻互易，形成坎、离两卦。在离卦卦象中，初至三爻为离，二至四爻为巽。三至五爻为兑。在坎卦的卦象中，初至三爻为坎，二至四爻为震，三至五爻为艮。当然，这里也蕴含着互体说。由此可见，虞翻的卦变说解释乾坤生六子，不仅受到荀爽乾升坤降说的影响，也吸取了魏伯阳《周易参同契》"牝牡四卦，运毂正轴"之说，从而使《周易》阴阳变易之

---

① （晋）陈寿：《三国志》卷五十七《吴志·虞翻传》，中华书局，1959，第1322页。

道以及八卦之间的内在联系和动态结构得到很好的展示。

正如有的学者所指出的:"虞氏卦变是两汉象数易学发展的必然产物,是为了满足当时人们易学研究的需要而产生的。它所揭示的六十四卦之间相生相变的关系,补充和深化了《易传》关于六十四卦相联系的理论,对于当时人们注经和后世易学家重新探讨《周易》六十四卦的内在联系提供了现成的资料和方法,故它在象数易学发展中占有十分重要的地位。虽然虞氏卦变体系如此不完善,以至于用它注《易》近于牵强附会的臆说,但它力图从卦爻及其内在联系找到'系辞'的根据,这比起西汉以来盛行的以《周易》以外的阴阳五行灾异说《易》是一个大的进步。同时,虞氏卦变说中暗含了阴阳互含消息变化、变化的复杂性与特殊性等思想以及在表述卦变思想时所表现出的成熟的、思辨的哲学思维,是对中国古代哲学的特殊贡献。"[①] 惟其如此,虞翻卦变说对后世影响颇巨。比如,朱熹的卦变图、俞琰的先天六十四卦图都是以虞翻卦变说作为理论依据的。

除了卦变说之外,在虞翻易学中,之正说也占有重要地位。之正说是就爻位而言的,最早源于《易传》的当位说。但是,对于越来越错综复杂的辞义,《易传》此说不可能作出解释,因而出现了不少相互抵牾和矛盾之处。到了汉代,有些易学家意识到《易传》的局限性,不再简单机械地看待当位与失位,而是打破二者之间的界限,使之能够相互转化,即本正可以变不正,本不正可以变正,从而形成了之正说。应该讲,荀爽的升降说中已经包含了一些之正说的因素,但还比较零散和隐晦。系统、广泛、明确地展示和运用之正说的是虞翻。对虞翻的之正说,可以根据卦分六爻的情况,将其分为初爻、二爻、三爻、四爻、五爻、上爻变正六种情况,亦可以将其分为穷、通两种。有的学者在此基础上对虞翻之正说作了更为全面的总结,认为凡一卦中有阴阳两爻失位者,虞翻多言两爻互易变正。如虞翻注《损卦》九二云:"失位当之正,故利贞。……二之五成益,小损大益,故弗损益之矣。"注六五云:"谓二五已变,成益,故或益之。坤数十,

---

① 林忠军:《象数易学发展史》第一卷,齐鲁书社,1994,第 203~204 页。

兑为朋，上失位，……三上易位成既济也。"在这里，损二五失位，三上失位，二五与三上易位，变不正为正而成既济。与形式上类似的卦变说不同，之正说关注的不是卦，而是爻自身的居位。有些卦爻，虞翻只言变正，而不言变正方式，例如需、履、大畜等卦的某些爻只提到失位。就其变化趋势看，虞翻多言变正成既济，只有个别的变成其他卦爻象。此外，虞翻直接用之正说注解《周易》，这显然是秉承了以传注经的治《易》传统①。

作为汉代象数易学的核心内容，卦气说也是虞翻易学的重要组成部分。孔融曾说虞翻治《易》，"观象云物，察应寒温，原其祸福，与神合契"②。这其中确实体现了卦气说的传统。虞翻将魏相、孟喜、京房、《易纬》、荀爽以来的相关理论整合加工、融会贯通，形成了自己的卦气说。虞翻指出，《周易》经传所谓"时"、"四时"，都是代指春、夏、秋、冬，而四正卦坎、震、离、兑则代表春、夏、秋、冬四时之象。如《归妹·彖传》"归妹，天地之大义也"虞翻注："震东兑西，坎南离北。六十四卦，此象最备四时正卦，故'天地之大义'。"又如虞翻注《节卦·彖传》"天地节而四时成"曰："泰，乾天坤地。震春兑秋坎冬，三动离为夏。故天地节而四时成也。"关于十二消息卦，虞翻认为它们循环往复，相互变通，周于四时。如《系辞上传》"变通配四时"虞注："变通趋时，谓十二月消息也。泰、大壮、夬配春，乾、姤、遁配夏，否、观、剥配秋，坤、复、临配冬。谓十二月消息，相变通而周于四时也。"在虞翻看来，四时的形成源于阴阳二气消息盈虚、彼此消长而导致的寒暑更迭。如《系辞下传》"寒往则暑来"虞翻注："乾为寒，坤为暑。谓阴息阳消，从姤至否，故寒往暑来也。"又《系辞下传》"暑往则寒来"虞翻注："阴诎阳信，从复至泰，故暑往寒来也。"虞翻还将乾坤十二爻当作十二月的表征，用以解释十二辟卦之外诸杂卦。他十分重视孟喜的卦气说，曾运用其六十卦值日及物候来解《易》。例如，《损卦·彖传》"二簋应有时"虞翻注："时，谓春秋也。损二之五，震二月，益正月，春也。损七月，兑八月，秋也。谓春秋祭祀，以时思之。"

---

① 林忠军：《象数易学发展史》第一卷，齐鲁书社，1994，第207~211页。
② （晋）陈寿：《三国志》卷五十七《吴志·虞翻传》，中华书局，1959，第1320页。

可见,"虞氏卦气说虽非虞翻独创,但由他所重新诠释的卦气之理,却成了虞氏易学终始一贯的核心内容"①。

纳甲说在虞翻易学中同样颇为重要。我们知道,明确将历法中的天干与《周易》八卦相配的纳甲说最早见于《京氏易传》,后来魏伯阳《周易参同契》又创月体纳甲之说。虞翻在此基础上对纳甲作了更加深入的研究和广泛的运用,形成了系统的纳甲说。虞翻关于纳甲说的论述比较集中地见于对《坤卦·彖传》和《系辞传》的注解,阐明了"易道阴阳消息"合于月体运行的规律。虞翻认为,与循环往复的月体运行一样,八卦阴阳消息也呈现出周而复始的特点。因为随着时间变化,月体出没的方位不同,它所以显示的月象也就不同,这近似于《周易》的八卦之象。如《坤卦·彖传》:"东北丧朋,乃终有庆。"虞翻注:"阳丧灭坤,坤终复生,谓月三日震象出庚,至月八日成兑见丁。庚西丁南,故西南约明。谓之阳为朋,故兑。……二十九日,消乙入坤。灭藏于癸,乙东癸死,故东北丧朋。"《说卦传》:"乾,西北之卦也。"虞翻注:"月十五晨象西北,故'西北之卦'。"在《周易参同契》中,月体圆缺变化,与八卦颇为相似。受这一说法的影响,虞翻认为,八卦卦象就在天上,即日月在天空中所呈现的八卦卦象。《系辞上传》:"在天成象。"虞翻注:"谓日月在天成八卦。震象出庚,兑象见丁,乾象盈甲,巽象伏辛,艮象消丙,坤象丧乙,坎象流戊,离象就己,故在天成象也。"《系辞上传》:"彖者,言乎象者也。"虞翻注:"在天成象,八卦以象告。"《系辞上传》:"县象著明莫大乎日月。"虞翻注:"谓日月县天,成八卦象。三日莫,震象出庚。八日兑象见丁,十五日乾象盈甲,十七日旦巽象退辛,二十三日艮象消丙,三十日坤象灭乙。晦夕朔旦,坎象流戊,日中则离,离象就己,戊己土位,象见于中,日月相推而明生焉,故县象著明,莫大乎日月者也。"根据注经的需要,虞翻将纳甲广泛地运用于《易》注之中。据有的学者研究,有取十干为象注《易》者,如《讼》上九、《蛊》卦辞皆注云:"乾为甲。"《归妹·彖传》注云:"乾主壬,坤主癸。"有取纳甲之数解《易》者。天干甲、乙、丙、丁、戊、

---

① 周立升:《两汉易学与道家思想》,上海文化出版社,2001,第 276~277 页。

己、庚、辛、壬、癸代表了一至十的自然数。虞翻以天干所代表的自然数解《易》。如于《屯》六二、《损》六五、《益》六二、《丰》初九及《节卦·象传》皆注云："坤数十。"《震卦》六二注云："震数七。"有取纳甲含五行关系注《易》者。十天干与五行的关系是：甲乙为木，丙丁为火，戊己为土，庚辛为金，壬癸为水。虞氏以此注《易》。如《系辞传》："五位相得而各有合。"虞翻注："五位谓五行之位。甲乾乙坤相得合木，谓天地定位也。丙艮丁兑相得合火，山泽通气也。戊坎己离相得合土，水火相逮也。庚震辛巽相得合金，雷风相薄也。天行壬地癸相得合水，言阴阳相薄而战于乾，故五位相得而各有合。或以一六合水，二七合火，三八合木，四九合金，五十合土也。"虞翻在注《系辞传》"天一""地二""天三""地四""天五""地六""天七""地八""天九""地十"时分别注以"水甲""火乙""木丙""金丁""土戊""水己""火庚""木辛""金壬""土癸"。有取月体纳甲方位解《易》者。纳甲方位，是以月体的出没变化来确定八卦的位置，并与其中所含的五行相对应。甲乙为东方，丙丁为南方，戊己为中，庚辛为西方，壬癸为北方。这样以月体为参照物，将八卦纳入天干，从而使八卦方位不同于《说卦传》，即乾坤列东，艮兑列南，震巽列西，坎离居中。虞翻此说，使纳甲说以及整个象数易学得到进一步丰富和发展[1]。

　　由上述内容不难看出，虞翻易学在以往成果的基础上，对象数易学作了集大成式的总结和发展，提出了一系列解《易》的新体例，表现出一种博大精深的学术气象，同时也使象数形式与义理内容的内在矛盾更加激化，进一步将易学带进了死胡同。王弼在批评东汉后期的易学风气时说："互体不足，遂及卦变；变又不足，推致五行。一失其原，巧愈弥甚。纵复或值，而义无所取。盖存象忘意之由也。"[2] 的确，就虞翻来说，他调动汉易中几乎所有的明象条例，交错使用，试图完全适应解释经传的物象要求，结果造成了许多烦琐芜杂、随意附会的现象，也使《易》之精义淹没在种种物

---

[1] 林忠军：《象数易学发展史》第一卷，齐鲁书社，1994，第218~219页。
[2] （三国魏）王弼：《周易略例·明象》，楼宇烈校释《周易注（附周易略例）》，中华书局，2011，第415页。

象之中而难以彰显。

但是，我们必须指出，虞翻易学也与马融、郑玄等人的易学一样，体现了以道家思想解《易》的易学发展的基本走势。如《周易·乾卦·象传》："天行健，君子以自强不息。"虞翻注："君子谓三，乾健故强。天一日一夜过周一度，故自强不息。《老子》曰：'自胜者强。'"又如《屯卦》卦辞："利建侯。"虞翻注："震为侯。初刚难拔，故利以建侯。《老子》曰：'善建者，不拔也。'"除了援引《老子》注释《周易》，虞翻还运用道家特别是老子学说来创立新的《易》说，像其旁通说就贯彻了老子"正言若反"的思想要义[1]。虞翻对道教易学也颇有所取。他自己在奏文中就说："臣郡吏陈桃梦臣与道士相遇，放发被鹿裘，布《易》六爻，挠其三以饮臣，臣乞尽吞之。道士言易道在天，三爻足矣。岂臣受命，应当知经！"[2] 或许虞翻真的与道士有所交往。虞翻不仅引用《周易参同契》之说，还曾有注解《周易参同契》的著作传世。这些都反映出治《易》与治《老》相互会通、相互契合的学术倾向，成为魏晋玄学派易学以《老》注《易》的先声。另外，生当汉末三国之际动乱年代，虞翻同样向往《周易》以仁德之治为基础的太和、中正的理想境界。在《易》注中，他非常关注"正中"和"不中"，要求统治者"居宽行仁，德博而化"[3]。与此同时，他的这种关于和谐境界的理念，又是以维护现有的宗法制度和封建统治为出发点、落脚点的。如《坤卦·文言》："积不善之家，必有馀殃。"虞翻注："坤积不善，以臣弑君，以乾通坤，极姤生巽，为馀殃也。"这说明，在虞翻这位集大成的象数易学家建构的易学体系中，也仍然隐含着人文义理的倾向，反映了一定的社会政治理念，而这对后来王弼易学的兴起同样具有某种启发意义。

---

[1] 周立升：《两汉易学与道家思想》，载《周易研究》2002年第2期。
[2] （晋）陈寿：《三国志》卷五十七《吴志·虞翻传》，中华书局，1959，第1322页。
[3] （唐）李鼎祚：《周易集解》卷一《乾》，中华书局，2016，第25页。

第三章
三国两晋南北朝易学

三国两晋南北朝是易学在学术上的重大转型和拓展时期，易学由重章句训诂、以象数推衍为范式的儒家易学开始向重义理探究与调和儒、道的玄学派易学转变。这一时期的佛教义理和道教理论的渐趋完善，不仅在一定程度上曾溉沾于《易》，反过来亦对易学的发展产生积极的影响。佛、道学者对《周易》所作的探讨和解说，构成了魏晋易学思潮的一个重要方面。

玄学派易学理论的创建，对于魏晋时期易学的发展具有主导性意义。以王弼为代表的一批学者，开始从新的思想立场对《周易》作哲学性的诠释，突破了汉代易学拘泥于象数的治《易》传统。这一时期，在不同学派间展开的易学争论中，一系列重要的学术思想问题均有所涉及。玄学家扫落象数，确实澄清了重要的易学问题，但并没有使象数"消解"，更没有最终以玄学取代象数之学。由汉代承袭而来的象数之学不仅没有终结，而且还有一定程度的创新和发展。魏晋时代，玄学派中亦有一些学者试图对象数问题作哲学的探讨，王朗、管辂、孙登等人对于象数之学的发展做出了重要贡献，使得魏晋易学呈现出相当复杂的面貌。

东晋以后，中国形成南北对峙的政治局面。南方经历宋、齐、梁、陈四朝，北方由十六国递变为北魏（最后分裂为东魏、西魏）、北齐、北周。南北政治分立，使经学化易学的崇风尚呈现很大不同。"大抵南北所为章句，好尚互有不同。江左，《周易》则王辅嗣……。河洛，……《周易》则郑康成。……南人约简，得其英华；北学深芜，穷其枝叶。"① 南北朝时期的易学，以郑玄为代表的汉末经学易、以王弼、韩伯康为代表的玄学易是两大渊源。两大传《易》系统各有其传播的范围地域。在北方，郑玄一系的易学较为盛行；在南方，王弼一系易学则占绝对优势。郑玄派主象数，以训诂方式解《易》，王弼派主义理，以哲学诠释易学。易学内部中的两大流派因宗尚不同而趋于对峙甚至相互诘难。不同流派在相互批评和交流的同时，佛、道义理又融汇其中，出现了象数和义理相调和以及《易》佛糅合、以《易》阐道的崭新风貌。

三国两晋南北朝时期是易学史上的一个重要发展阶段。儒家、玄学、道教和佛教易学都有不同程度的发展，其中尤以玄学派易学的影响为大。自魏晋至唐数百年间，玄学易一直为官方所推崇而成为官方易学，魏晋南北朝易学在学术上最突出的贡献在于系统地提出易学的哲学本体论这一重要问题，从而最终真正在中国传统易学中开出"义理"一途。

第一节　王弼与《周易注》

王弼，字辅嗣，三国魏山阳高平（今山东金乡）人，生于三国魏黄初七年（226），卒于正始十年（249）。据史书记载，"弼幼而察惠，年十余，好老氏，通辩能言"②，当时的很多学者对王弼评价很高，尤其颇具盛名的何晏更是毫不吝啬地夸奖他说："仲尼称后生可畏，若斯人者，可与言天人之际乎！"③ 东晋袁宏在《名士传》中将他和何晏、夏侯玄都列为"正始名士"。而且，王弼的才学也引得当时的名士佩服不已。据记载，"刘陶，为当时所称，每与弼语，尝屈弼。弼天才卓出，当其所得，莫能夺也"。可见

---

① （唐）李延寿：《北史》卷八十一《儒林上》，中华书局，1974，第2709页。
② （晋）陈寿：《三国志》卷二十八《魏志·钟会传》注引何邵《王弼传》，中华书局，1959，第795页。
③ （南朝宋）刘义庆：《世说新语·文学第四》，徐震堮《世说新语校笺》，中华书局，1984，第107页。

为当时所称的刘陶就很佩服王弼的才学。类似的还有钟会，"（钟会）以校练为家，然每服弼之高致"。王弼注《易》、《老子》和《论语》等书，往往都很有见地："注《老子》，为之《指略》，致有理统；著《道略论》，注《易》，往往有高丽言。太原王济好谈，病老、庄，尝云：'见弼《易》注，所悟者多。'"但是，当时荀氏易学的传人荀融却故意用《大衍义》责难王弼，弼答其意，而且还以玩笑的口吻反驳道："夫明足以寻极幽微，而不能去自然之性。颜子之量，孔父之所预在也。"① 王弼曾经担任过尚书郎，却他却并不留意政事，"在台既浅，事功亦雅非所长，益不留意焉"，"正始十年，曹爽废，以公事免，其秋遇疠疾亡，时年二十四"。王弼去世，当时很多人都感到十分惋惜，"弼之卒也，晋景王（司马师）闻之，嗟叹者累日，其为高识所惜如此"②。总之，王弼短暂的一生却深得当时人赞许，其《易》注在当时以及后世都产生了十分广泛而深远的影响，堪称我国易学史上一位成就卓越的少年天才。

一 "物无妄然，必由其理"的取义说

王弼易学是魏晋时期义理学派的代表。与汉代象数易学有很大的区别，"王弼乘其（汉代易学）弊而攻之，遂能排击汉儒，自标新学"③。王弼易学注重从义理角度来阐释《周易》，这种注《易》方式继承了汉代费氏易以传解《易》方式。以义理解《易》的学说源于《易传》的"形而上者谓之道，形而下者谓之器"，此处的"形而上者"乃是隐藏在表面背后的"易道"，也就是哲理；而"形而下者"，指的就是用来表达"易道"的象与数。而且《易传》在注释过程中已经使用了这种"以义解《易》"的方法。如在《系辞传》中提到"子曰：'书不尽言，言不尽意。'然则圣人之意，其

---

① （晋）陈寿：《三国志》卷二十八《魏志·钟会传》注引何邵《王弼传》，中华书局，1959，第796页。
② （晋）陈寿：《三国志》卷二十八《魏志·钟会传》注引何邵《王弼传》，中华书局，1959，第796页。
③ （清）永瑢等：《四库全书总目》卷一《周易正义》，中华书局，1965年影印本，第3页。

不可见乎？子曰：'圣人立象以尽意，设卦以尽情伪，系辞焉以尽其言，变而通之以尽利，鼓之舞之以尽神'"，"夫乾确然示人易矣，夫坤隤然示人简矣。爻也者，效此者也。象也者，像此者也。爻象动乎内，吉凶见乎外，功业见乎变，圣人之情见乎辞"。在《系辞传》中首先肯定有一个"圣人之义"，"圣人之情"，这就是义理也就是哲学思想，《系辞传》的这些说法就是义理派易学的理论依据。这种解经方式为汉代费直所继承，费直"长于卦筮，亡章句，徒以《彖》《象》《系辞》十篇、《文言》解说上下经"。而王弼在《周易略例》中围绕着象数形式所提出的许多看法，其实大体正是继承发展了先秦《易传》和汉代费直以传解《易》的方式。因此，后世很多学者把王弼看作是费氏的传人，"辅嗣之意以象本释经，宜相附近，故分附当爻之下，是以《彖》《象》《文言》从经，如今《乾卦》者，费直之《易》也"。王弼在此基础上开启了魏晋义理派易学的先河。

在王弼看来，"象"是表达的形式，而"意"是表示《周易》所蕴涵的哲学，也就是内容，"言"是表达象和意的工具。如何处理言、意、象三者之间的关系，王弼专门写了《明象》一文进行论述。

王弼认为，《周易》中的卦爻辞是由卦象产生的，而卦象中包涵有圣人之义。可以通过语言来探讨卦象，进而通过卦象来寻求圣人之义。圣人之义可以通过卦象来表达，卦象可以通过语言来现实。语言只不过是表达卦象的工具而已，所以当我们知晓了卦象含义的时候，就可以不顾及言象的语言了，而当我们知晓了圣人之义时，卦象的作用就没有了，可以忽略不计了。接着王弼用"得兔而忘蹄"，"得鱼而忘荃"两则寓言来说明此意，"兔和鱼"象征着圣人之义，而卦象和爻辞只不过是抓兔和鱼的工具而已，当我们得到了圣人之义，那些探索圣人之义的工具就可以略去了。所以王弼总结道："忘象者，乃得意者也；忘言者，乃得象者也，得象在忘言。"在王弼看来《周易》一书中所蕴含的圣人之义是《周易》一书的精华，卦爻辞和卦象都是可以忽略不记，他们仅仅是工具而已。所以《周易》的研究目的在于"得义"，就是得《系辞传》所谓"圣人之义"。

王弼认为，事物都可以分为若干种类别，而每类事物都有其共性特征，这个共性特征在《周易》一书中的表现就是——圣人之义。《周易》的卦象中的每类事物都有一定的共性，也就是该类事物所包含的哲学义理。比如《乾卦》有龙、马和君子等多种卦象，那么在王弼看来，这些卦象都是为了表达自身所体现出的德性——"健"德。王弼曾指出，事物是按其德性，取其物象，依其所包涵的哲学义理来寻找其所有特征的，这也就是所谓的"触类可为其象，合义可为其征"。最典型的例子就是《乾卦》和《坤卦》。"触类可为其象，合义可为其征。义苟在健，何必马乎？类苟在顺，何必牛乎？"简单说，就是《乾卦》中的马是健德的代表，《坤卦》中的牛是顺德的代表，这正符合《说卦传》所谓"乾为马，坤为牛"。当然，"马"具有"健德"，但具有"健德"的却不仅仅是"马"，还有其他的事物，如《说卦传》提到"天，为圜，为君，为父，为玉，为金，为寒，为冰，为大赤"等，就同样具有"健"德。同理，《坤卦》中的牛也只是具有"顺"德的事物之一，《说卦传》中的"坤为母，为布，为釜"都具有"顺"德。还应该引起注意的是，确定的事物不一定具有固定德性。比如卦象"牛"的特性是"顺德"，但《既济卦》九五爻辞中述及"东邻杀牛"的牛，却代表"牛，祭之盛者也"。因此，王弼才会说"爻苟合顺，何必坤乃为牛？义苟应健，何必乾乃为马？"显然，他很反对那种"马必健，牛必顺"的简单等同认知。既然《周易》中的卦象可以拥有多种卦德，而一种卦德也可以通过多种卦象来表现，所以在注释《周易》的时候，就不能简单抓住"马""牛"这两种具体的事物，而应透过其表象，抓住他们身上体现的"圣人之德"。这才是《周易》的根本。

正是基于上述观点，王弼批评汉代象数易学只是关注卦爻辞中的具体事物，却失去其中隐藏的圣人之德，"案文责卦，有马无乾"，只注意到"马"，却看不到所蕴涵的乾德，其结果自然是"责伪说滋漫，难可纪矣"，造成汉儒不断使用新的方式和方法来注释《周易》，最终形成"互体不足，遂及卦变，变又不足，推致五行。盖存象忘意之由也，忘象以求其意，以斯见矣"的结果。汉儒在阐释《周易》的时候，因为过度强调从《周易》外在的形式——卦象入手，使用"互体"理论来解释；当"互体"理论无法解释的时候，又发明了"卦变"说来解释；当"卦变"说也不能解释的时候，又联系"五行"说来阐释。王弼使用了短短的几句话，就把汉代象

第三章 三国两晋南北朝易学

数易学的发展过程总结出来了。汉儒的这种解释方式最终造成了《周易》阐释的结果是："一失其原，巧愈弥甚。纵复或值，而义无所取。"[1] 清人黄宗羲也对汉儒的这种解经方式进行了抨击："盖易至京房、焦延寿而流为方术！"[2] 也就是说汉儒的这种解经方式使《周易》已经流为巫术占卜之书了，这违背了《易传》的从义理、哲学的角度出发阐释《周易》的优良传统。所以黄宗羲对王弼的这种注释方法评论曰："有魏王辅嗣出而注《易》，得意忘象，得象忘言，日时岁月，五气相推悉皆摈落，多所不关，庶几潦水尽而寒潭清矣。"

我们对比汉儒与王弼对《周易》同一卦的注释，就可以发现象数易学和义理派易学对《周易》注释的区别。汉儒中，我们可以以郑玄的《周易注》为代表。如《比卦》："有孚比之，无咎。有孚盈缶，终来有它，吉。"郑玄注曰："爻辰在未，上值东井。井之水，人所汲用缶。缶，汲器。"此处郑玄就采用了爻辰之说。所谓爻辰说就是把乾坤两卦十二爻纳十二辰（地支），乾六爻自下而上依次为子、寅、辰、午、申、戌，坤六爻，自下而上依次为未、酉、亥、丑、卯、巳。其他六十二卦三百七十二爻与十二辰相匹配均以乾坤两卦为基石。即凡阳爻纳支皆从乾卦相应的阳爻，凡阴爻纳支皆从坤卦相应的阴爻。比初为阴爻，当取坤初爻纳未。未在天上值东井。东井，天上星名，属二十八宿之南方七宿，也就是现在所说的水星，所以卦中井之象来自比卦初爻纳未，郑玄从爻象纳未，引出天上东井，又从东井为水星，引出水和汲水器缶，以训释爻辞"缶"。在此处注释中，郑玄以爻辰说为基础，采用了纳甲说、纳辰说、五行说，并且联系天文星象来解释《比卦》初六的爻辞。黄宗羲对这种过多联系其他事物的做法提出了批评："夫《易》者，范围天地之书也。广大无所不备，故九流百家之学，皆可窜入焉。自九流百家借之以行其说，而于《易》之本意反晦矣。"[3]

---

[1] （三国魏）王弼：《周易略例·明象》，楼宇烈校释《周易注（附周易略例）》，中华书局，2011，第415页。
[2] （清）永瑢等：《四库全书总目》卷六《易学象数论》，中华书局，1965年影印本，第36页。
[3] （清）黄宗羲：《易学象数论》卷首《自序》，《易学象数论（外二种）》，中华书局，2010，第11页。

也就是讲，这些学说和《周易》本身没有关联，用以解《易》反而使《周易》一书的本义变得晦涩而难以理解。

王弼摒弃了这种做法，于此处注释曰："处比之始，为比之首也。夫以不信为比之首，则祸莫大焉，故必有孚盈缶，然后乃得免比之咎，故曰'有孚，比之无咎'也。处比之首，应不在一，无心私吝，则莫不比之，著信立诚，盈溢乎质素之器，则物终来，无衰竭也。亲乎天下，著信盈缶，应者岂一道而来？故必有它吉也。"王弼在注释中没有采取汉儒纳甲、爻辰、纳甲、纳辰等象数概念，而是主要从《周易》中所固有的爻位、卦德、卦义等概念出发来解释卦义。在王弼的注释中，首先从爻位的角度来说初六是初爻，所以称之为"比之首"，这是从爻位的角度来解释的。接着又从道德大义的角度出发，说为首者必以信为主，所以要"著信立诚"，而且这种"著信立诚"必须要"著信盈缶"才能有吉。通过这段论述，王弼得出结论："亲乎天下，著信盈缶，应者岂一道而来？故必有它吉也。"在这段文字中我们可以看到王弼试图把儒家仁、义、礼、智、信等道德哲学融入《周易》大义之中。

每一卦的大义，被王弼称之为"卦德"。在王弼看来《象传》包涵了《周易》一书的哲学大义，所以王弼在《周易略例·明象》中说："夫象者，何也？统论一卦之体，明其所由之主也。"也就是说，在《周易·象传》中主要讲的是每一卦的大义，可以通过阅读《象传》获知《周易》一书所包含的哲学大义。这样就为后学者研习、注解《周易》提供了一把钥匙、一条路径："繁而不忧乱，变而不忧惑，约以存博，简以济众，其唯象乎？乱而不能惑，变而不能渝，非天下之至赜，其孰能与于此乎！故观象以斯，义可见矣。"所以王弼在《周易略例·明象》中又说："凡象者，通论一卦之体者也。一卦之体，必由一爻为主，则指明一爻之美，以统一卦之义，大有之类是也。"在王弼看来，要理解《周易》大义就必须通过《象传》来进行。

大体说来，王弼的取义说表现为两个方面。

一是对八卦的解释主取义说或卦德说。如以乾为健，以坤为顺，震为危惧，巽为申明，坎为险陷，离为丽，艮为止，兑为悦。比如，王弼在解释《坎卦·象传》时就说："坎以险为用，故特名曰重险。言习坎者，习乎重险也。险峭之极，故水流而不能盈也。处至险而不失刚中，行险而不失其信者，习坎之谓也。"显然，"处至险而不失刚中，行险而不失其信者"之义是由"险峭之极，故水流而不能盈也"之象阐发而来，也就是说王弼仅限于"水""险"这两种卦爻辞中出现的卦象，而没有像汉儒那样将卦象与四时、五行、二十四节气等等进行联系。这一特点还体现在《震卦》上。王弼解释《震卦》卦辞"震来虩虩"和"震惊百里"说："震之为义，威至而后乃惧也。故曰震来，虩虩，恐惧之貌也。震者警骇怠惰以肃解慢者也。……威震警乎百里，则惰者惧于近者矣。"东汉郑玄就已经把震者定义为雷，王弼并未局限于此，他进而阐明雷的特性是使"震者警骇怠惰以肃解慢者也"。因此，王弼易学以言象为基础，突出卦象所蕴涵的哲学大义，也就是对卦象所包涵的义理进行了形而上的哲学总结。

二是在注释方法上注重得意忘象。如前文所述，既然《周易》卦辞蕴涵着深刻的哲学观点，那么王弼在注《易》时便会首先讲出其中的大义。比如《乾卦》用九注："能用天德，乃见群龙之义焉。"《同人卦·象传》注："天体在上而火炎上，同人之义也。"《临卦·象传》注："阳转进长，阴道日消，君子日长，小人日忧；大亨以正之义。"《遁卦·象传》注："遁之为义，遁乃通也。"《遁卦》初六注："遁之为义，辟内而之外者也。"《渐卦》初六注："适进之义，始于下而升者也"；《既济卦·象传》注："既济者，以皆济为义者也。"在王弼看来，所有卦包含的哲学大义都并非表露在外，而是蕴涵在卦辞之中的，这点王弼在《姤卦·初六》的注解中说得很清楚："凡言义者，不尽于所见，中有意谓者也。"而且，每个卦象、卦辞、爻辞所蕴涵的深刻含义无论对国家的命运前途，还是对个体生命的价值体现，都有积极的指导意义。易学要做的最重要的工作，就是探求这种含义来启发社会。可以看到，这与汉易追求向卦象之外延伸是格格不入的。王弼认为，象数易学追求的各种"象"只不过是名称的区别，可以形象地将它比喻为"子"，而《周易》的精华应该是隐藏于"子"之后的"母"，即具体事物背后的哲学大义。因此，王弼并没有执着于探寻各种"子"，而是注重阐发"母"，挖掘蕴藏于易象中的义理。这种解《易》途径，正是《系辞传》提及的"其称名也小，其取类也大"，是一种更容易找到易学之根本的形而上的解《易》方式。

二 重义而不扫象的"取象说"

王弼易学重视阐发义理，却并不像后世学者所说的"扫象"，因为他没有忽视易象在易学中的作用。事实上，王弼在注释《周易》三十一个卦辞时有十个运用了卦象；在注释五十八条《彖辞》时有二十五个借助了卦象；在注释四十八条《大象》时有十六个采用了象，而在对卦中各爻进行注释时，更是运用大量卦象来阐明其义。

当然，王弼取象与汉儒存在明显的不同，他取象仅限于卦爻辞和《易传》中提及的象。众所周知，汉儒在取象时通常会使用八宫、五行配卦说、五行爻位说、卦气说、爻辰说等象数的概念。比如，郑玄注释《中孚卦》卦辞"中孚，豚鱼吉"时曰道："三辰在亥，亥为豕。爻失正，故变而从小名言豚耳。四辰在丑，丑为鳖蟹，鳖蟹，鱼之微者。爻得正，故变耳从大名言鱼耳。三体兑，兑为泽。四上值天渊，二五皆坎爻，坎为水，二浸泽，则豚利，五亦以水灌渊，则鱼利。"可见，郑玄不仅取象于"豕""豚""鳖蟹""天渊""鱼""水"等，还运用了爻辰、爻体等学说。相较而言，王弼的取象则主要服务于卦爻蕴涵的大义。比如同样注释《中孚卦》，王弼注曰："鱼者，虫之隐者也，豚者，兽之微贱者也。"只是提及卦爻辞中出现的"鱼"和"豚"，并指出其特性是"虫之隐""兽之微贱"，进而阐明"争竞之道不兴，中信之德淳著，则虽微隐之物，信皆及之"的大义。不难看出，鱼和豚只是表意的工具。简言之，王弼易学取象只是手段而不是目的。因此，王弼《易》注没有必要像汉儒那样漫无边际地取象，而是集中于《周易》经传中就可以了。还应该指出的是，王弼的这种做法并不是对汉儒取象的简单否定，反而是对后者的继承和升华。因为他通过分析各种卦象的"子"后，总结出其中所包含的深刻的卦义"母"，再通过《易》注来探寻包含有此意义的"子"，实现了"得母而知子"的目的。

在此基础上，王弼进一步提出："夫象者，出意者也。言者，明象者也。"也就是说，在解《易》时的象，乃是为了表达某种深刻的含义，而语言是来说明爻象的。在王弼看来，"尽意莫若象，尽象莫若言"，所以要"得意在忘象，得象在忘言。故立象以尽意，而象可忘也；重画以尽情，而画可忘也"。王弼认为，《周易》一书所包含的"圣人大义"，乃是《周易》一书的精华之所在，是引领《周易》全书的"母"；而象和言都是探寻这种"圣人大义"的工具而已，仅仅是"子"而已。现在已经得其"母"，相对而言，这些表达"圣人大义"的象和言，就可以忽略不计，因为我们可以"守母"从而"得子"。

王弼认为，《周易》之象包含有深刻的大义，但又可以不拘泥于具体的象数，而是采取了一种形而上的哲学思维去解象，从而得出圣人大义来。王弼易学并非像很多学者所言的弃"象""扫象"，而是反对把卦象与某些事类做固定不变的牵强结合。王弼认为，象生于义，解释爻辞应当"各随其义"，所以其"忘象"不是简单的去象，而是在更高层次上的对"象"的一种升华，是对圣人之义的深刻解读，是一种在知象的基础上扫象。这正如熊十力评论王弼易学时所说的："前儒诟病辅嗣者，以其扫象，不知扫象正是辅嗣遥会圣心，真能发明大易之奥也。辅嗣最可法者，在其知象而扫象。"[1] 也就是说，王弼的扫象乃是在对《周易》的大义深刻领悟的基础上来解《易》的。

王弼的解《易》方式一扫汉易中象数派烦琐的解《易》学风，让人们感到清晰、明快、简练，而且意义又深远，在很大程度上冲击了以象数为重要特色的今文经学易学。

第二节　韩康伯易学

韩伯（331-379），字康伯，晋颍川长社（今河南长葛西）人。清和有思理，留心文艺，简文帝居藩引为谈客。自司徒左西属转抚军掾、中书郎、

---

[1] 熊十力：《六经示要》，群言出版社，1993，第19~20页。

散骑常侍、豫章太守,入为侍中。识者谓韩伯可谓澄世所不能澄,而裁世所不能裁者矣。后转丹杨尹。既疾病,占候者云:"不宜此官。"朝廷改授太常,未拜而卒。时年四十九,追赠太常。孔颖达《周易正义》曰:"韩氏亲授业于王弼。"此说甚为不确,王弼为魏正始年间人,而韩康伯为东晋人,两人在时间上是无法见面的。故而王应麟曰:"愚考王弼终于魏正始十年。韩康伯,东晋简文帝引为谈客。二人不同时,相去甚远,谓之亲授业,误矣。"[1] 丁国钧曰:"《系辞正义》以康伯为王弼门人,晁公武亦沿其说。不知弼魏末人,康伯东晋人,时代固远不相及也。误不足据。"[2]

《晋书》本传并未记载韩康伯之著述,《隋书·经籍志》著录除去有《周易系辞》注外,并有"晋太常卿韩康伯集十六卷"。两《唐志》并题五卷,今佚。严可均《全上古三代秦汉三国六朝文》辑录有《议答问》《辩谦》《辩王》《述碑》等四篇文章。

韩康伯的易学著作主要有《系辞传》注,在《隋书·经籍志》"《周易系辞》二卷,晋太常韩康伯注",《宋史·艺文志》录有《系辞传》《说卦》《序卦》三卷(晁公武《郡斋读书志》、陈振孙《直斋书录解题》并云三卷),关于《隋书·经籍志》与《宋志》、两《唐志》所记载的卷数不同,姚振宗《隋书经籍志考证》曰:"按康伯注《系辞》,《说卦》《序卦》《杂卦》三卷,前已合王弼注为一书,词但二卷,其单行本,两《唐志》不别出。"从中我们可知韩康伯的《易》注,主要是对王弼《易》注中所未注《系辞传》的补注。在唐宋时期,韩康伯《系辞传》注已经有了两个传本,一是与王弼《易》注的合刊本,另一个是韩康伯《系辞传》注释的单行本。

一 韩康伯《易》注的特色

王弼的《易》注推出之后,在魏晋时期十分流行,但由于王弼所注《易》没有注《系辞传》以下《易传》,所以在两晋时期有很多学者对王弼

---

[1] (宋)王应麟:《困学纪闻》卷一,上海古籍出版社,2015,第21页。
[2] (清)丁国钧:《补晋书艺文志》,《二十五史补编》,开明书店上海总店,1936,第5654页。

《周易注》所未注的《系辞传》以下的《说卦》《序卦》《杂卦》进行了补注。吴承仕在《经典释文序录疏证》中曰："自元嘉以来，王（弼）易盛行，独阙《系辞》以下不注。故自谢沇刘，专注《系辞》，皆继辅嗣而作；其同以玄远为宗可知也。自韩氏专行，而各家并废。"[1] 从中我们可以得知，韩康伯完成了王弼《易》注所阙的《系辞传》以下的注释，而且其注释比较成功地承于王弼《易》注的"以玄远为宗"。

韩康伯易学的重要特色就是继承了王弼易学以义理解《易》的传统。王弼易学扫数取义，继承了古文经易学费氏易学以《易传》思想来阐释《周易》，把易学恢复到了先秦和汉初以义理解《易》的传统上去了。王弼还借助了当时流行的《老》《庄》思想，从本体论的角度提出"以无解《易》"的方法，被后人称之为"以玄解《易》"。韩康伯对《系辞》等传的注释，比较充分地继承了王弼易学的特色。

王弼易学上承先秦、汉初易学以及费直以义理解《易》的优良传统。韩康伯在对《系辞传》的注释中继承了王弼这种以义理解《易》的特色。韩康伯认为《周易》的八卦中包涵有十分深刻的义理内涵。韩康伯注"因而重之，爻在其中矣"曰："夫八卦，备天下之理而未极其变，故因而重之以象其动。"韩康伯认为《周易》中所包含的大义，乃是观乎人事、地道、天道的圣人大道。韩康伯注"盛德大业，至矣哉"曰："夫物之所以通，事之所以理，莫不由乎道也。圣人，功用之母，体同乎道，盛德大业，所以能至。"也就是说万事万物都有其所包含的义理和大道，而圣人就是可以发现并且运用这种大道的人。也就是说只有"圣人虽体道以为用，未能至无以为体，故顺通天下，则有经营之迹也"。这种"大道"就是儒家所讲仁、义、礼、智、信的大道，也就是百姓人民所日用而不显的大道。故而韩康伯曰："仁者资道以见其仁，知者资道以见其知，各尽其分。君子体道以为用也，仁者则滞于所见，百姓则日用而不知，体斯道者，不亦鲜矣。"

韩康伯对王弼易学的继承还表现在直接引用王弼的《易》注对《系辞》进行注释。如其对"忧悔吝者存乎介"，韩康伯就直接引用王弼的注释曰：

---

[1] 吴承仕：《经典释文序录疏证》，中华书局，2008，第48页。

"王弼曰：'忧悔吝之时，其介不可慢也。'即悔吝者，言乎小疵也。"又如对《系辞》"焉而命之，动在其中矣"的注释，曰："王氏之例详矣。"

韩康伯对王弼易学的继承还表现对《易传》的重视。王弼易学继承了费氏易学的以传解《易》的传统，所以对《易传》十分重视。韩康伯亦是如此。如他对"《彖》辞，则思过半矣"注释曰："夫《彖》者，举立象之统，论中爻之义。约以存博，简以兼众，杂物撰德，而一以贯之。"而对《系辞》"焉而命之"的注释中，他认为《彖》传和《象》包含了每一卦所蕴涵的大义，《爻》辞则包含了各爻变化的规律，如他注释曰："立卦之义，则见于《彖》《象》；适时之功，则存之爻辞。"

韩康伯还继承了王弼易学吸取《老》《庄》哲学中的本体论注《易》的特色。借助老庄思想中的本体论，是王弼《易》注的首要特色。他也正是在此基础上明确提出了"以无为本"的观点。王弼说的"无"并不是通常意义上的一无所有，而是对"无限整体的一种把握"，是一种最广大的有。王弼借助这种"无"来阐释"《易》无思也，无为也，寂然不动，感而遂通天下之故"，并将之视为互通《老子》《周易》两书的基础。"无"在《周易注》中本来只是表现为"寡""一""约""简"等，但是在融入《老子》《庄子》思想后，王弼对应提出了"以寡治众""以一制动""统宗会无""约以存博""简以济众"的思想。这种哲学观点也被韩康伯所继承。

韩康伯认为，《周易》中的大道是"无"的体现，比如对"一阴一阳谓之道"是注释："道者何？无之称也，无不通也，无不由也。况之曰道，寂然无体，不可为象。必有之用极，而无之功显，故至乎神无方而易无体，而道可见矣。故穷变以尽神，因神以明道，阴阳虽殊，无一待之。在阴为无阴，阴以之生；在阳为无阳，阳以之成，故曰'一阴一阳'也。"再进一步注释"《易》有太极，是生两仪"时，韩康伯又写道："夫有必始于无，故太极生两仪也。太极者，无称之称，不可得而名，取有之所极，况之太极者也。"可见，太极作为"有"的表现形式之一，在韩康伯看来也成为"无"的体现。简言之，作为世界本原的"太极"，也同样源于"无"。而且，在韩康伯看来，《周易》的圣人大义是对天地无为学习的结果，比如他在注释"可久则贤人之德，可大则贤人之业"时曰："天地易简，万物各载其形；圣人不为，群方各遂其业；德业既成，则入于形器，故以贤人目其德业。"他进而认为《周易》其实是古代圣人在体会了世间万物的无限广大的"无"之后创作出来的，"圣人之作《易》，无所不极，无微不究。大则取象天地，细则观鸟兽之文，与地之宜也。"那么，君子应该怎么做呢？当然是学习天地自然的无为，"夫变化之道，不为而自然，故知变化者，则知神之所为"。"无"乃是万物之母，自然无限无边的事物、无穷无尽的变化，只有通过"无"才能概括出来。因此，韩康伯注释《系辞上传》"至精""至变""至神"时写道："至精者，无筹策而不可乱；至变者，体一而无不周；至神者，寂然而无不应。其盖功用之母，象数所由立，故曰：非至精、至变、至神、则不得兴于斯也。"

总之，韩康伯《易》注几乎继承了王弼易学的所有精华，可以说是对王弼未完成《易》注的补充、延续，终于使这部重要的义理派《易》注得到完备，对后世产生了深远影响。

二 韩康伯易学的学术价值及其影响

韩康伯成为此时期义理派易学的重镇，占有十分重要的历史地位，产生了深刻的历史影响。对于韩康伯的易学地位及其影响，历史上不同的学者也对此有不同的认识。有的学者认为韩康伯易学深得王氏易学的精髓。比如，宋儒李光评论曰："韩康伯得之王辅嗣其说妙矣！"[1] 韩康伯《易》注的确如此，以至于一些学者都把韩康伯误认为是王弼的门人。韩康伯补王弼未完之《易》注使之成为完璧，而且自韩注问世，王、韩之外的其他《易》注相继被人们废弃，有很多都没有流传下来。

但是，也有很多的学者指责王、韩的《周易注》引用老庄思想来解《易》，使易学流为道家，而失去了儒学正宗。甚至认为王韩二人对于学术的发展罪孽深重。元儒胡一桂曰："汉魏以来诸儒之罪，而王弼、韩康伯尤其罪之魁也。"这种说法往往是从儒家学说的角度出发，认为王韩二人引入道家的本体论来解《易》，误导了易学的发展。这种说法，首先是先入为主

---

[1] （宋）李光：《读易详说·履卦》，台湾商务印书馆，1986年影印文渊阁《四库全书》本。

地把易学规定为儒家学说，其实易学成为儒家经典是西汉时期的事情了。《周易》古经源于上古时期，在那个时期无论是儒家学说还是道家学说都没有出现。《周易》传文中既包含有儒家的思想又有道家的思想成分。根据最新研究，易学融通三教，是基于《周易》特别是《易传》儒道互补、以儒为主、综合百家、超越百家的学术品格和文化风范，而这种学术品格和文化风范又在后来会通三教、促进儒释道文化融合发展的过程中得到更进一步的有力证实。① 很多学者无视《周易》一书本身所固有的道家思想，一味强调从儒学的角度认识《周易》，认为易学只有儒家的思想，无视其中的道家思想的成分，这样反而对易学的发展不利。在当时的历史条件下，王弼和韩康伯能够突破传统儒学的束缚，吸取道家思想中的有益成分来注《易》，这是难能可贵的。王弼、韩康伯的《周易注》不仅没有阻碍易学的发展，反而在某些程度上促进了易学的发展。在王韩易学基础上形成的义理派易学，最终成为易学史上"两派六宗"中的重要一支。后来二程、朱熹、杨万里等学者进一步发展了义理派易学，对易学的发展做出重要贡献。因此，我们应该对王韩《易》注在易学史上的崇高地位给予充分肯定。

另外从注本的发展历史来看，唐代孔颖达《周易正义》选择了韩康伯《易》注，这使得王弼注、韩康伯补注从唐代开始就成为《周易》的标准注本了。以后的历代王朝，尤其是元、明、清等朝的科举考试规定使用王韩《易》注，进一步扩大了它们在易学史上的影响力。

第三节　南北朝易学的发展

一　北朝易学

谈及北朝易学，正史中的记载其实很简略。《北史·儒林传序》曰：

---

① 张涛：《易学研究新视野：从综合百家到融通三教》自序，社会科学文献出版社，2019，第3页。

第三章 三国两晋南北朝易学

> 汉世，郑玄并为众经注解，服虔、何休，各有所说。玄《易》、《诗》、《书》、《礼》、《论语》、《孝经》，虔《左氏春秋》，休《公羊传》，大行于河北。王肃《易》，亦间行焉。……
>
> 自魏末，大儒徐遵明门下讲郑玄所注《周易》。遵明以传卢景裕及清河崔瑾。景裕传权会、郭茂。权会早入邺都，郭茂恒在门下教授，其后能言《易》者，多出郭茂之门。河南及青齐之间，儒生多讲王辅嗣所注，师训盖寡。……
>
> 大抵南北所为章句，好尚互有不同。江左，《周易》则王辅嗣，《尚书》则孔安国，《左传》则杜元凯。河洛，《左传》则服子慎，《尚书》、《周易》则郑康成。《诗》则并主于毛公，《礼》则同遵于郑氏。南人约简，得其英华；北学深芜，穷其枝叶。考其终始，要其会归，其立身成名，殊方同致矣。①

北朝二百年馀年历史，易学传授不绝，有时甚至相当兴旺，总体观之，仍尊崇汉易，以郑易为主，属于儒家经学的正统。北朝易学虽承汉易之馀绪，在理论上并无重大突破和创新，却与南朝易学一道，为唐初总结前人治《易》成果而出现的义疏之学的发展奠定了基础。

北魏初期，儒家学说其实还没有成为官方正统意识形态，即便博大精深的郑玄易学体系也缺乏官方的明确认可与支持。由于当时的北魏统治者汉化程度较低，所以他们更倾向于占筮与谶纬相结合的占验派的神秘主义倾向的易学。众所周知，郑玄易学在象数易学中是属于偏于理性主义的经注派，并不以占验为目的，而是以爻辰、五行、礼象等解易。汉族士人很清楚，对于北魏初期的鲜卑上层而言，这种复杂的学术显然过于高深，所以他们通常选择凭借阴阳谶纬及占筮卜卦来取得官方认可。比如燕凤"好学，博综经史，明习阴阳谶纬"；邓渊"性贞素，言行可复，博览经书，长于《易》筮"②，他们都因长于《易》筮、明于阴阳谶纬而得到北魏初期道

---

① （唐）李延寿：《北史》卷八十一《儒林上》，中华书局，1974，第2709页。
② （北齐）魏收：《魏书》卷二十四《燕凤传》、《邓渊传》，中华书局，1974，第609、635页。

武帝的重用。因此，郑玄易学在北魏初期并无太大影响力，反而是相对粗糙实用的占验派象数易学，尤其孟喜、京房的学说更为盛行，亦即神秘主义倾向的象数易学是北魏初期的主流。

北魏初期，汉族士人与鲜卑政权貌合神离，儒学发展陷入低谷，民间著名儒学经师也少有教授郑玄易学。《魏书·儒林传》和《北史·儒林传》的确记载了很多学者，但他们基本都是在太武帝时期及以后才声名显赫，而像徐遵明等大儒则更是北魏后期的人了。

北魏太武帝平定关中、灭赫连复，并最终在太延五年（439）将凉州纳入北魏版图，实现了北方的基本统一。但他很清楚，马上固然可以得天下，但是绝不可以治天下，所以便有意识地将国家的政治重心从武功转化到文治。事实上，无论是历朝历代的经验表明，还是北魏近几十年的发展所见，儒家思想在文治方面都具有不可替代的重要作用。因此，北魏统治者开始主动学习汉文化，运用儒家思想治国。

始光三年（426）二月，"起太学于城东，祀孔子，以颜渊配"①。这是北魏第一次祀孔子，这是一个比较明显的向汉文化靠拢的信号。在神䴥四年（431），太武帝下诏书征召汉族士人。

太平真君五年（444）又下诏："王公已下至于卿士，其子息皆诣太学。"② 命令鲜卑族高层人士子孙学习儒家经典，这也进一步反映出这一时期对汉文化的认可。

虽然太武帝也重道教，但是这一时期儒家思想已经被比较明确地确立为北魏的官方意识形态。在具体的意识形态建设方面，崔浩起了关键性作用。他有着深厚的儒家文化学养，但是崔浩志不在学术诗文，而是留心于礼法制度，精研周公、孔子之要术。崔浩作为有着强烈"治国、平天下"政治理想的汉族士人，意欲通过个人努力，争取在北魏这个少数民族政权恢复汉魏制度、重整名教秩序。崔浩凭借他自己卓越的政治军事才干和精于天文卜筮的能力取得了明元帝与太武帝的信任和支持。

---

① （北齐）魏收：《魏书》卷四《世祖太武帝纪》，中华书局，1974，第71页。
② （北齐）魏收：《魏书》卷四《世祖太武帝纪》，中华书局，1974，第97页。

第三章　三国两晋南北朝易学

崔浩在明元帝时遍注五经，形成了具有个人学术倾向的崔氏经学。借助于他的政治地位，崔氏经学始终深受官方认可。反而是作为汉魏学说代表的郑玄经学在当时并未得到足够重视，郑玄易学自然同样如此。总之，崔浩巨大的个人政治影响力直接影响到学术思想方面，促使该时期被官方认可的儒家学说大多是崔氏经学，而不再是汉魏学说。

那么随之而来的问题是，崔浩易学和郑玄易学究竟有什么不同？

> 浩注《易》，叙曰："国家西平河右，敦煌张湛、金城宗钦、武威段承根三人，皆儒者，并有俊才，见称于西州。每与余论《易》，余以《左氏传》卦解之，遂相劝为注。故因退朝之馀暇，而为之解焉。"[1]

可见，崔浩经常与河西学者张湛、宗钦、段承根等人论《易》，并以《左氏传》卦解之，这正是崔浩易学的特色。崔浩主要运用来源于《左传》的"之"卦说来解《易》。而所谓的"之"卦说，其实是占筮时出现某卦之某卦的结果，通过比较两卦相变的那一爻的爻辞来判定吉凶。当然，如果变爻不止一个，也会有相应的判定原则。譬如《左传》庄公二十二年记载："周史有以《周易》见陈侯者，陈侯使筮之，遇《观》之《否》。曰：是谓观国之光，利用宾于王。此其代陈有国乎！"其中的"《观》之《否》"，就是从观卦变为否卦，"之"就是"变"。在此种体例中，以筮求卦，先求得《观》卦，其六四阴爻变为阳爻，则为《否》卦。按照《左传》的记载，当时判断某事的吉凶，主要看变的那一爻，并依此爻的象，同时结合该爻的爻辞，推测某事如何，例如前述《观》卦变爻即六四爻辞是"观国之光，利用宾于王"，以此判定陈敬仲的后代必能复兴陈国，所谓"其代陈有国乎！"[2]

不难看出，相对于郑玄易学而言，《左氏传》的"之"卦说是属于比较原始的古老的解《易》方法。而崔浩之所以采用它，则与北魏时期的历史阶段不无关联。诚如前述，太武帝已经意识到学习汉文化的重要性，而且

---

[1] （北齐）魏收：《魏书》卷五十二《张湛传》，中华书局，1974，第1154页。
[2] 朱伯崑：《易学哲学史》第一卷，昆仑出版社，2009，第25~26页。

其儒学修养也比道武帝深厚许多，但对于博大精深的汉文化而言，太武帝很难说得上精通。或许考虑到太武帝的接受程度，崔浩选择采用相对原始简单的占筮方法来解读《周易》。另一方面，崔浩本人素来偏好阴阳术数，注重借助《周易》进行占卜预测，因此他治《易》路数是偏重于实用的占筮术。这一时期，神秘主义的阴阳谶纬学说比如推步术等仍然非常流行，是与统治者极度重视占卜密切相关的。这一点与郑玄易学迥然不同。

可以说，在太武帝时期，儒学相对于北魏初期有了比较大的发展，不过这种发展不是汉魏学术的全面繁荣，更多地是依赖于崔浩的努力与推动。在此过程中，崔浩对经典的解释亦即崔氏经学成为官方正统意识形态。与此相反，郑玄学说并未得到广泛认可，郑玄易学也不再是该时期的易学主流。

太武帝时期的儒学发展与崔浩个人的努力很有关系，而崔浩因为国史一案被处死也对儒学发展蒙上了一层阴影。当时不仅崔浩被诛，"清河崔氏无远近，范阳卢氏、太原郭氏、河东柳氏，皆浩之姻亲，尽夷其族"[①]。汉族高门遭受了重大打击。这是因为他们的势力急剧增长给鲜卑贵族带来了恐慌，遭到了反扑。在这种情况下，北魏儒学发展进入比较缓慢的时期，一直到北魏孝文帝太和年间，儒学才进入了黄金期。也可以说所谓的"北学"直到那时才告形成，郑玄易学也进入官方意识形态并广为传播。

北魏孝武帝取得实权后，为推动鲜卑的全面汉化，施行了著名的"孝文帝改革"。在改革过程中，儒家思想被作为绝对官方意识形态而得到尊崇，也促使儒学在太和年间得到了巨大的推动与发展。

> 暨夫太和之后，盛修文教，搢绅硕学，济济盈朝，缝掖巨儒，往往杰出，其雅诰奥义，宋及齐、梁不能尚也。[②]

> 太和中，改中书学为国子学，建明堂、辟雍，尊三老五更，又开皇子之学。及迁都洛邑，诏立国子、太学、四门小学。孝文钦明稽古，笃好坟典，坐舆据鞍，不忘讲道。刘芳、李彪诸人以经书进，崔光、

[①]（北齐）魏收：《魏书》卷三十五《崔浩传》，中华书局，1974，第826页。
[②]（唐）魏征等：《隋书》卷七十五《儒林传》，中华书局，1973，第705页。

邢峦之徒以文史达。其余涉猎典章，闲集词翰，莫不縻以好爵，动贻赏眷。于是斯文郁然，比隆周、汉。宣武时，复诏营国学，树小学于四门，大选儒生以为小学博士，员四十人。虽黉宇未立，而经术弥显。时天下承平，学业大盛，故燕、齐、赵、魏之间，横经著录，不可胜数。大者千余人，小者犹数百。①

在此时期，郑玄学说也得到明显发展，不仅取得官方认可，在民间也涌现出很多郑学大师。至此，郑玄学说的传承再次实现谱系化。

确立宗庙、祭祀制度通常被视作政权核心意识形态建设内容之一。在北魏前期的祭祀系统中，对天和自然神的崇拜具有突出的地位，这与相对成熟的汉文化显然是扞格难入的。孝文帝时期，逐渐确立了儒家礼学指导下的祭祀制度，北魏宗庙、祭祀制度也逐渐儒学化②。郑玄的三礼之学在其中起到了重要的理论指导作用，因为北魏孝文帝以来不断完善的郊祀制度，正是采用了郑玄的学说③。宗庙、祭祀制度的儒学化，是儒家思想成为官方意识形态的一个重要标志。

随着郑玄礼学地位的提升，郑玄诸学说也开始广为传布。以《礼》注《易》其实是郑玄易学的一个突出特色，比如清人皮锡瑞就敏锐地指出："郑学最精者三《礼》，其注《易》亦据《礼》以证。《易》义广大，无所不包。据礼证《易》，以视阴阳术数，实远胜之。郑注如嫁娶、祭祀、朝聘皆合于《礼经》。其余虽阙而不完，后儒能隅反而意补之，亦颛家之学也。"④ 那么，在礼学进入官方哲学的形势下，郑玄易学也随之在孝文、宣武时期迎来蓬勃发展。

对于传统王朝来说，皇位的继承制度是最重要、最核心的政治行为。北魏以鲜卑族立国，皇位继承制度经历了漫长而激烈的斗争和反复。北魏初期，由于受到原始社会部落联盟制度的影响，鲜卑族拓跋部部落首领的

---

① （唐）李延寿：《北史》卷八十一《儒林传》，中华书局，1974，第2704页。
② 刘惠琴：《北朝儒学及其历史作用》，陕西人民出版社，2003，第164~167页。
③ 刘惠琴：《北朝儒学及其历史作用》，陕西人民出版社，2003，第162~164页。
④ （清）皮锡瑞：《经学通论·易经》，中华书局，2017，第30页。

继承遵循"兄终弟及制"。道武帝时期,开始有想法学习汉族政权更迭制度采用皇权父子相继的制度。直到明元帝时期,为了让皇权父子顺利相继,经过崔浩的建议和设计,终于建立"太子监国"制度。但这种制度存在一定缺陷,因为太子权力极大,会对在位皇帝构成直接威胁,最终在太武帝时期,导致了太武帝与太子拓跋晃之间的巨大冲突。冲突平息后,"太子监国"制度随之终结,北魏政局再次陷入动荡,很容易出现后权膨胀的局面。为摆脱母后专政,道武帝甚至定下"子贵母死"的制度。事实表明,这一制度依然不能很好消除北魏前期母权极大的现实。因为在太武帝之后,屡次出现储君保母干预政治,比如太武帝的保母窦氏、文成帝的乳母常氏干政,最终出现了文明太后的临朝听政。直到孝文帝亲政以后,皇位继承制度才逐渐稳定下来。

在官方的政治运作中,许多士人已经借助《周易》的理论来阐发政治观点。李彪曾在太和年间上表奏陈七事,其中第二条就是关于太子确立事宜的建议:

> 其二曰:《易》称"主器者莫若长子",《传》曰"太子奉冢嫡之粢盛"。然则祭无主则宗庙无所飨,冢嫡废则神器无所传。圣贤知其如此,故垂诰以为长世之法。昔姬王得斯道也,故恢崇儒术以训世嫡,世嫡于是乎习成懿德,用大协于黎蒸。是以世统黎元,载祀八百。逮嬴氏之君于秦也,弗以义方教厥冢子,冢子于是习成凶德,肆虐以临黔首。是以飨年不永,二世而亡。亡之与兴,道在于师傅。故《礼》云:"冢子生,因举以礼,使士负之,有司斋肃端冕,见于南郊。"明冢嫡之重,见乎天也。"过阙则下,过庙则趋",明孝敬之道也。然古之太子,自为赤子而教固以行矣。此则远世之镜也。高宗文成皇帝慨少时师不勤教,尝谓群臣曰:"朕始学之日,年尚幼冲,情未能专。既临万机,不遑温习。今而思之,岂非唯予之咎,抑亦师傅之不勤。"尚书李䜣免冠而谢。此则近日之可鉴也。伏惟太皇太后翼赞高宗,训成显祖,使巍巍之功,邈乎前王。陛下幼蒙鞠诲,圣敬日跻,及储宫诞育,复亲抚诰,日省月课,实劳神虑。今诚宜准古立师傅,以诏导太

子。诏导正则太子正,太子正则皇家庆,皇家庆则人事幸甚矣。①

李彪将《周易·序卦传》的"主器者莫若长子"与《礼记》的说法相结合,论证确立太子而且要立师指导的必要性。李彪的建议深得圣意,据史书记载"帝览而善之,寻皆施行"②,因此对稳定皇权嫡长子继承制度具有重要意义。当然,李彪在关系国家命运的政治事件上采用结合《礼》《易》的思路,明显是受到郑玄易学的影响。

关于《周易·序卦传》的"主器者莫若长子",郑玄解注道:"谓父退居田里,不能备祭宗庙,长子当亲视涤濯鼎俎。"③ 主要是在说传授祭祀之事。

北魏的政治环境异常复杂,母权的突出是其中一个很重要的原因。由于鲜卑族脱离母系氏族社会不久,因此母权始终备受尊重,不仅在庙堂之上出现类似冯氏的政治女强人,在民间母亲也具有尊崇的地位。而且,北魏法律明确规定"母杀其父,子不得告,告者死",对母亲的偏袒是显而易见的。窦瑗担心这种不当的法律规定,会导致"千载之下,谈者喧哗,以明明大朝,有尊母卑父之论",为实现"淳风厚俗",必须做出改变。当然,窦瑗的提议其实也有针对后权势大的用意。可惜的是,其提议最终被官方否定。窦瑗并不甘心,他以《周易》理论结合《礼丧服经》说法据理力争,"瑗以为《易》曰:'天尊地卑,乾坤定矣。'又曰:'乾天也,故称父;坤地也,故称母。'又曰:'乾为天,为父;坤为地,为母。'《礼丧服经》曰:'为父斩衰三年,为母齐衰期。尊卑优劣,显在典章,何言访古无据?'"④凭借儒家经典的理论力量,"事遂停寝"。

诸多事项表明,从孝文帝开始,郑玄易学逐渐得到官方的肯定和重视,并成为构建官方意识形态的重要理论来源,与北魏前期的处境形成明显对比。道武帝甚至太武帝时期,官方更多地是将《周易》学说视作占筮的工

---

① (唐)李延寿:《北史》卷四十《李彪传》,中华书局,1974,第1454页。
② (唐)李延寿:《北史》卷四十《李彪传》,中华书局,1974,第1458页。
③ 林忠军:《周易郑氏学阐微》,上海古籍出版社,2005,第433页。
④ (北齐)魏收:《魏书》卷八十八《窦瑗传》,中华书局,1974,第1910~1911页。

具，孝文帝时，更为复杂精致的郑玄易学逐渐被官方认可，并且为重大政治活动提供理论支持，这一方面跟鲜卑族的汉化不断深入有关，另一方面也是因为孝文帝已经具备非常深厚的儒家学术素养。

在民间，随着儒学的繁荣，也出现了易学传承的盛况。大儒徐遵明无疑是一位划时代的人物，《周易》《尚书》《三礼》《论语》《春秋左传》《孝经》等诸经的传承皆有赖于他。正是得益于徐遵明的讲授，郑玄易学在北方广为流行。据《北史·儒林传》记载："自魏末，大儒徐遵明门下讲郑玄所注《周易》。遵明以传卢景裕及清河崔瑾。景裕传权会、郭茂。权会早入邺都，郭茂恒在门下教授，其后能言《易》者，多出郭茂之门。"据刘汝霖先生《徐遵明传〈易〉表》，跟随徐遵明学习郑玄易学的，不仅有卢景裕、崔瑾，还应该有吕师礼、乐逊[1]。此外，李业兴、李铉也应该被视作徐遵明易学传人[2]。

二　南朝易学

南朝时期，易学的传承有了不同于以往的特点。东晋时期王弼玄学易学影响巨大，郑玄易学几成绝响。虽然孙盛等人坚持象数易学，但是已属于特立独行，不为同时代人所认可。至刘宋元嘉年间颜延之黜郑置王，郑玄易学丧失官方支持，衰微至极。在其后四十年间，郑玄易学处于无人问津的状态。南齐时期，郑玄易学重新被纳入官学，并且着力扶持。郑玄易学出现复苏。刘瓛对于郑玄易学在南朝的传播起了重要的作用，被称为一时马、郑。梁陈之际，由于萧衍的大力提倡，出现了儒学兴盛的局面，郑玄易学与王弼易学同立于国学。梁陈时期学术风格多元互融，不尚墨守，此时的易学家虽然多尊王弼，但是易学思想都异常复杂，王弼玄学易学、京房易学、郑玄易学甚至佛教思想都有其影响。这种学术风格在萧衍易学中体现得非常明显。梁陈时期的易学之所以出现这样的情况是多种因素共

---

[1] 刘汝霖：《东晋南北朝学术编年》，中华书局，1987，第398页。
[2] （唐）李延寿：《北史》卷八十一《儒林上》，中华书局，1974，第2721、2726页。

同作用的结果，其中阴阳律历学说的复兴和卜筮之风的兴起很大程度上影响了这一时期的易学。

（一）刘宋时期颜延之黜郑置王（弼）

刘宋时期的官学制度与魏晋时期相比，有极大的转变，国学在此时期最终废止，设立了总明观，而玄学作为一科正式立于官学。随之而来的，就是王弼《易》正式立于官学。

刘宋时期官方学术机构颇有反复，过程复杂，我们先梳理一下官学兴替的情况。

1. 刘宋初立，在永初三年，宋武帝刘裕诏有司立学，未就而崩[1]。
2. 元嘉十三年，宋文帝以何尚之为丹阳尹，立玄学于其宅：

十三年，彭城王义康欲以司徒左长史刘斌为丹阳尹，上不许。乃以尚之为尹，立宅南郭外，置玄学，聚生徒。东海徐秀、庐江何昙、黄回、颍川荀子华、太原孙宗昌、王延秀、鲁郡孔惠宣，并慕道来游，谓之南学[2]。

3. 元嘉十五年，时国子学未立，文帝留心"艺术"，故立玄、儒、文、史四科：

元嘉十五年，征次宗至京师，开馆于鸡笼山，聚徒教授，置生百余人。会稽朱膺之、颍川庾蔚之并以儒学，监总诸生。时国子学未立，上留心艺术，使丹阳尹何尚之立玄学，太子率更令何承天立史学，司徒参军谢元立文学，凡四学并建。车驾数幸次宗学馆，资给甚厚。[3]

4. 元嘉十九年，宋议立国子学。何承天任国子祭酒。后颜延之接任国子祭酒，《周易》黜郑置王。

十九年，立国子学，以本官领国子博士。皇太子讲《孝经》，承天与中庶子颜延之同为执经。顷之，迁御史中丞[4]。

---

[1] （南朝梁）沈约：《宋书》卷三《武帝纪下》，中华书局，1974，第58页；（南朝梁）沈约：《宋书》卷十四《礼志一》，中华书局，1974，第367页。
[2] （南朝梁）沈约：《宋书》卷六十六《何尚之传》，中华书局，1974，第1734页。
[3] （南朝梁）沈约：《宋书》卷九十三《雷次宗传》，中华书局，1974，第2293~2294页。
[4] （唐）李延寿：《南史》卷三十三《何承天传》，中华书局，1975，第869页。

元嘉建学之始，玄、弼两立。逮颜延之为祭酒，黜郑置王，意在贵玄，事成败儒①。

《宋书·礼志一》载："太祖元嘉二十年，复立国子学，二十七年废。"这应该是指在元嘉十九年下诏立学之后，于明年正式复立。

《南史·颜延之传》载："刘湛诛后，起延之为始兴王濬后军谘议参军、御史中丞。在任从容，无所举奏。迁国子祭酒、司徒左长史。何尚之素与延之狎，书与王球曰：'延之有后命，教府无复光晖。'"据《宋书·文帝纪》，刘湛被诛是在元嘉十七年，在此之后，颜延之历经数职，迁为国子祭酒。时间当在何承天迁御史中丞之后。

5. 元嘉二十七年，国学废。

6. 泰始六年，宋置总明观。立玄、儒、文、史四科。总明观代替国子学，这是官方学术机构的一次重大变化：

泰始六年，以国学废，初置总明观，玄、儒、文、史四科，科置学士各十人，正令史一人，书令史二人，干一人，门吏一人，典观吏二人②。

九月戊寅，立总明观，征学士以充之。置东观祭酒、访举各一人，举士二十人，分为儒、道、文、史、阴阳五部学，言阴阳者遂无其人③。

刘宋时期，诸皇帝多好文学而"不重儒术"，思想呈现多元化发展的情况，其中一个最明显的趋势就是玄学的地位进一步提升，王弼《易》进入官学。到元嘉十九年，颜延之在国子学中黜郑置王，代表汉代学术的郑玄《易》跌落谷底，而魏晋玄学《易》正式被官方认可，以后南朝齐、梁、陈直至唐，王弼《易》都在官方学术机构中牢牢地站稳了脚跟。

王弼易学直至刘宋时期才正式立于官学是一种历史的必然。王弼在正始年间以天才的手笔刷新了《周易》，创建了不同于象数易学的义理易学。王弼易学在魏晋时期已经广为士人接受，不过当时的官学中仍是传统的郑玄《易》与王肃《易》。魏晋时期的官学更多地是一种摆设，只不过是来表明政府重视儒学建设的态度，当时"世尚庄、老，莫肯用心儒训"，所以官

---

① （南朝梁）萧子显：《南齐书》卷三十九《陆澄传》，中华书局，1972，第684页。
② （南朝梁）萧子显：《南齐书》卷十六《百官志》，中华书局，1972，第315页。
③ （唐）李延寿：《南史》卷三《明帝纪》，中华书局，1975，第82页。

学影响力衰微。时至东晋，甚至多有国学废寝之事。在这种背景下，王弼《易》一直在名士之间流传，事实上统治了当时的思想。流传百年之后，刘宋时期玄学被官方纳入官学，有了正式的名分。而郑玄《易》作为传统的汉代儒学代表，刘宋时期被王弼《易》取代。

刘宋时期，玄学地位不仅在事实上超越了儒学，而且在中央官学总明观的排位中也是位列玄、儒、文、史四科之首。这意味着，官学不再单纯是政府用来尊崇儒学思想的地方，而是逐渐发展为当代学术的研究、传播机构。

（二）南齐时期郑玄《易》复立于国学

刘宋时期对官学的改革过于激进，毕竟在中国封建社会时期，儒家思想对于教化百姓、稳定社会秩序、巩固封建王朝的统治有着不可替代的重要作用。所以很快，在南齐时期，总明观废止，国学重新建立，传统的郑玄《易》又得以跻身官学。不过由于王弼《易》事实上有其巨大影响力，而且被主流思想界所接受，从此以后，南朝官学中易学始终是郑、王并立的局面。

南齐建国二十余年即被梁取代，在这短短的时间之内，国学也并没有一直设立。南齐有个独特的做法，就是每当皇帝驾崩，国学也要随之废止。这反映出在南齐时期，官方对于儒学建设并不是非常重视。

> 建元四年正月，诏立国学，同年九月，齐高帝萧道成驾崩，国学遂废。
>
> 建元四年正月，诏立国学，置学生百五十人。其有位乐入者五十人。生年十五以上，二十以还，取王公已下至三将、著作郎、廷尉正、太子舍人、领护诸府司马谘议经除敕者、诸州别驾治中等、见居官及罢散者子孙。悉取家去都二千里为限。太祖崩，乃止①。

此时，国子学重新建立，与总明观并立，不过维持了八个月即被废止。

> 永明三年，又立学，省总明观。

---

① （南朝梁）萧子显：《南齐书》卷九《礼志上》，中华书局，1972，第143页。

永明三年正月，诏立学，创立堂宇，召公卿子弟下及员外郎之胤，凡置生二百人①。

是岁，省总明观，于俭宅开学士馆，悉以四部书充俭家，又诏俭以家为府②。

南齐在此年重新设立国子学，简省总明观，最重要的原因就是要扭转刘宋总明观崇玄轻儒的学科设置。国子学立诸博士，又部分恢复了魏晋时期的旧貌。《南齐书·陆澄传》载："时国学置郑王《易》，杜服《春秋》，何氏《公羊》，麋氏《穀梁》，郑玄《孝经》。"③统共有七《经》博士。其中《易》博士为郑玄《易》与王弼《易》。此次国学博士的设立应该是出于王俭之意，陆澄认为"《孝经》，小学之类，不宜列在帝典"④，故与王俭书论之。二人对于《易》郑玄、王弼并立意见相同：

（澄曰）："《易》近取诸身，远取诸物，弥天地之道，通万物之情。自商瞿至田何，其间五传。年未为远，无讹杂之失。秦所不焚，无崩坏之弊。虽有异家之学，同以象数为宗。数百年后，乃有王弼。王济云弼所悟者多，何必能顿废前儒。若谓易道尽于王弼，方须大论，意者无乃仁智殊见。且易道无体不可以一体求，屡迁不可以一迁执也。晋太兴四年，太常荀崧请置《周易》郑玄注博士，行乎前代，于时政由王、庾，皆俊神清识，能言玄远，舍辅嗣而用康成，岂其妄然。太元立王肃《易》，当以在玄、弼之间。元嘉建学之始，玄、弼两立。逮颜延之为祭酒，黜郑置王，意在贵玄，事成败儒。今若不大弘儒风，则无所立学，众经皆儒，惟《易》独玄，玄不可弃，儒不可缺。谓宜并存，所以合无体之义。且弼于注经中已举《系辞》，故不复别注。今若专取弼《易》，则《系》说无注。"

……

---

① （南朝梁）萧子显：《南齐书》卷九《礼志上》，中华书局，1972，第143页。
② （南朝梁）萧子显：《南齐书》卷二十三《王俭传》，中华书局，1972，第436页。
③ （南朝梁）萧子显：《南齐书》卷三十九《陆澄传》，中华书局，1972，第683页。
④ （南朝梁）萧子显：《南齐书》卷三十九《陆澄传》，中华书局，1972，第683页。

俭答曰:"《易》体微远,实贯群籍,施、孟异闻,周、韩殊旨,岂可专据小王,便为该备?依旧存郑,高同来说。"[1]

值得关注的是,南齐时期,已经有了"玄不可弃"的认识,"众经皆儒,惟《易》独玄,玄不可弃,儒不可缺。谓宜并存"。这与王弼《易》一直以来的巨大影响力有关,而且刘宋时期已经将王弼《易》立于官学,这种做法也得到了广泛认可。此时官方学术中允许玄学存在,不再仅仅是尊儒兴教了。不过南齐此次国学建设,意在"儒不可缺"。南齐反思刘宋颜延之黜郑置王的做法太过极端,"事成败儒",而立学则应"大弘儒风"。故郑玄易学又再次进入国学。

王俭在负责国学建设期间,恪尽职守,兢兢业业,南齐官学建设颇有成效,齐文惠太子曾经临国学策试诸生。不过事不久长,永明七年,王俭卒,国学逐渐荒废。

一直到建武四年,南齐才再次兴学,可是很快,随着明帝萧鸾驾崩,国学又因国讳而废:

建武四年正月,诏立学。永泰元年,东昏侯即位,尚书符依永明旧事废学。领国子助教曹思文上表曰:"古之建国君民者,必教学为先,将以节其邪情,而禁其流欲,故能化民裁俗,习与性成也。是以忠孝笃焉,信义成焉,礼让行焉,尊教宗学,其致一也。是以成均焕于古典,虎门炳于前经。陛下体睿淳神,缵承鸿业,今制书既下,而废学先闻,将恐观国之光者,有以拟议也。若以国讳故宜废,昔汉成立学,爰洎元始,百馀年中,未尝暂废,其间有国讳也。且晋武之崩,又其学犹存,斯皆先代不以国讳而废学之明文也。永明以无太子故废,斯非古典也。寻国之有学,本以兴化致治也,天子于以谘谋焉,于以行礼焉。《记》云'天子出征,受命于祖,受成于学。执有罪反,释奠于学'。又云'食三老五更于太学,天子袒而割牲,执爵而酳,以教诸侯悌也'。于斯学,是天子有国之基,教也或以之。所言皆太学事也。今

---

[1] (南朝梁)萧子显:《南齐书》卷三十九《陆澄传》,中华书局,1972,第683~685页。

引太学不非证也。据臣所见，今之国学，即古之太学。晋初太学生三千人，既多猥杂，惠帝时欲辩其泾渭，故元康三年始立国子学，官品第五以上得入国学。天子去太学入国学，以行礼也。太子去太学入国学，以齿让也。太学之与国学，斯是晋世殊其士庶，异其贵贱耳。然贵贱士庶，皆须教成，故国学太学两存之也，非有太子故立也。然系废兴于太子者，此永明之钜失也。汉崇儒雅，几致刑厝，而犹道谢三、五者，以其致教之术未笃也。古之教者，家有塾，党有庠，术有序，国有学，以讽诵相摩。今学非唯不宜废而已，乃宜更崇尚其道，望古作规，使郡县有学，乡间立教。请付尚书及二学详议。"有司奏，从之。学竟不立。[1]

南齐时期国学也是废立无常，不过官学中《易》玄、弼并立的设置一直为梁、陈延续。

（三）梁、陈时期玄、弼两立

《隋书·经籍志》云："梁、陈郑玄、王弼二注，列于国学。齐代唯传郑义。"此处"齐代"盖指北齐，学者多有论之。《隋书·经籍志》没有提及南齐时期国学的情况，大概是因为南齐国学频遭废止，不若梁、陈时期一直存在。

梁武帝萧衍非常重视兴学立教，而且他在位四十多年，南朝出现了难得的社会稳定局面，这些因素都有利于学术的发展。有梁一代，国学出现了繁荣盛况。

天监四年，梁置五经博士，又派遣学生受业于何胤。这是梁朝国学兴建的开始。

天监四年，诏曰："二汉登贤，莫非经术，服膺雅道，名立行成。魏、晋浮荡，儒教沦歇，风节罔树，抑此之由。朕日昃罢朝，思闻俊异，收士得人，实惟酬奖。可置《五经》博士各一人，广开馆宇，招内后进。"于是以平原明山宾、吴郡陆琏、吴兴沈峻、建平严植之、会稽贺玚等补任博士，

---

[1] （南朝梁）萧子显：《南齐书》卷九《礼志上》，中华书局，1972，第144~145页。

各人主持一个学馆。学馆内有数百名学生，由朝廷供给他们俸禄。其中那些选择事情进行陈说的射策如果开通贤明，就选拔为官吏。十余年间，精通经学饱读经书的人纷纷云集京城。又选派学生去会稽云门山，向庐江何胤学习学业。分别派遣博士祭酒到各州郡建立学校[①]。

梁朝与以往不同，并不是建立一处教舍聚学生而教之，而是置《五经》博士各一人，各主一馆，招生授业。梁时注重从国学中选拔人才，"其射策通明者，即除为吏"。所以出现了"十数年间，怀经负笈者云会京师"的盛况。

时诸博士往往遍讲《五经》。而且梁时《五经博士》学术构成颇为复杂，所以往往并不只教授儒家经典。比如严植之，"少善《庄》《老》，能玄言，精解《丧服》《孝经》《论语》。及长，遍治郑氏《礼》《周易》《毛诗》《左氏春秋》"。他的学术来源就是玄、儒并重的。此时国学《易》玄、弼两立，学生都兼而习之。

梁、陈时期褚仲都、周弘正等人的易学著作都出现了以王弼《易》为主，兼用郑玄《易》的趋势。比如褚仲都《周易讲疏》即疏王弼《周易注》。

《乾卦·文言传》：

> 九三曰"君子终日乾乾，夕惕若厉，无咎"，何谓也？子曰："君子进德修业。忠信所以进德也。修辞立其诚，所以居业也。知至至之，可与几也。知终终之，可与存义也。"
>
> （王弼注曰：）"处一体之极，是'至'也。居一卦之尽，是'终'也。处事之至而不犯咎，'知至'者也，故可与成务矣。处终而能全其终，'知终'者也。夫进物之速者，义不若利。存务之终者，利不及义。故'靡不有初，鲜克有终'。夫'可与存义'者，其唯'知终'者乎？"[②]

---

① （唐）姚思廉：《梁书》卷四十八《儒林传序》，中华书局，1973，第662页。
② （唐）孔颖达：《周易正义》卷一《乾》，（清）阮元校刻《十三经注疏》，中华书局，1980年影印本，第15页。

（褚仲都疏"处一体之极，是至也"曰：）"一体之极是至者，是下卦已极，将至上卦之下，至谓至上卦也。"①

　　此处疏王弼《注》颇为精当，遂为孔颖达《周易正义》采用。

　　此外，释《恒》卦"恒亨，无咎，利贞，利有攸往"曰"三事"云云，也是本王注而疏之。此外，释《大有卦·象传》"应乎天而时行，是以元亨"，释《解》卦"无所往其来复吉，有攸往夙吉"等义也同于王弼。兹不赘述。而同于郑玄《易》的也有多处，如释《乾》卦九二爻辞"见龙在田，利见大人"，《周易正义》曰："褚氏、张氏同郑康成之说，皆以为九二利见九五之大人。"② 释《蛊》卦辞"先甲三日，后甲三日"，《周易正义》曰："褚氏、何氏、周氏等并同郑义，以为甲者，造作新令之日。甲前三日，取改过自新，故用辛也。甲后三日，取丁宁之义，故用丁也。"③

　　这种以王弼为主，而兼用郑玄的趋势也是当时官学《易》的地位写照。不过值得玩味的是，在大同三年，梁武帝与朱异等人会见东魏来使李业兴时，辩难经义，其间梁武帝论及《周易》等问题时，全部采用王弼的观点。

　　梁武帝向李业兴的发问颇似对牛弹琴，其实问题的关键就在于李业兴最后的一句话："素不玄学，何敢辄酬。"南朝梁重玄学，北朝尊崇郑学，故在对《周易》的理解上有着很大不同。在梁国学中，郑玄易学与王弼易学并立，而在与"敌国"辩难过程中，为了显示学术的优越，梁武帝操王弼之矛攻郑玄，这就远远没有国学立博士二者并立那般宽容了。这其实也表露出官方主流思想中已经将王弼易学置于郑玄易学之上，而陈代官学，仅承梁之馀绪而已。

---

① （唐）孔颖达：《周易正义》卷一《乾》，（清）阮元校刻《十三经注疏》，中华书局，1980年影印本，第16页。
② （唐）孔颖达：《周易正义》卷一《乾》，（清）阮元校刻《十三经注疏》，中华书局，1980年影印本，第13页。
③ （唐）孔颖达：《周易正义》卷三《蛊》，（清）阮元校刻《十三经注疏》，中华书局，1980年影印本，第35页。

第四章
唐代易学

唐代上承汉魏学术之馀绪，下启宋代学术之新潮，是中国易学史的重大转折时期。隋文帝统一南北，政治文化与魏周接榫，易学兼容汉魏不同学风，"《易》至隋王注盛行，郑学浸微，今殆绝矣"①，对郑玄一脉易学持拒斥态度。王弼易注在经学上的重要地位得以凸显，易学其他派别则退居次席。纵观整个隋唐易学的发展，王弼易学在经学上占据着绝对优势。

唐初，《子夏易传》曾列于学官，后刘知几上议专崇王弼《易注》，请罢《子夏易传》。至此，汉易基本上被逐出主流学术，只能在经学领域之外寻求发展。唐代经学专崇王弼、韩康伯《易注》，这种学术旨趣充分地体现于《周易正义》一书。唐太宗于贞观十二年命孔颖达、颜师古等撰定《周易义疏》。该书初名"义赞"，后定"正义"，用王弼、韩康伯注，孔颖达等为之疏。《新唐书·艺文志》云："《周易正义》十六卷。国子祭酒孔颖达、颜师古、司马才章、王恭、太学博士马嘉运、太学助教赵乾叶、王谈、于志宁等奉诏撰，四门博士苏德融、赵弘智覆审。"②《周易正义序》也对上述诸人奉诏撰定有所提及③。至唐高宗永徽四年撰成，共有十六卷，乃上表于高宗。高守遂颁行天下，以为明经考试之定本。从此，汉代象数之学虽有

---

① （唐）魏征等：《隋书》卷三十二《经籍志》，中华书局，1973，第913页。
② （宋）欧阳修：《新唐书》卷五十七《艺文志》，中华书局，1975，第1426页
③ （唐）孔颖达：《周易正义·序》，（清）阮元校刻《十三经注疏》，中华书局，1980年影印本，第6页。

存书，皆废而不用，汉易的官学地位从此浸衰不振。

孔颖达不仅推崇王弼易注"独冠古今"，超越前代易学，进而将王弼易说作为评价当时各种易说的准则。"至颖达等奉诏作疏，始专崇王注而众说皆废"①，尽管如此，仍有学者传习象数易学。汉魏以来的象数易著作虽少有传世，盛中唐之际蜀中学者李鼎祚鉴于孔疏盛行、象数将绝的学术状态，收集汉魏以迄当代四十名家易注汇为《周易集解》一书。李鼎祚在《周易集解》序中说："集群贤之遗言，议三圣之幽赜、集虞翻、荀爽三十余家，刊辅嗣之野文，补康成之逸象，各列名义，共契玄宗。"《周易集解》汇集了两汉孟、京、虞、荀诸家象数学资料，尤以虞、荀的注释最为详实，是唐代提倡汉易象数学的代表。正是赖以此书，两汉象数派各家易学得以流传下来。

安史之乱后，唐王朝转入颓败之势。众多学者揭櫫"辅时及物之道"的大旗，投入到文章、论学、论政、论处世等运动中，以《周易》及易学为精神资源的"糟其弊而矫之"的经世革新思想日渐盛行，柳宗元与刘禹锡是其中重要的代表人物。《周易》及易学思想是柳宗元、刘禹锡思想和行动的总纲，在他们的文章、事业中具有核心地位和主导作用。柳宗元、刘禹锡学术思想和生平功业，皆以易道为中心而展开，同时又推动了易学经世思想的发展。

第一节 《周易正义》的源流及其意义

《周易正义》是《五经正义》之首②，最初叫作《周易义赞》，又名

---

① （清）永瑢等：《四库全书总目》卷一《周易正义》，中华书局，1965年影印本，第55页。
② 贞观初年，唐太宗为了统一经学，下诏令孔颖达等人编纂《五经正义》，用来对南北朝以来的义疏进行整合和统一。贞观十年（636），作为唐太宗复兴文化以及构建国家意识形态重要举措的官修《五经正义》书成，虽然未能颁行天下，但是由于修订完毕之后即交付国学使用，而在唐初的科举考试中，国学是中举考生的主要来源地，因此《五经正义》实际成为唐代科举取士的标准教科书。永徽四年（653），《五经正义》正式颁布，标志着经学在经历了两汉魏晋南北朝及隋代千百年的演变之后最终走向了大一统，也预示着儒学新变的来临。

《周易注疏》《周易兼义》，原分十四卷，后人并为十卷。《周易正义》乃孔颖达等奉敕编写，据记载，前后参与撰修者除孔颖达之外，还有马嘉运、赵乾叶、苏德融等人。在修撰体例方面，《周易正义》同样遵照以一家注为底本的原则，但与其他各经不同，《周易正义》在充分继承与调和的基础上，展现了孔颖达不同于前贤的易学思想。孔颖达会通儒、玄，重视以义理讲《易》，"考察其事，必以仲尼为宗；义理可诠，先以辅嗣为本"，在继承了王弼易学的同时又有所创新，主张以无为道，以有为器，"《易》理备包有无，而易象唯在于有"。孔颖达根据《易传》诠释《周易》经传，同时采纳两汉象数易学思想，充分肯定象数的价值，兼顾象数和义理成为其特点，也开启了宋代象数和义理合流的先河，对后世易学的发展产生深远的影响。

一 《周易正义》的源流

众所周知，在漫长的易学史上，一直存在象数易学与义理易学之争。事实上，对于易学而言，象数、义理本质上应该是二位一体的。古代圣贤哀民生之多艰，于是象天法地、觉悟"知往察来"之术而发明了八卦。可见，八卦由"象"而来，同时与数密切相关。按照《易传》的说法，《易经》是将象数和义理合而为一、相互诠释的学说。正是基于这种二位一体的独特结构，六十四卦才能够呈现出统一的卦爻画和卦爻辞合二为一的组织形式。而且，也只有在借助古经内在实质性架构的前提下，其外在形式架构才可以得到正确理解、诠释和说明[①]。

西汉中后期，象数易学开始发展到鼎盛时期，其典型特征是以阴阳五行学说为基础，以一年四时、十二月、二十四节气、七十二候和六十四卦相结合作为核心内容，进而形成体系庞大的卦气说，为后世象数易学发展奠定重要基础。象数易学主要运用阴阳气说诠释《周易》，而阴阳气说正是建构汉易卦气说的重要理论基础。无论是卦气说的创立者孟喜及其集大成

---

① 廖名春等：《周易研究史》，湖南出版社，1991，第4页。

者京房，还是系统总结卦气说的《易纬》，都在充分借助阴阳之气的进退升降、相互转化和对立统一的变化原理，阐明《周易》关于天地自然界乃至人类社会万事万物产生发展规律，并运用卦气说推测气候变化、推断人事吉凶，即阴阳灾异。

东汉易学以郑玄、荀爽、虞翻为代表，对西汉卦气说进行了充分的继承和发展。他们在选择性扬弃以卦气说解说阴阳灾异的易学理路的基础上，着力于最大限度挖掘与发挥《易传》的象数思想，创立了内容丰富、形式多样、结构庞大的象数易学体系，最著名的是郑玄以京房卦气说为基础上的"爻体说"、汉易集大成者虞翻的以卦主解《易》[①]。在诸多优秀学者的推动下，象数易学的发展进入到顶峰时期。

东汉末年，象数易学盛极而衰，取而代之的是以王弼为代表的义理易学。尽管天妒英才，王弼人生短暂，其著作也只有《周易注》《周易略例》《老子注》《老子指略》《论语释疑》等几种，但却因其富于创见而成就斐然。王弼注释《周易》便没有使用汉人支离烦琐的传统方法，而是以老子思想解《易》，阐明自己的哲学观点，开一代新风，我们习惯称之为"正始玄风"。王弼易学尽扫先秦两汉易学研究之迂腐学风，尤其是其本体论和认识论所提出的新观点、新见解，对中国思想史的发展产生了深远影响。

王弼对汉代象数易学进行的革命，是以他深刻认识到汉代象数易学的繁琐泛滥为基础的。首先，汉代象数易学在解通《周易》字句时，反复执着于卦爻象，不仅无益于把握《周易》义理，反而容易被名目繁琐的象数迷宫所累。在王弼看来，象数固然是《周易》的一部分，而且对《周易》体例的理解和把握、经文的诠释、原理的阐发等等都离不开象数，但它只是认识把握"义理"的工具，绝不能本末倒置地把象数视为易学研究的目的。其次，运用阴阳气说诠释《周易》原理，不仅是汉代象数易学的重要内容，也被王弼所吸收，但后者突破了汉易元气自然论意义上的阴阳气说，将阴阳气说视为由"无"而派生的"有"，从而将其纳入玄学贵无论的玄学易学思想体系之中。最后，汉易重视卦变、爻变，王弼则与汉易一样非常

[①] 林忠军：《象数易学发展史》（第一卷），齐鲁书社，1994，第149页。

重视爻变，但却反对卦变。

不难理解，王弼在《易》注的标新立异，引起了很多汉代易学家的敌视。比如，与王弼同时代的名家管辂就站在象数易学立场上，对玄学易学不屑一顾，认为王弼、何晏易学"说老庄则巧而多华，说易生义则美而多伪。华则道浮，伪则神虚"①。东晋另一位易学名家干宝也对王弼玄学义理深恶痛绝："而今后世浮华之学，强支离道义之门，求入虚诞之域，以伤政害民，岂非诳说疹行，大舜之所疾者乎！"② 此外，东汉末年以精通京氏易闻名于世的陆绩、三国时易学风格颇似虞翻的姚信、西晋力倡汉易卦变说的蜀才等，也纷纷对王弼易学攻讦有加。在这些人中，尤以东晋晚期的范宁最为突出："时以浮虚相扇，儒雅日替，宁以为其源始于王弼、何晏，二人之罪，深于桀纣。"其著论称："王、何蔑弃典文，不遵礼度，游辞浮说，波荡后生，华言不实，骋繁文以惑世……遂令仁义幽沦，儒雅蒙尘，礼坏乐崩，中原倾覆。"③ 言辞之中，难掩他对王弼易学的反感和敌视，甚至认为西晋灭亡、中原沦陷也是因玄学所导致。

由于最初玄学家大多并未依附于司马氏集团，因此王弼《易》注开始并没有被列入学官，只能流传于民间。两晋、南朝宋与齐、北朝的易学博士仍然多是郑玄之学。直到南朝梁、陈之际，王弼《易》注才开始与郑注并列于国学。尤其梁武帝力倡儒、道、佛，以玄学讲《易》的风气颇盛，直接促使王弼《易》注取代郑学在南朝盛行起来。《北史·儒林传》称："大抵南北所为章句，好尚互有不同。江左《周易》则王辅嗣……河洛……《周易》则郑康成。"《北齐书·儒林传》又说："河北讲郑注，河南及青、齐之间讲习王弼《易》。"可见，王学与郑学南北对峙，逐渐形成北方尊郑学、南方崇王学的局面。

义理易学与象数易学虽然都属于易学体系，但两者在概念形态、理论范畴、思维模式、学术风格、治学理念、思想宗旨等方面都存在明显差异，而且南北朝时期地域和政治上的长期分裂，更加剧了两者对峙的情况，甚

---

① （晋）陈寿：《三国志》卷二十九《魏志·管辂传》，中华书局，1959，第821页。
② （唐）李鼎祚：《周易集解》卷十七，中华书局，2016，第535页。
③ （唐）房玄龄：《晋书》卷七十五《范宁传》，中华书局，1974，第1984~1985页。

至引发两派之间激烈而旷日持久的斗争。毕竟，作为官方哲学的传统儒家经学长期在官方正统意识形态中占据主尊乃至独尊的合法地位，而为了争夺孔门正宗名分，进而获得政治经济上的巨大利益，儒家经学阵营内部的各家各派都在绞尽脑汁，不遗余力，在易学领域也未能免俗。义理易学指责象数易学有违于孔门易学义理，是典型的"异端"，象数易学则痛斥义理易学不得孔门真谛，是名副其实的"妄说"，这其实才是长期以来两派针锋相对、水火不容的社会历史根源[①]。

南北朝时期是象数易学与义理易学对立的集中时期，两者分歧的焦点主要表现在三个方面。第一，在学统方面，以王弼为代表的玄易义理学为南方所崇尚，以郑氏为代表的汉易象数学为北方所尊崇。第二，在学术风格方面，南学忽视经学实用，更善于清谈学理，倾心于超言绝象的"无"的世界；北学强调经世致用，擅长名物训诂，关注自然人事等"有"的世界。第三，在哲学意义方面，南方玄学彰显的是关于万物以无为本的本体论，北方汉学凸现的是关于天地万物生成的宇宙观[②]。

在长期的对峙中，南北方的易学家、思想家不约而同地认识到，任何一方企图完全取代另一方都是完全不可能的，因为双方各自存在着合理的一面，同时存在着不合理的一面，那么必由之路只能是取长补短、走向融合。易学作为一种特殊的哲学形态，其发展长期存在象数派与义理派的对立统一，两派长期斗争、长期碰撞的过程，其实恰恰就是两派相互渗透、吸取、转化、补充的过程，换言之，两派之间的斗争性深化了它们的统一性，并展现出强烈的走向融合的趋势，推动了传统易学的吐故纳新，永葆活力。

分久必合，合久必分。政治上在长期分裂后逐渐呈现出大一统的趋势，而与此相呼应，意识形态、思想学术领域的统一也成为时代的潮流。于是，南北朝晚期的易学领域，义理易学与象数易学的逐渐融合也就顺理成章地成为大一统王朝在统治思想上的必然要求。

---

① 刘玉建：《〈周易正义〉导读》，齐鲁书社，2005，第18页。
② 刘玉建：《〈周易正义〉导读》，齐鲁书社，2005，第21页。

第四章 唐代易学

隋王朝的建立与统一,终于结束了自魏晋以来近四百年的分裂局面。尽管隋王朝是二世而亡的短暂王朝,但却为官方意识形态,尤其是思想学术领域的统一奠定了坚实基础。

唐初,思想文化领域的基本国策原则上是儒释道三教并举,但李渊、李世民父子都对儒学表现出极大的赞许和支持。李渊对儒学很有好感,即位之始,便下令恢复学校,置国子监、太学、四门生,合三百馀员,同时让各郡县学也招收生员。这些都是儒学恢复的基本前提和条件。武德二年(619),李渊下诏:"朕君临区宇,兴化崇儒,永言先达,情深绍嗣。宜令有司于国子学立周公、孔子庙各一所,四时致祭。仍博求其后,具以名闻,详考所宜。"[1] 此后,他还不时亲临国子监学习奠祭先圣先师的典礼,听取诸生讲解经义。武德三年(620)讨平东夏后,适逢海内无事,统治者们更加锐意于儒学。李世民便在秦府开支学馆,广引文学之士,以杜如晦、房玄龄、虞世南、褚亮、姚思廉、李玄道、蔡允恭、陆德明、孔颖达、许敬宗等十八人各以本官兼署学士,各人分班轮值来讲述儒学义理。作为最高统治者,李渊、李世民父子的赞许与支持,显然有利于改变儒学在隋朝居于三教之末的局面,同时为三教合一的实现提供了可能。

唐朝前期,得益于统治者的大力支持,儒学一直处在比较有利的地位。但就儒学自身而言,由于此前几百年的中衰和分裂,很难真正担当起意识形态主导的大任。众所周知,儒学在汉晋南北朝时期流派众多。早在汉代,就出现今文、古文之争和家法、师法之别。及至东汉末年,著名的经学大家郑玄在学术争论的基础上,融贯今古,囊括大典,建立起兼容并包的"郑学"体系,推动经学出现"小一统"局面,对后代学术思想具有深远影响。三国两晋时期,以王弼为代表的"王学"勃然兴起,与郑学迥然而异。南北朝时期,随着地域政治上的长期分裂,王学与郑学也开始长期对峙,旷日持久的纷争,十分不利于儒学的经世致用和发扬光大。即便后来两者逐渐融合,势力也并不显著。因此,唐太宗要想提高儒学地位,就要先着手整顿儒学。

---

[1] 《全唐文》卷一《令国子学立周公孔子庙诏》,中华书局,1983年影印本,第25页。

贞观四年（630），唐太宗认为古代圣人的时代太过久远，圣人经典在流传过程中出现的很多文字讹误，难以考证，于是下令前中书侍郎颜师古在秘书省考订五经。颜师古的定本，让唐太宗大为赞赏。五经官方读本虽然确定了，但自汉代以来，儒家经典的分章断句、注释义疏等，学出多门、异说纷出，于是唐太宗钦令博学鸿儒孔颖达，中书侍郎颜师古、司马才章、太学博士王恭、马嘉运、太学助教赵乾叶、王琰、于志宁等人对五经重新进行统一的诠释注解。及至贞观十六年（642），完成"五经义训"初稿，最开始定名《义赞》，后来唐太宗诏改为《正义》。由于孔颖达主持并且亲自参与《五经正义》的撰写，还为诸经《正义》制序，功劳最高，因此该书虽然是由诸儒共同撰写，却仅署名孔颖达。孔颖达等人对《五经》的注疏诠释，既摒弃了南学与北学的地域偏见，又排除了经学内部的门户之见，兼容诸家，融通南北，比如《周易》便尊取王注为准衡，同时兼并众说以为旁通，结束了自西汉以来的各种纷争，最终完成中国经学史上从纷争到统一的演变过程。

《周易正义》主要由两部分组成：一是孔颖达《自序》及《卷首》"八论"，二是疏文。前者包括宇宙观、政治观、伦理观、社会观、易学观等，是孔氏经学理论的集中体现。而且《自序》尤其是《卷首》"八论"，可以说是《周易正义》的纲领性通论，对包括作者、成书年代、易学传承以及汉代以来易学的演变和各家各派的易说等等《周易》诸多基本问题，都作了简明深刻的阐述，对于人们全面、深入、系统、具体地解读《周易正义》，具有极为重要的指导意义。后面的疏文则是孔氏对《周易》的注释阐述，也包含对王韩《易》注的进一步说解，全面展示了孔颖达完整而系统的易学思想。

这次浩大的经典整理工作起于贞观四年（630），成于高宗永徽四年（653），历时二十余年，是中国经学史上的一次壮举，对中国经学发展具有深远影响。

可见，得益于唐太宗时期对儒家经典的系统整理，儒学的地位得以提高，儒学思想体系也完成了重新建构。事实上，它不仅真正完成了南北经学义理的统一，也实现了版本和经义两个方面的统一。更为重要的是，这次整理是在政治上统一并稳固后,由政府主导的主动行为,这就使得整理后的经典能够最大限度地满足意识形态需求,也由此确立了大唐以至于宋代等后继王朝科举取士的国家法定教科书标准本。因此,马宗霍在《中国经学史》对此作了高度赞誉:"自五经定本出,而后经籍无异文;自《五经正义》出,而后经义无异说。每年明经,依此考试,天下士民,奉为圭臬。盖自汉以来,经学统一,未有若斯之专且久也。"[1]

孔颖达对《周易》进行注疏时,尽管以王弼的义理易学为根本,但却并不认为王弼的本意是"扫象",也没有继续扩大王弼的"得意忘象"说。在孔颖达看来,将义理与象数融合到一种解释中,才是王弼"忘象"的本意,因此"忘象"只是王弼的解《易》之法,而不是目的,比如王弼所言"夫象者,出意者也,言者,明象者也"[2],可见他依然将"象"视为易学根本。

当然,孔颖达也充分肯定了象数对认识和把握《周易》义理具有不可取代的重要作用,因而对汉易象数学传统进行了继承和发展。比如孔颖达在注解《系辞传》"圣人立象以尽意"时说:"圣人立象以尽意者,虽言不尽意,立象可以尽之也。设卦以尽情伪者,非唯立象以尽圣人之意,又设卦以尽百姓之情伪也。系辞焉以尽其言者,虽书不尽言,系辞可以尽其言也。变而通之以尽利者,变谓化而裁之,通谓推而行之,故能尽物之利也。鼓之舞之以尽神者,此一句总结立象尽意,系辞尽言之美。圣人立象以尽其意,系辞以尽其言,可以说化百姓之心,百姓之心自然乐顺,若鼓舞然,而天下从之,非尽神其孰能与于此,故曰鼓之舞之以尽神也。"在孔颖达看来,圣人立象系辞,不仅可以尽意尽言,还能鼓舞天下百姓领悟《大易》垂教世人之义理,以实现天下大治的目的。总之,孔颖达通过对"象数"的详细、规范论述,实现了对王弼义理派"忘言""忘象"易学观的彻底否定和坚决纠正。

必须说明的是,孔颖达在肯定了"象数"在诠释《周易》经文、阐发

---

[1] 马宗霍:《中国经学史》,上海商务印书馆,1936,第94页
[2] (三国魏)王弼:《周易略例·明象》,楼宇烈校释《周易注(附周易略例)》,中华书局,2011,第414页。

《周易》原理的同时，也认为绝不能拘泥于象数，尤其反对汉易将原本充满生机活力的象数思想机械化、绝对化，致使卦气、卦变、互体、纳甲、飞伏等泛滥成灾，甚至难掩对流于占候之术的孟、京卦气说的某种蔑视[①]。

孔颖达等人作《周易正义》以王弼、韩康伯注为本，实质是要借王注统一易学，这其实顺应了当时易学发展的主要倾向。此前陆德明《经典释文》便认为："唯郑康成、王辅嗣所注行于世，而王氏为世所重，今以王为主，其《系辞》以下王不注，相承以韩康伯注续之，今亦用韩本。"[②] 颜师古作《五经定本》时也以王本，而孔颖达事实上是吸收了陆德明和颜师古的研究成果。

那么，为什么陆德明、颜师古会不约而同地采取王学而舍弃郑学呢？这是因为自南北朝以来三教并行、三教融合的社会风尚和社会思潮成为大势所趋，唐朝统治者更是直接将三教并重定为一项基本国策。而引入了王弼玄学的元素之后的儒家学说，不经意间与道教、佛教产生了天然的默契。毕竟玄学本就源自老庄道学，这是王弼玄学易学与道家合流的先天渊源。佛教虽自汉末传入中国，但长期依附黄老之学以及方术，两者在思维方式、概念范畴等方面与玄学都很相似，而且在魏晋以后又借助玄学而得到进一步发展。这就促使东晋以后佛教与玄学能够逐渐趋于合流。而以郑玄易学为代表北方汉学学统，主要擅长名物训诂，因此在思维方式、概念范畴以及理论形态等方面很难找到与道教、佛教的结合点。

当然，《周易正义》虽以王注为底本，但采取的原则却是批判继承。正如孔颖达所说"义理可诠，先以辅嗣为本"，表达了对王学所倡导的旨在阐释《大易》中关于社会人事方面的义理思想的义理派学术风格的肯定。在疏解王注以及阐发《周易》原理的过程中，孔颖达继承并进一步发展了王氏义理派的学术理路和易学思想合理性的一面，但对于其中存在的问题则采取扬弃态度。因为关乎基本态度与基本立场的问题，孔颖达丝毫没有动摇。他很清楚撰定包括《周易正义》在内的《五经正义》，基本态度是汉学

---

① 刘玉建：《〈周易正义〉导读》，齐鲁书社，2005，第17页。
② （唐）陆德明：《经典释文·周易释文》，上海古籍出版社，2012，第7页。

而不是玄学，基本立场是儒家而不是道家。王弼以老庄思想为基准的玄学主张贵无贱有，儒学经学关注的却是纲常名教，对此，孔颖达旗帜鲜明表达了儒家立场："原夫《易》理难穷，虽复'玄之又玄'，至于垂范作则，便是有而教有。"① 于是声称要改造王弼玄学易学，"去其华取其实，欲使信而有征"。比如《周易正义》在注解《涣卦·象传》"利涉大川，乘木有功也"时曰："先儒皆以此卦，坎下巽上，以为乘木水上，涉川之象，故言乘木有功。王不用象，直取况喻之义，故言此以序之也。"很显然，这是在批评王弼注。孔颖达力图使王弼义理派易学不断地从玄学贵无论的束缚下解放出来。同时，对基于东晋时玄学与佛学合流而出现的易学佛学化现象，孔颖达也给予了抨击："若论住内住外之空、就能就所之说，斯乃义涉于释氏，非为教于孔门也，既背其本，又违于注。"② 总之，孔颖达做为儒学大师继承了王弼义理派易学关注《周易》蕴含的微言大义这一学术思路，意在恢复汉代之前封建社会纲常名教宗法制度的正宗义理易学体系。

孔颖达认为，义理要讲，毕竟弘扬义理、运用义理是研究易学的根本与归宿，但不能像王弼玄学派那样，仅仅停留在"无"的本体去空谈《易》理、去体悟《易》道，完全脱离卦爻象和"有"的世界，不去关注大《易》的经世致用。这显然违于"圣人作《易》本以教人"的"垂教之本意"③。孔颖达强调指出诠释《周易》经文、论阐《周易》原理，必须坚持《易传》中所确立的象数和义理二者并重同时有机结合的易学理念。无论是汉代象数易学还是魏晋义理易学，企图摒弃一方而采取走向极端的做法，都是行不通的。"圣人之意，可以取象者则取象也，可以取人事者则取人事也"④。

---

① （唐）孔颖达：《周易正义·序》，（清）阮元校刻《十三经注疏》，中华书局，1980年影印本，第6页。
② （唐）孔颖达：《周易正义·序》，（清）阮元校刻《十三经注疏》，中华书局，1980年影印本，第6页。
③ （唐）孔颖达：《周易正义》卷一《乾》，（清）阮元校刻《十三经注疏》，中华书局，1980年影印本，第13页；《周易正义·卷首》，（清）阮元校刻《十三经注疏》，中华书局，1980年影印本，第8页。
④ （唐）孔颖达：《周易正义》卷一《坤》，（清）阮元校刻《十三经注疏》，中华书局，1980年影印本，第18页。

阅读《周易正义》，我们不难看到，王弼和孔颖达都重义理，但后者所言义理，并非王弼"超言绝象"的玄学义理，而是以《易》象"因象明义"为基础的义理。孔颖达在总的原则下对王、韩之注进行了新的认知和审视，而不是一味地加以模仿，更不是被动地循蹈，因此能发现王注深蕴在简约下的奥妙，并加以引申，从而使王注因为孔颖达的疏解而更加明了自然。

孔颖达撰写《周易正义》，注重"注宜从经，疏不破注"的著书体例，却由此受到后人"曲拘注文"的批评，《四库提要》认为"颖达等奉诏作疏，始专崇王注，而众说皆废"。事实上，面对诸多众说纷纭的易学问题时，孔颖达除阐明自己观点外，始终力求融汇诸家，其中包括子夏、孟喜、京房、马融、郑玄、荀爽、刘表、虞翻、薛虞、董遇、陆绩、何晏、王肃、姚信、向秀、干宝、孙盛、顾欢、刘瓛、褚氏（仲都）、崔氏（觐）、周氏（弘正）、张氏（讥）、庄氏、卢氏、何氏（妥）等近三十位易学家，堪称集前代易学研究之大成，当然也体现了他兼顾象数和义理的原则。

综上，《周易正义》是易学史上的一部重要著作，既能疏证旧注之缺略，又能独抒己见，发挥王弼、韩康伯未发之义理，集中体现了孔颖达在《周易》义理学研究方面的重大贡献。

就易学而言，孔颖达系统而深入地总结了战国中晚期之《易传》形成以来至于唐初的易学千百年发展的历史，广泛而深刻地反思了易学史上象数与义理在思想宗旨、思维模式、学术理路等方面的功过得失，尤其是对魏晋南北朝以来象数与义理的对峙斗争拥有清醒的认识，因此在系统总结和深刻反思前代丰富易学思想的基础上，建立了一种新的融合统一象数易学与义理易学的具有划时代意义的易学体系。其基本特征是通过发掘儒家原典中的新思想资料作为出发点，整合佛道学说中有用的思想资料，将儒学引向义理之学，逐步建立一种以社会伦理作为宇宙万物本原的本体论哲学，旨在恢复儒学原有的"独尊"地位。孔颖达的象数义理辩证统一观强调象数与义理合流互补，超越了传统象数与义理学派的门户之见，其确立对唐代乃至后世易学与哲学的发展，都产生了广泛而深远的影响。宋代周敦颐、朱熹及清代李光地等很多学者都持此种观点，而且时至今日，易学界也基本上认同此派。

而且，《周易正义》上承《易传》本义，中本王注玄学大旨，下开程颐、朱熹等人以理学阐解《易》理之风，因此不论在时代上、还是在义理上，都是义理易学发展的决定性阶段。此后元明清三朝《易》家，纷纷承程朱之余绪，以推波助澜之势，促使义理易学始终成为易学发展的主流。

同时，在保存古代易学史料方面，《周易正义》也有不可磨灭的贡献。完整的王弼易学便是得益于《周易正义》而保存至今，尽管完整的郑玄易学今日已很难见到，但《周易正义》多处引用郑玄易学，使其观点保存至今。此外，《周易正义》还通过引用二十多家《易》注而保存了大量珍贵资料。比如清代马国翰《玉函山房辑佚书》所录《周易京氏章句》一卷、《荀爽周易注》一卷、《周易刘氏章句》一卷、《周易董氏章句》一卷、《周易姚氏注》一卷、《易象妙于见形论》一卷、《周易刘氏义疏》一卷、《周易崔氏注》一卷、《周易张氏讲疏》一卷、《周易庄氏义》一卷、《周易卢氏注》一卷、《周易何氏讲疏》一卷等，就有相当一部分辑自《周易正义》所引。清代黄奭《汉学堂丛书》中《马融易传》一卷、《易音注》一卷、《王氏易注》一卷、《褚氏易注》一卷、《周氏易注》一卷等，同样有相当一部分甚至大部分辑自《周易正义》。清代孙堂辑本对《周易正义》也或参照或引用（见《汉魏二十一家易注》）。清代臧庸《问经堂丛书》中《马王易义》和汉郑玄撰、南宋王应麟辑、清丁杰后定、清张惠言订正的《周易郑氏注》十二卷对《周易正义》也常有参照和引用。倘若没有《周易正义》的流传，这些珍贵的易学资料恐怕就要淹没在历史的洪流中了。

二 《周易正义》的文化史意义

孔颖达在《周易正义》中主张忠君、尽孝、正己、利民，可见他在政治思想和哲学思想上以传统儒学为主，是典型的儒家学者。在他看来，纲常伦理是天经地义之道，用礼维护唐王朝统治是非常必要的。与隋唐由分裂走向统一的形势相一致，孔颖达的学术及教育思想有综合和兼容的特点，为唐代经学的集大成和走向统一做出了重要的贡献①。而且，从儒学经典发展趋势讲，经学在当时已呈现向简明和实用发展趋势，因此孔颖达在选取文本时即以此为导向。比如对《礼经》舍弃难懂、烦琐的《周礼》和《仪礼》而取实用具体的《礼记》，对《春秋经》舍弃占据统治地位的《公羊传》和《穀梁传》而取简明生动的《左传》。这些都在一定程度上促进了唐以后学风由谈玄向务实的转变。

孔颖达在继承孔子"性相近，习相远"和董仲舒"性三品"思想的基础上，突出强调了教育对个人发展、对国家命运的重要作用。对于个人而言，正统的儒家教育，能够让人免除外界物欲的干扰和污染，保持天性本然之善。尽管对于上智和下愚而言，教育的作用难免有限，但对广大民众（"中民""群品"），教育是必不可少甚至极为重要的。对于国家而言，"建国君民，教学为先"，"欲教化其民，成其美俗，非学不可"，告诫统治者必须抓好教育、掌握民众思想，才能巩固统治。这些都成为初唐经学教育事业发展的重要理论依据。

从春秋战国时代的百家争鸣开始，《易传》把儒、道、墨、名、法、阴阳等诸家思想的有益成分统统吸收、融会进来，终于形成了综合百家、超越百家的具有独特风格的思想体系。另外，易学所谓"圣人有以见天下之动而观其会通"中的"会通"之说，也是中华民族杰出人士接受外来文化成果的观念背景之一。中华民族以"厚德载物"的胸怀和气势，对外来文化的有益成果采取了兼容并蓄的态度，其创新精神表现出明显的包容性、融合性。佛教在中国的传播及其中国化，明清时期西学与中国传统学术、传统科技的会通等，就是突出的例证。实际上，这种包容精神本身就是一种创新。而我们探索这种创新精神的源头，其实正是发源于隋唐时期。

尽管隋唐时期中国周边不断兴起强盛部族并屡次侵扰内地，但隋唐王朝总是能够以强大的军事实力尤其强盛的国力为基础，对周边部族采取宽容、接纳和融合的政策立场，进而推动了不同民族之间的文化交流和融合，

---

① 刘敏：《通经明史的孔颖达》，载《历史教学》2000年第10期。

其中尤以胡汉文化之间的融合最为显著。同时，隋唐王朝与海外的交流也十分密切，在建立与完善海陆通道的基础上，隋唐与世界各国的经贸和文化交流也开始日趋频繁，翻阅史籍，域外的使臣、僧侣和学者纷纷前来学习中国文化的记载屡见不鲜。这些不同民族与文化间的交流融合，促使隋唐文化呈现出鲜明的多元化特色。换言之，隋唐的帝国统一，不仅实现了政治、经济、地域的空前一体，而且在文化发展上也呈现出前所未有的交汇、融合；以兼容并蓄、广采博取为内蕴的新兴文化精神勃然兴起，并逐渐在更宏放的历史视野中，不断将各种不同的地域文化成分、多元纷呈的艺术审美观念熔为一炉，汰变重构，催生出雄浑壮大的文化精神。在这种趋势之下，经学上的融合与统一就成为该时期的学术特征，而对这一特征起到了推动作用并对后世产生深远影响的，正是雄浑大气的《周易正义》。

《周易正义》将象数和义理巧妙地糅合于一体，以儒为本，兼融道、释、玄诸家思想，这种兼容并包、海纳百川的思想也为中华民族的传统精神增添了和谐统一的元素。直到今天，中华民族的民族精神都是与和谐理念密不可分的，将实现社会和谐乃至自然与社会的整体和谐视为变革和创新的终极目标。易学倡导变革，呼唤创新，但这种变革和创新是要变无序为有序，化冲突为和谐，实现人际关系、社会秩序的和谐，进而实现包括自然与社会在内的天人整体和谐。这就是易学的中正思想：《周易》每卦六爻，各有其位，初、三、五为阳位，二、四、上为阴位，若阳爻居阳位，阴爻居阴位，即为得位或当位，得位为正，象征阴阳各就其位，合于其应然的秩序。每卦有上体、下体之分，二为下体之中，五为上体之中，若爻居中位，即为中，或曰得中，象征守持中道，行为适中，不偏不倚，合于阴阳和合的法则。在此基础上，易学又提出了"太和"思想：一阴一阳相互交感，相互配合，刚柔相济，彼此推移，相反相成，协调一致，当达到最佳的结合、最高的和谐状态时，就称为"太和"。《乾卦·象传》说："乾道变化，各正性命，保合太和，乃利贞。首出庶物，万国咸宁。"按照这种文化价值理想，人类的社会政治伦理的实践活动都应以"太和"这种最高境界、最理想状态的和谐作为终极目标，实现社会和谐、天人整体和谐，各种变革和创新活动自然也不例外①。而这种将这种"太和"的状态保存流传并发扬光大的，正是将《周易经传》的精神糅合并创新的《周易正义》。

诚如前述，《周易正义》是集前人研究成果的大成之作，具有很高的学术价值，可惜在被定为官方统一教材后，逐渐变得教条化，失去了鲜活的生命力。由于受到历史的局限性，从博采众长的思想库逐渐演变为禁锢思想的枷锁，不得不说是宏篇巨制的《五经正义》的悲剧，也是孔颖达等封建时代学者和教育家的悲剧。

当然，需要最后说明的是，我们在肯定《周易正义》反映唐代易学研究较高水平的同时，也应看到其中的不足之处需要扬弃，许多理论也有待进一步提升与完善，而这些任务只能由后世易学家们来完成了②。

第二节　汉宋易学之津梁——李鼎祚的《周易集解》

李鼎祚，唐代著名经学家、易学家，资州盘石县（今属四川）人，生活于盛、中唐之际。然而，新旧《唐书》并没有将其收入其中，生卒年不详。清人刘毓崧据唐宋以来舆地史志对李鼎祚的生平仕履作了有尽可能的考辨：

> 盖鼎祚系资州盘石县人。盘石即资州治所，州东有四明山，鼎祚兄弟读书于山上，后人名其地为读书台。明皇幸蜀，时鼎祚进《平胡论》，后召守左拾遗。肃宗乾元元年，奏以山川阔远，请制泸、普、渝、合、资、荣等六州界，置昌州。二年春，从其议兴建，凡经营相度皆躬与其劳，是时仍官左拾遗，尝充内供奉。曾辑梁元帝及陈乐产、唐吕才之书，以推演六壬五行，成《连珠明镜式经》十卷，又名《连珠集》，上之于朝，其事亦在乾元间。代宗登基后，献《周易集解》，

---

① 张涛：《易学与中华民族创新精神》，载《周易研究》2007年第2期。
② 参见刘玉建《〈周易正义〉导读》，齐鲁书社，2005，第14页。

其时为秘书省著作郎,仕至殿中侍御史。①

李鼎祚"以经术称于时"②,尤以易学显名于唐。刘毓崧以《周易集解》一书避代宗以前诸帝讳,而不避讳德宗嫌名,因断其书成于代宗时代。观其序文后署"秘书省著作郎臣李鼎祚序",则其时正在著作郎任上。

李鼎祚"少慕玄风,游心坟籍,历观炎汉,迄今巨唐",读书不限于经史,对现实颇为关注。因而能够在安史之乱,玄宗幸蜀时,及时地献上所著《平胡论》。《平胡论》文已遗佚,难知其详,但可以肯定的是,应为针对安史叛乱而制的讨叛杜乱之策。李鼎祚对敌我双方的情势,具有深刻精到的分析,并提出了可行的平叛安胡之略,引起玄宗及身边大臣的重视。否则,不会仅凭一篇策论即被授官左拾遗。肃宗时,又凭其对西南边备情况的考察,请合六州、边界地,另置昌州建制,此议具有控驭形胜防御叛乱的战略意义,最终为朝廷采纳,并得以躬亲斯役,这说明李鼎祚颇受肃宗的信任。这些议论与作为都应视作李鼎祚壮盛之年的非凡经历。可见,李鼎祚是一个胸怀经国大略,具有政治眼光和军事才能,主张为学经世致用的儒生。难怪刘毓崧赞扬说"鼎祚之优于经济而好进谠猷","在唐代儒林之内不愧为第一流人物,非独《集解》有功于易学已也"。

一 象数与义理并重的易学倾向

在李鼎祚看来,自孔子而后《周易》传注者多达百家,"唯王、郑相沿,颇行于代。郑则多参天象,王乃全释人事。且《易》之为道,岂偏滞于天人者哉"③。李鼎祚也认同,王弼为首的义理易学与郑玄为代表的象数易学无法比较孰优孰劣,只是象数深微曲折,义理浅近易懂,所以人们避难就易,舍象数而唯义理是务,出现孔颖达《正义》一统天下的局面。因

---

① (清)刘毓崧:《通义堂文集·周易集解跋下篇》,《续修四库全书》,上海古籍出版社,2002。
② (清)朱彝尊:《经义考》卷十四《易十三》,林庆彰、蒋秋华、杨晋龙等主编《经义考新校》,上海古籍出版社,2010,第238页。
③ (唐)李鼎祚:《周易集解·序》,中华书局,2016,第8页。

此，李鼎祚所著《集解》以象数为主，适当采集义理易学，即"刊辅嗣之野文，补康成之逸象"。

从《周易集解》全书看，全书 2700 余节，其中虞翻近 1300 节、荀爽 300 余节，而王弼 57 节、韩康伯 58 节、孔颖达 53 节，三家总共 168 节，只相当于荀爽一家之半略强。可见，李鼎祚在编纂中虽有义理、象数并重的治《易》理念，但其以象数为宗的编纂宗旨并没有丝毫改变，难怪宋代学者丁易东将李鼎祚归入"以象论《易》者"，称"鼎祚《集解》则失于泥"①。清初学者黄宗羲因推重王弼《易》注与程颐治《易》义理之学，对李鼎祚《周易集解》的批评则显得似乎有些不留情面："吾读李鼎祚《易解》，一时诸儒之说，芜秽康庄，使观象玩占之理，尽入淫瞽方技之流，可不悲夫！"②前已提及，清儒皮锡瑞虽对李鼎祚《周易集解》能够使"后人得以窥汉《易》之大略"表示认可，但也认为李鼎祚此举有矫枉过正之处，可谓"毁誉参半"："李鼎祚《集解序》曰：'集虞翻、荀爽三十余家，刊辅嗣之野文，补康成之逸象。'李氏盖以王不取象而多空言，故欲刊其野文，而补以逸象。然康成注《易》不用逸象，正是谨严，又何必补？是王矫汉儒之失太过，李矫王氏之失又太过也。"③

其实，这种李鼎祚宗郑黜王之论并不始自清代，自宋代开始就颇为流行。如《中兴艺文志》说："李鼎祚《易》宗郑康成，排王弼。"④晁公武引录李鼎祚序文之语，并下结论道："盖宗郑学者也。"⑤王应麟综合考察宋代的象数、义理之论，也认为："程子言《易》，谓得其义则象数在其中。朱子以为先见象数，方说得理，不然事无实证，则虚理易差。愚尝观颜延之《庭诰》云：'马、陆得其象数，取之于物；荀、王举其正宗，得之于

---

① （宋）丁易东：《易象义》卷首《易统论上》，台湾商务印书馆，1986 年影印文渊阁《四库全书》本。
② （清）黄宗羲：《易学象数论》卷首《自序》，《易学象数论（外二种）》，中华书局，2010，第 11 页。
③ （清）皮锡瑞：《经学通论·易经》，中华书局，2017，第 50 页。
④ （清）朱彝尊：《经义考》卷十四《易十三》，林庆彰、蒋秋华、杨晋龙等主编《经义考新校》，上海古籍出版社，2010，第 235 页。
⑤ （宋）晁公武：《郡斋读书志》卷一《李氏集解十卷》，孙猛《郡斋读书志校证》，上海古籍出版社，1990，第 18 页。

心。'其说以荀、王为长。李泰发亦谓：一行明数而不知其义，管辂明象而不通其理，盖自辅嗣之学行，而象数之说隐。然义理、象数一以贯之，乃为尽善。故李鼎祚独宗康成之学，朱子发兼取程、邵之说。"① 朱睦㮮《周易集解序》云："诸说义有未详，鼎祚乃加增削。余尝综其义例，盖宗郑学者也。"随着易学研究的逐步深入，直到清代，众多学者才对李鼎祚及《周易集解》做出了较为合理的评价。黄以周认为："李氏自序有云：'刊辅嗣之野文，补康成之逸象。'耳食者遂谓综其义例，实宗郑学。今考书中引郑注者十之一二，而荀慈明、虞仲翔之说特详。李氏盖宗荀、虞之学，非宗郑也。"② 陈澧亦有类似论述："李鼎祚《集解序》云：'王、郑相沿，颇行于代。郑则多参天象，王乃全释人事。且《易》之为道，岂偏滞于天人者哉！'此李氏于郑、王皆有不满之意也。"注云："《郡斋读书志》《困学纪闻》皆谓李鼎祚宗郑学，误矣！"③

上述可见，李鼎祚宗郑黜王确实是易学研究史上的一大公案。然而，如果对《周易集解》做一番实事求是的探研，则不难发现，仅粗略以二书之表象观之，王弼《易注》与李鼎祚《周易集解》二者治《易》立场各执一端，泾渭分明，则非不易之论。李鼎祚采"荀慈明、虞仲翔之说特详"，也采王弼、韩康伯注、孔颖达疏，亦间接有义理之发挥。黄以周、陈澧之论确实很有见地。

一般认为李鼎祚专崇象数，对其义理之学关注不够。诚然，李鼎祚多以象数作解，并采用大量卦变、互体、动爻、卦气、五行等说，但他并未废弃义理。"王氏《略例》，得失相参，'采葑采菲，无以下体'，仍附经末，式广未闻"④。可见，对于王弼的义理，李鼎祚多有赞同。同时，李鼎祚也继承并拓展了郑玄、干宝等易学家以史证《易》的学术传统，比如对《师》六五爻注："六五居尊失位，在师之时，盖由殷纣而被武王擒于鹿台之类是也。以臣伐君，假言田猎。六五离爻体坤，离为戈兵，田猎行师之象也。"⑤

---

① （宋）王应麟：《困学纪闻》卷一，上海古籍出版社，2015，第22页。
② （清）黄以周：《儆季文钞·李氏周易集解校本叙》，《四库全书总目提要补正》卷一，上海中华书局，1964，第19页。
③ （清）陈澧：《东塾读书记》卷四《易》，中西书局，2012，第57页。
④ （唐）李鼎祚：《周易集解·序》，中华书局，2016，第9页。
⑤ （唐）李鼎祚：《周易集解》卷三《师》，中华书局，2016，第75页。

以殷纣与武王的史事论证六五爻所包含的义理，具有一定的学术启发意义。

我们知道，唐代儒、释、道三教盛行，其中道家思想尤为时人看重。李鼎祚本人从小濡浸玄学，"少慕玄风，游心坟籍"，"各列名义，共契玄宗"。他认为《易》的微妙其实与道家之论是相通的，并在《周易》与《庄子》中得到互证。《易》有"'虚室生白，吉祥至止'，坐忘遗照"之妙用①，《庄子·人间世》则谓："虚室生白，吉祥止止。"《大宗师》也详细讲述坐忘："堕肢体，黜聪明，离形去智，同于大通，此谓坐忘。"而"坐忘遗照"其实出自韩康伯《系辞传》"阴阳不测之谓神"的注语。显然，融会老、庄的时代风尚以及承袭王弼、韩康伯的解经方式所产生的影响不能不在《集解》中体现出来。虽然如此，李鼎祚却不忘以儒为宗，始终强调以《周易》为首尊："原夫权舆三教，钤键九流，（《周易》）实开国承家修身之正术也。"② 对此，清儒李道平诠释得很清楚："谓《易》足以始三教而管九流也。"需要补充的是，李鼎祚还对玄理道学颇为留心，如有在《集解》中不便发挥之理，便著《索隐》以畅其言，"至如卦爻象象，理涉重玄，经注文言，书之不尽，别撰《索隐》"③。只是很遗憾，《索隐》早已佚失，甚至未见于诸家书目，其内容自然不得而知了。

李鼎祚《周易集解》除直接征引王弼、韩康伯的玄学易外，也引用老庄之说作解。比如《师卦》卦辞："此《象》云'师，众。贞，正也。能以众正，可以王矣'，故老子曰'域中有四大，而王居其一焉'。由是观之，则知夫为王者，必大人也，岂以丈人而为王哉？故《乾·文言》曰'夫大人者，与天地合德，与日月合明，先天而天不违，后天而奉天时。天且不违，而况于人乎'，况于行师乎？以斯而论，《子夏传》作'大人'是也。今王氏（弼）曲解大人为丈人，臆云'严庄之称'，学不师古，匪说修闻。既误讳于经旨，辄改正作'大人'明矣。"④ 李鼎祚批评王弼附会老庄之说，却引《老子》为证，融会《易》《老》之实并无二致。《系辞传》"成象之

---

① （唐）李鼎祚：《周易集解·序》，中华书局，2016，第 8 页。
② （唐）李鼎祚：《周易集解·序》，中华书局，2016，第 8 页。
③ （唐）李鼎祚：《周易集解·序》，中华书局，2016，第 9 页。
④ （唐）李鼎祚：《周易集解》卷三《师》，中华书局，2016，第 71～72 页。

谓乾"，李鼎祚注也说："'道生一，一生二，二生三'。三才既备，以成乾象也。"① 这同样是引《老子》之说以论《易》的典型表现。清人陈澧对李鼎祚以老庄解《易》表示不满。他说："既云'刊辅嗣之野文'，而又云'自然虚室生白，吉祥止止，坐忘遗照'，'微妙元通，深不可识'，'俾达观之士，得意忘言'。此与辅嗣何以异乎！"②

李鼎祚颇具独到的见解，还体现在对前贤易说的批判中。例如，《坤卦·文言传》"贞固足以干事"，何妥以贞配信，认为"君子贞正，可以委任于事"，并以《论语》"敬事而信"为佐证。李鼎祚以何妥所言为非，而以贞配智。他说：

> 夫"在天成象"者，"《乾》元亨利贞"也，言天运四时，以生成万物。"在地成形"者，仁义礼智信也，言君法五常，以教化于人。元为善长，故能体仁，仁主春生，东方木也。亨为嘉会，足以合礼，礼主夏养，南方火也。利为物宜，足以和义，义主秋成，西方金也。贞为事干，以配于智，智主冬藏，北方水也。故孔子曰"仁者乐山，智者乐水"，则智之明证矣。不言信者，信主土而统属于君，故《中孚》云"信及豚鱼"，是其义也。若"首出庶物"而"四时不忒"者，《乾》之象也。"厚德载物"而五行相生者，土之功也。土居中宫，分王四季，亦由人君无为皇极而奄有天下。水火金术，非土不载；仁义礼智，非君不弘。信既统属于君，故先言《乾》而后不言信，明矣。③

在此，李鼎祚将《乾》之四德与五行、五常、四方、四季相结合，论证贞配智，而信于五行属土，有居中宫、王四季的特殊性，同样为《乾》卦之德性。显然，这一解释比何妥的解释更易于将《乾》德与五常紧密联系在一起。在《讼》卦中，李鼎祚对王弼《讼》卦卦主说也提出怀疑：

> 夫为讼善听之主者，其在五焉。何以明之？案：《爻辞》九五"讼

---

① （唐）李鼎祚：《周易集解》卷十三《系辞上》，中华书局，2016，第403页。
② （清）陈澧：《东塾读书记》卷四《易》，中西书局，2012，第57页。
③ （唐）李鼎祚：《周易集解》卷一《乾·文言》，中华书局，2016，第10~11页。

元吉"，王氏注云"处得尊位，为讼之主，用其中正，以断枉直"，即《象》云"利见大人，尚中正"，是其义也。九二《象》曰："不克讼，归逋窜也。自下讼上，患至掇也。"九二居讼之时，自救不暇，讼既不克，怀惧逃归，仅得免其终凶祸，岂能为善听之主哉？年代绵流，师资道丧，恐传写字误，以"五"为"二"，后贤当审详之也。①

世传王弼注本以九二为《讼卦》卦主，李鼎祚通过考察爻、象之辞，认为九五爻辞正合卦义，九二之辞与之有所违背。他怀疑这并不是王弼的疏忽，乃是由于王弼注本在长久的传播过程中，字形讹误，"以五为二"的结果。而孔颖达在作《周易正义》时，对此却没有进一步考查，以致以讹传讹。显而易见，李鼎祚对《讼卦》的一番辩解有着积极的学术意义。

怎样理解、把握《周易》的圣人之道，始终是李鼎祚义理之学的重要内容。"圣人之言连环可解，约文申义，须穷指归"②。在李鼎祚看来，《周易》文字含义前后连贯、思想一致，因此解说《周易》应坚持一以贯之的思想，绝不能割裂字句、随文释义。相应的反面典型是崔憬的《探玄》，李鼎祚认为："崔氏《探玄》，病诸先达，及乎自料，未免小疵。既将八卦阴阳，以配五十之数，余其天一地四，无所禀承，而云'八卦之外，在衍之所不管'者，斯乃谈何容易哉！"③ 崔憬《周易探玄》，以王弼演天地之数所赖者五十，却并没有解释五十从何而来，所以认为这是臆度之言。殊不知，崔憬以八卦阴阳配五十之数，却留下"天一、地四"两数，并认为二者在"八卦之外，在衍之所不管"，处理方式与王弼可谓如出一辙，这都是由于缺乏前后文联系，不能以连贯的思想看待圣人所致。李鼎祚认为："此章云'天数五，地数五，五位相得而各有合，天数二十有五，地数三十，凡天地之数五十有五，此所以成变化而行鬼神'，是结'大衍'之前义也。既云'五位相得而各有合'，即将五合之数配属五行也，故云'大衍之数五

---

① （唐）李鼎祚：《周易集解》卷三《讼》，中华书局，2016，第66页。
② （唐）李鼎祚：《周易集解》卷十四《系辞上》，中华书局，2016，第419页。
③ （唐）李鼎祚：《周易集解》卷十四《系辞上》，中华书局，2016，第419页。

| 第 四 章 | 唐代易学

十'也。'其用四十有九'者，更减一以并五，备设六爻之位，蓍卦两兼终极天地五十五之数也。自然穷理尽性，神妙无方，藏往知来，以前民用斯之谓矣。"① 可见"大衍之数五十"并不孤立，后文所言"天数五，地数五"至"天地之数五十有五"就是来说明它的，将二者割裂并不恰当。在《说卦传》中，李鼎祚于"参天两地"注文中再次引述崔憬之言，并明确注云："案：此说不尽，已释在《大衍章》中，详之明矣。"②《乾卦》上九爻李氏注："以人事明之，若桀放于南巢，汤有惭德，斯类是也。"③ 即贤君有阳刚之德，但不可过刚，否则会招致悔恨。《文言传》中同样阐释"亢龙有悔"："此当桀纣失位之时，亢极骄盈，故致悔恨穷毙之灾祸也。"④ 是从不肖之君的角度来说，倘若不肖之君过刚同样会导致灾害。一正一反，都是从人事方面合理表达其背后的含义，起到互补作用。《文言传》"知存而不知亡，知得而不知丧"也因"亢"而发："此论人君骄盈过亢，必有丧亡。若殷纣招牧野之灾，太康遘洛水之怨，即其类矣。"⑤ 李鼎祚将重点放在了"骄盈"之上，再次强调自己的观点。总之，在李鼎祚看来，《周易》是一个前后连贯的整体，应当以一以贯之的思想去理解。

李鼎祚发挥义理颇为独到，从中亦可看出道家思想的濡染。例如他解释"乾元用九，天下治也"："此当三皇五帝礼让之时，垂拱无为而天下治矣。"⑥ 通过三皇五帝垂拱无为而天下得到治理来阐释，既迎合了道家无为而治的心理，又葆有儒家内圣外王的情怀。《乾卦·文言传》"乾元用九"的至高境界是"其唯圣人乎，知进退存亡而不失其正者，其唯圣人乎"，李鼎祚进一步解释说："此则'乾元用九，天下治也'。言大宝圣君，若能用九天德者，垂拱无为，刍狗万物，'生而不有，功成不居'，'百姓日用而不知'，岂荷生成之德者也。此则三皇五帝，乃圣乃神，保合太和，而天下自治矣。今夫子《文言》再称'圣人'者，叹美用九之君，能'知进退存亡

---

① （唐）李鼎祚：《周易集解》卷十四《系辞上》，中华书局，2016，第419页。
② （唐）李鼎祚：《周易集解》卷十七《说卦》，中华书局，2016，第502页。
③ （唐）李鼎祚：《周易集解》卷一《乾》，中华书局，2016，第4页。
④ （唐）李鼎祚：《周易集解》卷一《乾·文言》，中华书局，2016，第20页。
⑤ （唐）李鼎祚：《周易集解》卷一《乾·文言》，中华书局，2016，第28页。
⑥ （唐）李鼎祚：《周易集解》卷一《乾·文言》，中华书局，2016，第20页。

而不失其正'，故得'大明终始，万国咸宁，时乘六龙，以御天也'，斯即'有始有卒者，其唯圣人乎'，是其义也。"① 可见，李鼎祚在声明此处与前释的一致性后，引用了《老子》《周易·系辞传》等文来生动地说明这种境界。《老子》说："天地不仁，以万物为刍狗。圣人不仁，以百姓为刍狗。"② 这就是所谓的"刍狗万物"，任其自然。又"生而不有，功成不居"则是明引《老子》之文，而"百姓日用而不知""保和太和"出自《周易·乾·文言传》，"有始有卒者，其唯圣人乎"乃《论语·子张》之文。显然，李鼎祚是在以道释儒，反映了儒道合流的趋势。为增强可信度，他还从反面论说："三王五伯揖让风颓，专恃干戈，递相征伐。失正忘退，其徒实繁。略举宏纲，断可知矣。"③ 其中又与"亢龙有悔"的解释相联系，无怪乎李道平说："盖以亢阳为害，因举圣人以为宏纲，而进退存亡不失其正之道，从可识矣。"④

二 《周易集解》的学术史价值

如前所述，李鼎祚《周易集解》序文已经明确提出自己的易学主张：

> 原夫权舆三教，铃键九流，实开国承家修身之正术也。自卜商入室，亲授微言。传注百家，绵历千古，虽竞有穿凿，犹未测渊深。唯王郑相沿，颇行于代，郑则多参天象，王乃全释人事。且易之为道，岂偏滞于天人者哉？致使后学之徒，纷然淆乱，各修局见，莫辨源流。天象远而难寻，人事近而易习。则折杨黄华，嗑然而笑。方以类聚，其在兹乎。⑤

> 臣少慕玄风，游心坟籍。历观炎汉，迄今巨唐。采群贤之遗言，议三圣之幽赜，集虞翻、荀爽三十余家，刊辅嗣之野文，补康成之逸象。⑥

---

① （唐）李鼎祚：《周易集解》卷一《乾·文言》，中华书局，2016，第28～29页。
② 《老子》第五章，楼宇烈《老子道德经注校释》，中华书局，2008，第13～14页。
③ （唐）李鼎祚：《周易集解》卷一《乾·文言》，中华书局，2016，第29页。
④ （清）李道平：《周易集解纂疏》卷一《乾·文言》，中华书局，1994，第68页。
⑤ （唐）李鼎祚：《周易集解·序》，中华书局，2016，第8页。
⑥ （唐）李鼎祚：《周易集解·序》，中华书局，2016，第8页。

李鼎祚认为，郑玄易学虽然对两汉以来的今古文之学进行了融合，完成了汉易卦气说的继承以及汉易爻辰说的发展，但易学体系的基础依然是八卦之象和消息之数，侧重于以天道明人道。王弼易学虽尽扫两汉象数，通过六爻之位变化阐释易理，侧重反映老庄的处世哲学。郑学与王学各有侧重，"郑则多参天象，王乃全释人事"，为"刊辅嗣之野文，补康成之逸象"，李鼎祚尽搜几尽湮灭的象数之学，而恰恰是在深刻辨析郑学与王学的过程中，其易学主张也得到彰显。

前文述及李鼎祚曾明确反对崔憬《周易探玄》的易学观点，但事实上在批评的同时，他又有所借鉴。相对《周易正义》而言，《周易探玄》代表着唐代易学史上所出现的新倾向，那就是以象数易学转向孔颖达所代表的义理易学，这对李鼎祚的易学思想尤其在大衍义阐释方面产生重要影响。面对易学的根本问题，李鼎祚并没有简单地服膺汉儒，而是受崔憬观点启发而形成自己的易学观。比如崔憬以《说卦传》"参天两地"说来解释大衍之数。八卦之数即艮三、坎五、震七、乾九、兑二、离十、巽八、坤六，总五十而为大衍之数。在崔憬看来，王弼的大衍义并没有实际来源，只是一种臆想。李鼎祚在案语中进一步阐释崔憬观点，"崔氏《探玄》，病诸先达，及乎自料，未免小疵"实指其"不取天数一、地数四者，此数八卦之外，大衍所不管也"，即便崔憬很想将大衍之数、八卦之数、参天两地而倚数统一起来，以阐释大衍之数，但却无法解释天一地四之说。而李鼎祚则强调要坚持经典内在的统一性，不能随文释义，试图用郑玄的五行说和姚信、董遇之说，统一天地之数与大衍之数。

总之，李鼎祚肯定了崔憬以四十九数合而未分为太极之说，认为太极既不是凌驾于四十九之数之上的虚无观念，也不是某一实体，而是四十九数的总和。"就易学说，如果认为大衍之数自身涵蕴着六十四卦，并以大衍之数为太极，那么必然导出六十四卦乃太极自身的展开的结论。就哲学说，如果以太极为世界的本体，两仪和八卦以及六十四卦代表天地万物，逻辑上必然导出天地万物乃世界本体自身展开的理论"[1]。显而易见，该观点在

---

[1] 朱伯崑：《易学哲学史》第一卷，昆仑出版社，2009，第446页。

否定了魏晋玄学以来以无为世界本原的思想观念的同时，实现了汉易的宇宙生成论向本体论的转化，在整个易学发展史上都占有深远意义。

众所周知，道器关系是易学史探讨中的一个重要命题。李鼎祚《周易集解》对道器关系的探讨同样援引崔憬的《周易探玄》，其注云：

> 崔憬曰：此结上文，兼明易之形器，变通之事业也。凡天地万物，皆有形质。就形质之中，有体有用。体者，即形质也。用者，即形质上之妙用也。言有妙理之用，以扶其体，则是道也。其体比用，若器之于物。则是体为形之下，谓之为器也。假令天地，圆盖方轸，为体为器，以万物资始资生，为用为道。动物以形躯为体为器，以灵识为用为道。植物以枝干为器为体，以生性为道为用。①

中国传统思想中的体用关系来自魏晋玄学的探讨，到了唐代，"体用"这对哲学概念已成为既有的知识体系，但是崔憬的体用关系却是与玄学的体用关系完全相反。他以器为体，以道为用，认为形而上的道依赖形而下的器。这一观点在体用关系上对王注与孔疏的"凡有从无而生"的观点进行了有力的批判。援崔憬以代己言，李鼎祚《周易集解》采录崔憬《周易探玄》，不仅为后学研究唐代易学的发展提供可信的资料，也使他们认识到李鼎祚敏锐的学术眼光。

易学发展到宋朝进入了高度哲学化的时代。对抗佛、道二教，宋儒将《周易》经传视为经典依据，不仅反对佛教的"空"，也反对玄学的"无"。尽管宋代易学存在不同的思想流派，但他们都对"太极"作了深入探讨，对王弼易学"以无为本"观念的批判成为他们共同的学术起点，"理""数""气"分别被他们作为《易》的最高范畴，来否定玄学派易学的"贵无贱有"。理学家程颐云："自孔子赞《易》之后，更无人会读《易》，先儒不见于书者，有则不可知；见于书者，皆未尽。如王辅嗣、韩康伯，只以庄老解之，是何道理？"②朱熹易学观的建立标志着宋代易学体系完成构

---

① （唐）李鼎祚：《周易集解》卷十四《系辞上》，中华书局，2016，第442~443页。
② （宋）程颢、程颐：《河南程氏外书》卷五，《二程集》，中华书局，2004，第374页。

建，其以太极为理、以两仪为气，"并将理气范畴全面地发展为哲学范畴，用来解释天地万物的由来及其存在的依据，从而完成了理学派的本体论的体系"①。

李鼎祚主张两汉以来的象数易学、元气说，实现了对王弼等玄学派虚无观念的否定，不仅体现出了唐代易学的新趋向，也为宋代诸儒从哲学高度来批判王学奠定了基础，就像明代学者潘恭定公《周易集解序》所说：

> 羲、文、周、孔之《易》辟，则昆仑之源也；李氏之《集解》辟，则河之众流也；程、朱之《传》、《义》辟，则海之会归也。是故由《集解》而溯四圣之微言，则其端倪可测矣；由《集解》而征程、朱之著述，则其脉络益明矣。②

潘恩充分肯定了《周易集解》在易学史上的重要学术价值，可谓是李鼎祚的隔世知音。在经学解释学方面，《周易集解》以己意解经，打破了统一官方经学以王学为主的局面，开启了中唐以后"自名其学"的新学风。在文献学方面，《周易集解》保存了汉魏隋唐的重要《易》注，这都是清儒复兴汉易的重要参考文献。在易学史方面，《周易集解》体现的通过两汉旧学及唐代易学的"新义"来反对王弼等玄学派的易学思想，是汉易向宋易过渡的重要桥梁，值得我们高度重视。

---

① 朱伯崑：《易学哲学史》第二卷，昆仑出版社，2009，第526页。
② （清）朱彝尊：《经义考》卷十四《易十三》，林庆彰、蒋秋华、杨晋龙等主编《经义考新校》，上海古籍出版社，2010，第240页。

第五章
宋代易学

　　宋代是中国易学演进的重大变革时期，其演进的最大成果是"宋易"体系的创建。

　　宋代易学敢于质疑，勇于创新。各时期的易学发展异彩纷呈，出现了象数派、义理派、气学派、心学派和功利派等众多流派。象数派，即图书学派，北宋初的华山道士陈抟为该派的创始人，经种放、穆修、刘牧、李之才等人，发展至周敦颐、邵雍又推陈出新。陈抟不囿于章句推敲，重《易》理探索，以图象名于世。传说陈抟曾得到老子出关时秘传的图象，当然朱熹认为其图象其实来源于东汉魏伯阳。依据宋元明人的记载，陈抟流传于后世的图象有三种：《无极图》数传于周敦颐；《龙图》即《河图》《洛书》数传于刘牧；《先天太极图》数传于邵雍。刘牧推崇《河图》《洛书》，作《易数钩隐图》。李之才则宣扬卦变说，有变卦反对图和六十四卦相生图传世。周敦颐提出"无极而太极"的命题，以"无极""太极"为宇宙万物的本原，运用阴阳动静来解释太极和两仪，进而为儒家宇宙论提供了完整的思想体系，所著《太极图说》《易通》《易说》对后世影响深远。邵雍着重讲数，提出先天之学，以乾坤坎离为四正卦的图式，由此推衍出一整套象数图式，作为《周易》的基本原理，认为其先《周易》而有；著《皇极经世》，从六十四卦圆图推衍出宇宙周期，把六十四卦分为八宫，八宫又分别配以元会运世岁月日辰，说明万物的兴衰，论证古今社会的治乱以及世界的终始，主张数由心生，在数术方面做出了很大贡献，成为象数学派的代表。义理派，倡导者为北宋初年的胡瑗，后传至程颐等。义理派竭力排斥以老庄玄学来解释《易》理，发明以儒家思想为特色的"儒理"。胡瑗著《周易口义》重在解说卦爻辞文意，阐释《易》理主要是通过阴阳二气，并不赞同象数之学以及王弼玄学以虚无释太极，揭橥宋代义理阐《易》之旗。程颢、程颐以"天理"为最高哲学范畴，程颢重在以心性解《易》，程颐则以"理"解《易》，共同批评当时象数之学。程颐著《易传》，站在儒家立场上来阐明《易》理，讲"天理"则强调吉凶变化之理的客观规律性、规范性和可知性，认为"理"既可代替王弼玄学派的"无"，又可代替象数派的"数"，建立起理学解《易》的思想体系，成为宋代义理派的杰出代表。张载《横渠易说》，把"气"作为世界的本原，通过对汉唐以来以"元气"和"阴阳二气"解释《易》理的批判和总结，开创了气学派易学。

南宋易学有象数和义理两派之分，但与北宋易学相比，出现了义理派与象数派相互吸收、相互影响的倾向。义理派代表朱熹大量吸收了邵雍的易学观点，将"理""气"二元综合于"太极"一元；象数学派代表朱震则吸取了程颐、张载的观点，以混而未分之"气"来解释太极，称其为"一"。两派之中又分化出不同的流派，彼此相互论辩。同为象数派，朱震主张先有象而后有数，以象为重；蔡沈认为先有数而后有象，注重奇偶之数。同为义理派，朱熹作为理学集大成者，以程颐的易学为正宗，兼取各家之长，独立发挥，形成了一个完整的易学体系，为理学派易学的代表；杨简继承其师陆九渊"心即理"之说，认为易之理其实就是人之心。再依此阐释《周易》经传文字，建立心学派易学体系，成为心学派易学代表。南宋还形成了与理学理论系统不同的功利学派的易学，主要以永康学派的陈亮和永嘉学派的叶适为代表。他们解《易》虽以探求《易》理为务，但主取象说，通过物象以阐明《易》理，提出了道不离器说，为其"道义不离事功"的功利主义原则提供了坚实的思想基础。此外，汉唐以来以史解《易》的传统也得到了进一步发展，以李光、杨万里、胡宏、李杞等人为代表的史事易学，将历史史事以及历史人物，与卦爻辞结合起来，通过巧妙的易史结合，推天道以明人事，不仅在易学的基础上寄托了他们经世致用的理想，更为《周易》这部古老的经典注入了新的活力。

宋代易学是继汉易之后古代易学发展的一个极为重要的阶段，不仅标志着古代易学哲学发展的高峰，而且成为宋明哲学的主要内容，将我国古代哲学的发展推向一个新的水平，为以后几个世纪的易学发展奠定了雄厚而坚实的学术基础。

第一节　疑经变古思潮中的宋代易学考辨

诚如陈寅恪所揭示"华夏民族之文化，历数千载之演进，造极于赵宋之世"[1]，易学领域同样如此。其中与当时的疑经变古思潮密切联系的是，易学考辨特别是关于孔子是否作《易传》的考辨，这也从侧面展示了宋代学术思想发展、演变的轨迹和规律。

汉武帝"罢黜百家，独尊儒术"，促使儒家经典成为政治、学术上的权威，儒家经学成为中国传统社会的统治思想和官方学术。此后，因出于对儒家经典的敬畏，一些学者在解经时大多只注重疏通文字而忽视阐发义理，从而扼制了其内在价值的开掘与发挥，致使传统经学陷入困境。尤其汉儒解经时始终笃守家法，囿于旧说，"非惟诂训相传，莫敢同异，即篇章字句，亦恪守所闻，其学笃实谨严，及其弊也拘"[2]。这种趋势在唐代颁行《五经正义》后得到进一步强化，因为主张孔颖达等人秉持的"疏不破注"或"疏不驳注"，不仅对经书，甚至对汉人所撰的经书传、注等也不得轻议。传统学术的承袭有馀而创新不足，显然在一定程度上限制了经学的发展。但与之形成鲜明对比的是，该时期由于统治者的推崇，佛、道二教获得迅猛发展，尤其佛教凭借精致的理论在社会上产生广泛影响，致使经学地位遭到空前挑战。及至唐代中期，要求变革经学呼声悄然兴起，其中啖助、赵匡、陆淳以及韩愈、柳宗元等人都做出了积极努力，并开启了经学

---

[1] 陈寅恪：《邓广铭宋史职官志考证序》，《金明馆丛稿二编》，三联书店，2001，第277页。
[2] （清）永瑢等：《四库全书总目》卷一《经部总叙》，中华书局，1965年影印本，第1页。

变革的先声。

宋初学风承唐之馀绪，还略显保守，但是解经不拘传注且注重探求义理的学术风气一直在潜流暗涌。仁宗时期，伴随着渐趋加剧的社会矛盾，要求改革经学的呼声也越来越高。在政治改革大潮的激荡下，经学研究领域再度焕发生机，呈现一股去伪存真、推陈出新的势头。为顺应以及促成学风的转变，范仲淹、欧阳修等人开始身体力行，怀疑经传，指陈旧说，独抒己见，引导传统经学的变革，另一方面通过改革科举制度，要求考生鄙薄章句，不惑传注，注重经义的阐发，最终形成影响学术走向甚至左右社会时局的疑经变古思潮。这场疑经变古思潮肇始于庆历时期，以熙宁年间王安石《三经新义》的颁布为标志，以章句训诂为特征的汉唐章句之学向以自由说经为特征的义理之学的转型最终完成，既与儒学复兴运动大致同步，又与摒弃章句注疏之学、倡导义理之学的经学变革相榫接，彼此包容，相互促进。

得益于北宋学者做出的开拓性贡献，疑经变古思潮得到了长足发展，及至南宋依然并未停滞。除沿袭北宋欧阳修的疑经路数，重视文献依据，多着眼于经学形成过程进行考辨外，南宋疑经变古思潮还增加了新的因素，更多地与文化学术思想的发展形成互动之势，出现以理学调整、修正现存儒家经典，为其学术体系奠基的崭新气象。需要补充说明的是，随着南宋后期的时局日益危沉，一些学者坚持"义理"与"事功"并重，并对理学家空谈性命、义理的学风提出严厉批评，他们迫切希望能够从经史百家中探索出有益于当今之世的致用之学。在此形势下，开始盛行为学要切于实务之风。从一定意义而言，这无论对深化宋代疑经变古思潮，还是对完善其辨伪思想和方法，都产生了较为积极的影响。

一　欧阳修对"十翼"的考辨

众所周知，《周易》包括《易经》和《易传》（"十翼"）两个部分。自《史记·孔子世家》《汉书·艺文志》，到隋唐陆德明《经典释文》、孔颖达《周易正义》，大都认为是孔子所作。但到中唐特别是唐代后期，随着变古之风渐起，一些学者考订经传文字，当缺乏版本依据时，便更多凭借文义进行推理判断，就已经呈显出考辨《周易》的学术旨趣。北宋经学创新意识渐趋增强。在此形势下，欧阳修通过《易童子问》等著作否认孔子作"十翼"，率先在易学领域刮起更为强劲的变古之风，其中所展现的疑经思想、辨伪方法，对当代乃至后世学术发展都具有重要的引导和推动作用。

在欧阳修看来，《系辞传》《文言传》都不是孔子所作。他认为，孔子所说的"系辞"其实是"爻辞"，"夫系者，有所系之谓也，故曰'系辞焉'，以断其吉凶，是故谓之爻，言其为辞各联属其一爻者也，是则孔子专指爻辞为系辞"①。主要有三点依据：一是《系辞传》的文字"是皆险怪奇绝，非世常言，无为有训诂、考证，而学者出其臆见，随事为解，果得圣人之旨邪？"②；二是"孔子言'圣人设卦系辞焉'，是斥文王、周公之作为'系辞'，不必复自名其所作又为《系辞》也"③；三是"况其文乃概言《易》之大体，杂论《易》之诸卦，其辞非有所系，不得谓之《系辞》也"④。所以欧阳修得出结论："今乃以孔子赞《易》之文为上、下《系辞》者，何其谬也！"

《系辞传》不是孔子所作已如前述，那么《文言传》呢？欧阳修将《文言》与《论语》类比，进而指出："若《文言》者夫子自作，不应自称'子曰'。又其作于一时，文有次第，何假'子曰'以发明之。""乃知今《周易》所载非孔子《文言》之全篇"。因为"盖汉之《易》师择其文以解卦体，至其有所不取，则文断而不属，故以'子曰'起之也。其先言'何谓'而后言'子曰'者，乃讲师自为答问之言尔，取卦体以为答也"⑤。显然，欧阳修通过对"子曰"与"何谓"使用情境的仔细辨别，推断《文言

---

① （宋）欧阳修：《居士外集》卷十五《传易图序》，《欧阳修全集》，中国书店，1986，第473页。
② （宋）欧阳修：《居士外集》卷十五《传易图序》，《欧阳修全集》，中国书店，1986，第473页。
③ （宋）欧阳修：《居士外集》卷十五《传易图序》，《欧阳修全集》，中国书店，1986，第473页。
④ （宋）欧阳修：《居士外集》卷十五《传易图序》，《欧阳修全集》，中国书店，1986，第473页。
⑤ （宋）欧阳修：《居士外集》卷十五《传易图序》，《欧阳修全集》，中国书店，1986，第473页。

传》不是孔子所作。而且欧阳修还找到了《文言传》中的"自相乖庆"处。比如关于"元亨利贞",《文言》既说是乾之四德,又说"乾元者,始而亨者也,利贞者,性情也",在欧阳修看来,两者是互相矛盾的,因为"元亨利贞"是古之占辞,"自尧舜已来,用卜筮尔",《彖传》解释其为"不道其初",也没有说成是四德,而据《左传》襄公九年记载,四德说本源自穆姜,早在孔子未生之前,再次证明《文言传》不是孔子所作。

需要指出的是,欧阳修对"十翼"的考辨特别重视从"人情"出发,即"以常人之情而推圣人",凸显出一种严谨的理性精神。在欧阳修看来,"繁衍丛脞"是《系辞传》《文言传》等篇存在的一个突出问题。因为孔子的文章比如《易》《春秋》应该是"其言愈简,其义愈深",但《文言传》《系辞传》关于系辞以明吉凶仅这一个意思就先后出现多次,可谓繁复芜杂。而且,欧阳修还察觉到《系辞传》《说卦传》关于八卦的产生其实并不统一。《系辞传》认为八卦是"非人之所为,是天之所降也",伏羲氏"仰则观象于天,俯则观法于地,观鸟兽之文,与地之宜,近取诸身,远取诸物,于是始作八卦",而《说卦传》却说"昔者圣人之作《易》也,幽赞神明而生蓍,参天两地而倚数,观变于阴阳而立卦","则卦又出于蓍矣",连八卦的产生也说法不一甚至彼此牴牾,实在令人无所择从。因此欧阳修推断:"人情常患自是其偏见,而立言之士,莫不自信其欲以垂乎后世,惟恐异说之攻之也。其肯自为二三说以相牴牾而疑世,使人不信其书乎?"①正是以"以常人之情而推圣人",欧阳修才做到了"勇于敢为而决于不疑"②,而不至沦为徒呈匹夫之勇,最终的结论才会更具说服力。

尽管欧阳修认为《系辞传》《文言传》等篇都不是圣人之作,但却并未完全否定它们与孔子的关系,更没有完全抹煞《系辞传》《文言传》《说卦传》《杂卦传》的价值。对于"十翼"与孔子的关系,欧阳修认为"其源盖出于孔子而相传于《易》师也","其间转失而增加者,不足怪也,故有圣人之言焉,有非圣人之言焉"③。如果不顾事实,盲目

---

① (宋)欧阳修:《易童子问》卷三,《欧阳修全集》,中国书店,1986,第570页。
② (宋)欧阳修:《易童子问》卷三,《欧阳修全集》,中国书店,1986,第568页。
③ (宋)欧阳修:《居士外集》卷十《易或问》,《欧阳修全集》,中国书店,1986,第431页。

崇拜，肯定以为是"圣人之作"，自然"不敢有所择而尽信之，则害经惑世者多矣"[1]；相反，如果对之进行认真的考订真伪，依然能够从中发现其"益于学"的价值。"《系辞》者，谓之《易大传》，则优于《书》《礼》之传远矣；谓之圣人之作，则僭伪之书也。盖夫使学者知《大传》为诸儒之作，而敢取其是而舍其非；则三代之末，去圣未远，老师、名家之世学，长者、先生之余论，杂于其间者在焉，未必无益于学也"[2]。不得不说，该认识颇具学术启发意义。此后，王开祖、司马光、金君卿、李清臣、刘安世等人也曾对"十翼"中的某一篇或几篇表示怀疑。

不过，面对欧阳修对"十翼"的考辨，当时也出现了一些反对之声。究其原因，这应该既是由于传统思想观念对欧阳修之论的不认同、不接受，也与欧阳修的考证确实存在一定疏漏之处不无关联。毕竟，欧阳修为顺应时代发展需要，期望从思想层面寻求突破以应用于人事，因而难免出现急切的功利主义倾向。尽管如此，欧阳修以其力排《系辞传》的首创之功和辨伪学识，为易学文献、易学思想的发展做出了不可磨灭的贡献，尤其在孔子是否作"十翼"的问题上所激发的连锁反应，也应该给予充分的肯定。

二 朱熹、杨简对"十翼"的考辨

在疑经变古思潮的冲击影响下，北宋学者取得了很多开创性的经学成就。以此为基础，南宋时期的理学更是蔚然大观，又反过来为这一思潮的进一步拓展注入新的活力。需要特别说明的是，有许多理学家和易学存在某种不解之缘，甚至有的本身就是易学大师。理学解《易》，不单是为探讨儒家经典文本的微言大义，还有更深层的用意，即依托《周易》构建自己的思想体系。因此，即便在理学内部围绕同一易学问题的考辨，尤其针对孔子是否作"十翼"的问题，往往会出现因立场不同而判然两途的局面。

南宋时期的程朱理学集大成者朱熹，就坚信"系辞"为孔子所作。"欧

---

[1] （宋）欧阳修：《易童子问》卷三，《欧阳修全集》，中国书店，1986，第570页。
[2] （宋）欧阳修：《易童子问》卷三，《欧阳修全集》，中国书店，1986，第570页。

阳作《易童子问》，正王弼之失数十事，然因图书之疑并《系辞》不信，此是欧公无见处"①。显然，朱熹并不赞同欧阳修对《系辞传》的排击，甚至认为，欧阳修"极论《系辞》非圣人之书"，有可能误导后学，应该"多使学者择取其是而舍其非"，而不应"以为圣人之作不敢取舍而尽信之"②。朱熹能够秉持"公心通论"，并不因前贤否定孔子作《系辞传》而盲从，这种态度对经学辨伪乃至一切学术研究都极具启发意义。但谈及"十翼"中的《序卦传》，朱熹似乎又心存疑虑。当弟子问"《序卦》或以为非圣人之书"时，朱熹指出："先儒以为非圣人之蕴，某以为谓之非圣人之精则可，谓非《易》之蕴则不可"③，"大抵古书多此体，如《易·序卦》亦是此类，若便断为孔子之笔，恐无是理也"④，明显流露出否定《序卦传》是孔子所作的倾向。

事实上，朱熹还是承认"易道深矣，人更三圣，世历三古"的传统说法，而这也直接影响到他对《周易》究竟为何书的考辨。在朱熹看来，"读伏羲之《易》，如未有许多《彖》《象》《文言》说话，方见得《易》之本义只是要作卜筮用。如伏羲画八卦，那里有许多文字言语？只是说八个卦有某象，乾有乾之象而已。其大要不出阴阳刚柔吉凶之理，然亦未尝说破，只是使人知得此卦如此者吉，彼卦如此者凶"；到文王周公时，"添入'乾，元亨利贞'、'坤，元亨利牝马之贞'，早不是伏羲之意，已是文王、周公自说他一般道理了。然犹是就人占处说。如卜得乾卦，则大亨而利于正耳"；只有到得孔子时，才在卜筮上面生发出许多道理，"欲人晓得所以吉，所以凶"⑤。可见，无论是伏羲、文王，还是周公、孔子，尽管他们作《易》的内容有所不同，却无一不是将《易》看作卜筮之书。既然《易》之本义是

---

① （清）朱彝尊：《经义考》卷十八《易十七》，林庆彰、蒋秋华、杨晋龙等主编《经义考新校》，上海古籍出版社，2010，第314页。
② （宋）朱熹：《晦庵集》卷七十一，台湾商务印书馆，1986年影印文渊阁《四库全书》本。
③ （宋）黎靖德编《朱子语类》卷七七《序卦》，中华书局，1986，第1975页。
④ （宋）朱熹：《晦庵别集》卷二《孙季和》，台湾商务印书馆，1986年影印文渊阁《四库全书》本。
⑤ （宋）朱熹撰、（宋）朱鉴辑：《朱文公易说》卷十八，台湾商务印书馆，1986年影印文渊阁《四库全书》本。

作卜筮用，那就不是义理之作。由卜筮生发出义理"非学者可及"，"此皆是圣人事"，也只有孔子才能"说出个进退存亡之道理"，从中见出圣人之道。不过朱熹并未因此止步，而是继续向前推，认为在卦、爻未画以前，"只是个至虚至静而已，忽然在这至虚至静之中有个象，方说出许多象数、吉凶道理"。显然，卦、爻之中原本就具备孔子由占筮所阐发的理。不难看出，朱熹易学考辨的深层意味在于"盖《易》之为书，是悬空做出来底"，因此他对《易》理的探究与他认为的"未有天地之先，毕竟是先有此理"①，实际上异曲同工。

面对孔子是否作"十翼"的问题，朱熹何以表现出矛盾的心态？这并不费解。一方面，朱熹之所以怀疑孔子作《序卦》，是因为《序卦》体例与《书》之小序类同，"大抵古书多此体，如《易·序卦》亦是此类，若便断为孔子之笔，恐无是理也"。这一点前文已经提及，说明朱熹秉持了学术上的"公心通论"，始终有自己的判断依据。另一方面，为最终确立其理学体系，必须要有孔子等圣人的义理作依据，以夯筑其更加牢固的理论基石。正所谓皮之不存毛将焉附，如果否认"十翼"为孔子作，那么朱熹的易学观、经学观也就会失去根基。当然，我们也不能忽视一种可能，那就是朱熹之所以坚信孔子作"十翼"，与他囿于传统说法、考辨不细致不无关联。

谈到朱熹理学，就不得不提陆九渊建立的心学。其与朱熹同属于理学疑经，但其取向却与前者不同。陆九渊认为"昔人之书不可以不信，亦不可以必信"，"盖书可得而伪为也，理不可得而伪为也"，因此主张"心即理"，即通过"为学患无疑，疑则有进"来张扬主体精神②。其主张对当时疑经变古思潮的演变产生了重要影响。此后，陆九渊弟子及其后学秉承师传，不断对包括《易传》在内的儒家经典进行大胆怀疑，其中尤其以杨简引人注目。

围绕《系辞传》作者的问题，杨简在《己易》中作具体的论证，在他看来，应该是"期间得之于孔子者多矣"，而不全是孔子所作。"'吾道一以

---

① （宋）黎靖德编《朱子语类》卷一《理气上》，中华书局，1986，第1页。
② （宋）陆九渊：《陆九渊集》卷三十二《拾遗》，中华书局，1980，第380页。

贯之'，此孔子之言也。其曰'易与天地准'，此亦非孔子之言也，天地即易也。幽明本无故，不必曰'仰观'、'俯察'而后知其故也，死生本无说，不必'原始'、'要终'而后知其说也"，"是皆非吾孔子之言也，其徒之自己说也。神即易，道即善，其曰'继之者善也'，离而二之也，离道以善，庄周陷溺乎虚无之学也，非圣人之大道也"，"'夫易，圣人所以崇德而广业也'，此孔子之言也。圣人即易也，德业即易也，继曰'天地设位，而易行乎其中'，又非孔子之言也。何者？离易与天地而二之也。'子曰'之下，其言多善，间有微疵者，传录纪述者之差也，其大旨之善也；不系之'子曰'者，其言多不善，非圣人之言故也；乾即易，坤即易，其曰'乾坤毁，则无以见易，易不可见，则乾坤或几乎息'，又曰'形而上者谓之道，形而下者谓之器'，其非圣言"①，这些论述都出自杨简的易学著作《己易》。事实上，正如他给自己的著作命名为《己易》一样，他侧重于以自己之心为易，全由己意考辨。他认为，"善学《易》者求诸己，不求诸书，古圣作《易》凡以开吾心之明而已。不求诸己而求诸书，其不明古圣之所指也"。按照心学的观点，天地间万物、万事、万理无不皆我心所固有。因此天地与圣人、易与天地绝不能拆分为二，既然乾与坤都是易，而易已具于我心，其形上形下等诸如此类的对立关系也自然就不复存在。

　　诚如前述，欧阳修和朱熹对孔子作"十翼"的考辨，都在程度不同地坚持历史和文献的客观标准，但杨简则主要是以心学理论而并非客观依据来判定孔子言论的真伪，坚持"十翼"并非全为孔子所作。因此，杨简的易学考辨也成为了"学苟知本，六经皆我注脚"的心学主张的典型"注脚"。

三　叶适对"十翼"的考辨

　　在集北宋之大成后，理学思想体系在南宋得以最终确立。只是随着南

---

① （宋）杨简：《慈湖先生遗书》卷七《家记一·泛论易》，台湾商务印书馆，1986 年影印文渊阁《四库全书》本。

宋日益羸弱，一些有识之士开始联系时局，批判理学"义理""心性"的空疏无用，于是重实事实功的思想渐渐抬头。这在经学考辨尤其对孔子是否作"十翼"的考辨上鲜明地突现出来，尤以永嘉学派的叶适最为著名，值得我们认真探讨。

　　众所周知，自《易传》提出"伏羲画八卦"后，从汉代司马迁到唐代孔颖达都尊奉此说，而且传统观点也一般认为是文王演六十四卦、三百八十四爻。但叶适依据《周礼》推断，所谓"伏羲文王作卦重爻""与《周官》不合，盖出于相传浮说，不可信"①，"大卜掌三《易》之法：一曰《连山》，二曰《归藏》，三曰《周易》，其经卦皆八，其别皆六十又四。占人以八卦占筮之八，故筮人掌三易以辨九筮之名。详此，则《周易》之为三易，别卦之为六十四，自舜禹以来用之矣。而后世有伏羲始画八卦，文王重为六十四，又谓纣因文王于羑里，始演《周易》"，"学者因之有伏羲先天、文王后天之论，不知何所本始"②。可见，"伏羲画八卦""文王演为六十四卦"没有任何历史依据，仅仅是"相传浮说"。"后世之言《易》者，乃曰'伏羲始画八卦'，又曰'以代结绳之政'，神于野而诞于朴，非学者所宜述也"③。在此基础上，叶适对《周易》的性质做出明确判断。"然则《周易》果文王所改作，而后世臣子不以严宗庙，参典谟，顾乃藏之于太祝，等之于卜筮，何其媟嫚先君若是哉？"④ 在他看来，《周易》不过是藏于太祝的占筮之书，将之视作周文王所改作也与史不符。"《周易》者，知道者所为，而周有司所用也"。叶适认为，《易》的真正作者已无从知晓，索性明确指出"《易》不知何人所作"⑤。

　　诚如前述，欧阳修怀疑"十翼"非孔子所作，并且还只是削去除《彖》《象》之外的六篇，在当时已是石破天惊之举。而叶适对孔子作"十翼"的说法，无论是在怀疑的范围上，还是在怀疑的程度上，比欧阳修都是有过

---

① （宋）叶适：《习学记言序目》卷三《上下经总论》，中华书局，1977，第35页。
② （宋）叶适：《习学记言序目》卷七《春官宗伯》，中华书局，1977，第88页。
③ （宋）叶适：《习学记言序目》卷四《周易四·系辞》，中华书局，1977，第39页。
④ （宋）叶适：《习学记言序目》卷七《春官宗伯》，中华书局，1977，第88页。
⑤ （宋）叶适：《习学记言序目》卷四十九《序》，中华书局，1977，第739页。

第五章 宋代易学

之而无不及。"言'孔氏为之《彖》《象》《系辞》《文言》《序卦》之属',亦无明据。《论语》但言'加我数年,五十以学《易》'而已,易学之成与其讲论问答,乃无所见,所谓《彖》《象》《系辞》作于孔氏者,亦未敢从也"①。对于孔子作"十翼"的问题,叶适整体上持怀疑态度。但叶适也表示,"《彖》《象》辞意劲厉,截然著明,正与《论语》相出入,然后信其为孔氏作无疑"②,"孔子独为之著《彖》、《象》,盖惜其为他异说所乱,故约之中正以明卦爻之指,黜异说之妄以示道德之归"③,似乎又肯定了《彖》《象》二篇为孔子所作。如此就与前述在整体上怀疑孔子作"十翼"的观点相悖。

对于叶适的自相矛盾,学人中也不乏批评,只是他们大都认同是叶适认识上的局限所致,反而很少对其中原委详加探究。事实上,叶适认为最能反映孔子本义、表达圣人真义的是"十翼"中的《彖》《象》,而当时一部分学者对此却不甚重视,反而津津乐道"十翼"中的"浮称泛指""去道甚远"之篇。对此学术怪相,叶适十分不满。正如他在评论《乾卦》时所说:"《乾·文言》详矣,学者玩《文言》而忘《彖》、《象》。且《文言》与上下《系》、《说卦》、《杂卦》之说。嘐嘐焉皆非《易》之正也。"④ "按上下《系(辞)》、《说卦》浮称泛指,去道虽远,犹时有所明,惟《序卦》最浅鄙,于《易》有害。"⑤ 显而易见,叶适否定的其实只是孔子作"十翼"之说,对于最能反映圣人本义的内容却并未否定。应该说,叶适恰恰是希望通过此举,在学术研究中起到匡谬纠偏的作用。

而且,叶适还将否定"十翼"为孔子所作以及对理学道统论的批判紧密联系起来。首先,理学中的"太极"观成为叶适批判的突破口。"'《易》有太极',近世学者以为宗旨秘义。按卦所象惟八物,推八物之为乾、坤、艮、巽、坎、离、震、兑,孔子以为未足也,又因《象》以明之,其微妙

---

① (宋)叶适:《习学记言序目》卷三《上下经总论》,中华书局,1977,第35页。
② (宋)叶适:《习学记言序目》卷三《上下经总论》,中华书局,1977,第35页。
③ (宋)叶适:《习学记言序目》卷四十九《序》,中华书局,1977,第740页。
④ (宋)叶适:《习学记言序目》卷一《周易一·乾坤》,中华书局,1977,第1页。
⑤ (宋)叶适:《习学记言序目》卷四《序卦》,中华书局,1977,第50页。

往往卦义所未及。……无所不备矣，独无所谓'太极'者，不知《传》何以称之也？自老聃为虚无之祖，然犹不敢放言，曰"无名天地之始，有名万物之母"而已。至庄、列始妄为名字，不胜其多，始有"太始"、"太素"、"未始有夫，未始有无"茫昧广远之说。传《易》者将以本源圣人，扶立世教，而亦为"太极"以骇异后学。后学鼓而从之，失其回归，而道日以离矣。又言"'太极生两仪'，'两仪生四象'，则文浅而义陋矣。"① 诚如所言，孔子在述《易》时确实并未说过"太极"问题，因此不能贸然将"易有太极"归于孔子名下，这只能与儒家之"道"愈行愈远。"太极"本是道家的概念，事实上连老聃都没有提出，传《易》者倒把它挂于孔子名下以"骇异后学"，实在是毫无道理的。更何况理学家的宇宙生成模式是脱胎于《系辞上》的"《易》有太极"，而并无任何神秘之处。

与此相关联，叶适顺势揭示出理学实质："本朝承平时，禅说犹炽，儒释共驾，异端会同。期间豪杰之士，有欲修明吾说以胜之者，而周、张、二程出焉，自谓出入于佛、老甚久，已而曰'吾道固有之矣'，故无极太极、动静男女、太和参两、……皆本于'十翼'，以为此吾所有之道，非彼之道也。及其启教后学，于子思、孟子之新说奇论，皆特发明之，大抵欲抑浮屠之锋锐，而示吾所有之道若此。"② 叶适认为，理学援"'十翼'以自况"，以迎合佛老思想；视"十翼"为孔子作，以建立接传圣人之道统。这样的理学体系已经与儒家真传背道而驰，他不禁感慨"然不悟'十翼'非孔子作，则道之本统尚晦"③，也就是说既然源头都不存在了，那道统何在？说到这里，我们应该已经能够很清楚地看到叶适一再坚持"十翼"非孔子所作的真正目的：借"'十翼'非孔子作"反对理学欲"一以贯之"的道统论，从而真正为当时以程朱为代表的理学家们的"淫诬怪幻"言论担当起"条其大指，稍厘析之"④ 的大任。

在南宋学者中，除杨简、叶适对"十翼"进行辨疑外，还有郑樵、赵

---

① （宋）叶适：《习学记言序目》卷四《系辞上》，中华书局，1977，第47页。
② （宋）叶适：《习学记言序目》卷四十九《序》，中华书局，1977，第740页。
③ （宋）叶适：《习学记言序目》卷四十九《序》，中华书局，1977，第740页。
④ （宋）叶适：《习学记言序目》卷四《周易四·系辞》，中华书局，1977，第39页。

汝谈、吴仁杰、王柏、金履祥等人。尽管这些学者关于"十翼"的部分篇章作者的问题，仍说法不一，或为孔子门人，或为后世经师，但基本都与杨简、叶适之说遥相呼应。

四 宋代易学考辨的学术史意义

宋儒的疑经变古，不仅是期望通过对文献的全面考察与整理，恢复现存的先秦儒家经典固有风貌，其最终目的是要以此为基础还圣人思想的本来面目，推动社会风气的转变，真正实现经世致用。所谓"疑经"并不意味着否定六经元典，恰恰相反，它是以对六经元典的正本清源为基础，突出"尊经""崇圣"意识，以恢复经学活力、经典权威，最终实现儒学的再次复兴。为实现这样的目的，"疑经"必须以"变古"意识为前提。换言之，宋儒强烈的"变古"意识虽然是为"复古"，但却是通过排斥汉唐注疏传义、独自阐发儒学经典大义的方式表现出来的，同时不可避免地融入宋代特定文化的背景，这些包含了以复古为开新的因素，赋予了宋代儒学思想以崭新的形态和面貌。因此，这些蕴藏在宋代疑经变古思潮背后的儒学更新的思想意识，不仅为宋儒易学考辨提供了充分的理论依据，而且为之提供了切实可行的方法支持。这也是宋代的易学考辨能够持续深入广泛展开的原因所在。

有宋一代，"十翼"是否为孔子所作，每每被置于宋代学术发展的浪尖风口，成为各家学派争论的焦点，这背后的思想动因应该引起我们的足够重视。欧阳修对"十翼"进行考辨，是有感于时代风气，为维护、复兴儒学，实现完善经学体系和尊经崇圣的目的。换言之，欧阳修既想通过排击沉渣泛起的谶纬、佛老来重振儒学，又有意于促进经学形态变革，倡导以经学入世。朱熹的易学考辨，就理学内部而言固然是继承了北宋以来的"理学疑经"思路，但在"十翼"作者的问题上对欧阳修进行的辩驳，其实是围绕其理学体系的构建展开的，是为将其吸纳到他所构建的理学"大义"中。杨简则认为，孔子作《系辞传》之内容真伪，事实上取决于是否合乎其心学一派的圣贤思想，取决于能否佐证其心学理论并为之提供注脚。叶适认为"十翼"并非孔子所作，固然与其学术传承有关，因为叶适在治学上曾受到欧阳修的深刻影响，"以经为正而不汩于章读笺诂，此欧阳氏读书法也"①，但更为重要的是，叶适的观点始终吻合永嘉学派所坚持的道义和事功紧密联系的学术主张，凸显出叶适试图扭转当时易学研究陷入空谈、追求"义理"的思想倾向。

尽管以上宋代学术名家的立场各有不同，甚至观点针锋相对，而且在具体的考辨过程中，求真的标准难免会屈从于致用的目的，但总体来讲这些都表现出儒学更新的意识，是宋代疑经变古思潮的体现，可以说都是易学史和辨伪学史上浓墨重彩的一笔。

欧阳修否定孔子作"十翼"，这不仅在当时引发了激烈而持久的争论，而且至今都是学术史上影响深远的一大公案。明末清初，易学考据之风开始盛行，胡渭等人对宋代图书易学的精审考辨及猛烈批判，便可以说与发端于易学领域的"十翼"作者之辨存在一定的内在渊源。时至近代尤其是上世纪二三十年代，史学界出现一股声势强劲的疑古思潮，以顾颉刚为首的古史辨派将矛头直指传统易学，其中在"十翼"作者问题上的观点，显然直接受到了欧阳修以及宋代疑经变古思潮的影响。及至上世纪五六十年代，尽管研究《周易》的立场、方法都已经有所改变，但欧阳修的观点仍然被大多数学者所认同。步入八十年代，随着相关新材料尤其是考古材料的不断发现，即便学界还有人固守孔子作"十翼"的经学旧说，但再也终究无法改变孔子不是《易传》直接作者的事实。

前修未密，后出转精，素来是学术演进、文化发展的大势。时至今日，随着新的学术方法的不断运用，易学研究的进一步深入拓展，但却有一个事实是无可辩驳的：包括《系辞》《文言》等在内的《易传》与儒家以及孔子有着某种密不可分的内在联系。但另一方面，我们也必须看到，不只是儒家，道家、墨家、法家、阴阳家等其他学派的思想倾向在《易传》中都有不同程度的反映，换言之，《易传》绝非某一时期的某学者所为，更不

---

① （宋）叶适：《习学记言序目》卷四十七《五言古诗》，中华书局，1977，第703页。

是成于某一时期的某一学派。因此，《易传》才真正做到了"吸收百家，综合百家，又扬弃百家，超越百家"，"成为各家各派以自己的思想观念治《易》而又彼此影响、彼此交融的范例"[①]。目前，学界应进一步加强对宋代易学考辨的研究，将孔子与"十翼"的关系这一易学考辨中的重要问题，纳入宋代疑经变古思潮的演变中加以细致考察。这样，不仅能够丰富关于宋代易学史、辨伪学史的认识，也能够见微知著，展现出中国传统学术思想的发展脉络和基本规律。

第二节　邵雍、程颐的易学思想

邵雍、程颐都是北宋著名的易学家，两人交游论学甚密，但是彼此却"和而不同"：邵雍重"数"；程颐重"理"，并形成了以此为核心范畴的思想体系，其著述《皇极经世书》和《程氏易传》可谓象数易学、义理易学的典范之作。因此，尽管两人都是宋代易学、理学的奠基人，但却在易学诠释、理学建构的理路上都存在差异。前贤时哲大多注重分析、考察两人的易学、哲学，却很少对他们的易学诠释及其思想做比较分析、深入研究。所以，有必要比较分析两人在易学、理学乃至思想体系上的异同，并由此分别透析宋代图数易学和性理易学。

一　图数与义理

（一）先天易学与孔子易学

邵雍和程颐作为理学家，对《周易》体例与《易》理的认识和解释，其目的都是为了建构新的儒学理论体系。而建构新理论体系的第一步，便是对《周易》性质和体例的认识。就《周易》性质而言，邵雍和程颐都认

---

① 张涛：《秦汉易学思想研究》，中华书局，2005，第21页。

为《周易》是"道"的体现,展现了宇宙自然和社会人生的变化之道。只是需要指出的是,由于邵雍深受北宋前中期图书之学的影响,在他看来,真正的易道其实在《周易》产生之前就已存在,也就是伏羲所画的先天《易》。"先天"最早见于《周易·文言传》"先天而天弗违,后天而奉天时",指在天之前的意思。而邵雍所说的"先天"至少有两层含义:第一指伏羲画卦,其说来源于晋人干宝,"伏羲之《易》小成,先天也"[1];第二指自然而具,非人力所为,其自述《先天吟》曰"先天事业有谁为,为者如何告者谁"[2]。这两层含义中前者在说成《易》的时间,后者是说天然而成《易》的状态,这都是邵雍先天象数学的重要内容,换言之,邵雍先天象数学就是对伏羲由天然而画的《先天图》易学的思想研究。邵雍认为,传世的《周易》其实是文王之《易》,属于后天易学,是在伏羲先天《易》的基础上推衍而成的。关于先天之学与后天之学,他在《观物外篇》中作了简要说明:"先天之学,心也。后天之学,迹也。"因此邵雍重点旨在建构和阐释《先天图》式,试图建立先天易学,以探讨其所谓的易道,亦即以象数为工具,建构了先天象数学体系来阐明易道。

邵雍很重视象数易学。他以陈抟、李之才等人的象数学为基础,以乾、坤、坎、离为四正卦,推衍出了一套图式,并借此阐发《易》理。朱熹在《答袁机仲书》中就说:

> 据邵氏说,先天者,伏羲所画之《易》也;后天者,文王所演之《易》也。伏羲之《易》,初无文字,只有一图以寓其象数,而天地万物之理、阴阳终始之变具焉。文王之《易》即今之《周易》,而孔子所为作传者是也。孔子既因文王之《易》以作传,则其所论固当以文王之《易》为主,然不推本伏羲作《易》画卦之由,则学者必将误认文王所演之《易》便为伏羲始画之《易》,只从中半说起,不识向上根原矣。[3]

---

[1] (明)何楷:《古周易订诂》,台湾商务印书馆,1986年影印文渊阁《四库全书》本。
[2] (宋)邵雍:《伊川击壤集》卷之十九,《邵雍集》,中华书局,2010,第506页。
[3] (宋)朱熹:《晦庵先生朱文公文集》卷三十八《答袁机仲书》,《朱子全书》,上海古籍出版社、安徽教育出版社,2010,第1665页。

显然，在朱熹看来，邵雍易学其实是先天与后天之易学的组合。并将两者对应图式作了区分：以乾、坤、坎、离为四正卦的图式由伏羲所画，是《先天图》，被称为先天学，代表形而上之本；汉《易》坎、离、震、兑四正卦的图式，是伏羲《易》的推衍，乃文王之易，称之为后天之学，代表形而下之末。邵雍推崇并着重研究先天之学，旨在探讨易学的"向上根原"。在他看来，作为后天之学的文王之《易》只是"今之《周易》"，孔子在此基础上作传其实已失去了易学根源。尽管先天学尽备天地万物之理，但却有卦无文。为表述先天易学，邵雍特作了八卦和六十四卦次序图，来说明八卦起源与六十四卦形成次序。大致的数学法则是以加一倍法或一分为二法，解释六十四卦数和卦象的形成，把奇偶二数的演变置于第一位，进而演变出六十四卦。以数学观点解《易》是邵雍开创的新流派，主张天地万物都是按八卦生成的次序演变而来。邵雍既排斥了王弼易学"有生于无"之说，又基本抛弃了汉代经师以卦气和象数解《易》的繁琐形式，是一种有别于汉唐易学的新颖解《易》方式。

邵雍的特点是以八卦和六十四卦方位图来说明八卦和六十四卦的方位，并以此模拟宇宙万物万事的生成过程及其存在结构。比如方圆合一图在邵雍的易学体系中就是关于宇宙时间与空间的架构和模式，天地万物和人类无不处于其中。皇极经世图则通过推衍卦气说，制成宇宙历史年表，推算人类和宇宙的历史进程。卦气说中的阴阳消长法，被邵雍推广为解释人类和宇宙变化的规律，甚至得出"天地终始"说。邵雍认为，天地有毁灭、继数，故以元、会、运、世来计算天地历史，以"皇、帝、王、霸"四个时期划分人类历史。由于人类射虎盛极而衰，一代不如一代，因此提出历史退化论。

不难看出，邵雍通过图数之学建构的自宇宙到人类的学说体系，不仅突破了《周易》的《系辞传》《说卦传》《杂卦传》的宇宙体系和结构，也突破了以往学者所采用的宇宙模式，而且由于他所言的元、会、运、世等，都不是《周易》中的天地之数、大衍之数，因此其体系实质上是个全新的哲学体系。相较于汉《易》象数之学，邵雍象数之学的象数已却被哲理化了，数成为自然宇宙和人类社会演化的根源，而并非局限于阴阳灾异和天人感应。当然，邵雍对数的重视，主要为探寻其中的《易》理，进而找出人类社会发展演进的哲理。总之，邵雍通过将图数学和理学紧密结合形成"数理合一"的理论模式，并因此直接奠定了在理学史上的重要地位。

总体来看，神秘图式不仅是邵雍先天象数易学赖以建立的基础，也是其推衍展现"道"的必要依据。与周敦颐的太极图式相比，邵雍的图式更为详细，思想体系也更为精密。通过对先天图的认识来推演宇宙时间和人类历史演化，正是邵雍易学观的体现。由于邵雍的先天之学探讨的是宇宙万物生成的根源问题，即《易》之道，因此他把先天看成是体、后天则为其用。如此一来，先天之学便成为邵雍易学的根本和核心。尤其邵雍关于宇宙形成与结构的论述，是对"汉唐以来以阴阳学说为中心的宇宙论的发展。此种宇宙论同周敦颐的《太极图说》相比，着眼于层次和类属关系，在古代哲学史上是少见的"①。南宋朱熹《周易本义》便继承了该思想，并将邵雍所制《易》图列于卷首，"读伏羲之《易》，如未有许多《彖》、《象》、《文言》说话，方见得《易》之本意只是要作卜筮用。如伏羲画八卦，哪里有许多文字言语？只是说八个卦有某象，乾有乾之象而已"②，伏羲之《易》没有文字，只有八卦之画与八卦之象，"本意只是作卜筮用"。正是朱熹等后人对邵雍先天易学的继承和推崇，奠定了后者在易学史上的突出地位。

如果说先天易学是邵雍易学的根本和核心，那么程颐所重视的孔子易学，就属于后天易学了。邵雍在《观物内篇》中明确指出："孔子赞《易》，自羲轩而下，……自羲轩而下，祖三皇也。"可见孔子赞《易》是对三皇事业的继承和发扬，而非自己的创造。简言之，邵雍认为孔子易学属于后天易学，且来自于伏羲易学。但程颐与邵雍恰恰相反，他认为孔子才是易道的真正确立者：

> 孔子未发明易道之时，如《八索》之类，不能无谬乱；既赞易道，黜《八索》，则《易》之道可以无过谬。③

---

① 朱伯崑：《易学哲学史》第二卷，昆仑出版社，2009，第146页。
② （宋）黎靖德编《朱子语类》卷六十六《纲领上之下》，中华书局，1986，第1629页。
③ （宋）程颢、程颐：《河南程氏外书》卷三，《二程集》，中华书局，2004，第368页。

当孔子时，传《易》者支离，故言"五十以学《易》"。言学者谦辞。学《易》可以无大过差。《易》之书惟孔子能正之，使无过差。①

孔子赞《易》后，易道始明，学者学《易》始无大过。因此，程颐认为孔子才是《周易》所含《易》理的真正发掘者。不难发现，邵雍与程颐截然不同。前者重视伏羲所开创的象数易学，即先天易学，后者重视孔子所开创的义理易学，即后天易学。也正因此，邵雍并不重视发掘卦爻辞含义，因为所谓的卦爻辞属于后人解说，无法真正表达卦和爻的自然之理，而《易》的真识面目，应该是卦爻辞解说之前的经文六十四卦象与数。与邵雍相反，程颐很重视卦爻辞。认为卦爻辞是孔子为发明《易》理而作，只有借助它才能明天地之理、圣人之道。事实上，邵雍重视卦爻象与数和程颐重视卦爻辞，其实也表征着两人分别重视象数之学与义理之学的旨趣差别。

（二）"言意之辨"

邵雍属于象数易学派，认为《易》由三部分组成：象、数、理。象即《先天图》式和后天《易》的卦象，数是每一卦的数，理则是其中蕴含的天地万物之理。关于三者关系，邵雍认为：

> 象起于形，数起于质，名起于言，意起于用。②
>
> 有意必有言，有言必有象，有象必有数。数立则象生，象生则言著彰，言著彰则意显。象、数则筌蹄也，言、意则鱼兔也。得鱼兔而忘筌蹄，则可也，舍筌蹄而求鱼兔，则未见其得也。③

显然，《周易》兼具象、数、辞、意：意蕴含于卦爻辞中，卦爻辞是用以说明卦爻象的，卦爻象又展现为数的形式，而数是象、辞、意的根本。

---

① （宋）程颢、程颐：《河南程氏遗书》卷六《二先生语六》，《二程集》，中华书局，2004，第94页。
② （宋）邵雍：《观物外篇》下之上，《邵雍集》，中华书局，2010，第148页。
③ （宋）邵雍：《观物外篇》下之上，《邵雍集》，中华书局，2010，第146页。

在邵雍看来，卦象是用来表现数的，宇宙中有了阴阳奇偶之数才有各种卦象，出现卦爻象，就需要许多卦爻辞阐述；有了卦爻辞，圣人之意也就彰显了。按照这种思路，象数就像是筌蹄一样的工具，其真正的目的是为彰显圣人之意。倘若舍弃工具，圣人之意也无法彰明。这其实是继承了王弼易学对言、象、意关系的认识，只是加入了数的概念。对于象与数，邵雍显然注重对后者的强调。他认为数是根本，象是居于第二位的，"太极不动，性也，发则神，神则数，数则象，象则器，器之变复归于神也"①，只有数才会产生象，由象再生成器，即具体的事物。当然，他也认识到象与数密不可分，共同表现着事物特点，"象也者，尽物之形也；数也者，尽物之体也"②。通过对象、数、理的论证，可知邵雍突出了数的根本地位，这也是他先天象数学注重数理逻辑的特点的反映。

对于象数与义理关系，邵雍无疑赞同象数的优先性并肯定"数本论"，这必然会招致主张"理本论"的程颐的反对，他说：

> 《易》之义本起于数。谓义起于数则非也。有理而后有象，有象而后有数。《易》因象以明理，由象而知数。得其义，则象数在其中矣。必欲穷象之隐微，尽数之毫忽，乃寻流逐末，术家之所尚，非儒者之所务也。管辂、郭璞之徒是也。理无形也，故因象以明理。理既见乎辞矣，则可由辞以观象。故曰：得其义，则象数在其中矣。③

程颐明确反对《易》之义起于数的观点，坚信理才是象和数存在所以然和根本属性，简言之，即是数乃象所生而非"数立则象生"。程颐认为，理是无形的，只有借助象和数以及卦辞才能够洞明天理，理因象、数而明，是象、数产生的内在根据。显然，这在思想理路上和邵雍如出一辙，只是程颐以理取代了数。同时，对于邵雍述及的数、象、辞的生成关系，程颐也未能苟同。在他看来，它们之间的关系应该是"至微者理也，至著者象

---

① （宋）邵雍：《观物外篇》下之中，《邵雍集》，中华书局，2010，第162页。
② （宋）邵雍：《观物内篇》第四篇，《邵雍集》，中华书局，2010，第16页。
③ （宋）程颢、程颐：《河南程氏遗书》卷二十一上《师说》，《二程集》，中华书局，2009，第271页。

也。体用一源，显微无间"，即本质与现象为表里一体的关系，这种体用思想后来被朱熹所继承。程颐认为，卦象和卦义乃是体用不分的关系，卦象及其表现出来的数乃是卦义的表现形式，这明显不同于邵雍述及的派生关系。当然，程颐也认为《周易》卦爻辞是通过特定喻象说明《易》理的，因此读《易》者可"由辞以观象"。这展现了程颐的解《易》理路：以《周易》的"辞"（卦爻辞）为立足点，从其喻示中观览"象"、领悟"理"，从而把握"理""象"的体用之旨，最终将《周易》义理的内在意蕴融会贯通。因此，程颐在批判地继承王弼、邵雍之说的基础上，提出"由辞以观象""因象以明理"的解《易》原则。不难看出，程颐只是反对邵雍提升"数"且将之视为本源的观点，而没有否定借助象数认识《易》理的方法。程颐认为"理"是易学的本体，因此用"理"取代"数"并提升了"理"的地位，还将之扩展到对宇宙万物规律的认识中，最终成为理学重要内容之一。程颐"体用一源，显微无间"的观点成为后来学者遵循的基本原理之一，在易学史及理学史上都具有重要意义。

由于易学原则及事物起源认识上存在明显差异，所以即便程颐和邵雍时常论学，却很少谈及"数"，"某与尧夫同里相巷居三十年馀，世间事无所不论，惟未尝一字及数耳"[1]。邵雍重视数，所依据的主要是《系辞传》《说卦传》，朱熹对此有简要描述："《说卦》天地定位一章，《先天图》（八卦次序横图和八卦方位圆图）乾一、兑二、离三、震四、巽五、坎六、艮七、坤八之序皆本于此。"[2] 邵雍"合一衍万"的宇宙生成论，主要是基于《系辞上》"《易》有太极，是生两仪，两仪生四象，四象生八卦"的继承与发挥。与此相反，由于反对图书之学，程颐《程氏易传》并未对涉及象、数的《系辞传》《说卦传》《杂卦传》三传加以注解。

需要补充的是，尽管邵雍将"数"视为易学本源，但却并未忽视"理"，只是此时的"理"还主要指"条理""规律"，并不具有本体意义。

---

[1] （宋）程颢、程颐：《河南程氏外书》卷十二《传闻杂记》，《二程集》，中华书局，2004，第444页。
[2] （宋）朱熹：《晦庵先生朱文公文集》卷四十五《答虞士朋》，《朱子全书》，上海古籍出版社、安徽教育出版社，2010，第2057~2058页。

即便如此，这并不影响其对理学的发展产生的重要意义。邵雍由"数"言"理"，将"数"看成是出于"理"又可明"理"的根本，"天下之数出于理，违乎理则入于术。世人以数而入于术，故失于理也"①，数出于理、数可明理，这看似和程颐"有理则有数""有理而后有象"的观点相同，但还是存在差别的。邵雍的"理"主要指的是"条理""物理"，程颐的"理"则是"本然之理""天理"。张其成先生曾指出："应该说邵雍是理数合一的本体论创立者，从数的角度看，其数是蕴涵天地万物之理的'数'，而不同于毕达哥拉斯的'数本论'；从理的角度看，其理是用数表达的'理'，是天地万物生成变化之理，而不同于程朱理学的'理本论'。"② 虽然，邵雍与程颐分别侧重于言数及理与言理及数，但是在思维方式上有很多相同之处，这无疑启发了程颐对易学的认识和对理学的建构。

二 "数"、"理"与新儒学建构

不管是邵雍偏重于"数"，还是程颐偏重于"理"，他们都具有同样的目的：通过揭示《易》理来建构新的儒学理论体系。对于汉唐以来的经传注疏之学，他们也都不以为然，认为不但不能明道，而且不足以经世致用，正所谓"记问之学，未足以为事业"，"学不际天人，不足谓之学"③。但对于易学，两人都表现出强烈的兴趣。邵雍认为："知《易》者，不必引用讲解，始为知《易》。孟子著书未尝及《易》，其间易道存焉，但人见之者鲜耳。人能用《易》，是为知《易》，如孟子可谓善用《易》者也。"④ 治学的真正宗旨其实是发掘《周易》所含《易》理，即便像孟子那样虽并不言及《周易》，但善言《易》道。程颐关注的也是《易》理，而不是训诂。他曾感慨："滞心于章句之末，则无所用也。此学者之大患。"⑤ 通过反对训诂注

---

① （宋）邵雍：《观物外篇》下之上，《邵雍集》，中华书局，2010，第148页。
② 张其成：《中国数本论学派》，朱伯崑主编《国际易学研究》1999年第5辑。
③ （宋）邵雍：《观物外篇》下之中，《邵雍集》，中华书局，2010，第156页。
④ （宋）邵雍：《观物外篇》下之中，《邵雍集》，中华书局，2010，第159页。
⑤ （宋）程颢、程颐：《河南程氏粹言》卷一《论学篇》，《二程集》，中华书局，2009，第1187页。

疏之学来发掘《周易》新思想，可以说是他们借助易学建构理学的一项重要易学原则。

邵雍在充分继承前人象数易学成就的基础上，创造性地把数学理论和方法同理学思想相结合，即"数法出于李挺之，至尧夫推数方及理"①，最终成为独树一帜的理学家，成为北宋五子之一，在理学史上占有重要地位。邵雍的治学思路一改秦汉以来通过注解《周易》经传来建构理论体系的传统作法，而是注重数理逻辑，根据其所构思的《先天图》式伏羲六十四卦图建构完整的宇宙系统，探讨儒学道德学说所需要的宇宙本体论成为其易学重心所在，试图取代王弼易学"以无为本"的宇宙本体论。

邵雍解释《系辞传》"太极"为"太极一也，不动；生二，二则神也。神生数，数生象，象生器"②，并用"加一倍法"或"一分为二"的方法，诠释六十四卦形成和宇宙生成：

> 太极既分，两仪立矣。阳下交于阴，阴上交于阳，四象生矣。阴交于阳、阴交于阳而生天之四象；刚交于柔、柔交于刚而生地之四象，于是八卦成矣。八卦相错，然后万物生焉。是故一分为二，二分为四，四分为八，八分为十六，十六分为三十二，三十二分为六十四。故曰"分阴分阳，迭用柔刚，故易六位而成章"也。十分为百，百分为千，千分为万，犹根之有干，干之有枝，枝之有叶，愈大则愈少，愈细则愈繁，合之斯为一，衍之斯为万。③

在邵雍看来，太极即是一，一变化生出象，象生八卦，由八卦而生天地万物，"合之斯为一，衍之斯为万"。值得注意的是，此中的"一"并不是数，"一者数之始而非数也"，一的本性是不动，即未剖判的自然状态，邵雍称之为"道"，"太极，道之极也"，因此可以说"一"是"太极"即"道"的唯一性状。"一"其实是一切生生变化的本体，当剖判为天地阴阳

---

① （宋）程颢、程颐：《河南程氏遗书》卷十八《伊川先生语四》，《二程集》，中华书局，2009，第197页。
② （宋）邵雍：《观物外篇》下之中，《邵雍集》，中华书局，2010，第162页。
③ （宋）邵雍：《观物外篇》中之上，《邵雍集》，中华书局，2010，第107~108页。

后，随着阴阳二气的运动变化、生息不止，体现出"数"之用。有必要指出的是，邵雍的"数"其实指的是宇宙生生变化的机制，而并非单纯数学意义上的序量。表面来看，其建构宇宙化生模式的基础是《易传》"一阴一阳之谓道"的观念，但事实上却和《老子》"道生一，一生二，二生三，三生万物"更具内在一致性。也就是说，邵雍吸收了老子道家的"道"和"数"作为宇宙本体的理论，而且他提出的宇宙生生变化，本质上也确实是"数"的衍化过程，只是他并未沿袭老子"三生万物"的说法，而是直接提出"二分为四"、四生万物的模式。亦即，邵雍以《系辞传》为依据，汲取老子思想，从而建构了著名的"加一倍法"数理逻辑哲学体系。所谓的"加一倍法"数理推演，其实就是阴阳不断分化、组合的过程，邵雍将之描述为"合之斯为一，衍之斯为万"。不难看出，尽管邵雍的宇宙生化理论源自《易传》，却作了很多发挥与创新，是一种将阴阳二气生化过程与数理逻辑统合为一的独特宇宙本体论、生成论模式。正是凭借着先天易学的象数图式，邵雍将整个宇宙万物的生成与人类社会的发展都统摄进去，从"一"（道、太极、一气）到"万"（天地万物），无所不包，这无疑是易学史上的重要发展，因此朱熹才会给予高度称赞"自有《易》以来，只有康节说一个物事如此齐整"[①]。

在邵雍看来，"太极"即是"道"，是产生一切数和象的根源，是天地万物之基始，也是宇宙变化的终极法则。只是太极作为天地万物根源，还仅是精神本体，至于如何产生天地万物，还需要"数"的演化。于是"数"事实上成为宇宙演化的最高范畴，成为宇宙万物的本体，不仅规定宇宙万物变化的周期历程，而且也规定万物的品类。这种数本论的思想，相较于王弼易学的"以无为本"无疑是有了新的进步。事实上，邵雍的这种思维逻辑模式，与当时和他私交甚笃的司马光很相似。司马光曰："《易》有太极，一之谓也。一者数之母也，数者一之子也。母为之主，子为之用。"[②]可见司马光也把"太极"解释为"一"，并视作天地万物之源，通过数的发

[①] （宋）黎靖德编《朱子语类》卷一百《邵子之书》，中华书局，1986，第2547页。
[②] （宋）司马光：《温公易说》卷五，台湾商务印书馆，1986年影印文渊阁《四库全书》本。

展变化来反映客观的物质世界，这与邵雍如出一辙。但遗憾的是，司马光并未进一步探讨"数"生成天地万物变化究竟是怎样的过程，因而在理论建构方面的成就远不如邵雍。当然我们在肯定邵雍以数理逻辑探讨宇宙本体的同时，还不能忽视一点，即在宇宙生化的过程上，邵雍并没有拒绝气化万物的传统观念。这与程颐的观点一致。也就是说，邵雍和程颐都认为宇宙的本源是太极也是元气，由于阴阳二气的变化，形成天地万物，万物之体其实皆由气所构成，只是稍有差异的是，这种气已不再是张载所言的本体范畴，而只是构成万物的质料。

除深受道家、道教影响外，邵雍易学还借鉴了扬雄《太玄》的思想，他称赞"扬雄作《玄》，可谓'见天地之心'者也"[1]，而且朱熹也洞察到："康节之学似扬子云。"[2] 扬雄、邵雍都是通过数理逻辑来推演宇宙生成，只不过前者以三为基数，后者以四为基数。有宋一代，扬雄得到了邵雍、司马光、王安石、苏轼等人的推崇和重视，因为扬雄易学崇尚老庄与北宋诸儒重视老庄、积极探讨儒家学说宇宙本体论有着内在一致性。据郑万耕先生研究，扬雄深受其师严君平的影响，崇尚老庄，比如其著作以"玄"为名，并将之视作其哲学的最高范畴，便是与老子的"道"有关[3]。而邵雍师承数术家李之才，并远宗其祖师陈抟，同样深受老庄之学的影响，他还称赞老子是"知《易》之体者也"[4]，显然邵雍十分欣赏老子的自然哲学，于是将它与《周易》自然哲学体系融会贯通。

诚如钱穆先生所言，邵雍"乃以道家途径而走向儒家之终极目标者"[5]，也就是借助道家、道教思维方式来探讨宇宙本体论、生成论，并将之与儒家道德性命之学贯通，建构出宇宙本体论与道德心性论合一的完整理学体系，这也是邵雍被视为理学重要的奠基人之一的原因所在。其实建构完整理学体系的逻辑支点，在于如何借助《易》的宇宙本体观将宇宙物理之学和儒家道

---

[1] （宋）邵雍：《观物外篇》下之中，《邵雍集》，中华书局，2010，第157页。
[2] （宋）黎靖德编《朱子语类》卷一百《邵子之书》，中华书局，1986，第2548页。
[3] 郑万耕：《扬雄及其太玄》，北京师范大学出版社，2009，第45页。
[4] （宋）邵雍：《观物外篇》下之下，《邵雍集》，中华书局，2010，第164页。
[5] 钱穆：《中国学术思想史论丛》（五），安徽教育出版社，2004，第56页。

德性命之学进行统合成有机整体。为将《易》理与人类社会政事相连接，邵雍把道、心与太极看做同一个东西，"心为太极，又曰道为太极"[1]，三者名目虽有不同，但同样都形而上的本源意义，这对陆王心学也发挥了重要的启示作用。邵雍将《先天图》及其变化法则定义为心的法则，并将易学法则乃至宇宙万物及其变化都归结为心的产物，《观物外篇》"先天学，心法也。故图皆自中起，万化万事生乎心也""先天之学，心也；后天之学，迹也"。也就是说，邵雍通过构建以心为宇宙本源的心学体系，在宇宙化生和人文道德之间建立起了联系，并突出强调人心的作用，可谓"人居天地之中，心居人之中"。邵雍由宇宙本源回归到人世间，其先天学和心论突出人本位，落脚点始终在人身上，说明其学说宗旨在于现实的人文关怀，"学不际天人，不足谓之学"[2]。孔令宏先生对此也有所概括："邵雍从宇宙万物的本然存在出发去把握天地万物的生成和演化规律，是企图把这种规律运用到人事中。"[3]

就本然状态而言，邵雍所建构的先天之学与后天之学其实是相通的，两者都由"道"派生，只是表现不同而已，"天由道而生，地由道而成，物由道而行，天地人物则异也，其于由道一也"。邵雍将"道"置于万物之上，和二程的"理即道"十分相似。同时，前文已述邵雍深受道家道教影响，因而在探讨天道与人道时，往往侧重于天道，并由天道推出人道，这种偏重于宇宙本体论的探讨，与周敦颐、张载较为相似。周敦颐将儒家伦理纳入他建构的以"太极"为中心的宇宙化生论后，便选取道德性范畴"诚"作为天人沟通的中介。张载同样是通过对宇宙本原的探讨，由天道引申出人性，再将人性本源推至天道，从而找到其终极意义上的本体依据。显然，就具体的推衍方法而言，与周敦颐、张载相比，邵雍更注重逻辑推理，即用数学演绎的方法，逐步由宇宙推出人性道德，这也正是朱熹说"皇极是推步之书"的原因所在[4]。

在建构理学方面，程颐易学同样是其理学建构的重要思想资源，而且

---

[1] （宋）邵雍：《观物外篇》下之中，《邵雍集》，中华书局，2010，第152页。
[2] （宋）邵雍：《观物外篇》下之中，《邵雍集》，中华书局，2010，第156页。
[3] 孔令宏：《宋代理学与道家、道教》，中华书局，2006，第157页。
[4] （宋）邵雍：《邵雍全集》，上海古籍出版社，2010，第1472~1473页。

第五章 宋代易学

与邵雍相同的是，他也深受道家道教影响。二程"体贴"出的"天理"，便源自道家，对此张岱年先生曾敏锐指出，"伊川的理之观念，实是古代道家之道德观念之变形"[①]，只是明确将"理"提升为宇宙本体、哲学最高范畴，则始于二程。在程颐看来，理不仅是宇宙万物的根源和本体，也是人伦道德的内在根据，他运用理来解释宇宙万物，和邵雍以数来诠释的思路是一致的。至于对"道"的认识，程颐也如邵雍一样，明显受到道家道教思想影响，"道则自然生万物，……道则自然生生不息"[②]。道是理的别名，把道解释为自然、客观的化生万物的理，这显然是道家道教一贯的主张。稍有差异的是，邵雍明确认为宇宙生生变化的本体是"太极""道"，程颐则用"理一"涵盖了"太极"；而且邵雍所谓的"太极""道"的具体表现在易学上始终是"数"，而程颐则是分殊理、象、数。对于老庄思想，程颐从未完全排斥。比如他很赞赏《老子》的"三生万物"，"有阴便有阳，有阳便有阴，有一便有二，才有一二，便有一二之间，便是三，以往更无穷。老子亦曰：'三生万物。'此是生生之谓易，理自然如此。'维天之命，於穆不已'，自是理自相续不已，非是人为之"[③]。可知他还借助老子对宇宙化生之理的思维来诠释"理"生物的特质。程颐也很赞赏《庄子》的"道体"，"庄生形容道体之语，尽有好处。老氏'谷神不死'一章最佳"[④]。总体而言，在建构理本论的哲学体系时，程颐并未完全排斥老庄思想，恰恰相反，他还汲取后者的道体思想来建构理学宇宙本体论。当然，与邵雍的致思方式基本一致，程颐也接受了气化万物的传统观念，只是他认为气化的根源和动力是"天理"。

依南宋朱震来看，邵雍和程颐都属于道教解《易》系统。"所叙图书授受，谓陈抟以《先天图》传种放，更三传而至邵雍。放以《河图》《洛书》

[①] 张岱年：《中国哲学大纲》，中国社会科学出版社，1982，第58页。
[②] （宋）程颢、程颐：《河南程氏遗书》卷十五《伊川先生语一》，《二程集》，中华书局，2009，第149页。
[③] （宋）程颢、程颐：《河南程氏遗书》卷十八《伊川先生语四》，《二程集》，中华书局，2009，第225～226页。
[④] （宋）程颢、程颐：《河南程氏遗书》卷三《二先生语三》，《二程集》，中华书局，2009，第64页。

传李溉，更三传而至刘牧。穆修以《太极图》传周敦颐，再传而至程颢、程颐。厥后，雍得之以著《皇极经世》，牧得之以著《易数钩隐》，敦颐得之以著《太极图说》《通书》，颐得之以著《易传》"①。而且朱震还在《进周易表》中指出，程颐、张载易学属于陈抟、周敦颐、邵雍一系。众所周知，程、张属于义理派，而邵雍属于象数派，因此表面看来朱震的说法似乎有些不确，但正如前文所述，如果从气、理对宇宙本体及生成过程的角度而言，两者就有着明显的内在相通性。更何况北宋时期无论是象数和义理的互融互释，还是道教和儒学的融合都成为普遍趋势，因此他们在建构自己理学体系时，都大量借鉴和汲取了道家道教的思维成果。尽管我们习惯称理学家反对佛老之学，但其实自魏晋隋唐以来，真正对儒家学说产生冲击的是佛学而非道家，尤其是佛学心性之学以其理论的思辨性和精密性，对于儒学内圣之学的影响最为深远。有鉴于此，邵雍和程颐作为理学的重要代表人物，自然非常重视《周易》经传并将之作为反佛的理论依据。具体来讲，他们主要通过宇宙观和心性道德两方面来反对佛学。邵雍作为数学派，将道家道教宇宙生成论作为理论基础，以易学的数、象为形式，来阐释宇宙的生成与构成，但却偏重宇宙观，无法圆满解决宇宙和社会人生相统一的问题，难免流于术数之咎。正如二程所评价，"常观尧夫诗意，才做得识道理，却于儒术未见所得"②，朱熹也认为"体用自分作两截"③。而程颐则以易学为基础建构理学理论体系，借助易学提出了很多命题和观点。总之，邵雍及其当时的象数易学名家刘牧、周敦颐等，借助象数易学建构出新的宇宙观，而程颐则将"理"作为世界与人生、宇宙观与伦理观相结合的枢纽，并把孔孟之道贯注至《易》理中，全面论述自然宇宙观、社会政治、人伦道德，实现了新历史条件下的儒家学说的更新，建构出基本的理学框架，促使儒学更具思辨性和系统性，能够切实有效地指导社会与人

---

① （清）永瑢等：《四库全书总目》卷三《汉上易集传》，中华书局，1965年影印本，第9页。
② （宋）程颢、程颐：《河南程氏遗书》卷十《二先生语十》，《二程集》，中华书局，2009，第112页。
③ （宋）黎靖德编《朱子语类》卷一百《邵子之书》，中华书局，1986，第2543页。

生，而且从长远来看，也为南宋朱熹完善理学理论体系提供了重要理论准备和致思方式。

第三节　史事易学的发展

"参证史事"易学，是中国易学发展史上的一个重要流派。援引史事以参证《易》理，或引史入《易》，这种现象古已有之，特别是经过司马迁、干宝、司马光等人的努力，这一学术传统世代传承、赓续，在南宋时期达到顶峰，出现了一大批以史解《易》的学者和著述，其中以李光、杨万里、胡宏、李杞、李中正等人最为典型。史事易学用历史史事或历史人物证明卦爻辞的方式，以及巧妙的易史结合，被许多易学家广泛应用，《四库全书总目》归纳并提出后，作为易学史中的一大流派逐渐被重视。它的特点主要是用历史人物或历史故事证明卦爻辞，但并不是简单的历史记载，而是寄托了作者热忱的政治理想与强烈的内心感受。他们希望通过《周易》这部"推天道以明人事"的儒家经典，为统治者提供治国经验，从而避免重蹈覆辙。反观易学发展史，从汉代象数易学到宋代义理易学，无不与时代紧密连接，什么样的时代造就与之相应的学术旨趣，宋代理学成为宋代文化的标志，"理"成为行事规范，易学在宋代随之也成为义理易学，其中史事易学是其中明显的标志之一，它的目的是在历史中寻找治国道理，在历史中完成经世致用。

南宋时期，在注解《周易》的过程中，集中且大量出现了以史解《易》的著述。究其原因，一方面由于《周易》中涉及自然与人类，可以重新塑造本土的本体论，从而反抗久已兴盛的佛教教义；另一方面，面对社会现实，文人可以借助解《周易》的方式阐述自己的理想与伦理观，甚至可以影射时政，因此以理解《易》成为时代所趋。而在理学兴盛下，以史解《易》异军突起，成为南宋易学发展的代表，从而更加深刻地反映了南宋现实，同时可以清晰地勾勒出史事易学发展的时代背景与文化背景。史学在宋代日趋成熟，经学在宋代日益复兴，经史结合成为必然。《易经》作为儒家经典之首，占据独有的天地人三才之道，史学与易学结合顺理成章。以李光、胡宏、杨万里、李杞、李中正为南宋史事易代表，他们在引史证《易》的共同基调下，也存在些许差异，李光的引史经世，杨万里的援史用世，胡宏的经世致用，李杞的老庄、史事结合，李中正的象数与历史并用，在这微小的差异中，实际显示着易学发展潮流，表现着社会发展趋势。

南宋偏安一隅，内忧外患夹击着这个柔弱的政权，经世致用的学风、疑古变经的思潮激荡着有识之士的心灵，他们力图重振雄风，发扬国威，但现实条件冲撞着内心的苦闷和纠结，他们只有寻求精神上的依靠和解脱。《周易》因为其自身独特条件成为首选，"宋代学者治经目的尚不止于学问，而在于对社会核心理论的重建与社会面貌的改观"[1]。解释经典成为宋代士人的选择，"宋明理学史，亦即一部经典解释史，其中的问题都是内在地来自《周易》等元典"[2]。《周易》成为重新解释的中心，成为重建社会面貌的排头兵，人们大力注释着《周易》，实则在充分表达着自己积虑已久的愿望。而宋代史学发展也给《周易》的解释提供了肥沃的土壤，以至于易学史上两派六宗之一——"参证史事"易学能够成熟，可以说，"参证史事"易学在南宋的成熟以及迅速发展有其深刻的社会渊源。历史与社会结合、以史明事、历史经验，这些在南宋显得尤其需要，势必造成"参证史事"易学在特定的环境中特定的发展过程，最终直到辉煌地呈现。所以，社会环境的改变为易学发展提供了丰富的养料，常说时势造英雄，时势同样也可以创造文化上的灿烂。

一　李光与《读易详说》

李光，越州上虞（今浙江上虞）人，字泰发，一作泰定，号转物老人，又自号读易老人，生于宋神宗元丰元年（1078），卒于宋高宗绍兴二十九年（1159），谥号"庄简"。徽宗崇宁五年（1106）进士，官至参知政事，后因

---

[1]　黄仁宇：《中国大历史》，三联书店，2008，第11页。
[2]　陈来：《宋明理学》，华东师范大学出版社，2004，第1页。

与秦桧不合，被贬藤州、琼州等地。今存《庄简集》，包括诗、词、文三部分，另有《读易详说》存世①。李光作为"南宋四名臣"之一，既有政治上的卓越建树，又有文学上的突出贡献，尤其在易学领域，他运用历史事实阐释《周易》的方式成为易学史上"两派六宗"之"史事宗"的代表。

李光着重《周易》是在经历了政治上的重重险恶之后，这使其更加深了对事实的认识，于是他以历史解读《周易》，希望在《周易》中寄托自己的治世抱负，寻找现实的出路，以便找到心灵的慰藉。从《读易详说》所引历史事实中，既可以清楚地窥探到李光刚正不阿、嫉恶如仇的鲜明性格，又可以读出他对历史经验的重视，同时还有很多与友人的商量以及自己对生活经验的感悟与本身知识结构的重组。正如他所言："昼度夜思，时有所见。"② 李光的易学思想没有明显的传承，翻检《读易详说》，其中较多的引用王弼、韩康伯、陆希声、程颐的注解，同时对于孔颖达、胡瑗、苏轼诸家易学亦有参考，总之，李光的易学博采众说，是在前人基础上的纵深发挥。当李光将历史事实加入《周易》，不仅增加了《周易》的现实感和历史感，而且使《周易》成功转型，成为一部指导现实的用世之书，这深层次的精神内核则受到其师刘安世与刘安世之师司马光的影响。

引史证《易》，即参证史事以说《易》，其中在援引史事时，加入了作者的价值取向，所以，对于史事易家来说，引用历史史事，其实也是自己主观意识的表现。李光被贬谪海南，面对荒僻之地，心灰意冷，于是在通天人之道的《周易》中寻找精神寄托，终于在昼夜所思中，有所创见。他在这样艰苦的外部环境被动的"无所用心"，其实反映了当时特殊的时代背景和个人境遇的凄凉，借助历史事实参证《周易》，尽显作者无限的感触与心态的调整。

他在琼州《与萧德起书》中曾言："某度岭海首尾六年，惟书史可以自娱，此心不敢它用也。"③ 南宋社会斗争的复杂性，朝夕变换的瞬间性，使

---

① 书中所言"李光注"皆出自台湾商务印书馆1986年影印文渊阁《四库全书》本《读易详说》，不再重复出注。
② （宋）李光：《庄简集》卷十一《与赵元镇书》，台湾商务印书馆，1986年影印文渊阁《四库全书》本。
③ （宋）李光：《庄简集》卷十五《与萧德起书》，台湾商务印书馆，1986年影印文渊阁《四库全书》本。

这些文人在政治斗争中时刻处于不安的境地。李光身处斗争的漩涡，当被游离于偏远的海南时，只能接受现实，将忠实的经世致用之情投身到书史的自娱中，而"不敢它用"，这是无奈的选择，也是内心出路的释放，正是在这样的环境下，他将自己多年的处事经历、人生观、价值观寓于《周易》这本具有天人哲学的经典释读中，以此表达自己强烈的用事之心和对南宋社会现实的愤懑之情。"而宋代在传统的君臣游戏规则之外，外患压力始终未除，内部的主战主和、新法旧法，也在相互抵制中不断耗损人才的心力。因此，宋代士人入仕的数量固然大幅度超越前朝，贬谪流放者更是不绝于途，就个人的生存处境而言，显得更为严峻，也更具挑战性"[①]。李光就是生活于这个时代的历史人物，他在政治斗争中被贬谪，在贬谪的路途中感悟人生，在感悟人生的思绪中窥探历史，在历史中寻求出路。他将历史与现实作对比，选择《周易》为其最终的情感代替，以史解《易》最为适合。在具有挑战性的社会中，依然挑战着自我，《读易详说》最能代表其晚年的生命感召。《四库全书总目》评价其书曰："书中于卦爻之词，皆即君臣立言证以史事。"书中引证史事多以君臣立言为重，更显其忠臣之心，义臣之意。

（一）引尧舜之事

在《读易详说》中多次出现尧舜史事，而且多以君臣之理解释。尧舜为历史明君，李光反复引用，并不是无意的，其实恰恰表达了作者对明君治国、忠臣辅国的渴望，使之与南宋社会现实形成鲜明的对比，更具有醒目的表达效果。

《乾卦·象传》曰："飞龙在天，大人造也。"李光注："有尧舜之君则有皋夔稷契之臣，有汤武之师则有伊尹太公之佐，故'二''五'两爻皆曰利见大人，以见上下之相湏也。"皋夔稷契是舜时贤能之臣的合称，分别为皋陶、夔、后稷和契，传说中，他们辅助尧成功地治理国家。伊尹为商初

---

① 廖美玉：《物理与人情——宋诗中所映现的生命乐境》，《第四届宋代文学国际研讨会论文集》，浙江大学出版社，2016，第22页。

名臣，伊尹辅政一时传为佳话。太公则是帮助周武王伐纣的功臣。以上例子李光实际在说明国家的兴盛很大程度上在于有贤臣的辅佐，只有任用贤德的臣子，才能完成治国大业。君臣关系是作者探讨的一个重点，而尧与贤臣之间正好符合《乾》卦的九五之尊的贤能，所以引用。

（二）引武王伐纣之事

《鼎卦·象传》曰："木上有火，鼎，君子以正位凝命。"李光注："盖革命则鼎取新，而震为长子守器之主也。武王克商，迁九鼎于洛，非以其器大故邪。"鼎原义是做饭的器具，但是在先秦由于食物的重要性，往往将鼎视为社稷的象征。夏乱，鼎迁于商，商亡，鼎迁于周，援引武王克商迁鼎的故事来寓意革故鼎新的含义。

（三）引春秋战事

《师卦》六四曰："左次无咎，未失常也。"李光注："用兵行师，固以克敌制胜为常，若知难而退，全师以归，愈于败亡，未为失常也。晋师救郑，及河，闻郑既及楚平，桓子欲还，彘子不可，师遂济，晋师大败，是安知用兵之常道哉！"这里在解释《师卦》"左次无咎"时引春秋鲁宣公十二年的晋楚邲之战，这次战役是两个强国争霸中原的第二次战役，楚国利用晋国内部分歧以及用人不当的劣势，战胜对手，成就楚国春秋霸业。这里用晋师大败来感悟用兵之道的智慧，告诫世人知难而退，保全大局，不失为在困难时局的较好选择。李光作为南宋名臣，驰骋疆场，在战争问题上他有独到见解，这里援引春秋战役可见他对用兵之道的熟稔以及审视夺度的大局意识。

（四）引秦汉之事

《否卦·象传》曰："否终则倾，何可长也？"李光注："自昔未有常乱而不治者，秦之乱而汉祖取之，王莽之乱而光武兴之，苟非圣贤驰骛而经营，则乱之日必长，乱之日长，则君子之受祸必深，生民之被害必酷，故《象传》曰：否终则倾，何可长也？"秦乱而高祖取天下，王莽乱而光武中

159

兴，乱世中总会有曙光的出现，用历史证明否极泰来的最终规律，说明否闭之途不可能长久的道理。任何事情发展到极限必定会出现转机，否极泰来是最好的解释。

（五）引史事寓君臣之理

《乾卦·象传》曰："飞龙在天，大人造也。"李光注："张良、韩信之从汉王，耿弇、邓禹之从光武，房玄龄、杜如晦之辅唐太宗，皆心德之同，如水火之就燥湿，风云之从龙虎。"房玄龄、杜如晦辅佐李世民成就了唐朝历史上"贞观之治"的辉煌，君臣共同努力，圆满地阐释了"飞龙在天"的意义。

（六）引史事以明君子之贤德

李光在注解《周易》的过程中，一直强调君臣之间的互信与真诚，从另一个角度却可以看到他坚持为人臣所应有的贤能品质。他用历史人物的贤明表达君子应该秉承的仁义礼智，也期望给当时的社会以启示。

《贲卦》上九曰："白贲无咎。"李光注："贲之道，虽尚乎贲饰，然舜用漆器，群臣谏焉，盖漆器不已，必用犀象，犀象不已，必用金玉，观《贲》之六爻，虽本于贲饰，而常以质素为先。上九，贤人处尊位而众所视效者，故以质素为饰，则其所自奉者，无华侈之过，奢靡之失也，故曰白贲无咎。"贤人是众人效仿的对象，因此他们应该保持朴素，不应追逐华丽与奢侈。李光以此表达他所提倡的贤德之人的质朴与真实、返璞归真与洁白无瑕的品质。

（七）引史事以求正心诚意

正心诚意是宋儒的理学规范，李光谨承其师的教诲，一生践行着内圣外王之道，他严格要求自身，即使身处险境，也不忘自己的身份与使命，因此，在引证史事时，也处处体现其对正心诚意的追求。

《否卦·象传》曰："天地不交，否，君子以俭德辟难，不可荣以禄。"李光注："君子居否之时，当奉身而退，汉管宁之徒是已，宁见天下大乱，遂渡海至辽东，环堵筚门，偃息穷巷，晏然若将终焉，虽三公之位，有所不顾，岂以世之荣辱累其心哉！"管宁，汉末高士，饱读诗书，一生不贪图名利，高雅淡薄，在乱世中以此为生存之道。东汉末年，天下大乱，管宁放弃三公高位，避于辽东穷巷，绝口不提世间事，最后平安度过艰难时局。李光认为在混乱之世不应以荣禄为累，应该清洁自律，提高修养，等待否闭之道的颠覆。

（八）引史事喻高洁的品质

《蛊卦·象传》曰："干父用誉，承以德也。"李光注："九二有中正之德，奉承以德，不失子道而已。唐太宗、肃宗非不才之子也，即位之后，使其父惴惴然常有意外之患，有德者固如是乎？"唐太宗李世民在玄武门兵变后，从他父亲手里接过了唐朝的最高权力，唐高宗被迫退位。唐肃宗是玄宗李隆基之子，安史之乱终止了大唐王朝的兴盛，玄宗西逃，肃宗李亨继位。在这两位君主继位的过程中，都充满了遗憾与失落，所以，李光认为，君王应该具有中正之德，不应使其父辈常有惴惴之心，在《蛊卦》中引用如此史事，表现了李光对高洁品质的追求。

作为南宋名臣之一，李光利用对经典的注释表达着自己的内心世界，既有对君臣之理的推崇，又有对君子品质的高度追求，同时也表达着对国家的期望，看似是一部注释之书，实则是其思想的真实表达。

在《读易详说》中，李光引当朝史事以证《易》的事例只有一则，但却弥足珍贵，既表达了自己的政治立场，又传达了靖康之难在南宋士人内心深处的愤怒。

《比卦·象传》曰："地上有水，比，先王以建万国亲诸侯。"注释为：

> 先王观地上有水，而得比之象，非特地水之相比也，盖地上有水，非有沟洫畎浍以防范，储蓄之则泛滥奔冲反为害矣。圣人观此象，故建万国、亲诸侯、小大强弱，不相陵犯，或以德怀，或以力制，咸亲比于我矣，自尧舜三代不敢废也。至秦并吞诸侯，而郡县之一夫叫号，天下响应，孰有亲比于我者？王氏论本朝罢侯置守，则曰万一有秦之变，岂可讳哉？靖康之祸，金人长驱如入无人之境，诸路守臣奔窜迎

降之不暇，其间能仗节死难者，不过数人，何补于治乱哉？然则众建诸侯，或大封同姓，以复唐虞三代之制，岂非今日之先务哉！①

李光以此解释《比卦》的"建万国诸侯"，他认为，当金人长驱直入时像进入无人之境，是因为没有出现誓死抵抗的将领，更深层次是因为建国后没有分封同姓、建诸侯。面对少数民族的侵犯，当务之急是恢复秦朝已建立的诸侯万国制，形成亲比、团聚、依附的强大力量来抵抗外族的干扰。不管这种观点正确与否，但是可以提出如此自强的策略，可见他强烈的用世之心。靖康之难对于南渡士人来说是巨大的耻辱，敢于引用当朝的事例来证实，说明李光对这件事的深刻记忆，也反映了他立志收复故土的信念与执着。然而从另一角度考虑，一位有志之士只能在偏远之地，将自己执着的政治抱负暗含于注释一本经典之中，而不能亲自实施，这不能不说是时代的悲剧。

南宋之时，疑古辨经思潮的继续，史学的兴盛，外族的侵扰，偏安一隅的屈辱，志士的致用思想，这些主客观原因一起促成了易学与史学的有机结合。李光《读易详说》正是在北宋末南宋初这样的历史背景下写成的，李光在《读易详说》中引用了大量历史事件，既引过去，又引当下，几乎卦卦有史，不论是论君臣关系还是论君子修养，都力图在史事中开辟出经世之道，以完成其学以致用的学术理念。看似出现了大量的以史论易，实则隐含了深刻的时代背景和学术发展规律，自李光之后的杨万里《诚斋易传》、李中正《泰轩易传》、李杞《用易详解》、胡宏《易外传》等都是大量的引用历史来解释《周易》，进一步完善了"参证史事"的"参史"特色，他们集中出现在南宋，成为独树一帜的易学现象，所以，李光的《读易详说》既承绪了义理解易又开创了史事解易，承前启后，在易学史上占据着及其重要的地位，对易学的发展影响深远。

二　胡宏与《易外传》

胡宏，字仁仲，福建崇安（今属福建）人，因长期寓居衡山五峰，后

---

① （宋）李光：《读易详说·比卦》，台湾商务印书馆，1986年影印文渊阁《四库全书》本。

被学者称为五峰先生。关于他的生平,在《宋史》中的记载也只是附于其父胡安国之后,比较简略,至于他的生卒年更是很少提及,所以,这一问题历来说法不一。《辞海》中记载,胡宏生于宋徽宗崇宁四年(1105),卒于宋高宗绍兴二十五年(1155);《宋人传记资料索引》中记载,胡宏生于宋徽宗崇宁五年(1106),卒于宋高宗绍兴三十二年(1162);《历代人物年里碑传综表》则认为,胡宏生于宋徽宗崇宁元年(1102),卒于宋高宗绍兴三十一年(1161),以上三种说法还是有较大出入的。吴仁华在《胡宏的生平、著作及其思想》一文中,经过详细考证,"结论是,胡宏生于宋徽宗崇宁四年(1105),卒于宋高宗绍兴三十一年(1161),享年五十七岁"[1]。就此,胡宏的生卒年有了一个普遍的认知,被广泛采用。

胡宏作为南宋理学家,是湖湘学派的重要代表之一,他一生所主张的经世致用、性为天下之本、经史结合等学术观点对后世影响很大。著有《知言》《皇王大纪》《五峰集》和《叙古蒙求》(已佚),其中《知言》表达了其哲学观点,《皇王大纪》论述了其史观,《五峰集》集中体现了其诗歌艺术,长期为学界忽视的是收录在《五峰集》中的《易外传》,《四库全书总目》认为"其《易外传》,皆以史证经",但是相对来说却没有引起学界很大的重视。史事易学在南宋突飞猛进的发展,胡宏的《易外传》学术界对此鲜有论及,其实应该引起我们的关注。

胡宏的易学著作为《易外传》,现收录于《胡宏集》中,已有很多散佚,但从保存下来的卦爻辞解释中依然可以清晰地梳理出其以史证《易》的思路。他说:"夫《诗》《书》《春秋》,后人多引以正心断事,至于《易》,则希矣。吁!士大夫之负先圣可胜道哉。"[2]他认为《周易》是有实用价值的,对现实有指导意义,而不应只注意其理论部分。《四库全书总目·集部·别集类》:"其《易外传》皆以史证经。"在胡宏的思想体系中,一以贯之地保持着史经互证、经史互为一体的学术追求,将《周易》视为一部有用之书。"史之有经,犹身之支体有脉络也。《易》、《诗》、《书》、

---

[1] (宋)胡宏:《胡宏集》,中华书局,1987,第7页。
[2] (宋)胡宏:《胡宏集》,中华书局,1987,第278页。

《春秋》，所谓经也。经之有史，犹身之脉络有支体也。支体具，脉络存，孰能得其生乎？"① 史为支体，经为脉络，互相依存，缺一不可。他对《春秋》学的传承保留了他对史学的爱好以及对史学的认知，将史学与经学互证，一方面提升了史学的地位，另一方面使经学更容易融入大众，易于接受，史学提供的历史借鉴一经与经典融合，会发挥其更重要的实用价值。胡宏的《易外传》将两者很好的结合，践行了经史互证的体例，同样，也成为易学史上史事易学的经典。

（一）征伐异族

南宋偏安一隅，辽、金等少数民族政权的建立，对南宋王朝造成了巨大的威胁，他们频繁南下，示威于这个羸弱的政权。为了在富足的江南立足，南宋一朝接受了屈辱的合约，每年需大量的金钱和物资来缓和外族的侵扰，形成的繁重赋税使人民生活在水深火热之中，愤怒的情绪激化了士人们的道德底线，儒家修、齐、治、平的政治理想迅速升华，成为一时代之主流。生活在这时期的胡宏在《易外传》中重点声明了他坚定抵御外族侵扰的立场，在很多卦爻辞解释中引用历朝奋勇抗击匈奴的实例，以期明证现实社会同样需要这样的精神支撑起整个民族的希望。

（二）举贤任能

"南宋政权是在民族矛盾极为严峻的情况下建立的，在建立之后一直未能做出正确的战略决策，因而也未能给金国以有力的打击"② 面对深重的民族矛盾，面对内部意见的不一致，南宋自建国之初就一直处于摇摆不定、愤恨困顿的状态中，虽然北宋经历了庆历新政、熙宁变法，但都已失败告终，只留给士人们深刻的思考。思考的结果是如想改变现状，必须启用贤能之人，救亡图存已经成为儒家学者的共识，重用有德之人亦成为他们的

---

① （宋）胡宏：《胡宏集》，中华书局，1987，第165页。
② 何忠礼、徐吉军：《南宋史稿》，杭州大学出版社，1999，第573页。

呼声。作为主战派的胡宏在他的《易外传》中同样表达了这样的心声，认为"立国以得贤为本"①，尤其希望重用战将，收复失地。

（三）废黜奸臣

"回首妖氛未扫，问人间：英雄何处？奇谋报国，可怜无用。尘昏白羽，铁锁横江，锦帆冲浪，孙郎良苦。但愁敲桂棹，悲吟梁父，泪流如雨"②。朱敦儒的词极尽刻画了两宋之交的政治黑暗以及奸臣当道、英雄无用武之处的情景。南宋建立之初，就弥漫着衰亡的气息，让人感到压抑、悲愤和失望。军事上一味求和，政治上私欲横行，心态的寡廉鲜耻，注定了王朝的衰落，更激起了有识之士的强烈愤慨。回首南宋一朝，从蔡京到秦桧，大权旁落于佞臣奸相手中，奸臣当道，忠臣含冤，其中饱含了文人志士的激怒与反抗，《易外传》同样对此有着无比的愤慨，也表达了胡宏严惩奸臣的决心和废除奸臣的愿望。

（四）修身养性

"仁"和"性"在胡宏的理论体系中占据着重要位置，"诚者，命之道乎！中者，性之道乎！仁者，心之道乎！惟仁者为能尽性至命"③。提出了"诚""中""仁"为"性"的依据，修身养性为其所追求的理想目标，从而架构他的理学基础。胡宏所提出的"性，天下之大本"的命题，成为两宋之际"性本论"的代表，程颐的"理本论"、陆九渊的"心本论"、张载的"气本论"与之共同构成了宋代理学的标志，在《知言·天命》篇中提出："仁者，天地之心。"④《知言·修身》："道非仁不立。孝者，仁之基也。仁者，道之生也。义者，仁之质也。"⑤"义有定体，仁无定用。"⑥"仁义"作为修身之基，是道德养性的核心，是体用结合的实质。他对修身养

---

① （宋）胡宏：《胡宏集》，中华书局，1987，第 285 页。
② 唐圭璋：《全宋词·朱敦儒·水龙吟》，中华书局，1999，第 1080 页。
③ （宋）胡宏：《胡宏集》，中华书局，1987，第 1 页。
④ （宋）胡宏：《胡宏集》，中华书局，1987，第 4 页。
⑤ （宋）胡宏：《胡宏集》，中华书局，1987，第 4 页。
⑥ （宋）胡宏：《胡宏集》，中华书局，1987，第 5 页。

性的认知同样贯穿在《易外传》的历史解释中，在他的注释中，随处可见兼具仁义的道德楷模，希望以他们的成功处世方式开启明天的胜利。

（五）各正性命

胡宏虽然终身隐居不仕，但他"异于一般的理学家，具有重视社会现实的倾向。面对严峻的社会现实，胡宏不是埋头于理学的空泛之说，而是注重学以致用"①。在其理学实践中，"各正性命"是他学以致用的深层次实践。他在《知言·汉文》中明确指出："欲修身平天下者，必先知天。欲知天者，必先诚心。欲诚心者，必先识乾。乾者，天之性情也。乾道变化，各正性命，命之所以不已，性之所以不一，物之所以万殊也。"② 万物之所以不同，是由于天道的变化导致每个人所坚守的命运不一，从而使性情大不同，给予现世"性格决定命运"以无限启迪。君君、臣臣、父父、子子各自有着自己的运行轨道，不能超越，不能混乱，他们各自承受着天命的指示，形成了特有的性格，"各正性命"来完成自己的历史使命，这也是宋代理学家为消除唐末五代混乱的伦理纲常，重塑道德规范，回归兴盛王朝所做出的巨大努力。

胡宏在《易外传》中写满了历史事件和历史体悟，"以史证经"将"推天道以明人事"的《周易》普及民众，在其中或展现历史盛世得到经验，或铺陈历史教训告诫世人避免历史重演。实则在两宋之际，面对民族存亡的客观环境与佛道两教对精神领域的主观主宰，因儒家经典中的《周易》对形而上表达了强烈的关怀，成为重新构建儒家天人合一和人文信仰的重要经典，而当时的史学兴盛，对于胡宏则更为贴切的是《春秋》家学的传承，其父胡安国的《春秋传》围绕"尊王攘夷"，主要阐发了大一统、正人伦、恤民固本、尊君抑臣、诛讨乱臣贼子、严夷夏之防等问题，将《春秋传》精神与《周易》结合，使胡宏完成了他的"经史互证"的理念，也成为南宋史事易学的典范。

---

① （宋）胡宏：《胡宏集》，中华书局，1987，第13页。
② （宋）胡宏：《胡宏集》，中华书局，1987，第41页。

胡宏的《易外传》有着鲜明的特点和强烈的时代气息,"以史证经"突出了易学的实用性,他站在时代的高度,把握时代脉搏,凸显历史价值,将经典拉回人间,为易学发展做了历史性的贡献,并由此开启了湖湘学派脚踏实地、关注时事、学以致用的湖湘精神,对后世影响深远。

三 杨万里与《诚斋易传》

杨万里(1127~1206),字廷秀,号诚斋,吉州吉水人,南宋著名的政治家、文学家、思想家,怀有一颗刚正不阿、忠心耿耿的赤诚之心,以国家利益为重,富有民族气节。陆游赠诗:"公去蓬山轻,公归蓬山重,……愿公力起之,千载传正统。"[1] 周必大评价:"至于立朝谔谔,知无不言,言无不尽,要当求之古人,真所谓浩然之气,至刚至大,以直养而无害,塞于天地之间者。"[2] 朱熹曰:"杨诚斋廉介清洁,直是少。"[3] 南宋名臣张浚勉励其"以正心诚意之学",杨万里遂将读书之斋以"诚"名之,自号"诚斋"。其诗被世人称为"诚斋体",以"活法""透脱""顿悟"闻名于世,与尤袤,范成大,陆游合称南宋四大中兴诗人。晚年作易传,称为《诚斋易传》,承载了厚重的理学思想及政治抱负,其中援史证易,代表了易学史上的两派六宗之史事宗。作为南宋著名的文人,既有以诗体闻名的"诚斋体",又有以《易》闻名的《诚斋易传》,看似两者之间毫无关联,但实则是杨万里诗学和理学的有机结合,作为多重身份的志士文人,为后世留下了辉煌的成果。

杨万里晚年所作《诚斋易传》承载了其哲学思想以及政治抱负,颇承程颐《周易程氏传》之说,又常引历代史事阐说《易》理。书中援引很多历史事实,希望从中总结经验教训,以古为鉴,指导实践,使《周易》成

---

[1] (宋)陆游著,钱仲联校注《剑南诗稿校注》卷二十一,上海古籍出版社,1995,第1611页。
[2] (宋)周必大:《文忠集》卷十九《省斋文稿》,台湾商务印书馆,1986年影印文渊阁《四库全书》本。
[3] (宋)朱熹:《朱子语类》卷一百二十《朱子十七·训门人八》,《朱子全书》,上海古籍出版社、安徽教育出版社,2002,第3808页。

为一部经世致用之书从而启迪后人。《诚斋易传》为易学史上两派六宗之史事宗的代表作，对后世影响深远。

杨万里将历史事实重组，使过去、现实与未来成为一个整体，充分的表现在它的《诚斋易传》中，将道德价值与人性价值在历史的宏伟蓝图中实现，以期对现实社会有所益。在《诚斋易传》中我们既可以找到大量的"以《易》证《易》"的例子，也可以找到许多"以史入《易》"的方式。

（一）以《易》证《易》

《晋卦》六二："晋如，愁如，贞吉，受兹介福于其王母。"杨万里注曰："若此可以得吉矣，可以受庶马三接之大福于其君矣。"其中的"庶马三接"取《晋卦》卦辞中"康侯用锡马蕃庶，书日三接"之义。

《兑卦·彖传》："刚中而柔外，说以利贞，是以顺乎天而应乎人。"杨万里注曰："《革》之象曰：汤武革命顺乎天而应乎人，今《兑》之象亦云。《革》言天人之说乎汤武，《兑》言天人之所以说也。"这里用《革卦·彖传》来解释《兑卦》的《彖传》，来说明顺天应人的意义。

《升卦》上六："冥升，利于不息之贞。"杨万里注曰："《咸》之上六有滕口之规，而孟子好辩以明道。"引用《咸》上六的滕口之象解释"冥升"。

（二）引史入《易》

"引史入《易》"是《诚斋易传》中最为明显的特征，也是其独树一帜的标志，"史事易学至杨万里亦达于极盛，观《诚斋易传》中，几至卦卦引经，爻爻援史之境，六十四卦三百八十四爻中，除《坤》之初六、六二、六三、六五，《讼》之九五，《豫》之六二，《大畜》之九三，《大过》之初六，《明夷》之六五，《升》之六四，《困》之九五，《震》之初九，《中孚》之九五，凡十三爻，未曾援引史事外，余三百七十一爻，每爻或举一则或数则史事以证《易》，甚至有一爻引二十则者（如《涣》六三），其引史之繁富，即如与之并称史事易家——李光，亦瞠乎其后"[①]。全书中几乎每一

[①] 黄忠天：《宋代史事易学研究》，台湾高雄师范大学1995年博士论文。

爻都用历史史事来解释，虽然其中不免有牵强附会的地方，但是却强烈地表现出作者那沉重的使命感和责任感。

杨万里作为南渡之臣，《诚斋易传》凸显出它的现实意义，在忧患中救亡图存，重整朝纲，雪洗国耻。其实，《诚斋易传》是将《周易》用许多历史故事丰富为一部忧患之作，实践之作。《诚斋易传》将历史穿插于富有哲理的《周易》中，不仅需要渊博的历史知识，还需要宽广的历史气势，杨万里并不是简单的将故事重现，而是要表达自己的人生理想与政治抱负，将此付诸于《周易》解释中，也是南宋有识之士表达自己理想的方式之一。反观南宋时期杨万里《诚斋易传》中的大量史事时，不会为此而惊讶，因为时代决定了一切，南宋的政治环境以及当时的学术氛围，史学已经渗透到各个领域，有识之士肩负的家国使命，激励着他们在历史中寻找出路，在故事中找寻借鉴，现实生活如果没有历史的回溯，或许会变得更加单薄与无奈。

杨万里作为一位诗人，"诚斋体"闻名于世，因此他在文学上的遣词造句能力不容小觑。常年的学识积累使他具备了很高的文学修养，也具有较高的文字写作能力，所以读到《诚斋易传》时，总能感觉到一种扑面而来的清新与新鲜，在他的著述中语句非常精致，朗朗上口，对仗工整，用词华丽，我们有时也可以将之看作是一部带有历史感与哲学观的文学著作，文学、历史、哲学在杨万里的《诚斋易传》中有机的统一起来，给我们留下了宝贵的财富。平心而论，杨万里的《诚斋易传》在易学史上占据着重要的地位，不仅奠定了"参证史事"易学发展的基础，而且引导了其发展的方向，同时，它独具的华丽文采也是我们至今仍然津津乐道的话题。

四 李杞与《用易详解》

李杞，字子才，号谦斋，四川眉山人。史书中对其没有详细记载。宋代另有两个李杞，其一为北宋人，任官大理寺丞，曾与苏轼唱和，见《乌台诗案》。另一个为南宋人，字仲良，号木川，平江人，朱熹弟子。而作《用易详解》的李杞却不同，既没有做官，也没有拜朱熹为师，他在自序的最后写道："嘉泰癸亥六月望日谦斋居士李杞子才序。"① 由此可知，他的《用易详解》作于嘉泰三年（1203），而他生活的主要年代应该在南宋孝宗、光宗、宁宗朝。

《用易详解》原本二十卷，焦弘《经籍志》作《谦斋详解》，朱彝尊《经义考》作《周易详解》，李杞《自序》云："吾于《易》多证之史，非以隘《易》也，所以见《易》为有用之学也。因取文中子之言，而以《用易》名编。"② 李杞用史证的方式，使《周易》成为经世致用之书，认为作《易》在于一"用"字上，焦弘和朱彝尊似乎没有见到原书的《序》，以致书名有误。今本乃自《永乐大典》中辑出，已缺《豫》《随》《无妄》《大壮》《睽》《蹇》《中孚》七卦，及《晋卦》后四爻，四库馆臣排次校核，分为十六卷。其后《万卷精华楼藏书记》卷二、《爱日精庐藏书志》卷一、《丽宋楼藏书志》卷二有所著录。今有蔡方鹿等学者整理的《实用周易详解》，乃选译本，于《系辞传》以下没有采录。

南宋社会日益羸弱，重实事实功的思想渐渐抬头，一些有识之士联系时局，起而批判理学"义理""心性"的空疏、无用。正是在此环境下，《用易详解》联系时局，重实事实功，以史证经，以史证《易》，深刻着时代的烙印。李杞在《用易详解》中始终贯彻"经学必以史证"的思想，认为"经学不可以史证，经学必以史证，此吾为书之病也，亦吾为书之意也。夫圣人之经所以示万世有用之学，夫岂徒为是空言也哉。故经辩其理，史纪其事，有是理必有是事，二者常相关，而不可一缺焉"③。将经学与史学统一，经学一定需要史事证明，才能体现圣人经典的有用之处，两者缺一不可。"夫经固非史也，而史可以证经，以史证经，谓之驳焉，可也，然不质之于史，则何以见圣人之经为万世有用之学也耶"④。"自后世以空言为学，岐经与史为二，尊经太过，而六经之书往往反入于虚无旷荡之域，吁！是亦不思而已矣。夫经固非史也，而史可以证经，

---

① （宋）李杞：《用易详解·自序》，台湾商务印书馆，1986年影印文渊阁《四库全书》本。
② （宋）李杞：《用易详解·自序》，台湾商务印书馆，1986年影印文渊阁《四库全书》本。
③ （宋）李杞：《用易详解·自序》，台湾商务印书馆，1986年影印文渊阁《四库全书》本。
④ （宋）李杞：《用易详解·自序》，台湾商务印书馆，1986年影印文渊阁《四库全书》本。

以史证经，谓之驳焉，可也，然不质之于史，则何以见圣人之经为万世有用之学也耶"①。进一步阐明只有以史充实经之后的经典之书才能够成为有用之学。经学与史学作为中国传统文化中的两大学术，两者的关系此起彼伏，南宋的李杞明确提出以史证经、理事相关，为进一步探究经史关系提供了有意的借鉴。

李杞一直强调《易》的功能在于"用"，用历史来证明《易》，更具有实用价值，它以一些历史的经验教训告诫世人，以历史的总结提醒世人，使有识之士在总结历史的过程中把握现在，成就未来。用《易》之难，正是在于加入历史的事实之后，充满了指导意义和实践意义，李杞将他的呕心之作命名为《用易详解》可见他的思想与目的。李杞的易学思想就是希望借助史来丰满经，在充满事实的考证中，用《易》来指导，以史为鉴，古为今用，以史证经，借鉴实用，经世致用，使《周易》在他的解释下，成为有价值的有用之书。

值得注意的是，李杞《用易详解》，在大量引用史事过程中，穿插有老庄之语，同时还有一些象数易学的知识。在李杞时代的南宋，象数派和义理派已经有合流的趋势，许多学者在不知不觉中已经将两者互通，这也是学术发展的一大趋向。

（一）援引史事

引史是《用易详解》主要的释《易》方式，书中用大量史事来证明卦爻辞，使之成为以史证《易》的代表作。诚如清代四库馆臣所说："书中之例于每爻解其辞义，复引历代史事以实之。……明《易》之切于人事也。宋世李光、杨万里等，更博采史籍以相证明，虽不无稍涉泛滥，而其推阐精确者，要于立象垂戒之旨实多所发明。杞之说《易》犹此志矣。"②

可以看出，李杞的参证史事以说《易》完全处于刻意、主观的愿望，他有明确的目标，"经学不可以史证，经学必以史证，此吾为书之病也，亦

---

① （宋）李杞：《用易详解·自序》，台湾商务印书馆，1986年影印文渊阁《四库全书》本。
② （清）永瑢等：《四库全书总目》卷三，中华书局，1965年影印本，第19页。

吾为书之意也","吾于《易》多证之史，非以隘《易》也，所以见《易》为有用之学也","经辨其理，史纪其事，有是理，必有是事，二者常相关，而不可一缺焉。自后世以空言为学，歧经与史为二，尊经太过，而六经之书，往往反入于虚无空荡之域，呼！是亦不思而已矣。夫经固非史也，而史可以证经"①。在这样鲜明的用《易》目的指引下，《用易详解》力求各卦援引史事，这成为李杞易学的主要特色。

纵观书中历史事实，以三代秦汉史事为主，禹、汤、文三代被认为是治国的典范，而秦汉故事在儒家经典中出现频率很高，儒学家们又熟读四书五经，所以这一段历史成为李杞引用的主要来源。同时，他还注意考订《周易》中史事的来历。

从《用易详解》中大量的历史史事来看，南宋士人对于维护封建秩序有着较高的自觉性与积极性，强烈的忧患意识与浓重的经世意识时刻激励着他们为维护王朝的统一与安定，努力发挥着自己最大的能力。"史事易家喜援引史事以参证易理，通常具有高度之用世精神，援引史事，即为其藉以通经致用之津筏"②。南宋士人依托《易》象，在历史中寻找中兴的希望，在史料中探寻垂戒的教训，以此形成卦卦有史的易学现象。李杞《用易详解》在这方面表现得非常突出。

（二）征引老庄之语

《四库全书总目》在评价《用易详解》中着重提出："其中不可训者，惟在于多引老庄之文。"③ 老庄之文多无为、逍遥之义，而《用易详解》志在将易学思想付诸实践，看似不同的思想在李杞的书中同时出现会有所冲突，四库馆臣对此也颇有微词。其实不然，宋理学产生的思想基础即为儒家的伦理道德、佛学的思辨以及老庄"道生万物"三者的统一，它是为了重塑赵宋王朝的封建纲常而建立的哲学范畴，而理学发展至南宋，儒、释、道已经在理学家的著作中融合。"但是，在思维逻辑结构上和资料上，无论

---

① （宋）李杞：《用易详解·自序》，台湾商务印书馆，1986年影印文渊阁《四库全书》本。
② 黄忠天：《史事宗易学研究方法析论》，载《周易研究》2007年第5期。
③ （清）永瑢等：《四库全书总目》卷三，中华书局，1965年影印本，第19页。

是程朱，或是陆王，虽各取舍不同，又都是采纳了佛学和道学这两种唯心主义哲学'高明'的地方。他们在本体论上，不仅承袭了老子的'道生万物'、'天下万物生于有，有生于无'这种以精神的'道'，去产生'天下万物'这个唯心主义的基本思维结构形式，而且他们还直接运用了道学家的宇宙生成图式。"① 道家与《周易》一直有着千丝万缕的联系，它们由于在唯心观念上的相通，而且在思维模式中对道认识的相似，两者在关于宇宙生成问题上有很高的契合度，因此，用道家理念解释《周易》，线索还是比较清晰的，这种解《易》方式在易学发展史中是一个很重要的流派。易学家在某种程度上会受到一些熏陶。

在《用易详解》中所出现的引用老庄之语，其实反映了道家理论对《周易》的影响以及李光对道家理论的熟悉，"不难发现，《象传》中儒家思想也就这么几条，而且主要的是一些伦理道德教训。然而，诚如前引冯友兰先生所说：'《易传》的重要不在于这些道德教训，而在于它的宇宙观和辩证法思想。'朱伯崑先生也通过对易学哲学的研究，而否定那种简单的将中国哲学归结'伦理型的哲学'的说法。而正是在这重要的哲学方面，即宇宙观和辩证法思想方面，《象传》主要的是受到以老子和庄子为代表的道家思想的深刻影响"②。显然，将道家思想在《周易》中显现，是李杞易学思想的一大特点，但这并不能认为李杞为道家学者，观其精神基调仍属儒家，其书定名为"用易"，可见其积极入世之道，他提出的"借圣人之经为万世有用之学"，并非清静无为，不可归入道家之易。

（三）象数易学的引用

对于汉易的象数和宋易的义理，李杞认为，二者应该互相结合，不应偏废，他主张"《易》之道以中为主"，所以在《用易详解》中我们可以找到汉代象数的影子，主要有互体、纳甲、卦变等内容。"在象数与义理的关系上，李杞肯定象数，把象数作为《周易》的客观内容，但又不停留于此，

---

① 贾顺先：《儒释道的融合与宋明理学的产生》，载《四川大学学报》（哲社版）1982年第4期。
② 陈鼓应：《易传与道家思想》，商务印书馆，2007，第7页。

李杞肯定象数的目的，在于从象数中挖掘易学中的义理"①。

　　李杞强调，《周易》包涵了象、数、辞、义，它们之间互相辅助，互相影响，作为一个整体，是解释《周易》的基础。圣人作《易》之意在于以象明吉凶，以辞显变化，象数和义理互相补充，从象数中发掘义理，从义理中开拓象数，圣人作《易》，君子学《易》，不出乎象数与义理，如舍弃象数，则无以言《易》。在《用易详解》中有多处引用了象数易学。其中有京房的爻变，荀爽的升降说，特别是其中虞翻的卦变比较多，究其原因，朱伯崑在《周易哲学史》中给我们提供了确切的答案："南宋以来传邵氏易的，或者解说其图式，或者流为术数，在理论上并无新的发展。南宋的象数之学是通过程朱派中的人物得到发展的。程朱派的学者所以研究象数之学，其原因之一是，北宋义理学派的代表程颐和张载，对卦爻象和卦爻辞的解释，都去卦变说。卦变说属于象数学派的系统，李之才和邵雍都讲卦变说，并被北宋的义理学派所吸收。因此，南宋理学派的易学家，并非都排斥象数学。其中有的对象数学颇感兴趣，或者企图调和两派的观点，或者从义理学派中分化出来，成为南宋时期象数之学阐发者。"②

　　《用易详解》一书是李杞留给我们重要的文献资料，在梳理其中的例子时，我深刻地感受到作者于易学的象数与史事之间游刃有余地运用，即没有艰涩的嫁接之感，也没有故意融通之象，一切写的都是那么自然，那么朴实，流露出的是真情和责任。也正是从他扎实的学术功底中，我们才窥探到易学在南宋的真实现象，感受到史事易学在南宋所肩负的历史使命。

　　《用易详解》从书名来看显而易见，重点是在"用易"上，作者就是要通过《周易》来表达自己的政治理想和抱负，希望通过自己的认识对现实社会有所指导，对君臣有所借鉴，寻找到经世良方。从李光的《读易详说》、杨万里的《诚斋易传》、胡宏的《易外传》来看，这些"参证史事"易学的代表作，有的是以自己的字号命名，有的是以读后感来命名，只有李杞的著述，直截了当地阐明了自己著述的意图，即要经世致用。从文中引用史事的例子

---

① 蔡方鹿：《李杞〈用易详解〉的易学特点及其在易学史上的地位》，载《周易研究》1996年第2期。
② 朱伯崑：《易学哲学史》第二卷，昆仑出版社，2009，第366页。

我们可以清晰地读懂作者在引证历史时，所要表达的意图，有的是对君臣关系的建议，有的是对重整王朝的意见，分明表达着作者那颗赤诚的爱国心。所以，在《用易详解》中，不管是道理的论述，还是史事的见证，不要以为是作者随意的列举，实则是作者内心真实的感受与期望。

南宋在表面的安静中危险地生存着，多少有识之士想通过自己的努力实现王朝复兴，而空谈义理，空发议论没有任何的实际作用，只有提出有益的建议，指导现实，才是真正想达到的目的，也才是南宋社会所需要的学术旨趣。用《易》的含义悠远而深刻，对于明末清初经世致用思潮不能不说有一定的启发意义。

第四节　朱子易学

朱熹（1130～1200），字元晦，号晦庵，南宋时期著名理学家，宋代理学集大成式的人物。其为学广博，在文学、史学、哲学，以及政治、经济、教育等方面，都取得了极大的成就。而在其庞大的学术体系中，易学无疑是一个重要的组成部分。

据记载，朱子幼年便对《周易》颇感兴趣，五岁时即有"以沙列八卦象，详观侧玩"[1]之事。此记载或有夸张之嫌，但至迟在青少年时期，朱子已颇致力于对《周易》的研究，这却是可以肯定的。《南宋馆阁续录》记载，绍兴十八年（1148），朱子登进士第，所治之经即为《易经》[2]，是年朱子方十九岁。有学者据此推断："少年朱熹曾经用多年时间潜心研《易》，在参加科举考试之前的数年间，《周易》当是他学习的重点。"[3] 当得其实。朱子早年师从刘勉之、胡宪、刘子翚，三人均为二程后学而深于《易》，朱子从其所传者大致为程子之易学。此后又钻研周敦颐之《太极图说》《通

---

[1] （宋）李方子《紫阳年谱》，束景南《朱熹年谱长编》，华东师范大学出版社，2001，第1511页。
[2] 佚名：《南宋馆阁续录》，中华书局，1998，第381页。
[3] 王风：《朱熹易学散论》，商务印书馆，2017，第55页。

书》，及邵雍先后天之学，并在与张栻、吕祖谦、陆九渊、蔡元定、袁枢、林栗等人的易学交流与辩论中，逐渐形成并完善了自己富有特色的易学体系。晚年时撰述并反复修改《易本义》《易学启蒙》两部著作，集中阐述了自己的易学思想，直至去世前五日，尚为门人讲授《太极图》。可以说，治《易》之活动贯穿了朱子的一生。

一　朱子易学的主要内容

朱子治《易》时间既长，易学著述亦多。流传至今者，主要有《易本义》《易学启蒙》《蓍卦考误》《周易参同契考异》《太极图说解》《通书解》等，除此之外，尚有大量论说易义的文章、序跋、书信，保存在其文集中。南宋淳祐年间，朱子之孙朱鉴搜集朱子之易说，编为《朱文公易说》；咸淳年间，黎靖德所编定的《朱子语类》，其中卷六十五至卷七十七均为论《易》之语录。这些著述构成了朱子易学的主体部分，但并非全部内容，实际上，朱子的许多著作都包含有《易》理，或能与其易学思想相印证。易学作为一门专学，已融入了朱子的学术之中，与朱子之学合为一体、圆融无碍，在朱子之学中随处可见易学的影子。

概括而言之，朱子的易学，主要包括以下几方面内容：

第一，在象数易学方面，承认象数存在的必要性，并推崇图书之学。在朱子看来，《易》中的象数都是确实存在的。他对王弼的"爻苟合顺，何必坤乃为牛；义苟应健，何必乾乃为马"之说大不以为然，认为"《易》之有象，其取之有所从，其推之有所用，非苟为寓言也"[1]，治《易》者必须通过易象，方能推得《易》理，这实际上相当于将象数之学赋予了一个在易学中必不可少的地位。在此精神的指引下，朱子本人在解《易》的时候，不仅多用易象，且在一定程度上应用了卦变、互体、卦气等象数方法。而对于象数之学中的图书之学，朱子更是大力推崇，在其主要易学著作之一

---

[1] （宋）朱熹：《晦庵先生朱文公文集》卷六十七《易象说》，《朱子全书》，上海古籍出版社、安徽教育出版社，2010，第3255页。

的《易本义》卷首,朱子列出了九幅易图,认为这些易图"最宜深玩,可见作《易》本原精微之意"①。其余《易学启蒙》及《太极图说解》等著作,也都体现出据图说《易》的特点。如当今学者所总结的那样,朱熹对图书之学的态度是"重视图书对《易》的形成和发展所起的重要作用,以图书为象数之源,图书中蕴涵着《易》理"②。由此可以看出,象数之学在朱子的易学体系中占据了很大分量,因此有学者认为,朱子的整体易学取向是"倾向于取象一派"③,是"把北宋以来新创的象数学看作是易学的基本要义"④,此看法确有一定道理。

第二,在义理易学方面,提出"《易》只是一阴一阳"与"推其本则太极生阴阳"。朱子认为,一阴一阳之理是作《易》之本源,同时构成《易》书的象、数、辞亦无不有阴阳,《易》中变易、交易之理,也是借阴阳的变化表现出来,朱子阐述这一观点说:"圣人作《易》之初,盖是仰观俯察,见得盈乎天地之间,无非一阴一阳之理。"⑤又说:"如奇耦、刚柔,便只是阴阳做了《易》。"⑥此即所谓"《易》只是一阴一阳"。但这是从阴阳之理与阴阳之气合一的角度出发而得出的结论,若从本末的角度而言,则理本而气末,理能生气。此理气关系,朱子即借《易》中太极两仪之说来加以表述说:"《易》者阴阳之变,太极者其理也。"⑦又说:"《易》有太极,便有个阴阳出来,阴阳便是两仪。"⑧此处朱子将阴阳之理称作"太极",将阴阳之物称为"阴阳",二者的关系即是所谓"推其本则太极生阴阳"。朱子的义理易学,即在此两个基本观点的基础上展开,在认识论、心性论、道德论等方面皆有论述,并进而以此阐述"天人一物,内外一理"的天人合一论,力图将天道与人道统一于《易》理。

---

① (宋)朱熹:《周易本义·上经第一》,中华书局,2009,第28页。
② 蔡方鹿:《朱熹经学与中国经学》,人民出版社,2004,第322页。
③ 王铁:《宋代易学》,上海古籍出版社,2005,第216页。
④ 王铁:《宋代易学》,上海古籍出版社,2005,第220页。
⑤ (宋)黎靖德编《朱子语类》卷六十七《纲领下》,中华书局,1986,第1645~1646页。
⑥ (宋)黎靖德编《朱子语类》卷六十五《纲领上之上》,中华书局,1986,第1605页。
⑦ (宋)朱熹:《周易本义·系辞上传第五》,中华书局,2009,第240页。
⑧ (宋)黎靖德编《朱子语类》卷七十五《上系下》,中华书局,1986,第1927页。

第三，在易学史观方面，提出"《易》本卜筮之书"与"分别四圣之《易》"的观点。所谓"《易》本卜筮之书"，其含义大致是"以卦爻辞为占筮之辞，不以其为讲哲理的文字"①，如朱子自己所说的那样："圣人因做《易》，教他占，吉则为，凶则否。"②但《易》虽为卜筮而设，却并非止于卜筮，其中亦有义理。此理固非圣人作《易》之本意，但却自然寓于《易》占之中，决定《易》占的吉凶，亦即朱子所说的"《易》以卜筮用，道理便在里面"③。而所谓"分别四圣之《易》"，则是说，按照朱子的看法，《周易》的形成经历了四个阶段：伏羲画卦，文王作卦辞，周公卦爻辞，孔子作十篇《易传》。四圣之《易》虽然前后相因，但各有差别，如文王周公之《易》便不同于伏羲之《易》，而是"文王周公自说他一般道理"④；至于孔子，所说又有不同，又非文王之《易》。因此，后人在读《易》的时候，应将其分而观之，如朱子所说的那样："今人读《易》，当分为三等，伏羲自是伏羲之《易》，文王自是文王之《易》，孔子自是孔子之《易》。"⑤这种分别四圣之《易》的观点，落实在注《易》活动上的最明显的表现，便是主张经传分离，以恢复《周易》的本来面貌。在撰写其主要易学著作《易本义》时，朱子没有采用经传合一的王弼本，而是使用了吕祖谦所定的《古周易》之本，将《周易》分为《上经》《下经》《彖上》《彖下》《象上》《象下》《系辞上》《系辞下》《文言》《序卦》《说卦》《杂卦》共十二个部分，其中上、下经的部分为"伏羲之画，文王、周公之辞"⑥，其余十篇则为孔子之传，可以说以自己的行动实践了其分别四圣之《易》的观点。

二 朱子易学的特色

作为我国易学史上著名的易学家，朱子的易学有着许多不同于前人的

---

① 朱伯崑：《易学哲学史》第二卷，昆仑出版社，2009，第 470 页。
② （宋）黎靖德编《朱子语类》卷六十六《纲领上之下》，中华书局，1986，第 1620 页。
③ （宋）黎靖德编《朱子语类》卷六十六《纲领上之下》，中华书局，1986，第 1635 页。
④ （宋）黎靖德编《朱子语类》卷六十六《纲领上之下》，中华书局，1986，第 1629 页。
⑤ （宋）黎靖德编《朱子语类》卷六十六《纲领上之下》，中华书局，1986，第 1629 页。
⑥ （宋）黎靖德编《朱子语类》卷六十六《纲领上之下》，中华书局，1986，第 1628～1630 页。

显著特点，约略而言之，可以总结为以下三个方面：

首先，提出了许多富有新意的观点。以上所论述的朱子易学的三方面内容，大都在前人的论述基础上，又有较大创新。如关于"《易》本卜筮之书"的论述，有学者即认为，这种说法本身并不能算是新发现，宋代时期的学者对《周易》多持此种看法，但朱子却对此命题赋予了新的内涵，将其作为一种解《易》的"占学方法"。朱子认为，自己的易学不同于程颐易学的地方，就是提出了这种占学方法。惟其如此，宋元之际，朱子弟子、朱子后学以及相关易学家，也多称朱子易学为"象占之学"[1]。又如分别《周易》经传的举动，在宋代可以说极为流行，据学者统计，两宋时期各种类型的"古易"性质的著作，有二十余种之多，在朱子之前及与朱子同时的，也有十余种[2]，因此，朱子的主张亦不能称作创见。但值得注意的是，朱子倡导的分别经传，并非是简单地追求复原《周易》古本，而是要借此区分四圣之《易》，从而更好地理解《周易》之本义。以此而言，此主张意义之深刻，便显然超越了前人。在朱子以后，由其提出的这些新观点，为易学界所广泛接受，在易学史上产生了深远的影响。

其次，折衷象数、义理二派，构建了规模庞大、结构精密的新型易学体系。朱子之易学，并不专主于前代某家某派，而是将各家之说兼容并包，吸收了汉易的象数之学、宋代刘牧以来的图书之学、周敦颐的太极图、邵雍的先后天之学，以及以程颐为代表的理气心性的论述。这些前代之说原本自成体系，互相不能融通，有些甚至相互对立，但朱子却以"体用一源"的理论为契机，较为完满地解决了各家之间的冲突，从而最大程度地整合了前人的成就。朱子这一易学体系出现之后，易学的发展就基本告别了象数、义理两派分道扬镳的局面，而进入了"象数义理派"的时代。此后即便是专主象数之易学著作，亦多以理气本末之说为其理论基础；同样，专谈义理的著作，也大多不废易图、卦变等象数之说。从这一点来讲，朱子的易学体系无疑奠定了此后易学发展的基本格局。同时，由于朱子的易学

---

[1] 王风：《朱熹易学散论》，商务印书馆，2017，第 16 页。
[2] 许维萍：《宋元易学的复古运动》，台湾东吴大学中国文学系 2001 年博士论文。

体系较为开放，既能容纳象数之学，又能容纳义理之学，因此后世治《易》者，无论从象数还是从义理立论，大都愿意从朱子易学出发，援朱子之说为据。朱子易学在其后数百年间流行不衰，可以说在一定程度上是得益于此。

最后，易学与理学紧密结合，圆融无间。朱子之易学，与朱子的理学思想并非相互隔绝，而是密切地联系在一起。如上文所述，朱子的整体易学结构，就是建立在"体用一源"的理学命题之上。具体而言之，其易学体系中大量象数之说的存在，是基于其象数与义理不可分离、学者当由象数以求理的思想，亦即朱子所说的"有是理，则有是象，有是象，则其数便自在这里"①，"就他那象上推求道理"②。而这种思想，实际上又是来源于其理学中"有是理即有是气"③的理气论，以及"就那形而下之器上，便寻那形而上之道"④的认识论。义理易学中对太极阴阳关系的阐述，对"阴阳"含义的分析，所讨论的实际上都是理学命题。即便是在其分别四圣之《易》的问题上，也能窥出理学的内涵。有学者即认为，朱子将伏羲《易》置于四圣之易之首，实际上相当于建立了一个以伏羲为首的新道统传承系统，其意义在于，"由于伏羲和《易》的置于道统之首，朱熹的整个理学就如人身有首一样了"⑤。同时，从另一个角度而言，也可以说朱子的理学根源于易学。正如朱伯崑先生所论述的那样："朱熹哲学所依据的思想资料是《四书》和《周易》经传。其哲学体系的核心即本体论，是通过对《周易》经传的解释和阐发而建立起来的。朱熹哲学中的重要问题，如理气问题、理事问题、人性问题、动静问题，都是从其易学命题中引伸出来的。朱熹哲学中的最高范畴太极，也是通过对筮法的解释而提出的。朱熹关于世界发展规律的学说更是从其易学中推衍出来的。"⑥ 由此可见，朱子的易学与

---

① （宋）黎靖德编《朱子语类》卷六十七《纲领下》，中华书局，1986，第1646页。
② （宋）黎靖德编《朱子语类》卷六十六《纲领上之下》，中华书局，1986，第1641页。
③ （宋）朱熹：《晦庵先生朱文公文集》卷三十七《答程可久》，《朱子全书》，上海古籍出版社、安徽教育出版社，2010，第2975页。
④ （宋）黎靖德编《朱子语类》卷六十二《第一章》，中华书局，1986，第1496页。
⑤ 王风：《朱熹易学散论》，商务印书馆，2017，第25页。
⑥ 朱伯崑：《易学哲学史》第二卷，昆仑出版社，2009，第490页。

理学，在某种程度上可以说是一而二、二而一的关系。

三　朱子易学在朱子学术中的地位

朱子易学既有以上三个方面的显著特点，其在朱子整体学术中，亦占据了极为显要的地位。此前有学者基于朱子大力提倡四书学的事实，认为在朱子的学术体系中，四书要重于《周易》。这种看法未见得符合实际情况。固然，朱子说过"《易》非学者之急务也，某平生也费了些精神，理会《易》与《诗》，然其得力则未若《语》《孟》之多也，《易》与《诗》中所得，似鸡肋焉"[1] 一类的话，但此说的实际上是儒家经典的难易程度与为学之序，而不是重要程度。对此问题，朱子曾自己论述说："河南程夫子之教人，必先使之用力乎《大学》《论语》《中庸》《孟子》之言，然后及乎六经。盖其难易、远近、大小之序，固如此而不可乱也。"[2] 其含义是说四书易而六经难，学者当由四书入手以求六经，由此可见，四书只是"六经之阶梯"，六经的重要性显然要在四书之上。而在六经之中，则又以《易》之地位为最高，如朱子所说的那样"上古之书莫尊于《易》"[3]，"是圣人事，非学者可及也"[4]。之所以如此，是因为《易》中包含了天地万物无穷之理，如朱子言："《易》不比《诗》《书》，它是说尽天下后世无穷无尽地道理。"[5] 其他经典虽然也说理，但都滞于固定的一物一事，而不能大通；《易》则"不黏著物上"[6]，不泥于物，因而能包无穷之事，其他经典所说之理，当然亦能包含在其中。可以说，在朱子的心目中，《易》能总摄其馀一切经典，在朱子学术中实际上居于一种总领性、纲要性的地位。

---

[1] （宋）黎靖德编《朱子语类》卷一百四《自论为学工夫》，中华书局，1986，第 2611 ~ 2624 页。
[2] （宋）朱熹：《晦庵先生朱文公文集》卷八十二《书临漳所刊四子后》，《朱子全书》，上海古籍出版社、安徽大学出版社，2010，第 3895 页。
[3] （宋）黎靖德编《朱子语类》卷六十七《读易之法》，中华书局，1986，第 1659 页。
[4] （宋）黎靖德编《朱子语类》卷六十七《读易之法》，中华书局，1986，第 1658 页。
[5] （宋）黎靖德编《朱子语类》卷六十七《读易之法》，中华书局，1986，第 1659 页。
[6] （宋）黎靖德编《朱子语类》卷六十七《三圣易》，中华书局，1986，第 1647 页。

第六章
元代易学

　　元代立国不足百年，在易学发展史上直接继承了南宋由朱熹开创的义理之学与象数之学合流的倾向，而自成一完整的发展阶段。蒙元入主中原，南方程朱之学也在北方得到广泛的传播，由于周（敦颐）、邵（雍）、程（颐）、张（载）、朱（熹）的传道系统得到确认，朱子易学受到治宋学的各派学者的充分重视。

　　元人标榜"以程朱为宗"往往兼义理象数而言之或务持二家之平，这一学术态度和立场实际上接近朱熹，而不符程颐。朱子易学富于综合性和调和精神，在反复推阐《易》为卜筮之书的同时，又以为先儒互体、飞伏、纳甲之类旧说皆不可废，强调应由象数而及致思。元代治朱子易学者往往程、朱和周、邵并治。胡炳文《周易本义通释》折衷汉易与王弼之学，吴澄在其《易纂言》等一系列易著中依据汉易文献对《周易》经传文字进行考订，因而对朱子易学有不同发挥。元代理学家中，治朱子易者居多，从而构成元代易学演进最有影响的一大流派。由于朱子一系的学者和道教一系的学者都肯定《河图》《洛书》，因而元代图书象数派与同时期的程朱学派和道教两派易学也有不同程度的关系。元代图书学的演进由学理的探讨而涉及图书学的渊源及其与整个易学形成和发展的关系的问题。元代以后易图的学理探讨和学术考辨一直是两个相关的重要的易学问题，明、清学者考辨易图或对图书学进行批评基本上是顺元人的思路而进一步展开的。

　　道教易学在元代有重大发展，呈多元演进之趋势。兴盛于金元时代的

第六章 元代易学

全真道和太一道是宋元道教鼎革思潮中涌现出来的两大新道派。全真道自创始人王重阳开始,以易阐教,亦以易阐道德性命之学,唱为全真。全真道南传后,南宗后裔李道纯、陈致虚等合流于全真门下,更使全真派道教具有浓厚的易学色彩。

第一节 元代朱子易学的总体面貌

在官方提倡与学者传述的双重促进下,研究朱子易学之风在元代显得极为繁盛。一方面,一批旨在羽翼朱子易学的学者,围绕着朱子易学典籍展开其研究;另一方面,元代其余并不直接针对朱子易学典籍进行研究的学者,也都不同程度地对朱子的易学观点发表自己的看法。除此之外,还有一部分学者以折衷程朱为宗旨,希望能够对程、朱易说之间的相异之处进行一定的调和。这三个方面的成就构成了元代学者研究朱子易学的总体面貌。

一 朱子易学著作的研究

元代时期,随着朱子易学地位的不断提高,一部分朱学嫡传开始从不同的角度,对朱子的《易本义》《易学启蒙》展开研究,由此推动着易学界内出现了一股研究朱子易学著作的风潮。这一研究大致可分为三种情况:第一类是对朱子的易学著作进行集注。包括胡一桂《易本义附录纂注》、张清子《周易本义附录集注》、熊良辅《周易本义集成》。胡氏《易本义附录纂注》,一名《易本义附录纂疏》,又名《易附录纂注》,其体裁为"以朱子《本义》为宗,取文集、语录之及于《易》者附之,谓之附录;取诸儒易说之合于《本义》者纂之,谓之《纂疏》"[1],采用的是元代较为通行的

---

[1] (清)永瑢等:《四库全书总目》卷四《易本义附录纂疏》,中华书局,1965年影印本,第22页。

纂疏体。张清子《周易本义附录集注》存于日本，国内不可得而见，但据陆心源《仪顾堂题跋》之记载，此书乃是以朱子《本义》为主，以《师友问答》《易学启蒙》，以及黄幹以下数十名朱子门人之说为附录，以卜子夏以下数十人及张氏自己之说为集注①，可见亦是纂疏体，胡玉缙以为"胡一桂《易本义附录纂注》，与此书宗旨颇相似，体例亦近"②，其说得之。熊良辅《周易本义集成》，体例仍是以《本义》为主，但在《本义》注文之下不另设"附录"，而将朱子易说与其余八十四家易说混合排列于一处，名之曰"集疏"，与胡、张二家略有不同。这种研究形式的特点是兼收并蓄，集诸家之说以羽翼朱子。

第二种是通释朱子的易学著作。包括胡方平《易学启蒙通释》、胡炳文《周易本义通释》。这些研究重在由博返约，力求简明扼要地解释朱子易学典籍。比如胡炳文作《周易本义通释》之前，曾作过集诸家《易》解的《精义》，即集注体，但后来发觉这种形式"失之太繁"，容易失去"学有统一"之旨，于是改用通释体，以朱子《本义》为准，融会贯通诸家之说而一以释之。胡方平《易学启蒙通释》，虽然引用了黄幹、董铢、刘爚、陈埴、蔡渊、蔡沈、蔡模、徐几、翁泳等九家之说，但其基本体例是，在朱子《本义》的正文后，"自己先清晰详尽地申述一遍，然后引用诸家来解释、证明，或发挥未尽之意"③，可见亦是以通解朱子文意为主。

第三类是阐发朱子易学著作中的观点与思想，包括熊禾《勿轩易学启蒙图传通义》、胡一桂《周易本义启蒙翼传》。他们并不着意于对朱子易学典籍作直接的注释，而是采取多种形式，对朱子易说进行多样化的阐发，这是该研究方式的共同特点。比如胡一桂《周易本义启蒙翼传》，从名称推测应该是解释朱子《易本义》《易学启蒙》的著作，但事实上却完全没有载录二书文本，而是提出自己的新体系：在内篇中，以上篇为天地自然之

---

① 陆心源：《仪顾堂书目题跋汇编》，中华书局，2009，第22~23页。
② 胡玉缙：《四库未收书目提要续编》，《续四库提要三种》，上海书店出版社，2002，第4页。
③ 钟彩钧：《胡方平、一桂父子对朱子易学的诠释》，《元代经学国际研讨会论文集》，"中研院"中国文哲研究所筹备处，2000，第208页。

《易》、伏羲《易》、文王《易》、周公《易》、孔子《易》；中篇为三代《易》、古《易》、古《易》之变、古《易》之复、易学传授、易学传注；下篇为举要、筮法、辨疑；外篇则主要评价《易纬》以下十余种非《周易》传注之书。显而易见，这绝不是要逐章逐句注解朱子易学著作，而是对朱子易学思想进行一种全面阐发。熊禾《勿轩易学启蒙图传通义》分为"本图书""原卦画""明蓍策""考变占"四部分，虽然从形式上来看，与朱子《易学启蒙》似乎保持了一致，但翻阅内容就会发现，书中只载录了《启蒙》的一部分易图，却并未录朱子之说；而且，即便是载录的朱子易图，也明显进行了改易，并将大量自作的易图与自己的解说穿插其中。因此不妨说，该书同样谈不上注释《启蒙》的著作，而只是"发挥《启蒙》之旨"①。相比于偏于保守的前两种研究方式而言，这一类型的研究在形式与内容上，显然更具创新意义。

二　朱子易学观点的研究

对朱子易学典籍的研究，可以说是元代学者研究朱子易学过程中的一个较为突出的部分，但除此之外，尚有大量的对朱子易学观点的研究，以承袭、阐发与辨正的形式，散见于元代其它的易学著作与论《易》之文章中，这也是元代学者研究朱子易学的不可缺少的一个部分。

首先，从承袭朱子易说的角度而言，元代学者对朱子大多数观点和方法都有采用。如在象数之学方面，黄泽即在《易学滥觞》中引用了大量朱子易象之说并加以肯定，且在此基础上提出："学《易》者当明象，此确然不易之论。"② 赵汸《周易文诠》、胡震《周易衍义》，对朱子卦变法、筮法与《河图》《洛书》说一概遵用。吴澄《易纂言外翼》，虽然对朱子筮法中的几处细节"略有更定"③，但其核心内容仍是以朱子之说为主。在义理易

---

① 胡玉缙：《四库未收书目提要续编》，《续四库提要三种》，上海书店出版社，2002，第4页。
② （元）黄泽：《易学滥觞》，台湾商务印书馆，1986年影印文渊阁《四库全书》本。
③ （元）吴澄：《易纂言外翼·变例第十》，元刻本。

学方面，朱子的理本论在元代十分流行，除了雷思齐《易图通变》这种道教易学著作之外，基本所有易学著作都采用了朱子的理气本末之说，甚至如丁易东《周易象义》这样的象数易学著作，还将其作为自己象数之说的内在依据。同时，朱子"《易》以道阴阳"的阴阳观，也被学者在其易学著作中一再重申，如胡震即说："《易》卦不外乎阴阳。"① 梁寅亦说："《易》之所言者，阴阳也。"② 在易学史观方面，朱子"《易》本卜筮之书""分别四圣之《易》"的观点，及其经传分离的做法，同样受到支持。如俞琰在《读易举要》中即坚持了朱子"《易》本卜筮之书"之说，认为"以卜筮观《易》，则无所不通；不以卜筮观《易》，则多有不通者"③。而鲍恂在《太易钩玄》中，则按照朱子之说，对伏羲、文王、周公、孔子之易作了区分，且阐述了分看各圣之《易》之法，同时又提出古《易》的篇目"当以文公《本义》所从者为定"④。由此可见，朱子易说在元代易学著作中受到承袭的情况是较为普遍的。

其次，除了对朱子易学的继承之外，另有一部分学者，还注重对某些朱子易说作出进一步的阐发。如黄泽《易学滥觞》，一方面对朱子明象之说表示肯定，另一方面又针对朱子象不可明的疑问，提出从《序卦传》入手以求易象的解决方法。而刘因《楑蓍记》、许衡《揲蓍说》，则详细解说了朱子筮法，值得注意的是，他的解释并不是对文字的简单疏通，而是在朱子筮法的基础上，运用数学的方法"演八卦静变往来之数"⑤，并通过演算各卦概率，阐发朱子筮法中阴阳体用的含义，"阴阳之体数常均，而用数则阳三而阴一"⑥，同时也对其余各家筮法中阴阳均平之失予以驳斥。张理《易象图说》，则对朱子的河洛之学进行了推阐。他并没有仅仅停留在朱子

---

① （元）胡震：《周易衍义》卷十五，台湾商务印书馆，1986年影印文渊阁《四库全书》本。
② （元）梁寅：《周易参义》卷五，《通志堂经解》第4册，江苏广陵古籍刻印社，1996年影印本，第438页。
③ （宋）俞琰：《读易举要》卷一《易为卜筮之书》，上海古籍出版社，1990，第5页。
④ （元）鲍恂：《太易钩玄》卷上，《续修四库全书》第3册《经部·易类》，上海古籍出版社，1996，第4页。
⑤ （元）许衡：《许衡集》卷六《揲蓍说》，东方出版社，2007，第167页。
⑥ （元）许衡：《许衡集》卷六《揲蓍说》，东方出版社，2007，第169页。

以《河图》《洛书》为《易》之源的说法上,而是从朱子之说出发,进而寻找《河图》《洛书》之源,并最终将河洛图式的源头推到了陈抟《易龙图》,《龙图》通过一系列变化,方能变得《河图》《洛书》。这无疑是对朱子河洛之说的一种极大的丰富。以上这些内容,并非是对朱子易说的单纯沿袭或墨守,而是积极挖掘朱子说法中的深层次内容与未尽之意,或在朱子之说的基础上,沿着朱子的思路将问题继续向前推进,可以说是元代朱子易学中较有活力的一个部分。

最后,从对朱子易说进行辨正的方面来看,元代易学著作可谓极其热衷于对朱子的各种说法提出批评与规正,其规模甚至要超过对朱子易说的继承和阐发。如在象数之学上,丁易东、吴澄均不同意朱子提出的卦变之法,而提出己说以对朱子之说进行修正。俞琰在卦变之法上的态度更为坚决,径直提出卦变不能用于解经,同时又批评《河图》《洛书》之说是汉儒的牵合附会,这也是间接指责朱子之说。至于李简、雷思齐等人虽也承认《河图》《洛书》的存在,但却并不同意朱子所提出的河洛图式的形制,如李简即曰:"文公此说,甚惬愚意,然仆所取之图,则亦不能尽同也。"[1] 雷思齐对朱子之图的指斥更加严厉,甚至说其是"专己自是,张其辩说,不克自反,一至于此"[2]。王申子尽管沿用了朱子河洛图式,但却完全不认同朱子兼取《河图》《洛书》以画卦之说,认为其是"泥汉儒相为表里之说,故一一合图与书而并言之,不思其说之非然也",同时还对朱子以八卦配《河图》之法提出质疑。钱义方于河洛图式中仅取《河图》而不取《洛书》,且在先后天之学的划分中,提出与朱子完全不同的见解,并对此解释说:"今子之作,不尽合先儒之说,何也?余应之曰:求合于圣人之旨,则先儒之合乎圣人者取之,异乎圣人者,正之以圣人之说。"[3] 这明显也是针对朱子之说所发。丁易东在《大衍索隐》

---

[1] (元)李简:《学易记》卷首,《通志堂经解》第3册,江苏广陵古籍刻印社,1996年影印本,第199页。
[2] (元)雷思齐:《易图通变》卷五,《通志堂经解》第4册,江苏广陵古籍刻印社,1996年影印本,第322页。
[3] (元)钱义方:《周易图说序》,《周易图说》卷首,台湾商务印书馆,1986年影印文渊阁《四库全书》本。

中，不取朱子以五乘十的大衍数说，认为这是"未有得夫五十数与四十九之全者"[①]，又在《周易象义》中，取杨忠辅的揲左不揲右之筮法，而不取朱子筮法。在义理之学方面，李简、王申子等人不取朱子之太极本体论，而分别提出"太极为气""太极为理气混沦""太极为道器之枢纽""太极为心"等一系列不同于朱子的观点。在易学史观方面，王申子不同意朱子"易本卜筮之书"之说，而提出卜筮乃是"《易》之流非《易》之道"[②]。丁易东、胡震等人则对朱子所定之古《易》文本，进行了不同程度的修正和改易。甚至连朱子所提出的将四圣之《易》分别而观之之说，也有黄超然加以反对。这种对朱子易说勇于加以辨正的现象，可以说是元代学者研究朱子易学的一个极大的特色。

三　折衷程朱易学

元代时期，朱子易学虽然已经成为了易学界内的主流学术，但程子易学并未退出历史舞台，对其进行传习和研究的风气仍然颇为盛行，加之元朝政府规定科举考试中《易》的部分为程朱兼采，在这些因素的影响下，对程子与朱子的易说进行折衷的尝试便应运而生。这类研究虽然数量不多，但也代表着元代朱子易学发展的一个动向。其折衷的具体方式可分为两种：第一种方式是将程子与朱子的易学著作合编为一者。此方面较具代表性者包括赵采的《周易程朱传义折衷》、董真卿的《周易会通》。赵氏之书，其体例为在《周易》经传的编次上沿用经传混排之旧本，而不取朱子经传分离之说，同时仿效程子，不注《系辞传》以下诸篇；在每句经文的下面，都先引用程子的《易传》，再引用朱子的《本义》或者是文集、语录中的相关部分，最后再发表自己的见解。董真卿的《周易会通》采用的就既不是程子所据的经传混排本，亦不是朱子所定的经传分离本，而是自己创立了一种新的编次方式，因为他试图实现程、朱所据之本的会通，所以将各卦

[①] （宋）丁易东：《大衍索隐》卷一《原衍序》，台湾武陵出版社，1990，第2页。
[②] （元）王申子：《大易辑说》卷二，《通志堂经解》第2册，江苏广陵古籍刻印社，1996年影印本，第405页。

所属的《彖传》《象传》《文言传》等各传，分附于每卦之后；在注释形式方面，采用通行于元代的纂疏体，即每句经文下面先列出程子《易传》与朱子《本义》的全文，称作"集解"，再列出程子和朱子的语录，称作"附录"，最后附录诸儒的见解，称作"纂疏"。这类著作旨在通过汇编程朱易著这种形式上的折衷，进而实现思想上的折衷。但事实上，由于两家易著的体例与解说确实存在较大差距，致使合编汇纂难免出现抵牾之处，也由此招致了另一些学者的批评和非议。

还有一种方式是不列出程子和朱子的易学著作原文，而是直接将两者观点融合后用自己的语言重新叙述，其中尤其以梁寅《周易参义》最为典型。在《自序》中，梁寅明确阐述了自己对程朱易说的看法："程子论天人以明《易》之理，朱子推象占以究《易》之用，非故为异也。其详略相因，精粗相贯，固待乎学者之自得也。"① 正是基于此，梁寅才撰写《周易参义》，所谓的"参义"，就是参用程、朱二家易义，即"参酌二家，旁采诸说，僭附己意"②。但是其书中直接引用程朱原文之处却少之又少，因为他参用二家的具体途径是只用其意不用其文。与前种方式相比，这种方式的特点在于真正实现了融二家之说而为一说，彼此抵牾之处较少，显得较为自然。以上即是元代学者研究朱子易学的基本面貌。总的来说，这其中对朱子的易学著作进行研究者，偏重于维护朱子易学的权威性与纯洁性，但也能在一定程度上提出一些与朱子不同的见解；折衷程朱者，则对二家之说大体能够平等对待，且希望二者能够彼此互补不足。至于其余研究朱子易学观点的部分，则几乎存在于元代一切易学论著之中，其对朱子易说的态度也因不受朱学门户的限制，而显得更加自由与开明，甚至有不少学者是对朱子的某些观点表示赞成，而对另一些观点极力反对。由此可见，元代学者研究朱子易学的热情极高，角度多样，内容深入。在某种意义上而言，朱子易学在元代已经成为了易学研究的中心。

---

① （元）梁寅：《周易参义序》，《周易参义》卷首，《通志堂经解》第4册，江苏广陵古籍刻印社，1996年影印本，第381页。
② （元）梁寅：《周易参义序》，《周易参义》卷首，《通志堂经解》第4册，江苏广陵古籍刻印社，1996年影印本，第381页。

第七章
明代易学

　　明代学术有因循承袭的一面，但绝非主流。从属于经学形态的易学在明代有丰富的内涵，亦随世变而有相应的发展，是中国传统易学发展进程中的一个重要阶段。《周易》及易学思想在很大程度上为明代社会、政治、学术等领域的思想发展提供了强有力的理论支撑。

　　明代理学解《易》一派在因循、承袭程朱《易》理的基础上又有新的发展。作为明代前期的理学大家，丘濬和蔡清是重要的代表人物。丘濬一生著作甚丰，其治学虽不以易学名家，但对《周易》也同样做过深入的思考和系统的研究。为拯救孱弱的明代中期政局，丘濬在民生、经济、法律、军事等方面所提出的诸多济世良方，既带有明显的程朱理学的印记，又受到了《周易》之学的深刻濡染。对于程朱易学的"未尽善处"，丘濬的门生蔡清认为不能将之全部视为真理，对其不一致以及不妥之处，要一一指出并加以修正。特别是在《周易》产生根源以及宇宙运动变化模式等问题的探讨方面，蔡清并没有表现出株守程朱《易》理的偏执倾向，而是对之有所深化。随着经济的发展以及社会的渐趋转型，明代中叶的学术文化层面也逐步发生变化，程朱理学不再独尊，阳明心学悄然勃兴。学术文化思潮的这一转向、嬗变对易学亦有着深刻的影响。以王阳明为代表的思想家禀易学思想惠溉，提出"知行合一""致良知"学说，并以之作为批判程朱理学强分"知行"为二等弊病的理论基石。阳明后学王畿又将其师"良知即是易"的主张加以深化，发展为"易即良知"，进一步丰富了心学思想体系。

明代社会经过百年的发展，前期积累的各种矛盾和众多棘手的社会问题日益显现，国力开始随之下降。为挽救明代社会政治及思想文化领域所面临的颓势，朝野上下要求变革的呼声日益高涨，经世启蒙思潮顺势而起。易学处于这一特定时代思潮之下亦随世而变，与当时的社会政治和思想文化领域形成了良性互动。为彻底解决长期积累的各种流弊，明代中后期的张居正进行了"起衰振隳"的改革，他的许多改革指导思想和措施就直接源于《周易》。张居正的改革能够速见成效，除了与他官居首辅及善于处理君臣之道有着密切的关系之外，其对《周易》能够做到"涉世妙用"也是极为重要的因素。而李贽则从《周易》及易学中汲取丰厚的思想资源，在思想意识领域向当时儒家意识形态中业已僵滞的思想提出了挑战。对于程朱一派"理"为万物之原的观点，李贽以"阴阳之气，男女二命"的思想从社会人伦的角度进行了反驳，认为"一物各具一乾元"，每一类物都具备"乾道变化"的特质，每一类物在变化中都能够获得自身特有的存在价值和应有地位。这一时期程朱理学解《易》较以往乏善可陈，心学解《易》早已风光不再，象数易学反而汉宋兼采，在明代易学史上最终形成一股强劲之势，其中尤以来知德表现得最为突出。明末，高僧智旭援引佛教义理诠释《周易》，著成《周易禅解》一书，使儒学与佛学在《易》理的层面上得到融会贯通，为其阐发"易佛相通""三教合一"的思想奠定了理论基础。

第一节　心学易学的发展

一　王阳明易学思想

王阳明，作为明代"心学"一派中的重镇，学术生涯中虽没有专门的易学著作问世，但易学思想的火花时常闪现于心学体系创建过程中的每一重要阶段，对其人生理想的构筑与辉煌事功的建立也产生了深刻的影响。

对于《周易》一书的价值，王阳明认为，《周易》与其他儒家经典，在本质上并无不同，都是倡明圣道之书：

> 天下之大乱，由虚文胜而实行衰也。使道明于天下，则《六经》不必述。删述《六经》，孔子不得已也。自伏羲画卦，至于文王、周公，其间言《易》如《连山》、《归藏》之属，纷纷籍籍，不知其几，易道大乱。孔子以天下好文之风日盛，知其说之将无纪极，于是取文王、周公之说而赞之，以为惟此为得其宗，于是纷纷之说尽废，而天下之言《易》者始一。①

在他看来，孔子删述包括《易》在内的《六经》只是为了借经书以传圣人之道而已，实属迫不得已。可也正是孔子"删述《六经》"之功，才使得易道不至于湮没。

既如此，《周易》所传之易道又意所何指？《周易·系辞上》认为："君子所居而安者，易之序也；所乐而玩者，爻之辞也。是故君子居则观其象而玩其辞，动则观其变而玩其占，是以'自天祐之，吉无不利'。"受此启发，王阳明指出：

> 夫《易》，三才之道备焉。古之君子，居则观其象而玩其辞，动则观其变而玩其占。观象玩辞，三才之体立矣；观变玩占，三才之用行矣。体立，故存而神；用行，故动而化。神，故知周万物而无方；化，故范围天地而无迹。无方，则象辞基焉；无迹，则变占生焉。是故君子洗心而退藏于密，斋戒以神明其德也。盖昔者夫子尝韦编三绝焉。呜呼！假我数十年以学《易》，其亦可以无大过已夫！②

很明显，王阳明对于易道的体认，是从体与用两方面着眼的。所谓"观象玩辞"，意在启发人们通过卦爻象辞来把握住易道的本体；而"观变

---

① （明）王守仁：《王文成公全书》卷一《传习录上》，中华书局，2015，第9页。
② （明）王守仁：《王文成公全书》卷二十三《玩易窝记戊辰》，中华书局，2015，第1029页。

| 第七章 | 明代易学

玩占",则是人们通过卦爻象辞的变化与占断以实际感受易道的具体运用。究其实,易道不仅体现着天、地、人三才之道,而且也是天地万物之道。如果人在易道方面有相应的体认,与万物之所以生生不息的本原相契合,就能够体悟到一种神而明之的易学智慧,因而也就做到了"知周万物而无方"。同时,这种神而明之的易学智慧,人们在万物变化莫测的历程中,还可以通过"范围天地而无迹"以及曲尽细密的主体意识具体地感觉到。可以看出,王阳明的这一体认确实直接源于《周易·系辞上》中的"神无方而易无体"以及"《易》之为书也不可远,为道也屡迁,变动不居,周流六虚,上下无常,刚柔相易,不可为典要,唯变所适"。

正是通过对易道之体与用两方面内涵的切实体悟,对于《周易》"无方""无体"的意蕴以及易道神明之智的妙用有着深刻的理解,王阳明认为读《易》的最终目的在于"洗心而退藏于密,斋戒以神明其德",这才是真正地与易道相契合,也正是体立而用行的最高境界[1]。

龙场悟道是王阳明一生中思想演变的转折点。王阳明龙场悟道时,"良知即是易"的思想就已经酝酿成熟:

> 良知即是易,其为道也屡迁,变动不居,周流六虚,上下无常,刚柔相易,不可为典要,惟变所适。此知如何捉摸得?见得透时便是圣人。[2]

在王阳明看来,良知之道既至简至易,又至精至微。虽然良知之道有如易道一样自然运行,只是因其具有变动不息、无方无体的特性,让人捉摸不得,所以惟有悟透此道才能成为圣人。遗憾的是,人们往往视而不见。

而且,王阳明还认为良知与易是合二为一的,既然良知是易,良知之道就是易道。他说:"即如我良知二字,一讲便明,谁不知得?若欲的见良知,却谁能见得?"[3] 对此,其弟子曾有这样的疑问:"良知一而已。文王作《彖》,周公系《爻》,孔子赞《易》,何以各自看理不同?"[4] 而王阳明则

---

[1] 戴琏璋:《王阳明与周易》,载《中国文哲研究集刊》2000 年第 17 期。
[2] (明)王守仁:《王文成公全书》卷三《传习录下》,中华书局,2015,第 155 页。
[3] (明)王守仁:《王文成公全书》卷三《传习录下》,中华书局,2015,第 155 页。
[4] (明)王守仁:《王文成公全书》卷三《传习录下》,中华书局,2015,第 138 页。

说："圣人何能拘得死格？大要出于良知同，便各为说何害？且如一园竹，只要同此枝节，便是大同。若拘定枝枝节节，都要高下大小一样，便非造化妙手矣。汝辈只要去培养良知。良知同，更不妨有异处。汝辈若不肯用功，连笋也不曾抽得，何处去论枝节？"① 与此同时，王阳明又从"人心与天地一体"的角度对良知之道与易道的关系加以说明。他说："先天而天弗违，天即良知也；后天而奉天时，良知即天也。"② 又说："《易》者，吾心之阴阳动静也；动静不失其时，《易》在我矣。"③ 正如有的学者指出的那样，"就先天而言，良知在先，天即良知，天道不会与良知之道相违而行；就后天而言，天道在前，良知即天，与天一致的良知自然会奉行天道。""易道在人心，不过是其阴阳动静的自然流行。因此，人心只要能做到动静合于天时，便会一直在天道中运行，自然与天道合而为一。"④ 这样一来，易道所言的天道也就与阴阳之道有了内在的关联。

既然良知即天，易道即天道，那么良知也就具有了与易道相同的特质。问题是如何能够获得"良知"？王阳明认为真正的良知不单单是纯意念上的，还不能完全由纯意念上的推理得出，必须将之体现在具体的行为实践中，"致良知"三字，重点应落在"致"字上。所以，"致良知"不仅要把握个体先天具备的至善本质，又要在事事物物上做足为善去恶的工夫，以去掉蒙蔽于先天"良知"上的昏翳，使先天"良知"在人的修养和行为中得到完满的体现。为此，他说："人须在事上磨练做工夫乃有益，若只好静，遇事便乱，终无长进。"⑤ 此外，王阳明还有许多相关论述：

> 致者，至也，如云"丧致乎哀"之致。《易》言"知至至之"，

---

① （明）王守仁：《王文成公全书》卷三《传习录下》，中华书局，2015，第138页。
② （明）王守仁：《王文成公全书》卷三《传习录下》，中华书局，2015，第137页。
③ （明）王守仁：《王阳明全集》卷三十二补录一《与道通书五通》，上海古籍出版社，2011，第1329页。
④ 卢祥运：《从王阳明"玩易"到孙应鳌"谈易"》，载《贵阳师范高等专科学校学报》2005年第1期。
⑤ （明）王守仁：《王文成公全书》卷三《传习录下》，中华书局，2015，第114页。

"知至"者，知也，"至之"者，致也。"致知"云者，非若后儒所谓扩充其知识之谓也，致吾心之良知焉耳。①

问："《易》'学以聚之'，又言'仁以行之'，此是如何？"先生曰："也是如此，事事去学存此天理，则此心更无放失时，故曰：'学以聚之。'然常常学存此天理，更无私欲间断，此即是此心不息处，故曰：'仁以行之。'"②

孰无是良知乎？但不能致之耳！《易》谓"知至至之"，知至，知也；至之者，致知也。此知行之所以一也。近世格物致知之说，只一知字，尚未有下落，若致字工夫，全不曾道着矣。此知行之所以二也。③

需要说明的是，"知至，至之"一语本出自《周易·乾·文言》，即"知至至之，可与几也。知终终之，可与存义也"。王阳明将"知至"解释为"知"，也就是说心中本有的良知，同时，又将"至之"解释为"致知"，指的是致良知。不难看出，王阳明如此解释，用意十分明显，其最终目的在于修正程朱理学一脉"欲诚其意者先致其知，致知在格物，物格而后知至，知至而后意诚"这一繁琐的认识门径④，从而为其心学的履践功夫扫清障碍。

二 王畿易学思想

王畿（1498~1583），阳明后学中的重要代表人物。在传播其师王阳明良知说以及在丰富心学体系的过程中，王畿以易学思想作为其理论根据，使心学派易学思想的发展达到了一个高峰，因其"阐发王门心易之学影响较大而自成系统"⑤，对明中后期易学的深入发展起到了积极的推动作用。王畿的易学思想除体现在其所著《大象义述》一文中外，在其《先天后天

---

① （明）王守仁：《王文成公全书》卷二十六《大学问》，中华书局，2015，第1117页。
② （明）王守仁：《王文成公全书》卷三《传习录下》，中华书局，2015，第149页。
③ （明）王守仁：《王文成公全书》卷五《与陆原静》，中华书局，2015，第229页。
④ （宋）程颢、程颐：《河南程氏经说》卷五《明道先生改正大学》，《二程集》，中华书局，2004，第1126页。
⑤ 朱伯崑：《易学哲学史》第三卷，昆仑出版社，2009，第220页。

解义》《〈河图〉〈洛书〉解义》《易与天地准一章大旨》《民止精一之旨》《易测授张叔学》《图书先后天跋语》《太极亭记》《学易说》等篇中也多有所阐述。

就易学渊源而言，王畿不仅继承了宋代周敦颐与邵雍二人象数与义理兼采的易学思想，并且加以改造，使之纳入自己的心学体系，而且在充分汲取程颢、程颐、杨简等人易学思想的基础上又予以一定的扬弃，使其易学更加彰显了心学特色。

不难发现，在王畿构建其心学易体系的过程中，首先与之展开对话的是宋代理学的开山人物周敦颐。周敦颐的《太极图说》和《通书》都是对《周易》的阐释之作，尤其是他的《太极图说》①，更是易学史乃至学术史上的经典文献。但不容忽视的是，自《太极图说》问世以来，后来学者围绕于此，特别是在"无极"与"太极"的内涵上以及二者之间的关系上，产生了到底是老氏之学还是儒学正宗等等一系列的争论。有鉴于"后世解者，尚若未尽其立言之旨"②，王畿专门作有一篇阐发周敦颐的《太极图说》主旨的《太极亭记》。

针对《太极图说》所包含的"太极"与"人极"两部分内容，王畿并没有陷入如前所述的学术纷争，而是化用了《太极图说》的思想，予以了心学的改造。他认为："夫千古圣人之学，心学也。太极者，心之极也。有无相生，动静相承。自无极而太极，而阴阳五行，而万物，自无而向于有，所谓顺也；由万物而五行阴阳，而太极，而无极，自有而归于无，所谓逆也。一顺一逆，造化生成之机也。"③ 只是"粤自圣学失传"，才导致"心

---

① （宋）周敦颐：《周子通书》，上海古籍出版社，2000，第48页。《太极图说》全文兹录于下：无极而太极。太极动而生阳，动极而静；静而生阴，静极复动。一动一静，互为其根。分阴分阳，两仪立焉阳变阴合，而生水火木金土。五气顺布，四时行焉。五行，一阴阳也；阴阳，一太极也；太极，本无极也。五行之生也，各一其性。无极之真，二五之精，妙合而凝。乾道成男，坤道成女。二气交感，化生万物。万物生生，而变化无穷焉。惟人也得其秀而最灵。形既生矣，神发知矣，五性感动而善恶分，万事出矣。圣人定之以中正仁义，而主静，自注云：无故欲静。立人极焉。故"圣人与天地合其德，日月合其明，四时合其序，鬼神合其吉凶"。君子修之吉，小人悖之凶。故曰："立天之道，曰阴与阳。立地之道，曰柔与刚。立人之道，曰仁与义。"又曰："原始反终，故知死生之说。"大哉！易也，斯其至矣！

② （明）王畿：《王畿集》卷十七《太极亭记》，凤凰出版社，2007，第481页。

③ （明）王畿：《王畿集》卷十七《太极亭记》，凤凰出版社，2007，第481页。

极之义不明"。后世学者所陷入的"有言"与"无言"的争论,其实质是"不知太极本无极",又"不知无极而太极"。在王畿看来,造成这一弊病的根本原因就在于"无以窥心极之全"①。进而王畿又做了如下发挥:

> 其曰"定之以中正仁义,而主静",尤示人以用功之要。夫定之以中正仁义,所谓太极而主静,即所谓无极也,故曰"人极立焉"。静者,心之本体,主静之静,实兼动静之义。……周子数百年后,阳明先师倡明良知之教,以觉天下,而心极之义复大明于世。寂然不动者,良知之体;感而遂通者,良知之用。常寂常感,忘寂忘感,良知之极则也。夫良知知是知非,而实无是无非。无中之有,有中之无,《大易》之旨也。故曰"立天之道,曰阴与阳",天之极也;"立地之道,曰柔与刚",地之极也;"立人之道,曰仁与义",人之极也。人者,天地之心,阴阳五行之秀,万物之宰。良知一至而三极立,天地万物有所不能违焉。②

可以看出,虽然同本于《周易》,王畿却做出了与周敦颐不同的理解。他把"定之以中正仁义"解释为"太极",而把"主静"解释为"无极"。这样一来"无极"就成为了"太极"的本体。既然"太极"即"心极",则"无极"也就顺势成为了心极的本体。通过如此的改造,王畿首先便为其以易学为基的心学体系的进一步拓展奠定了坚实的思想根基。

王畿在丰富心学易的思想体系过程中,虽从宋代易学中获益颇多,但对其影响最大的还是其师王阳明。我们知道,"良知即是易"由王阳明率先提出,从心学派当中开启了易良知学派,"良知即是易,'其为道也屡迁,变动不居,周流六虚,上下无常,刚柔相易,不可为典要,惟变所适'"③。受其师王阳明的影响,为了突出良知在其易学思想,乃至其整个学术思想体系中的地位,王畿相应地提出了"易即良知"的观点。他说:"良知惟无

---

① (明)王畿:《王畿集》卷十七《太极亭记》,凤凰出版社,2007,第482页。
② (明)王畿:《王畿集》卷十七《太极亭记》,凤凰出版社,2007,第482页。
③ (明)王守仁:《王文成公全书》卷三《传习录下》,中华书局,2015,第155页。

物始能成万物之变。无中生有，不以迹求，是乃天职之自然，造化之灵体，故曰：'变动不居，周流六虚，不可为典要，惟变所适。'易即良知也。"①可以看出，为说明良知具有变易与运动的属性，王畿与其师都援引了《周易·系辞下传》中的"变动不居，周流六虚，不可为典要，惟变所适"，但是二人的侧重点却有所不同，王阳明以此强调"良知即易"，而王畿则得出了"易即良知"②。

王畿通过体用不二对程颐"随时变易以从道"的理学派易学观点进行了批评："释者谓随时变易以从道，只说得一半，语感而遗寂，语用而遗体，知进而不知退，非藏密旨也。易即是道，若欲从之，是犹二也，二则支矣。"③ 王畿以易为良知，良知就是易道，这是体用不二的，因此他认为程颐讲一"从"字便是支离了体用、寂感。可见王畿是从心学派"心即理"的观点出发，批评程朱理学派析心、理为二的，可以说是对阳明良知说的继承与发展。同时，他又特别强调："易即是道，谓之曰'从'，犹二之也。范围曲成，通乎昼夜之道，而知者，良知也。"④ 而"范围者，良知之极于大而非荡也，故不过。曲成者，良知之体乎物而非淆也，故不移。幽明、生死、鬼神即昼夜之谓，通乎昼夜之道而知，变动周流，不为典要，天地万物有所不能违焉。是谓'无方之神'、'无体之易'。才有典要，即著方体，不可以适变。故曰：'大哉！易也，斯其至矣！'"⑤ 其中，"范围曲成，通乎昼夜之道"源于《周易·系辞上》"范围天地之化而不过，曲成万物而不遗，通乎昼夜之道而知"。只不过在王畿看来，"通乎昼夜之道而知"中的"知"就是王阳明所倡导的良知，对"易即良知"发出了由衷的赞叹：

嗟嗟，易学之不传也久矣。自阳明先师倡明良知之旨，而易道始明。不学不虑，天然灵窍，其究也范围天地，发育万物，其机不出于一念之微。良知之主宰即所谓神，良知之流行即所谓气，尽此谓之尽

---

① （明）王畿：《王畿集》卷九《答季彭山龙镜书》，凤凰出版社，2007，第214页。
② 参见方祖猷《王畿评传》，南京大学出版社，2000，第312~313页。
③ （明）王畿：《王畿集》卷十七《藏密轩说》，凤凰出版社，2007，第496页。
④ （明）王畿：《王畿集》卷七《新安斗山书院会语》，凤凰出版社，2007，第162~166页。
⑤ （明）王畿：《王畿集》卷八《易与天地准一章大旨》，凤凰出版社，2007，第183页。

性，立此谓之立命。良知先天而不违，天即良知也；良知后天而奉时，良知即天也。故曰："知之一字，众妙之门"。伏羲之画，象此者也；文王之辞，象录此者也；周公之爻，效此者也；孔子之《易》，赞此者也。魏子谓之丹，邵子谓之丸，致良知即所谓还丹，所谓弄丸。知此谓之知道，见此谓之见《易》，乃四圣之密藏，二子之神符也。[1]

之所以如此，王畿认为宋易虽然对易道也有所阐发，可直至其师王阳明，易道才得以最终阐明，而其中的关键则在于以良知说易[2]。

但是，王畿并没有就此止步，而是以易为基，进一步明确了良知的体用关系。对于《周易·乾·文言》中的"先天而天勿违，后天而奉天时"，王阳明曾作过这样的引申："'先天而天勿违，天即良知也；'后天而奉天时'，良知即天也。"[3] 王畿引用其师的观点来证明"不学不虑，天然灵窍"即是"先天而天勿违"，是良知之体。"范围天地，发育万物"是"后天而奉天时"，是良知之用。其所说"一念之微"即是良知。因此，伏羲画八卦；文王作卦辞，周公作爻辞，孔子作《易传》，乃至道教魏伯阳炼的丹，邵雍所弄的丸，都是阐发良知之义。"知此谓之知道，见此谓之见易"，"此"即良知，无良知，道不可知，易不可见，所以良知之说一出便悟得良知，易道始明。可见，虽有王阳明提出的"良知即是易"在先，但其后学王畿并没有一味地承袭其师，而是在此基础上又有所深入，提出了"易即良知"说。

王畿在《建初山房会籍申约》一文，从朋友之间七年的兴会际遇中引发出如下的感慨：

"复，其见天地之心"。良知者，造化之灵机，天地之心也。《复》之六爻皆发此义。初复者，复之始，才动即觉，才觉即化，一念初机，不待远而后复，颜子之所以修身也。学贵近仁，二比于初，谓之休复。学务于恒，三失于中正，谓之频复。四处群阴之中，志应于初，谓之

---

[1] （明）王畿：《王畿集》卷十五《易测授张叔学》，凤凰出版社，2007，第419页。
[2] 参见方祖猷《王畿评传》，南京大学出版社，2000，第314~315页。
[3] （明）王守仁：《王文成公全书》卷三《传习录下》，中华书局，2015，第137页。

独复。敦复者,服膺勿失,笃于复也,故曰"敦复无悔,中以自考也"。迷复者,非迷而不复,欲求复而失其所主。至于十年不克征,故曰:"迷复之凶,反君道也",资有纯驳,故复有远迩、功有难易,学之等也。造者自无而显于有,化者自无有而藏于无。有无之间,灵机默运。故曰"显诸仁,藏诸用",造化之全功也。立此谓之真志,证此谓之真修,了此谓之真悟,此致知格物之实学,吾人外此,亦无复有求端用力之地矣。初复则吉,迷复则凶,吉凶之机可以立辨。①

王畿将"复,其见天地之心"中的"天地之心"与良知等同起来,认为良知就是天地之心,"复之六爻皆发此义"中的"此义",实际上就指发良知之义。我们知道,《复》卦初九是阳爻,爻辞释之为"不远复,无祗悔,元吉",《周易·复·象传》释为"不远之复,以修身也",主要讲的是修身的问题。《周易·系辞下》也说:"子曰:'颜氏之子,其殆庶几乎?有不善未尝不知,知之未尝复行也。'《易》曰:'不远复,无祗悔,元吉。'"本于此,王畿将君子修身的问题与对良知的体认和实践联系起来。他认为,"初九"即《复》之始,颜子对此能"才动即觉",因而做到了"有不善未尝不知",又因颜子能够"才觉即化",所以才"知之未尝复行"。其中的关键在于,欲念初起之时,"良知"即"知",只有做到了"知"方能将欲念化去,不用等到"远而后复"。又如,《复》卦六三,阴爻据下卦上位,爻辞为:"频复,厉无咎。"阳气回复时,此爻却以阴爻居下卦第三位,其上仍为阴。就《周易》体例而言,阴爻之上为阳爻,称"承",此则为阴,故失位,失位则"失于中正"。对此,宋代程颐释为"频复频失"②。朱熹承袭此说,以"以阴居阳,不中不正释之"③,王畿虽汲取程朱之说,却将"务于恒"的"学"指向了频复频失的良知之学,进而认为,深悟《复》卦之理,体会此良知之学,才能成就"造化之全功",可以立辨"吉凶之机"④。

---

① (明)王畿:《王畿集》卷二《建初山房会籍申约》,凤凰出版社,2007,第50页。
② (宋)程颢、程颐:《周易程氏传·复》,《二程集》,中华书局,2009,第821页。
③ (宋)朱熹:《周易本义·夬》,中华书局,2009,第162页。
④ 参见方祖猷《王畿评传》,南京大学出版社,2000,第314页。

应该讲，王畿对良知之义所做的进一步阐发都是其师王阳明"良知即是易"未曾涉及的。

第二节 来知德易学思想

来知德（1525~1604），字矣鲜，号瞿塘，梁山人（今四川梁平县仁贤镇华安村白鹤湾），据记载，来知德自幼聪明好学，八岁能诵，九岁能词。嘉靖三十一年（1522）中举，并立下"原学孔子"的宏愿，此后以攻经入手，日夜诵读《五经大全》《性理大全》。

来知德治学素来以致知为本、尽伦为要，其著作有《省觉录》《省事录》《理学辨疑》《心学晦明解》诸书，其中尤以《易经集注》用功最笃。来知德天资聪颖，完全靠长期自学悟出《周易》真精神："德生去孔子二千余年，且赋性愚劣，又居僻地，无人传授，因父母病，侍养未仕，乃取《易》读于釜山草堂，六年不能窥其毫发，遂远客万县求溪深山之中，沉潜反复，忘寝忘食有年，思之思之，鬼神通之，数年而悟伏羲、文王、周公之象，又数年而悟文王《序卦》、孔子《杂卦》，又数年而悟卦变之非。始于隆庆四年庚午终于万历二十六年戊戌，二十九年而后成书，正所谓困而知之也。"[①]

万历三十年，总督王象乾、巡抚郭子章合词论荐，特授翰林待诏。知德力辞，诏以所授官致仕，终其身，享年八十三岁[②]。

一 "不知其象，《易》不注可也"

就传统易学发展史而言，主要有象数派易学和义理派易学两大学术流派。汉代象数派易学侧重于以易象解说易辞，又因滞泥于按辞索象的释

---

① （明）来知德：《易经集注·序》，周立升《〈易经集注〉导读》，齐鲁书社，2009，第58~59页。
② （清）张廷玉等：《明史》卷二百八十三《儒林二》，中华书局，1979，第7291页。

《易》方式而显得过于刻板和繁琐，反而冲淡了对《易》理的探求色彩。与之相反，魏晋以降，由王弼以扫象、忘象之风开创并经程颐大力宣扬的义理派易学，则偏重于阐释易辞、发挥《易》理，但由于缺乏易象方面的坚实依据而不免流于空泛。作为宋代象数易学和义理易学的集大成者，朱熹在梳理与总结象数派和义理派两个传统时，曾批评这两派易学均未领会《易传》象数与义理合一不二的学理精髓：或侧重于以象数解《易》，或偏重于以义理解《易》。解《易》理路各执一端，都无法真切把握《周易》取象要旨。来知德自许为朱子学后绪，因此在传承朱熹易学时对此高度注意。

无论是易学发展史的总体脉络，还是象数易学、义理易学不同学术流派的治《易》理路，来知德都如数家珍，而且他还能结合明代易学发展的形势以及当时易学研究的具体状况，对明代易学的总体面貌做出比较全面而深刻的把握，由此产生独到的问题意识：

> 本朝纂修《易经性理大全》，虽会诸儒众注成书，然不过以理言之而已，均不知其象，不知文王序卦，不知孔子杂卦，不知后儒卦变之非。于此四者既不知。则易不得其门而入；不得其门而入，则其注疏之所言者，乃门外之粗浅。非门内之奥妙。①

明代官方编纂的《周易大全》宗奉程朱易学，这反映出明代易学义理易学过于拘守以理释易的诠释理路，甚至出现和佛教空无之说合流的趋向。在与义理易学的对立、斗争中，象数易学倾向于用数和图式来解《易》，但对易学发展的推动作用很有限，这从汉易的没落上便可见一斑。但重视易象的象数易学，却通过朱熹将象数作为《易》之根本的易学研究路数，发现了既能实现义理与象数并重，又能促进易学发展的新契机。但是，朱熹在象数方面也有未尽如人意的地方，这一定程度上是因为他在易象方面采取"圣人作易象，只是大概恁地，不是恁地子细解释"②的态度。比如在注

---

① （明）来知德：《易经集注·序》，周立升《〈易经集注〉导读》，齐鲁书社，2009，第57～58页。
② （宋）黎靖德编《朱子语类》卷七十《易六》，中华书局，1986，第1752页。

| 第七章 | 明代易学

《小过》九四时他就很疑惑:"或曰'弗过遇之',若以六二爻例,则当如此说。若依九三爻例,则过遇当如过防之义。未详孰是,当阙以俟知者。""未详孰是"一语的确能够清楚地表现出朱熹严谨求实的治学态度。但如果从易学家通常向往与追求的建构完美无缺的易学思想体系的愿望来说,又不能不说这确实是朱熹易学的未精之处。明代重视易象的象数易学继承了以象解《易》的易学传统,着意于阐发朱熹易学中关于易象本旨的未尽之意。他们既重视易象又言说《易》理,可以说为明代象数易学的发展开辟了新方向。来知德正是其中的杰出代表,他同样深刻地洞察到,象其实并未失其传,只有以象明经,通过易象豁显《易》理来彰明《周易》要旨,才能矫革当时解《易》的弊端,进而推动易学的发展。

受朱熹易学的影响,对于《周易》之书的性质,来知德认为其源起于卜筮,本来以象数而作,后儒推阐其中义理,于是才演变为哲学之书。这其中,易象集中体现了《周易》的本质特征,《系辞下传》所谓"易者,象也"。来知德在比较《周易》和其他诸经的异同后指出:像《诗》、《书》、《礼》、《乐》、《春秋》诸经皆仅言事理,"如《禹谟》曰:'惠迪吉,从逆凶,惟影响',是真有此理也;如《泰誓》曰:'惟十有三年春,大会于孟津',是真有此事也。若《易》则无此事,无此理,惟有此象而已"[1]。《周易》更重视"立象以尽意",易象遂成了《周易》区别于其他诸经的根本特征。因此,在来知德看来,认为解《易》不可绕过易象,易象是深入《周易》堂奥的独特而又不可或缺的门径。而且由《系辞》可知,《周易》是由圣人"观象系辞"而成书,这意味着易象所表征的意蕴肯定会在易辞中得到一定表达,因此易象和易辞是密切相关的,若要准确解读《周易》,就必须有机地结合"观象""玩辞"。当然,从《周易》原始的卜筮功能角度来说,易象是易变和易占的基础。而《周易》所讲的筮占过程通常可概略为,通过揲蓍得到卦爻象及其变动之象,辅以卦爻辞的分析,便可占断所问事项的吉凶。其中,易变、易占和易象三者之间的关系是,"变由象而出"[2],

---

[1] (明)来知德:《易经集注·序》,周立升《〈易经集注〉导读》,齐鲁书社,2009,第58页。
[2] (明)来知德:《易经集注·卷之十三》,周立升《〈易经集注〉导读》,齐鲁书社,2009,第424页。

"占因变而决"①，易变、易占皆源自易象。所以，不仅易辞精义必须借助易象才能完全透显出来，而且明了《周易》的全部要旨也必须从易象入手。因此关于易象和《周易》关系，来知德认为《周易》以易象为基础而关键的内容和特点主要集中于易象，《周易》的微言大义只有通过易象才能得以阐明，故而"舍象不可以言易"。因此，取象注《易》便构成了来知德解《易》的特色和方式。

来知德解《易》，一方面通过错综的立象体例获取易象、解释易辞并揭示《易》理，另一方面也十分注重探究以象解《易》的内在依据。"象也者，像也，假象以寓理，乃事理仿佛近似而可以想像者也，非造化之贞体也"②。"象"就是易象。来知德在引文中明确提出"假象以寓理"的易学命题，揭示出易象的实质和意义。来知德认为，易象不仅对客观世界即"造化之贞体"中的万物之所然作了模写，而且也模写了万物之所以然即它们的本性及其所遵循的规律。这些都充分显示出易象的特点是具有象征意义的，六十四卦卦象和三百八十四爻爻象象征了天地万物及其蕴涵的理，所谓"乃事理仿佛近似"也，"非真有实事也，非真有实理也"③，即是此理。易象模写的客观世界中之理，在易学中即表现为《易》理。通读《易经集注》，不难发现来知德吸纳了朱熹"理一分殊"的识见后，提出对《易》理的理解：当它指众多的具体之理各自都完整的涵具它们之所以然的根据时，它则是统摄万理的一理；当它指某一事物的具体规律、具体之理时，它是分理。作为一理时，《易》理能够统摄万理，具有形而上的宇宙本体和价值本体意义。对此，来知德进行了系统而深刻的思考。他认为，宇宙大化流行中的道体是万物万象乃至万理背后共同的终极根据，它贯通天人而生生不息，既是理学中的本体之理，也是易学中具有本体意义的《易》理，这样一来，易学便随之具备了天道与人事相贯通的天人之学的哲学品

---

① （明）来知德：《易经集注·卷之十三》，周立升《〈易经集注〉导读》，齐鲁书社，2009，第426页。
② （明）来知德：《易经集注·卷之十四》，周立升《〈易经集注〉导读》，齐鲁书社，2009，第463页。
③ （明）来知德：《易经集注·序》，周立升《〈易经集注〉导读》，齐鲁书社，2009，第58页。

格。因此，易象的实质在于蕴示《易》理，彰显易学天人之学的底蕴，这也是其作为《周易》特点的集中表现。

显然，通过对朱熹易学理象关系思想的深入思考，来知德逐渐形成了在易象方面的独到见解。就理象关系而言，朱熹认为理象"体用一源，显微无间"，只是二者有先后之别，先有理而后有象。具体来说，理是象之体，是象之所以为象的根据，在象之先就已经存在，象在用时涵具了理；理微而象显，象是理的表现形式。朱熹强调指出，理是一切与之相对应的象的概括，具有形而上的绝对性、先在性，为强化突出这一点，朱熹屡次申明有象则有理，无象亦有理在，同时运用该思想进行注《易》。对于朱熹无象亦有理在的观点，来知德并不认同，在他看来无象亦有理不仅把理绝对化了，而且将理悬置起来，将理和象撅成两截；与此相反，对于朱熹象中有理、理在象中的观点，他不仅表示赞同，还进一步探讨了象中有理、理在象中的理象关系，提出"假象以寓理"的易学命题。

"假象以寓理"，一方面用"寓"突出易象，这是《易》理的存在基础；另一方面用"象"表明易象，这是《易》理的显现形式。来知德始终强调《易》理只有寓于易象中，才能相得益彰。对此，他还专文作出论证："有象，则大小、远近、精粗、千蹊万径之理咸寓乎其中，方可弥纶天地；无象，则所言者止一理而已，何以弥纶？"[1]《易》理作为统摄万理而具有超越意义的本体，下贯于大小精粗之万理而寄寓于易象之中，易象是《易》理的载体。因此可以说，来知德"假象以寓理"的易学命题确实揭示了理寓于象中、因象而显理的理象关系，易象作为《易》理的寓载基础得以凸显，而且其在易象和《易》理二者关系中也被推到了至关重要的地位，最终为其以象解《易》的易学原则与方法提供了理论根据。

众所周知，易象的始发点为物象，经意象转化而成为卦爻符号。在此过程中，作《易》的圣人"与宇宙整体一体贯通"，即其心与理（即道）相通，因此当他作为认识主体将自然物象纳入认识视域，然后使之成为认识对象时，便可获得"客观自然经过心灵折射和想象性模仿加工后在头脑

---

[1] （明）来知德：《易经集注·序》，周立升《〈易经集注〉导读》，齐鲁书社，2009，第58页。

里生成的意象,即与道相通,与情相应,与心相合的'人心营构之象'"。在圣人设立六十四卦的过程中,圣人不仅将自己观悟并感通宇宙生生不息的道体,所形成的心灵意象和思想理念,符号化为卦象和爻象,而且还将透悟天人之理后所形成的心灵意象和思想理念也内化于卦爻象,成为卦爻象的深层意涵。因此之故,卦爻象已经成为浸润圣人的总体宇宙关怀和终极人文关切的神妙语言而摆脱了普通符号世界,其中蕴示着深刻的天地之道与圣人之心的贯通、合一,彰显着天人之学的底蕴。以此观之,易象的实质内涵便是蕴示天人一贯之理、象征天人一贯之理,因此根据易象"可以想像"天人一贯之理。在来知德看来,若不知此,即是不知象,如不知象,则无法回归《周易》原意,无法从生命深处体认与了悟易学天人之学,更遑论创造性地诠释《周易》,即"不知其象,《易》不注可也"①。

《周易》作为"极天地之渊蕴,尽人事之终始"的一部传统经典,能以卦爻辞与卦爻象的"吉凶、悔吝"之意来指明人事"失得、忧虞、进退"之道,可以说深富前瞻性的哲学智慧。君子观象玩辞,所作所为都能安顿自我与他人的生命,能正定与彰显各自之所是,能最大限度地契合社会人生之理,从而成就各自人生的伟业。易象恰是这种智慧的集中体现,因为它以《易》理为旨归,而《易》理正是其形而上的价值依据和本体依据。具体之物与具体之理在通过卦爻象得到表征时,具体之物与具体之理所涵具的所以然、所当然的终极意义都通过卦爻象得到充分彰显。正是从这个意义出发,朱熹以易为镜的比喻被来知德发展为以象为镜的比喻,认为"象犹镜也,有镜,则万物毕照"②,强调只有通过易象,《易》理才能不仅成为抽象思考领域中的超越之体,而且也是有着具体而真实之呈现的本体存在。惟其如此,易象才能从《易》理获得原发呈现《易》理的规定与意义,才能得以涵摄并表征天地万象,使一切人、事、物及其具体境遇都能从卦爻象中获得解释性资源与合理性说明,也才能开启卦爻辞的意义空间

---

① 参见王棋《来知德"舍象不可以言易"的易学思想探析》,载《江西社会科学》2007 年第 9 期。
② (明)来知德:《易经集注·序》,周立升《〈易经集注〉导读》,齐鲁书社,2009,第 58 页。

而与卦爻辞互诠互显①。在来知德以象为镜的比喻中，有象则万物都能照于其中，无象则是不能够言《易》的。可以说，《周易》的神妙智慧在这里确实被展现得淋漓尽致。

来知德"舍象不可以言易"说，其实内含着以象明经的原则，以象明经也就是以象解《易》。来知德之所以称之为"明经"，主要是为了突出《周易》作为群经之首的重要地位，同时凸显易象在《周易》中的重要性。正是在此基础上，他提出"舍象不可以言易"说，认为"不知其象，《易》不注可也"②，以此表达对于当时官方易学"不言其象，止言其理"风气的强烈不满。事实上，在"舍象不可以言易"中，"易"并不仅仅指《周易》，而是指易学，它包括《周易》及易学所蕴藏的《易》理。例如，对《乾卦·象传》中"自强不息"的解释，他说："自强者，一念一事，莫非天德之刚也。息者，间以人欲也。天理同流，人欲退听，故自强不息。若少有一毫阴柔之私以间之，则息矣。强与息反，如公与私反。自强不息，犹云至公无私。"③ 来知德将自强不息的精神与至公无私、公而忘私的思想联系在一起，这是易学史上的一个创新。因此不妨说"舍象不可以言易"包含着来知德认为易象、易辞（卦爻辞）和《易》理三者密不可分的易学卓识④。倘若我们以历史主义的眼光，在易学发展史的宏观视野下，审视过往不同易学流派对此三者关系的不同看法以及由此形成的各种解《易》倾向，就会很容易发现来知德此论所蕴含的重要学术价值。

二 来知德易学评价

一方面，来知德详细论说了易象内涵，另一方面，通过对易象的多年

---

① 参见王棋《来知德"舍象不可以言易"的易学思想探析》，载《江西社会科学》2007年第9期。
② （明）来知德：《易经集注·序》，周立升《〈易经集注〉导读》，齐鲁书社，2009，第58页。
③ （明）来知德：《易经集注·卷之一》，周立升《〈易经集注〉导读》，齐鲁书社，2009，第124页。
④ 参见王棋《来知德"舍象不可以言易"的易学思想探析》，载《江西社会科学》2007年第9期。

摸索、苦心研究以及对前人相关成果的反思总结，他创立了自己的一套取象条例。正是在这些取象条例的影响下，易象得到蓬勃展开，而且在易经中的重要性和价值也越来越凸显。来知德易学借助于错综之象，以假象寓理为理念，阐发了以太极或理为本体、贯通天人的义理之学，重建了不同于前人的象学体系，不仅与宋代程朱易学区别开来，而且与明代以阐发程朱易学为宗旨的官学易学也大相径庭。自内容而言，来知德以错综之象探讨易学起源，这与朱熹等人以《河图》《洛书》解释易学起源并不相同。在他看来文王周公之象本之于伏羲易象，错象与综象相互表里，互含互摄，因此伏羲易学与文王、周公易学相互包含不相矛盾。孔子作《易传》重现了三圣易学，故四圣易学一脉相承，一以贯之。这是在四圣易学关系问题上，来知德易学与朱熹易学的不同见解。在朱熹看来，四圣易学各有特点，他力图改变以往将四圣归为一揆的观点，不过却有割裂四圣易学联系之嫌。来知德在区分四圣易学的基础上，又恢复了传统的四圣易学一体的说法，应该说，这在当时的确是来知德易学的独到之处。需要全面看待的是，虽然来知德敢于批评宋儒易学不懂卦象尤其不懂错综之象、敢于反对朱熹的卦变说的做法未必正确，甚至会有五十步笑百步之嫌，但不得不说这种坚持己见、挑战权威的精神是十分可贵的，对后世易学研究冲破程朱易学樊篱、拓展研究思路具有重要的意义。

来知德主张易象为《易》之本，有象则有辞和理，无易象则无辞和理，即无《周易》，反对王弼"得意忘象"和宋儒言"理不言象"，纠正了明代官方易学重理不重象的易学研究倾向，确立了易象在易学研究中的地位。然而，来知德固然认为易象重要，却并未忽视义理。因为圣人创制易象，不是以凸现易象为目的，而是旨在以易象穷尽义理。因此，在象与理的关系中易象只是理解和解释义理工具，而义理才是主宰，这有利于克服汉儒将易学研究局限在易象层面的倾向。不得不承认，在易象与义理关系这一重大问题上，来知德既继承前人、又超越前人，其深刻的学术见解确实推动了传统易学的进一步发展。

来知德易学成就赢得了后世学者很高的评价。如郭子张云：来知德

《易注》论错综论卦象"皆抒千古所未发","继往开来,亘古百代而一见者也"①。只是我们必须看到,来知德易学并没有事实上也不可能完全摆脱当时易学的影响,因而在许多问题上依然受程朱易学之溉沾。比如在卦象研究上,他就吸纳了朱熹加一倍法解说伏羲八卦和六十四卦形成,运用朱熹等人对待与流行、错综的概念解释伏羲六十四卦图和文王易图等。在义理上,他也对程朱以太极为理、以理为本、理一分殊、理气(器)不相分离、性为分理等思想有所承袭。而且在注经方面不乏有直接抄袭《本义》之处。因此我们必须客观地说,尽管来知德提出了很多迥异于程朱易学的观点,但在许多方面却未能超越程朱易学②。

有学者简单断言来知德只是抄袭汉人观点,这其实是欠妥的。同样,来知德自称的发前人所未发,事实上也有些言过其实,如张云章曰:"自序认为,文王周公立象皆藏于序卦错综之中,不知文王序卦,不知孔子杂卦,则易不得其门而入,自孔子没而四圣之易如长夜者二千余年。又谓易非真有实事也,非真有实理也,惟有此象而已。吁!斯言也,何其自信之过而蔑视诸先耶。《杂卦》反对,上下经皆十八卦,先儒言之者多矣,非来知德所创获也。"③ 总体而言,来知德错综理论以至其整个易学,其实是在继承汉唐易学的基础上的创新。他在吸收汉儒互体之说、京房八宫说、虞翻卦变与旁通说、孔颖达非覆即变说等学说后,建立了自己的易学体系,因此可以说来知德易学体系其实杂糅了汉宋易学。

---

① (清)朱彝尊:《经义考》卷五十五,林庆彰、蒋秋华、杨晋龙等主编《经义考新校》,上海古籍出版社,2010,第1022页。
② 参见林忠军《来知德易象说及其意义》,载《周易研究》2009年第4期。
③ (清)朱彝尊:《经义考》卷五十五,林庆彰、蒋秋华、杨晋龙等主编《经义考新校》,上海古籍出版社,2010,第1022页。

第八章
清代易学

　　清初学术"汉宋兼采",就发展趋势而论,是一个批判宋学而酝酿汉学,由宋向汉学过渡的时期。作为清初学术重要组成部分的清初易学,以对汉魏易学文献考证整理为突出特征,在易学哲学的研究上清代易学远没有超出宋易。清初肇始的易学变革,将矛头直指宋易系统中的象数派,开始了由宋易到朴学易的转向。

　　朴学易形成于雍乾之际,其源可上溯至清初。顾炎武治《易》已开考据易学之先河,黄宗羲兄弟开图书辨伪之风,毛奇龄、胡渭继之而起。自此之后,治《易》者或以发掘、整理、推演汉易为重点,或以数学、语言学的一些新成就来研究《周易》经传本身。其中,惠栋、张惠言、焦循等人是上述研究的重要人物。清代朴学易的崛起反映在官方易学上,就是《四库全书总目》对历代易学著作的评价。《四库全书》是我国规模最大的一部古籍,其《总目》是在《四库全书》纂修过程中产生的一部目录著作,它由数十名学有专长的纂修官分头撰写,再经著名学者纪昀、陆锡熊等人专核增删,反复修改润饰而成。"经部"下首先是"易类"六卷及"易类存目"四卷,总计十卷。它对《四库全书》所收历代易学著作作了简明的提要,其中对该书内容的概述及评价充分反映了四库馆臣的易学思想。《总目》的易学观接近于朴学易,有扬汉抑宋的倾向。乾嘉以后,朴学易著作虽丰,但也面临着被否定的命运。特别是惠栋对汉易的研究,有存古之功,在易学理论上却缺乏创造发明。他作为清代朴学易的主要代表,却将易学研究领入狭窄境地。由于朴学易的发展道路过于单一,对汉易的整理研究已臻大成,难以再觅惠栋、张惠言等学术大家,朴学易最终不可避免的走向衰落。

清代易学与政治有着密切关系。《周易》追求以"太和"为最高境界的社会和谐思想被历代思想家、政治家所推重,易学的发展亦深受政治的制约。易学这一特质在清代特别是在康雍乾时期表现得尤为显著,并深刻影响了清代易学的研究旨趣和发展趋向。清代中叶以来,讲究"微言大义"的今文经学逐步复兴。今文经学表现出一定的怀疑批评精神以及对未来理想"内圣外王"的追求,恰恰是对社会变革的一种呼吁,而这一切无不禀于《周易》及易学思想的惠沾,对鸦片战争以后的社会变动和思想变革起到了积极的作用。龚自珍、魏源、林则徐、曾国藩、康有为等人以易学变革思想为精神资源,倡导经世之用之学,开士大夫以经书作政论,慷慨论天下事的新风气,他们不仅把眼光转向活生生的、充满矛盾的中国社会现实内部,同时也投向了国人十分陌生、色彩斑驳的外部世界,将经世重点放在如何学习西方的先进科学技术以自立、自强,维护中国的社会秩序。正是在易学思想的推动之下,中国近代化的帷幕徐徐开启。

第一节 明清之际的易学

一 顾炎武易学

顾炎武在治经的过程中,始终坚持兼功众艺、会通群经的学术理念,强调如果"排斥众说,以申一家之论,而通经之路狭矣"[①]。事实上,顾炎武也的确在经学领域做到了不专治一经、不专攻一艺,却又无经不通、无艺不精。尽管顾炎武在中国学术思想史上不以易学名家,但确实曾对《周

[①] (清)顾炎武:《亭林文集》卷三《与友人论易书》,《顾亭林诗文集》,中华书局,1982,第41页。

《易》做过深入思考和系统研究，甚至在晚年，依然日昃研思，并在年近六十受友人之邀前往山东德州讲《易》三个月。顾炎武易学专著目前可考的只有《易解》，惜其不传，仅存的易学成果主要集中在其札记《日知录》以及《音学五书》中的《易音》三卷，还有他与友人论学的信札之中。当然，关于顾炎武的治《易》理念和学术取向，以往学界关注不够，尤其对于其音韵学著作《易音》，学界并未引起足够重视①。

在《周易》文本产生的问题上，顾炎武坚持《汉书·艺文志》"人更三圣，世历三古"以及由马融开其端的"人更四圣"说法，强化伏羲、文王、周公和孔子在易学史上的重要地位。"夫子言包羲氏始画八卦，不言作《易》，而曰：'《易》之兴也，期于中古乎？'又曰：'《易》之兴也，其当殷之末世，周之圣德邪？当文王与纣之事邪？'是文王所作之辞始名为《易》"②。而且，他还在《日知录·朱子周易本义》中明确指出："《周易》自伏羲画卦，文王彖辞，周公作爻辞，谓之经。经分上下二篇。孔子作十翼，谓之传。"甚至顾炎武为抒抗清复明之志而作的《书女娲庙》中"剥复相乘除，包羲肇爻象"的诗句③，也表明其认同爻、象之说皆肇始于包羲。顾炎武的这些观点是对司马迁、刘向、班固等人的观点有所继承和总结，其在力图廓清易学研究中的神秘主义因素。当然，经过清末民初以来诸疑古学者的质疑，这些认识现在看起来并不够准确，也就已经没有多少人信守了。

在《周易》版本流传的问题上，顾炎武也做了很有说服力的考查，并批评了《周易》经与传之间安排上的混乱现象。"……传分十篇：《彖传》上下二篇，《系辞传》上下二篇，《文言》《说卦传》《序卦传》《杂卦传》各一篇。自汉以来，为费直、郑玄、王弼所乱，取孔子之言逐条附于卦爻

---

① 汪学群先生在其专著《清初易学》（商务印书馆，2004）中有专门一节"顾炎武的易学"，主要是从哲学史的角度梳理顾炎武的易学成就。而笔者研究的视域与之不同，侧重从易学自身发展、演变的轨迹及其与社会政治、文化思潮的相契合处切入，就顾炎武对《易》文本、既往易学的发展的认识以及他受易学启示、影响的思想主张等几个方面加以探讨。
② （清）顾炎武：《日知录》卷一《三易》，《日知录校注》，《陈垣全集》，安徽大学出版社，2009，第1页。
③ （清）顾炎武：《亭林诗集》卷四《顾亭林诗文集》，中华书局，1982，第358页。

之下。程正叔传因之。及朱元晦《本义》，始依古文，故于《周易·上经》条下云：'中间颇为诸儒所乱，近世晁氏始正其失，而未能尽合古文。吕氏又更定著为经二卷，传十卷，乃复孔氏之旧云。'"[1]可见西汉时《易》经与传还是分开的，到东汉时，才被经师合为一体。至于"取孔子之言逐条附于卦爻之下"，顾炎武并不赞同，认为这样只能造成"经""传"的淆乱，失去古经的原貌，破坏经学的发展。顾炎武从"经""传"分合与否的角度对程颐与朱熹的易学著作进行高下区分，认为朱熹的《周易本义》能依照晁氏（晁说之）、吕氏（吕祖谦）改订的《易经》古本，结构层次安排得较为合理，肯定了朱熹志在恢复《周易》古本的价值与意义，相对应的，程颐《周易程氏传》则略显不足。

其实顾炎武着意于考察《周易》的流传版本以及"经""传"分和，与他在当时的文化困境中的思索不无关系。"洪武初，颁《五经》天下儒学，而《易》兼用程、朱二氏，亦各自为书。永乐中修《大全》，乃取朱子卷次割裂，附之程传之后。而朱子所定之古文仍复淆乱"。"而《大全》之本乃朝廷所颁，不敢辄改，遂即监版传义之本刊去程传，而以程之次序为朱之次序，相传且二百年矣"。"秦以焚书而《五经》亡，本朝以取士而《五经》亡。今之为科举之学者，大率皆帖括熟烂之言，不能通知大义者也。而《易》《春秋》尤为缪戾"[2]。显然，八股浊风浸染下，士子为博取功名而无所不用其极，破坏了学风，于是顾炎武发出"朱子定正之书竟不得见于世，岂非此经之不幸也夫"的悲叹，这样就很容易理解他对《易》存亡的忧虑，实际上是与对经学复兴的企盼联系在一起的。

《周易》究竟是什么书？它与卜筮究竟是什么关系？对这些问题顾炎武都有过深入探讨，并从义理的角度体悟出了新意。顾炎武引用《礼记·少仪》对卜筮作了独到分析："问卜筮曰：'义与？志与？义则可问，志则否。'子孝臣忠，义也；违害就利，志也。卜筮者，先王所以教人去利怀仁

---

[1] （清）顾炎武：《日知录》卷一《朱子〈周易本义〉》，《日知录校注》，《陈垣全集》，安徽大学出版社，2009，第3页。

[2] （清）顾炎武：《日知录》卷一《朱子〈周易本义〉》，《日知录校注》，《陈垣全集》，安徽大学出版社，2009，第4页。

义也。"① 进而认为"子之必孝，臣之必忠，此不待卜而可知也。其所当为，虽凶而不可避也"②，以此批评了当时对于占筮目的的从俗理解。而且，顾炎武始终强调卜筮的实质是"《易》以前民用也，非以为人前知也"③，即卜筮结果是吉是凶，应该以君子的行为、德行能否遵从圣人之道、坚守忠孝观念而怀仁去利为标准。正是看到了这一点，顾炎武对卜筮的认识能够摆脱单纯依靠爻辞判断凶吉的束缚，不仅强调"孝""顺""忠"等儒家正统观念在君子行事中的重要性，并试图剔除附着在《周易》上的神秘主义因素，他还对古之为术以吉凶导人为善，与后世术者或以休咎导人为不善，进行了严格区分，这些都具有历史进步意义。

顾炎武不但在经学领域成就斐然，在文字、训诂、音韵之学以及金石学等领域也同样卓有建树。这些优势和特点在易学研究中，尤其是在《周易》古音的研究中得到进一步发挥。

顾炎武著有《音学五书》，其中《易音》三卷是集中关于《周易》经传的音韵研究。顾炎武以通晓音韵源流、变化为治学根基，认为舍此便无以明"六经之文""诸子之书"，即"读九经自考文始，考文自知音始，以至诸子百家书之书，亦莫不然"④。这自然包括对《易》的音韵研究。而且他还强调，"《音学五书》之刻其功在注《毛诗》与《周易》"⑤。

《易音》三卷，体例与《诗本音》略同，但仅节录《易》之用韵之文句，凡是与今韵不和者，就证以他书，来论证古音原作是读，对于凡是与今韵相同者，直接注明在《广韵》的哪部。例如顾炎武在《易音》卷一"艮"条的注中，认为"艮其背不获其身"与"行其庭不见其人"两句中"身""人"二字同属《广韵》上平声的十七真部。然后又引申："古者卜筮之辞多用音和

---

① （清）顾炎武：《日知录》卷一《卜筮》，《日知录校注》，《陈垣全集》，安徽大学出版社，2009，第61页。
② （清）顾炎武：《日知录》卷一《卜筮》，《日知录校注》，《陈垣全集》，安徽大学出版社，2009，第60页。
③ （清）顾炎武：《日知录》卷一《卜筮》，《日知录校注》，《陈垣全集》，安徽大学出版社，2009，第63页。
④ （清）顾炎武：《亭林文集》卷四《答李子德书》，中华书局，1982，第73页。
⑤ （清）顾炎武：《亭林文集》卷三《与施愚山书》，中华书局，1982，第58页。

以便人之玩诵，虽夏商之易不传于世，然意其不始于文王也。《易·象》，文王所作，其用音止此。所以然者，易之体不同于诗，必欲连比象占牵合上下，以就其音，则圣人之意荒矣，故但取其属辞之切者。"① 可见顾炎武对《易》古韵的研究，同样是以崇尚义理反对象数的易学观为指导的。

然而，《四库全书总目》却对《易音》评价道："……故炎武所注，凡与《诗》音不同者，皆以为偶用方音，而不韵者则阙焉。……炎武于不可韵者如乾九二、九四，中隔一爻，谓义相承则韵亦相承之类，未免穿凿。又如六十四卦彖辞，唯四卦有韵，殆出偶合，标以为例，亦未免附会，然其考核精确者于古音亦多有裨，固可存为旁证焉。"能够看到，四库馆臣对顾炎武《易音》评价并不高，他们欣赏的只是其"考核精确"，而对于顾炎武辨审《易》古音以明儒家经典古义的学术宗旨，他们并未有深彻的领会，这或许与受乾嘉时期忽视致用学术的风向有关。如果说四库馆臣受限于时代做如此评价可以理解，但令人费解的是，这几乎成了评价《易音》的定论，后来学者论及《易音》，往往言其"穿凿""附会"，最多补上一条考据精审便草草了之。

事实上，如果我们认真反思四库馆臣对顾炎武颇为自信的《易音》所作的评价，不难发现，"义相承则韵亦相承"只不过是顾炎武对《易》古音提出的较为合理、符合实际的解释，毕竟年代久远，要把经书古音韵全部考证清楚几乎不可能，因此只能根据音与义之间的某种内在联系进行推断。钱大昕曾对此客观评价道："古人因文字而定声音，因声音而得训诂，其理一以贯之。……学者读其文，可以得其最初之音。此顾氏讲求古音，其识高出于毛奇龄辈万倍，而大有功于艺林者也。"② 至于顾炎武提出的方音说，钱大昕的评价更是一分为二："顾氏谓一字止有一音，于古人异读者，辄指为方音，固未免千虑之一失。而于古音之正者，斟酌允当，其论入声，犹中肯綮，后有作者，总莫出其范围。"③ 其实，顾炎武考辨《易》之古韵并

---

① （清）顾炎武：《音学五书》，中华书局，1982，第152页。
② （清）钱大昕：《潜研堂文集》卷十五《答问十二》，《嘉定钱大昕全集》，江苏古籍出版社，1997，第227页。
③ （清）钱大昕：《潜研堂文集》卷十五《答问十二》，《嘉定钱大昕全集》，江苏古籍出版社，1997，第228页。

不是完全像钱大昕所说的"于古人异读者辄指为方音"。比如《易音》卷二"蒙"条注中有"中"与"应",顾炎武即对两者用韵进行了仔细分析,"而夫子传《易》于蒙、于比、于未济三用此字,皆从'中'字为韵,或亦出于方音,不敢强为之解",显而易见,这恰恰是顾炎武严谨的学术态度的体现。

更为重要的是,顾炎武通过考察《易》韵的形成及演变,指出《易》古音韵在形成、演变过程中存在的一个重要原则,即"古人之文化工也,自然而合于音,则虽无韵之文而往往有韵,苟其不然,则有韵之文而时亦不用韵,终不以韵而害意也"①。而且,顾炎武还详细探讨了"经"韵与"传"韵的关系,认为"孔子作《彖》《象传》用韵,盖本经有韵而传亦韵,此见圣人述而不作,以古为师而不苟也",并对"经"与"传"在用韵体例上的不同予以揭示,"《彖》《象传》犹今之笺注者,析字分句以为训也;《系辞》、《文言》以下犹今之笺注于字句明白之后,取一章一篇全书之义而通论之也,故其体不同。"② 对此,章太炎先生评价道:"明职方郎昆山顾炎武,为《唐韵正》,《易》、《诗》本音,古韵始明,其后言声音训诂者禀焉。"③ 不得不说,有此评价并不为过。当然,我们也应该全面看到,顾炎武针对《易》音韵所作的具体研究的确存在不完善的地方,有待于后学进一步的纠正、细化、深入,但不可否认,他在探究五经古韵时提出的原则、方法以及倡导的谨严、求实学风,对于后人的深入研究无疑具有启发指导意义。

回顾我国的思想文化史,有大量卓有成就的学者研读《周易》并承其惠沾,他们很可能并未有专门的易学著作传世,但同样为易学的发展作出了积极的重要贡献。对于这一独特的学术景观,台湾学者徐芹庭的评价可谓精到:"其人虽不以《易》名家,而解《易》说《易》论《易》,或借事以论理,或引《易》以论证,咸有本有原,务实际而崇道本。"④ 因此,如

---

① (清)顾炎武:《日知录》卷二十一《五经中多有用韵》,《日知录校注》,《陈垣全集》,安徽大学出版社,2009,第1205页。
② (清)顾炎武:《日知录》卷二十一《易韵》,《日知录校注》,《陈垣全集》,安徽大学出版社,2009,第1208页。
③ 章太炎、刘师培等:《中国近三百年学术史论》,上海古籍出版社,2006,第13页。
④ 徐芹庭:《易学源流》上册,台湾"国立编译馆",1987,第475页。

果我们转换一下视角,"将考察的范围扩展至受《周易》及易学启示、影响的全部历史过程和学术文化现象上来"①,那在明末清初之际无论是在社会、政治领域还是在思想、学术领域,各种思潮都在交相激荡,顾炎武身处其中,其易学思想不可避免地不断地与之榫接从而形成一种助力,推动了思想文化发展。

总之,顾炎武的易学思想及其易学成就,无论在中国易学史还是在思想文化史上都留有浓墨重彩的一笔,应该引起我们的足够重视,而对于王夫之、黄宗羲的易学,我们也应作如是观。

二 王夫之易学

王夫之,生于明万历四十七年(1619),卒于康熙三十一年(1692),字而农,号姜斋,湖南衡阳人,明清之际曾从事抗清活动,清初隐居衡阳石船山著书,学者称其为船山先生,与顾炎武、黄宗羲并列为明清之际三大思想家。王夫之学识极其渊博,著述甚丰,仅易学著作就有《周易内传》《周易外传》《周易稗疏》《周易考异》等。其易学著述之多,在易学史上极为罕见。其中,《内传》《外传》最为重要,是易学领域的集大成之作。

就《周易》性质而言,王夫之反对朱熹"《易》本卜筮之书"的观点。他认为,占筮和学易皆《周易》所推崇,《周易》一书即包含占与学两个方面,并非"卜筮之专技",二者不可偏废。孔子作《易传》,其目的在于教人了解《周易》中的义理,提高道德水准;如此方能不被吉凶祸福动摇自己的信念。在王夫之看来,占筮目的不在于乞求神灵的保佑,而是从中得到启示,以启发理性的自觉。因此,占与学本无二理,二者虽不可偏废,但以学为主。为了论证《周易》并非迷信、占筮之书,他主张"得失吉凶一道",以善恶解释得失,并通过讨论得失和吉凶的关系,对得失与祸福进行了辩证的区分,强调吉凶在锻炼品质与提高精神境界方面也发挥着不容小觑的作用。

怎样认识《周易》体例,是"将《易》各自看",还是主张经传不分?

---

① 张涛:《秦汉易学思想研究》,中华书局,2005,第2页。

王夫之倾向于后者。他认为，孔子之《易传》以《彖》《象》为纲领，《彖》《象》二传即文周之彖爻，文周之彖爻即伏羲之画象，因为伏羲始画卦，卦象中阴阳二爻之升降乃明天道变易，同时又示人得失是非之理，天人之理尽在其中，而后圣以达先圣之意，未尝有所损益。这就是所谓"四圣同揆"。其目的之一，是不赞成朱熹区分伏羲、文王、周公、孔子之《易》。在象和爻的关系方面，王夫之主张"彖爻一致"，"以爻不悖彖为第一义"①。彖指卦辞或一卦之义，爻指爻辞和爻义，其中亦包括《彖》、《象》二传的关系，《彖》传和《大象》是对卦辞的解释，《小象》是对爻辞的解释。在解释《系辞》"彖者材也"时，王夫之论述道："材者体质之谓，效天下之动则其用也。有此体乃有此用，用者用其体，惟随时而异动耳。"② 在他看来，彖为体，爻为用，用不离体，所以不能舍彖而言爻，一爻之义虽因时位而不同，但并不违背《彖》文所说全卦之义理，乃其卦义的一种表现。王夫之此举意在讲通卦象、卦辞、卦义，爻义之间的逻辑关系，或者用来说明《易经》与《易传》的一致性，论证"四圣同揆"说。

卦爻辞如何阐释，在易学史上历来是一个重要的问题。王夫之虽主取义说，但并不排斥取象说。就象、数、辞、义四者的关系，他有如下论述："彖与象皆系乎卦而以相引，故曰系辞。系云者，数以生画，画积而象成，象成而德著，德立而义起，义可喻而以辞达之，相为属系而不相离。故无数外之象，无象外之辞。辞者即理数之藏也。而王弼曰得意忘言，得言忘象，不亦舛乎！"③"非象无彖，非象无爻，非彖与爻无辞，则大象、彖爻辞占皆不离乎所画之象，易之全体在象明矣。"④ 王夫之认为，一卦之义即存于卦象和所取之物象中，卦象乃《周易》的基础，应以卦象统率物象和数、辞、义理。卦辞、爻辞、彖传、象传以及占筮之事，皆离不开所画之卦象。就事理之本然说，卦象基于阴阳变易的法则，象成方有数可数。就揲蓍成

---

① （清）王夫之：《周易内传·发例》，《船山全书》单行本之一《周易内传·周易大象解·周易稗疏·周易外传》2，岳麓书社，2011，第662页。
② （清）王夫之：《周易内传·系辞下》，《船山全书》，岳麓书社，2011，第587页。
③ （清）王夫之：《周易内传·系辞上》，《船山全书》，岳麓书社，2011，第505页。
④ （清）王夫之：《周易内传·系辞下》，《船山全书》，岳麓书社，2011，第573～618页。

| 第 八 章 | 清代易学

卦说，则由数而成象，象成而阴阳之理即寓于其中。数、理不离卦象，有象方有数，理在象中，象显其理；卦爻的变化和卦爻辞的内容更不能脱离卦象，皆象之所生，此即"非象则无以见易"①，"易之全体在象"②。据此，王夫之既反对王弼玄学派的"忘象求意"的易学观，也不赞成象数学派的泥象说，同时又扬弃了程朱学派的"理本气末"，"假象以显义"说。可以说，置卦象于第一位，以卦象统率物象和数、辞、义理，王夫之为易学史上象数与象义之争作了一次较为系统完备的总结。

王夫之易学虽倾向于义理派，但他对宋易义理之学并不十分满意。因此，对于宋易义理派的修正和批判，也是王夫之研《易》的重点。在王夫之看来，总体而言，宋易义理派反对象数，重视义理，符合圣人作《易》宗旨，基本上是正确的。当然他们也存在明显不足，主要是因过分重视义理，而象数及其他造成不同程度的忽视。苏轼《东坡易传》援佛老入《易》，与王弼以玄学治《易》方法相同，可惜都有背离易学的倾向。程颐《伊川易传》着重讲理事，使《易》摆脱了释老虚无之学的束缚，而在"通志成务"方面的大用得以施行，这是正确的，但另一方面他继王弼黜象数而崇义理，纯乎讲事理而不与于筮占，甚至否认"不疾而速、不行而至之神"，也就是说否认事物生化中的偶然性，则应该说是错误的。张载揭示了《易》的神化之功，体贴事物发展的不测之神与精微之妙，他兼顾义理与象数，发挥《易》阴阳刚柔之象，是符合《易》旨的。美中不足的是太过简略。王夫之为使两者统一起来，因而修正宋易重视义理忽视象数的片面性。

同时，王夫之也对宋易中的图书派进行了集中批判。在他看来，邵雍将《易》归纳为整齐的次序与方位是错误的。君子作为在于显天道、昭人道，崇德广业。而邵雍之图"域大化于规圆矩方之中"，且"一切皆自然排比，乘除增减，不可推移"，显然把丰富多彩，变幻莫测的大千世界归于机械的易图之中，是一种僵化的思想模式，不可避免地陷入"术数家举万事万理而归之前定"的先验论泥潭。按照这个思路，会出现"端坐以俟祸福

---

① （清）王夫之：《周易内传·系辞下》，《船山全书》，岳麓书社，2011，第586页。
② （清）王夫之：《周易内传·系辞上》，《船山全书》，岳麓书社，2011，第564页。

之至","无为偷安"的现象,这显然与《易》不可为典要的宗旨相背离。

对于邵雍颇为推崇、自得的先天易学,王夫之不以为然,而是从辩证思维的角度予以驳斥。我们知道,先天易学的理论依据在于:"太极既分,两仪立矣。阳上交于阴,阴下交于阳,四象生矣。阳交于阴,阴交于阳,而生天之四象。刚交于柔,柔交于刚,而生地之四象。于是八卦成矣。八卦相错,然后万物生焉。是故一分为二,二分为四,四分为八,八分为十六,十六分为三十二,三十二分为六十四。故曰分阴分阳,迭用柔刚。迭用柔刚,《易》六位而成章也。"① 也就是说太极生阴阳两仪,然后两仪上再各生一阴一阳,便是太阴、少阳、少阴、老阳四象;四象上再各生一阴一阳,便是为坤、艮、坎、巽、震、离、兑、乾八卦;八卦之上再各生一阴一阳,就是十六,十六之上再各生一阴一阳,就是三十二,三十二之上再各生一阴一阳,就是六十四卦,这种方法被程颢称为"加一倍法"、被朱熹称为"破作两片"。但是王夫之却指出,这与《易》中阴阳互蕴的思想是相违背的。如同一个人从少到老是在不断发展变化的,但这种发展与变化是在人这个统一体中进行的,必然前后相互关联,无法截然分开。因此,阴与阳、刚与柔不可能截然对立,而是合和统一的。

明清之际,在国破家亡的冲击下,具有忧患意识的学人不断涌现,他们通过著书立说总结明王朝覆灭的教训,在思想文化领域对宋明理学进行反思和批判。就易学而言,出现了总结过往易学成果的趋势。在这一过程中,王夫之独树一帜:既批评了汉易、玄学派、图书学派和邵雍数学派的易学,也批评了程朱理学和陆王心学的易学观点,又能吸取各家的合理思想,建立起自身独特的易学体系,对中国古代易学,特别是宋明以来的易学作了一次全面的总结。必须指出的是,王夫之生前,窜身徭瑶,虽然著作等身,亦有不少学者追随其学,但在当时学术界并无重大影响。直到曾国藩刊刻《船山全书》,表彰船山之学,其学始广为流布。尽管如此,王夫之仍对中国传统易学的进一步发展起到了巨大的推动作用。

---

① (宋)邵雍:《皇极经世书》卷十二《观物外篇上》,《邵雍全集》,上海古籍出版社,2016,第1196页。

三　黄宗羲易学

黄宗羲生于明万历三十八年（1610），卒于康熙三十四年（1695），字太冲，号南雷，又号梨洲，浙江余姚人。其学"以濂洛之统，综会诸家。横渠之礼教，康节之数学，东莱之文献，艮斋、止斋之经制，水心之文章，莫不旁推交通，连珠合璧，自来儒林所未有也"[1]。黄宗羲著述宏富，主要有《明儒学案》六十二卷、《宋元学案》一百卷、《明夷待访录》二卷、《留书》一卷、《孟子师说》四卷、《授书随笔》一卷、《南雷文案》十卷、《外集》一卷、《吾悔集》四卷、《撰杖集》四卷、《蜀山集》四卷、《子刘子行状》二卷、《诗历》四卷等。此外，黄宗羲还有专门的易学著作《易学象数论》。该书成于顺治十八年[2]，全书六卷，分内外篇。内篇三卷主要言象，外篇三卷主要言数。其弟子汪瑞龄这样评价：前三卷"论其倚附于《易》似是而非者，析其离合"，后三卷"论其显背于《易》而自拟为《易》者，决其底蕴"[3]。全祖望称此书，"力辨河洛方位图说之非，而遍及诸家。以其依附于《易》，似是而非者为内篇；以其显背于《易》，而拟作者为外编"[4]。又"姚江黄征君《易学象数论》六卷，上自图书九十之混，变卦、互卦之异同，旁推交通，虽以纳甲、纳音、世应、轨革之法，莫不搜其原本，抉其讹谬，可为经学中希有之书也"[5]。黄宗羲《易学象数论》对从汉至明历代象数之学做了一次系统清理和全面批判，是易学研究史上的重要著作。

黄宗羲回顾易学史，通过梳理易学发展源流，对象数易学进行了系统

---

[1] （清）全祖望：《鲒埼亭集》卷十一《梨洲先生神道碑文》，《全祖望集汇校集注》，上海古籍出版社，2002，第220页。
[2] （清）黄炳垕：《黄宗羲年谱》"顺治十八年辛丑五十二岁"条，中华书局，1993，第31页。
[3] （清）黄宗羲：《易学象数论》附录《汪瑞龄序》，《易学象数论（外二种）》，中华书局，2010，第325页。
[4] （清）全祖望：《鲒埼亭集》卷十一《梨洲先生神道碑文》，《全祖望集汇校集注》，上海古籍出版社，2002，第221页。
[5] （清）全祖望：《鲒埼亭集外编》卷二十七《黄梨洲易学象数论书后》，《全祖望集汇校集注》，上海古籍出版社，2002，第1270页。

的批判：

> 自九流百家借之以行其说，而于《易》之本意反晦矣。《汉儒林传》：孔子六传至菑川田何，《易》道大兴。吾不知田何之说何如也！降而焦、京，世应、飞伏、动爻、互体、五行、纳甲之变，无不具者。吾读李鼎祚《易解》，一时诸儒之说芜秽康庄，使观象玩占之理，尽入于淫瞽方技之流，可不悲夫！有魏王辅嗣出而注《易》，得意忘象，得意忘言；日时岁月，五气相推，悉皆摈落，多所不关，庶几潦水尽而寒潭清矣。顾论者谓其以《老》《庄》解《易》，试读其注，简当而无浮义，何曾笼落玄旨？故能远历于唐，发为《正义》，其廓清之功不可泯也。然而魏伯阳之《参同契》，陈希夷之《图》、《书》，远有端绪。世之好奇者，卑王注之淡薄，未尝不以别传私之。逮伊川作《易传》，收其昆仑旁薄者，散之于六十四卦中，理到语精，《易》道于是而大定矣。其时康节上接种放、穆修、李之才之传，而创《河图》先天之说，是亦不过一家之学耳。晦庵作《本义》，加之于开卷，读《易》者从之。后世颁之于学官。初犹兼《易传》并行，久而止行《本义》，于是经生学士信以为羲、文、周、孔，其道不同。所谓象数者，又语焉而不详，将夫子之韦编三绝者，须求之卖酱箍桶之徒，而《易》学之榛芜，盖仍如焦、京之时矣。①

他认为京房以来的象数易学，皆非《周易》经传之正宗，至宋代陈抟、周敦颐、邵雍等人出现后，象数、图书之学如日中天。受此影响，朱熹杂糅义理与象数，将《河图》《洛书》、先天诸图置于《周易本义》之首，其学为后世定为官方之学，致使《图》《书》之学广为流传。这一做法使易学又回了到京房、焦延寿方技之老路，致使易学荒芜，谬种百传。而王弼、孔颖达、程颐等人重视易道，探求元旨，黄宗羲则给予充分地肯定。

对于汉以后各家解释河洛图式，黄宗羲认为，汉唐诸家，如孔安国、

---

① （清）黄宗羲：《易学象数论》卷首《自序》，《易学象数论（外二种）》，中华书局，2010，第 11~12 页。

刘歆、郑玄、扬雄、《黄帝内经》、《易纬·乾凿度》、魏伯阳、虞翻等,其言五行生成之数和九宫之数,皆未以其为《河图》或《洛书》,"《图》、《书》之所指既如彼,二数之称名又如此,两者判然不相及。至宋而方士牵强扭合,儒者又从缘饰以为授受之秘,而汉唐以来之议论,一切抹煞矣"。又"《图》、《书》亦自有辨,天地之数,固命之为图,九宫之数,是亦一图也,岂可为书!汉儒图则言画,书则言文,犹致严于名实。此则不暇自掩其失矣"①。也就是说,汉唐各家所言天地之数和九宫之数,都未以此二类数为《河图》和《洛书》。即使天地之数的组合可称为图,而《洛书》之书指天文字,并无图象之义,以书为图更有背于古训。他历考诸家,发现宋以前根本没有谁将天地之数和九宫之数,当作《河图》《洛书》,因为"两者判然不相及"。直到宋代,方士才将所谓天地之数和九宫之数与《河图》《洛书》牵强扭合到一起,也就是说以河洛为两种图式始于宋代的方士。宋儒传《河图》《洛书》者,主要是刘牧、邵雍,他们同出陈抟授受,陈抟之说,后经刘牧阐发,方将河洛图式纳入儒家易学。"儒者又从缘饰以为授受之秘",这样就将"汉唐以来之议论一切抹煞矣"。

黄宗羲之所以辨宋代的《河图》《洛书》之学,原因在于具有浓厚河洛之学色彩的朱熹《周易本义》被定为科举取士必读之书后,流传甚广,以至"世不敢复议,稍有出入其说者,即以穿凿诬之。夫所谓穿凿者,必其与圣经不合者。摘发传注之讹,复还经文之旧,不可谓之穿凿也。《河图》《洛书》,欧阳子言其'怪妄之尤甚者',且与汉儒异趣,不特不见于经。亦是不见于传"。"世儒过视象数,以为绝学,故为所欺。余一一疏通之,知其于《易》了无干涉,而后反求之《程传》,或亦廓清之一端也"②。在他看来,要达到批判象数学的目的,就必须要廓清易学上的迷雾,还《周易》本来面目。此举受到了全祖望的高度评价:黄宗羲所谓"《河图》在《顾命》,与《大训》并陈,则是皆书也。使如后世所云,则为龙马之遗蜕与?

---

① (清)黄宗羲:《易学象数论》卷一《图书二》,《易学象数论(外二种)》,中华书局,2010,第16页。
② (清)黄宗羲:《易学象数论》卷首《自序》,《易学象数论(外二种)》,中华书局,2010,第12页。

抑庖牺之稿本与？不知天垂象，见吉凶，所谓仰观天文；河出图，洛出书，所谓俯察地理，图书即今之图经、黄册，其以河、洛名者，以其为天下之中也"。这些主张，"可谓百世不易之论"，"今人徒泥于河出、洛出之文，以为此必沿河溯洛而得之者，真解经之固也。同里李桐曰：《尚书》出孔壁，《仪礼》出淹中，不必皆有符瑞。谅哉！征君于《易》，远览千古，一洗前辈之支离，而尤有功于《易》者，此论也"①。

关于邵雍的先天易学，黄宗羲重点批判先天次序图和先天方位图，认为邵雍先天横图次序源于对《系辞》"易有太极"章解释，但其解释不符合传文原义，根源在于不理解"易有太极"章中生两仪、生四象、生八卦之"生"字："太极、两仪、四象、八卦，因全体而见。盖细推八卦（即六十四卦）之中，皆有两仪、四象之理，而两仪、四象初不画于卦之外也。其言'生'者，即'生生之谓《易》'之'生'，非次第而生之谓。康节加一倍之法，从此章而得，实非此章之旨，又何待生十六，生三十二，而后出经文之外也。"② 此外，关于八卦排列顺序，邵雍有乾一、兑二、离三、震四、巽五、坎六、艮七、坤八之说，黄宗羲依《说卦》文，认为应是乾、坤、震、巽、坎、离、艮、兑这样的顺序，邵雍的排列同样背于经文。进而，对于邵雍的先天方位图，黄宗羲批评道："夫卦之方位，已见'帝出乎震'章。康节舍其明明可据者，而于未尝言方位者重出之，以为先天，是谓非所据而据焉。'天地定位'，言天位乎上，地位乎下，未闻南上而北下也。'山泽通气'，山必资乎泽，泽必出乎山，其气相通，无往不然，奚取其相对乎？'雷风相薄'，震居东，巽居东南，遇近而合，故言相薄，远之则不能薄矣。东北为寅，时方正月，岂雷发声之时耶？'水火不相射'，南方炎，北方寒，犹之冬寒夏热也。离东坎西，是指春热秋寒，谁其信之？此皆先儒所已言者，某则即以邵子所据者，破邵子之说"③。依《说卦》

---

① （清）全祖望：《鲒埼亭外编》卷二十七《黄宗羲易学象数论书后》，《全祖望集汇校集注》，上海古籍出版社，2002，第221页。
② （清）黄宗羲：《易学象数论》卷一《〈先天图〉一》，《易学象数论（外二种）》，中华书局，2010，第28页。
③ （清）黄宗羲：《易学象数论》卷一《〈先天图〉二》，《易学象数论（外二种）》，中华书局，2010，第29页。

"帝出乎震"章，黄宗羲认为《说卦》中的"天地定位"章说的"定位"，应指居上下之位，而不是邵雍所说的指乾南坤北之位。

在批判邵雍的同时，黄宗羲又把矛头指向了朱熹。他说："《易》不始于文王，则方位亦不始于文王，故不当云文主八卦方位也。乃康节必欲言文王，因先天乾南坤北之位，改而为此。朱子则主张康节之说过当，反致疑于经文。"在他看来，"离南坎北之位，本无可疑，自康节以为从先天改出，牵前曳后，始不胜其支离；朱子求其所以改之之故而不可得，遂至不信经文。吁！可怪也！"① 又"先天之方位，明与'出震'、'齐巽'之文相背，而晦翁反致疑于经文之卦位。生十六，生三十二，卦不成卦，爻不成爻，一切非经文所有。顾可谓之不穿凿乎？"② 可以看出，黄宗羲批判的标准只有一个，那就是《周易》，离开《易》的经文，一切"皆非定名"，从中我们亦可管窥以经解经确属黄宗羲治学的不二法门。

黄宗羲反对主变占的汉易象数学，亦不赞同尚玄虚的魏晋易义理学，对唐宋象数学走向图书之学以及义理学走向玄虚之理持强烈的批评态度，因而主张象数与义理统一，即所谓"义理即在其中"，理气、太极与阴阳等问题是其《易》理探讨的重要内容。其论气："覆载之间，一气所运，皆同体也。"③ "覆载之间"为天地，天地间皆气，即"盈天地间皆气也"④。气与天地同体。又"通天地，亘古今，无非一气而已。气本一也"⑤。论理："天地之间只有气，更无理，所谓理者，以气自有条理，故立此名耳。"⑥ 气与理密不可分："理气之名，由人而造。自其浮沉升降者而言，则谓之气，自其浮沉升降不失其则者而言，则谓之理。盖一物而名，非两物而一体也。"⑦ 道理皆从形气而立，离形无所谓道，无所谓理。"流行而不失其序，是即理

---

① （清）黄宗羲：《易学象数论》卷一《八卦方位》，《易学象数论（外二种）》，中华书局，2010，第32~34页。
② （清）黄宗羲：《易学象数论》卷首《自序》，《易学象数论（外二种）》，中华书局，2010，第12页。
③ （清）黄宗羲：《孟子师说》卷一，《黄宗羲全集》第一册，浙江古籍出版社，2012，第49页。
④ （清）黄宗羲：《明儒学案》卷六十二《蕺山学案》，中华书局，1985，第1512页。
⑤ （清）黄宗羲：《宋元学案》卷十二《濂溪学案下》，中华书局，1986，第499页。
⑥ （清）黄宗羲：《明儒学案》卷五十《诸儒学案中四》，中华书局，1985，第1175页。
⑦ （清）黄宗羲：《明儒学案》卷四十四《诸儒学案上二》，中华书局，1985，第1064页。

也,理不可见,见之于气"①。理气非二物,而是一物的两个方面,理为规则,气为实体,理无形而气有形,二者相互联系,相互依赖,缺一不可。其中气更为根本,因为理是其"条理"。从中,明显能看到自宋代张载以来气体论思想对黄宗羲理气论的启发、影响。其论太极与阴阳:"《易》以一阴一阳之为道,道即太极也。离阴阳无从见道。所谓《易》有太极,是生两仪,此为作易者言之。因两仪而见太极,非有先后次第也。宗兄之意,是先有太极,而后分之为阴阳。当其未分阴阳之时,不知太极寄于何所?有物先天地,无形本寂寥,能为万象主,不遂四时凋,此二氏之言也,易岂有是乎?"②不赞同太极与阴阳有先后次序,即先有太极,然后现分为阴阳。"所谓易有太极,是生两仪,此为作易者言之",是指作《易》角度而言,太极与阴阳并无先后之分,而是共生,或者说太极中已经蕴含着阴阳,即"其言太极也,统三百八十四爻之阴阳,即为两仪;统六十四卦之纯阳纯阴,阳卦多阴,阴卦多阳,即为四象;四象之分布,即为八卦。故两仪四象八卦,生则俱生,无有次第"③。否则就坠入佛老无中生有的泥坑。依此理论看天地与万物的关系,也可以说是一种共生的关系,天地之所以生万物,是其本身已经包括生养万物的因子,而万物生养不过是顺其自然的展开,从逻辑上讲无先后之分。

黄宗羲为学重在经世,其治《易》同样如此。他说:"天地以生物为心,仁也;其流行次序万变而不紊者,义也。仁是乾元,义是坤元,乾坤毁则无以为天地矣。故国之所以治,天下之所以平,舍仁义更无他道。"④仁义在《易》为乾坤,地位至关重要。仁义不仅体现天地生物之心及其有序发展与变化,而且尤表现在治国安邦上,此为治国平天下之大道。这一

---

① (清)黄宗羲:《孟子师说》卷二,《黄宗羲全集》第一册,浙江古籍出版社,2012,第57页。
② (清)黄宗羲:《南雷诗文集》卷上《再答忍庵宗兄书》,《黄宗羲全集》第十九册,浙江古籍出版社,2012,第198页。
③ (清)黄宗羲:《南雷诗文集》卷上《万公择墓志铭》,《黄宗羲全集》第十九册,浙江古籍出版社,2012,第523页。
④ (清)黄宗羲:《孟子师说》卷一,《黄宗羲全集》第一册,浙江古籍出版社,2012,第47页。

点在《明夷待访录》中表现得尤为充分。有关撰写此书的用心，其自序云："吾虽老矣，如箕子之见访，或庶几焉，岂因夷之初旦，明而未融，遂密其言也。"① 就其书名而言，明夷为《周易》明夷卦，此卦下离上坤，日在地中，明隐没于地中，象征黑暗，卦辞为"明夷，利艰贞"。《彖传》释为"利艰贞，晦其明也，内难而能正其志，箕子以之"。指此时应利于牢记艰难，守持正固。"箕子之见访"出自六五"箕子之明夷，利贞"，意谓箕子身有明德而逢纣之恶，乃以明为暗。宗羲当易代之际，自感不遇，又不欲出仕，因取明夷为名，著其书以待反清者自用。梁启超对此书评道："梨洲正欲为代清而兴者说法耳。"②

黄宗羲的《易学象数论》是易学史上第一部对象数学进行科学性总清算的专著，对后来易学的发展产生了深刻的影响。四库馆臣对此评价道："盖易至京房、焦延寿，而流为方术，至宋陈抟而岐入道家，学者失其初旨，弥推衍而蟊蠈弥增。宗羲病其末派之支离，先纠其本原之依托。""其（黄宗羲）持论皆有依据，盖宗羲究心象数，故一一能洞晓其始末，因而尽得其瑕疵，非但据理空谈，不中窾要者比也"，此书"宏纲巨目，辨论精详，与胡渭《易图明辨》，均可谓有功于易道者矣"③！黄宗羲对象数易学的批判掀起了清初批判宋易象数学的帷幕，风向所致，黄宗炎、胡渭、毛奇龄等人继起，系统地考辨宋易图书学和先天太极说，最终导致清初学术风尚的转变。

第二节　朴学易学的产生与发展

朴学易形成于雍乾之际，其源可上溯至清初。顾炎武治《易》已开考据易学之先河，黄宗羲兄弟开图书辨伪之风，毛奇龄、胡渭继之而起。自

---

① （清）黄宗羲：《明夷待访录·题辞》，《黄宗羲全集》第一册，浙江古籍出版社，2012，第1页。
② 梁启超：《中国近三百年学术史》，东方出版社，1996，第57页。
③ （清）永瑢等：《四库全书总目》卷六《易学象数论》，中华书局，1965年影印本，第36页。

此之后，治《易》者或以发掘、整理、推演汉易为重点，或以数学、语言学的一些新成就来研究《周易》经传本身。其中，惠栋、张惠言、焦循等人是上述研究的重要人物。清代朴学易的崛起反映在官方易学上，就是《四库全书总目》对历代易学著作的评价。《四库全书》是我国规模最大的一部古籍，其《总目》是在《四库全书》纂修过程中产生的一部目录著作，它由数十名学有专长的纂修官分头撰写，再经著名学者纪昀、陆锡熊等人专核增删，反复修改润饰而成。"经部"下首先是"易类"六卷及"易类存目"四卷，总计十卷。它对《四库全书》所收历代易学著作作了简明的提要，其中对该书内容的概述及评价充分反映了四库馆臣的易学思想。《总目》的易学观接近于朴学易，有扬汉抑宋的倾向。乾嘉以后，朴学易著作虽丰，但也面临着被否定的命运。特别是惠栋对汉易的研究，有存古之功，在易学理论上却缺乏创造发明。他作为清代朴学易的主要代表，却将易学研究领入狭窄境地。由于朴学易的发展道路过于单一，对汉易的整理研究已臻大成，难以再觅惠栋、张惠言等学术大家，朴学易最终不可避免的走向衰落。

一 胡渭易学

胡渭（1633~1714），初名渭生，字朏明，一字东樵，浙江德清人。曾祖父友信，曾任广东顺德县知县，有政声，工古文，与归有光齐名，世称思泉先生。父公角，天启甲子举人。渭年十二而孤，随母沈氏颠沛流离，然手不释卷，学而不辍。十五岁为县学生，入太学，笃志经义，尤精于舆地之学。曾协助徐乾学纂修《一统志》。主要著作有《禹贡锥指》《洪范正论》《大学翼真》《易图明辨》。康熙四十三年，圣祖南巡，胡渭献所著《禹贡锥指》，受到嘉奖，赐予"耆年笃学"四字，引为殊荣。关于胡渭的学术，《清史稿》评论说："渭经术湛深，学有根柢，故所论一轨于正。汉儒傅会之谈，宋儒变乱之论，扫而除焉。"[1] 可见其在学术界的影响。

清初，尤其是康熙年间，实学思潮兴盛，其特征是反对宋学的空疏学

---

[1] 赵尔巽等：《清史稿》卷四百八十一《胡渭传》，中华书局，1998，第13172页。

风，提倡训诂考据，以揭示经传本义、恢复经传原貌为目的。这一学术风尚首先在易学领域拉开帷幕，宋易象数之学，尤其是图书之学首当其冲。许多学者从文献考证和文字训诂的角度考辨宋易的象数之学。黄宗羲著《易学象数论》、黄宗炎著《图学辨惑》、毛奇龄著《仲氏易》、李塨著《周易传注》，都对宋易的象数之学作了批判和驳斥。胡渭接踵于后，在前人研究成果的基础上著《易图明辨》，系统地考辨了宋易图书之学。胡渭在《题辞》中对此书的大体内容和学术观点作了提纲挈领式的表述，他说：

古者有书必有图，图以佐书之所不能尽也。凡天文地理，鸟兽草木，宫室车旗，服饰器用，世系位著之类，非图则无以示隐赜之形，明古今之制，故《诗》《书》《礼》《乐》《春秋》皆不可以无图。唯《易》则无所用图，六十四卦二体六爻之画，即其图矣。白黑之点，九、十之数，方圆之体，《复》《姤》之变，何为哉？其卦之次序、方位，则《乾》《坤》三索、出《震》齐《巽》二章尽之矣。图，可也，安得有先天、后天之别？《河图》之象，自古无传，从何拟议？《洛书》之文，见于《洪范》，奚关卦爻？五行、九宫初不为《易》而设，《参同契》、《先天太极》特借《易》以明丹道，而后人或指为《河图》，或指为《洛书》，妄矣。妄之中又有妄焉，则刘牧所宗之《龙图》、蔡元定所宗之《关子明易》是也。此皆伪书，九、十之是非又何足校乎？故凡为《易》图以附益经之所无者，皆可废也。就邵子四图论之，则《横图》义不可通，而《圆图》别有至理，何则？以其为丹道之所寓也。俞琰曰："《先天图》虽《易》道之绪余，亦君子养生之切务。"又曰："丹家之说虽出于《易》，不过依仿而托之者，初非《易》之本义，因作《易外别传》以明之。"故吾谓："《先天》之图与圣人之《易》，离之则双美，合之则两伤。伊川不列于经首，固所以尊圣人，亦所以全陈、邵也。观吾书者，如以为西山之戎首、紫阳之罪人，则五百年来有先我而当之者矣，吾其可末减也夫。"[①]

---

① （清）胡渭：《易图明辨·题辞》，中华书局，2008，第1页。

《易图明辨》以考辨《周易本义》所列九图为中心内容，兼及其他相关问题，企图理清图书学说的源流，将道家、道教之《易》从儒家之《易》中拨离出来，恢复《周易》的本来面目。胡氏考证详密，立论严谨，给宋易图书学以沉重打击。《四库全书总目》评价说：

> 国朝毛奇龄作《图书原舛编》，黄宗羲作《易学象数论》，黄宗炎作《图书辨惑》，争之尤力。然皆各据所见，抵其罅隙，尚未能穷溯本末，一一抉所自来。渭此书卷一辨《河图》《洛书》，卷二辨五行九宫，卷三辨《周易参同》、先天太极，卷四辨《龙图》《易数钩隐图》，卷五辨《启蒙》图书，卷六、卷七辨先天古易，卷八辨后天之学，卷九辨卦变，卷十辨象数流弊，皆引据旧文，互相参证，以箝依托者之口，使学者知图书之说，虽言之有故，执之成理，乃修炼、术数二家旁分易学之支流，而非作易之根柢，视所作《禹贡锥指》尤为有功于经学矣。①

在卷次的安排上，《易图明辨》大体以各图产生的时间先后为线索，逐个追根溯源，剖析考辨。台湾学者郑吉雄先生指出，《易图明辨》的编纂约略以年代先后为准②。《河图》、《洛书》除被《周易·系辞传》记载外，《河图》又见于《尚书·顾命》，应该是存在于上古的实物。但是历代诸家众说纷纭，无从得知其为何物而已，如果以年代论是为最早的，因此列为

---

① （清）永瑢等：《四库全书总目》卷六《易图明辨》，中华书局，1965 年影印本，第 40 页。
② 参见郑吉雄《〈易图明辨〉与儒道之辨》，载《周易研究》2000 年第 4 期。胡渭说："自春秋以迄两汉，言五行者神灶、梓慎主占候，吕不韦主时令，刘向主灾异，刘歆兼主历数，扬雄草《玄》亦与《太初历》相应。虽皆言生成之数，却非为《易》而设，至郑康成始援以注《易》，而四象之义乃定。要之，未有以此数为《河图》《洛书》者，何则？刘歆以《河图》为八卦，《洛书》为九章；郑康成以九篇为《河图》，六篇为《洛书》；刘瑜以《乾凿度》九宫之数为《河图》，蜀隐者以希夷之先天太极为《河图》。彼既自有其《图》《书》，必不于其外更标一《图》《书》，可知也。自伪《龙图》出，而始以五十有五为羲皇复位之数矣；自伪《关易》出，而直以五行生成为龙马所负之图矣。刘牧、蔡元定从而扬其波，抑又甚焉。自此以后，刘、蔡迭为兴废，或以此为《河图》，或以此为《洛书》，谬种流传，变怪百出。原其弊，实《汉志》有以启之。愚故先辨五行，次及九宫、《参同契》、先天太极，而以《龙图》《钩隐》《启蒙》终焉。"（《易图明辨》卷二，《五行》）这表明胡渭是按时间顺序考辨易图的。

第一卷；其次，"九宫"为《易纬·乾凿度》所载，年代大约在东汉，五行为《尚书·洪范》所载，也是东汉谶纬家的习惯说法，因此列为第二卷；再稍晚，魏伯阳著《周易参同契》，在胡渭看来是后世道教丹家思想入《易》的始祖，因此列为第三卷；然后及至北宋，陈抟、邵雍、刘牧、朱熹等演说易图的学者各表其说，因此列为第三、四、五、六、七、八卷；末尾二卷所标榜"卦变""象数流弊"，追溯余易图学术史，因是由黄宗羲率先提出讨论，故列于最后。

《易图明辨》对宋易象数之学进行了系统地考辨，揭示了陈抟、邵雍、刘牧、朱熹等人所传的图书之学源自道教系统，与圣人之《易》毫无关联，给宋易图书之学以沉重打击。梁启超评价说：

> 胡渭之《易图明辨》，大旨辨宋以来所谓《河图》、《洛书》者，传自邵雍，雍受诸李之才，之才受诸道士陈抟；非羲、文、周、孔所有，与《易》义无关。此似更属一局部之小问题，吾辈何故认为与阎书有同等之价值耶？须知所谓"无极"、"太极"，所谓《河图》、《洛书》，实组织"宋学"之主要根核；宋儒言理，言气，言数，言命，言心，言性，无不从此衍出。周敦颐自谓"得不传之学于遗经"，程朱辈祖述之，谓为道统所攸寄，于是占领思想界五六百年，其权威几与经典相埒。渭之此书，以《易》还诸羲、文、周、孔，以《图》还诸陈、邵，并不为过情之抨击，而宋学已受"致命伤"。自此，学者乃知宋学自宋学，孔学自孔学，离之双美，合之两伤；自此，学者乃知欲求孔子所谓真理，舍宋人所用方法外，尚别有其途。不宁唯是，我国人好以"阴阳五行"说经说理，不自宋始，盖汉以来已然；一切惑世诬民汩灵窒智之邪说邪术，皆缘附而起；胡氏此书，乃将此等异说之来历，和盘托出，使其不复能依附经训以自重；此实思想之一大革命也。[1]

然而，需要指出的是，胡渭并没有将图书之学全盘否定，他的目的只是将道家之《易》和儒家之《易》区别开来，廓清迷雾，还圣人之《易》

---

[1] 梁启超：《清代学术概论》，上海古籍出版社，1998，第14~15页。

以本真面貌。他甚至承认图学之学对揭示阴阳造化有一定的启发意义，只要不混入圣人之《易》即可。他说："九图虽妙，听其为《易》外别传，勿以冠经首可也。"① 就学术宗尚而言，胡渭推崇宋易义理之学，他并没有因批判图书之学而否定整个宋易。例如，他非常赞同王弼、程伊川以义理解《易》，主张摒弃图书之学，专守程氏《易》。所以，胡渭文献考证的治学方法虽然对清代汉易学的兴起起了导夫先路的作用，但他本身并不算是汉易学家。汪学群先生在评价清初学者对宋易图书学的考辨时说："与其说他们的批评与考辨开启乾嘉学者复兴汉易的先河，不如说这种批评与考辨客观上帮了乾嘉汉易学的忙。"② 这种评价也是符合胡渭的。

《易图明辨》在学术史、思想史上的价值是不容否定的，但也有其缺点和不足之处。刘保贞指出胡渭的考辨有三方面缺陷③：评判图书之学的标准失当；推论的逻辑不够严密；对宋明理学特别是图书之学的价值认识不足。评论较为中肯，为我们研究《易图明辨》提供了重要参考。

二 李光地易学

李光地（1642～1718），字晋卿，谥号文贞，福建安溪人。清初儒臣、著名理学家，康熙九年进士，选庶吉士，授编修，累官至直隶巡抚、吏部尚书、文渊阁大学士等。李氏自幼聪颖，一生亦官亦学，力学慕古，勤于著述，精于官场角逐，委蛇进退，显赫一时。主要著作有《尚书解义》《诗所》《古乐经传》《大学古本说》《中庸章段》《中庸馀论》《论语杂记》《孟子杂记》《朱子礼纂》《榕村语录》《榕村文集》《别集》等。他精邃于《周易》，易学著作有《周易通论》《周易观象》《周易参同契注》等，主持编纂《周易折中》。另外，其《文集》《语录》中收录了一些有关易学的篇章，《性理精义》中有某些涉及易学的内容。

---

① （清）胡渭：《易图明辨》卷十《象数流弊》"论四生之《易》"条，中华书局，2008，第225页。
② 汪学群：《清初易学》，商务印书馆，2004，第3页。
③ 刘保贞：《〈易图明辨〉导读》，齐鲁书社，2004，第68～70页。

李光地治《易》，重视义理的诠释，着力阐发微言大义，总体来说，属于宋易义理派。通过深入研读历代易学名著，考察易学名流，李光地确立了推尊四圣四贤的治《易》宗旨。他说：

> 间尝论《易》之源流，四圣之后四贤之功为不可掩。盖自周子标太极之指，邵子定两仪以下之次，而伏羲之意明。程子归之于性命道德之要，其学以尚辞为先，而文周之理得。朱子收而兼用之，又特揭卜筮以存《易》之本教，分别象占以尽《易》之变通。于是乎由孔圣以追羲文，而《易》之道粲然备矣。①

> 《易》不是为上智立言，却是为百姓日用，使之即占筮中，顺性命之理，通神明之德。《本义》象数宗邵，道理尊程，不复自立说，惟断为占筮而作。提出此意，觉一部《易经》字字活动。朱子亦自得意，以为天牖其衷。周子穷天人之源；邵子明象数自然之理；程子一一体察之于人事，步步踏实；朱子提出占筮，平正、活动、的确。故《易经》一书，前有四圣，后有四贤。②

四圣指伏羲、文王、周公、孔子，四贤指周敦颐、程颐、邵雍、朱熹。李光地认为，伏羲始画八卦，开创之功不可没，然而其时仅有八卦，六十四卦尚未命名。文王、周公继其后，给六十四卦命名，并作卦爻辞。孔子赞《易》作"十翼"，《周易》一书始成为体系完备的著作。李光地赞扬孔子读《易》有自己的独到见解，善于发明其中的道理。他说：

> 孔子读《易》，却是一字不放过，所以挑剔爻词，只添一二字，便醒出本意来。"勿药有喜"，朱子谓"勿药自愈"，是不消吃药也；夫子却云"不可试"，言不可吃药，吃药便有害。"有孚惠心，勿问元吉"，朱子谓"不用问而可知其元吉"；夫子却说"勿问之矣"，言我有诚心施恩于人，不必问其感与不感，故加"之矣"二字。"井渫不食，为我

---

① （清）李光地：《周易通论》卷一《易本》，《榕村全书》第一册，福建人民出版社，2013，第9~10页。
② （清）李光地：《榕村语录》卷九《周易一》，中华书局，1995，第152页。

心恻。可用汲，王明，并受其福。"所谓我者，似井自我，夫子却云"井渫不食，行恻也。"言行路之人，为之心恻，下皆行路者云云也。夫子却像晓得人必至错会而挑剔之，所关于道理甚大。①

又说：

> 惟孔子透到十二分。不独依书立义，义尽而止，有时竟似与原文相反，却是其中至精至妙之义，觉有透过之处。②

至汉代，象数之学盛行，易学陷入谶纬迷信、推测休咎的歧途。李光地评论说："自汉焦、京之流，以《易》为占测休咎之书，拆散爻画，配合五行干支，附以谶纬不经之说，遂使圣人之经晦盲否塞。"③认为谶纬之说荒诞不经，《周易》由此变得晦涩不明。但当有人问及"汉人占测亦有灵验"时，李光地回答："彼原另有此术，如《火珠林》之类，何尝不可用以占验？但以附于《易》，殊属牵强。"④他对占筮似乎没有完全予以否认，认为只要不附会于《周易》即可。

对于汉代之后的易学，李光地用寥寥数语，作了简单明了的评论。他说：

> 至辅嗣始从事理解，但发明处少，只算得一分。《孔疏》亦算得一分。周子《易通》之作，直通身是《易》，但于本文未有诠释，算得七分。程子虽有传，精采少逊，算有六分。邵子《先天图》，精妙无比，但说理处略，亦算有六分。朱子集成，复从占筮中见理，又透过一分，算有七分。至元明以来，不见作者矣。⑤

他认为，王弼扫落汉易象数，廓清其流弊，以义理说《易》，开风气之

---

① （清）李光地：《榕村语录》卷九《周易一》，中华书局，1995，第152页。
② （清）李光地：《榕村语录》卷九《周易一》，中华书局，1995，第152页。
③ （清）李光地：《榕村语录》卷九《周易一》，中华书局，1995，第153页。
④ （清）李光地：《榕村语录》卷九《周易一》，中华书局，1995，第153页。
⑤ （清）李光地：《榕村语录》卷九《周易一》，中华书局，1995，第153页。

先，有功于易学，但发明不多；《孔疏》本于《王弼注》，于倡扬义理之学有功；周敦颐穷天人之源，阐微发幽，议论精妙；程颐发明性命道德之要，阐理精确允当；邵雍发明卦图蓍策，重视易图学，得易学之本根，但略于说理；朱熹推崇《先天图》，得《易》之本原，明《易》为占筮之书，得《易》之本义；元明以来的易学则很少有创见。

在汉代以来的诸多易学名流中，李光地对程颐和朱熹关注最多，评论最为详细。他说：

> 程子讲《易》，逐段未必都当。如"以形体言谓之天，以主宰言谓之帝，以功用言谓之鬼神，以妙用言谓之神"。及"四德之元，犹五常之仁，偏言则一事，专言则包四者"。皆精确。朱子说《易》，亦不必逐段是。如赞《先天图》，以《易》为卜筮之书，皆有大功于《易》。某解《易》，无一句不是程朱说的道理，不过换换部位而已。
>
> 伊川治《易》，逐爻去看他道理事情。后来尹和靖得伊川之传，教人看《易》，一日只看一爻。朱子便说《易》是联片的，如何一日只看一爻？问："初学可以逐爻看起否？"曰："使不得。每一爻如投词人，是个原告、被告，必须会同邻佑、乡保、证佐，四面逼紧审问，方得实情。不然虽审得是，亦不敢自信。不通六爻全看，虽一月看一爻，亦无用。"
>
> 《易传》（即《伊川易传》）中有解不去的，有硬说的，每看至此等，便懊怅他当日只藏着不与人看。如今做一篇文字，中间或有不妥，虽后生小子，看到那里便停顿疑惑。可见道理是天下公共的，心中皆有此理，便皆可商量。就是孔子亦周流天下，无常师而焉不学。如何著一书不与人看，只就一人见解作？
>
> 朱子崇重《先天图》，得《易》之本原，明为占筮之书，得《易》之本义。其言四圣之《易》各有不同，固是。然又须晓得伏羲之《易》，即文、周之《易》，文、周之《易》，即孔子之《易》，划然看作各样，又不是。故朱子又曰："恭惟三古，四圣一心"。[①]

---

① （清）李光地：《榕村语录》卷九《周易一》，中华书局，1995，第154页。

显然，李光地非常服膺程朱的易学，原原本本地继承了二人的许多观点，用他自己的话说，其易学无一句不是程朱的道理，只是换换部位而已。然而，从上面的论述中我们也可以看出，李光地并非对程朱毫无异议，一味顺从。他也指出了二人的某些不足之处，抛弃了其错误观念。对于程颐，他认为其《易传》阐理精确，但未必每段都正确，不可与孔子同日而语。孔子阐述的义理是《易》中所固有的，而程颐却是帮贴上的，有以己意附会《周易》之嫌。他说："夫子解《易》，虽是自己说出一片道理，却是卦爻中所有，不是帮贴上的。《程传》何尝不是好道理，却是帮上的多。"[①] 程颐主张读《易》要逐爻看，李光地认为"立大主意"与"逐字句求解"相为表里，不可偏执一端。他说：

> 凡著书，须大主意定，若只在字句上着脚，无用。某初治《易》，有了几年工夫，逐爻看想，觉得三百八十四爻都不相粘。后将每卦练作一篇文字，然后逐字逐句顺将去，其初以为一二处不明白，且混将去，那知此一二点黑处，正是紧要处。有一字一句作梗，便是大主意不确。到得无一字不顺，就是虚字都应声合响，才印证得大主意不错，则逐字逐句又大有力也。立大主意与逐字句求解，盖相为表里。[②]

李光地还认为，读《易》要兼采众家之所长，学无常师方得易道，他批评了程颐书成而密不示人的做法。据朱熹在《伊川先生年谱》中记载，《伊川易传》成书后，程颐没有急于传授，期望日后再作修改，"自量精力未衰，尚觊有少进耳"。其后寝疾，始以授尹焞、张绎，不久即病逝，书中不妥之处，未能修正，留下遗憾。

朱熹远绍四圣，近承三贤，兼综象数与义理，既看到四圣之《易》的区别，又注重其相互联系，发明《周易》之本义，李光地非常推崇。比如，朱熹提出"《易》本卜筮之作"的观点，李光地极为赞同。他说：

---

① （清）李光地：《榕村语录》卷九《周易一》，中华书局，1995，第153页。
② （清）李光地：《榕村语录》卷九《周易一》，中华书局，1995，第155页。

然本画卦系辞之初，则主于卜筮以明民，非如他书直阐其理，直述其事者也。朱子深探其本，作《本义》一编，专归卜筮。然而，至今以为訾謷，盖恐狭《易》之用，小《易》之道，而使经为伎术者流也。殊不知《易》之用，以卜筮而益周。《易》之道以卜筮而益妙，而凡经之象数、辞义皆以卜筮观之，而后可通初，非小技末术之比也。今日作《易》者言理以教人尔，则施于学士而阻于愚氓，其用不周矣。偏言一理而不足以该于无穷，其道不妙矣。卦象之泛，取蓍数之旁通其于理也，杂而不切矣。《大有》元亨，初六"无咎"，其于理也略而难明矣。避其为小技末术而反入于枝离晦昧之归，乃不虞其重为《易》病也乎？是故朱子之大有功于《易》卜筮之说也。有得于此，然后可以言洁静精微之要，而凡散殊清通，无所推而不达道德性命，亦无所求而不得矣。①

朱熹将《周易》视为卜筮之书，并非否定其经典性的地位和丰富的义理内涵，而是为了反对脱离《周易》本义而空谈义理，认为恢复其本来面目更有利于把握其中精蕴。李光地也正是本着这种思维方式来认识《周易》的，他认为舍卜筮则《易》理无以明，主张以卜筮明《周易》之道。《易》之用以卜筮而愈加周密，《易》之道因卜筮而更为精妙。只有明白《周易》为卜筮之书，其象数、辞义才能解释的通透准确，才能理解其洁静精微之要，达于性命道德之理。正是基于这样的观点，李光地赞扬朱熹大有功于《易》卜筮之说。

李光地对程朱既推重尊崇又不盲目迷信的易学观点，前贤时哲多有论述。《四库全书总目》介绍《周易观象》时曾指出：

解"后得主而有常"句，不从《程传》增"利"字，解"盖言顺也"句，不以"顺"为"慎"，以及"比吉也"句，"比之匪人"句，"同人曰"句，"小利有攸往，天文也"句，"震惊百里，惊远而惧迩也"句，"渐之进也"句，上九"鸿渐于陆"句，与"地之宜"句，

---

① （清）李光地：《周易通论》卷一《易教》，《榕村全书》第一册，福建人民出版社，2013，第11~12页。

皆不从《程传》《本义》脱误之说……其大旨虽与程朱二家颇有出入，而理足相明，有异同而无背触也。[①]

这一看法是符合李光地易学特征的。大体说来，李光地研《易》以宋易学为宗，尤其推尊朱熹易学。他继承了朱熹象数义理兼综的风格，但反对空谈象数，以义理为旨归。他注重发明《易》理，阐发微言大义，于性命道德之学和经世致用之学孜孜以探求，以期为清廷提供资鉴。李光地是一位官位显赫的政治家，能借助易学向康熙皇帝进谏，并以易学指导自己的政治实践，对当时社会政治产生了积极影响，远非一般读书士子所能比拟。

三 惠栋易学

惠栋（1697~1758），字定宇，号松崖，学者多称小红豆先生，江苏吴县（今江苏省苏州市）人，初为吴江县学生员，后改归元和籍。惠栋著述中多题"元和惠栋"，即缘于此。生于清康熙三十六年（1697）十月初五日，卒于清乾隆二十三年（1758）五月二十二日。惠栋是乾嘉学派最为重要的代表人物之一，是乾嘉学派中所谓吴派的创始者，以倡导汉学或者说朴学而被学术界推为一代宗师。

惠栋继承家学传统，自幼博览群书，对经、史、诸子、稗官野乘以及佛、道等方面的典籍，无不涉猎和探究。他的父亲惠士奇（字仲孺）的朋友，江西临川的李绂一见到惠栋就感到很惊奇，感叹说："仲孺有子矣！"二十岁入吴江县学，二十二岁著成《春秋左传补注》。乾隆九年（1744）四十八岁的惠栋参加乡试，由于他不遵朱熹《四书集注》而以《汉书》立论，名落孙山。此后，无意于科场，专心教授门徒、撰著学术。乾隆十五年（1750）以"博通经史，学有渊源"得到陕甘总督尹继善、两江总督黄廷桂极力推荐。后因故未及进而罢归[②]。乾隆十九年（1754）前往扬州担任扬州

[①] （清）永瑢等：《四库全书总目》卷六《周易观象》，中华书局，1965年影印本，第39页。
[②] （清）王昶：《惠先生墓志铭》，《清代碑传全集》卷一三三，上海古籍出版社，1987，第674页。

盐运使卢见曾幕僚，宾主相处融洽。《周易述》正是撰写于此时。乾隆二十三年（1758）春，以疾返归故里，同年去世，终年六十二岁。

惠栋一生专心向学，勤于著述，在经学尤其是易学方面，著作最多，取得辉煌的学术成就。从易学史的角度来说，惠栋学宗汉儒、恢复汉易，并为乾嘉易学的发展奠定基础、引导方向。在清初盛行实学后，易学的发展趋势在乾嘉时期出现了进一步转变，即从偏重阐发义理转向整理和解说汉易，表现出易学的汉学化或者说朴学化方向。究其原因，这固然与乾嘉时期汉学的兴盛密不可分，但其实也与惠栋标榜汉易，力主以汉儒之说解《易》的首倡之功不无关联。除《周易述》外，惠栋曾专门撰写《易汉学》，从旧注和有关典籍中辑考《周易》汉代注说的著作，此外还有《九经古义》论古字涉及校勘，论古义多存汉说。惠栋《周易述》《易汉学》《九经古义》等著作，都是以恢复汉学为宗旨的。对于惠栋的学术贡献，清儒皮锡瑞给予了高度评价："惠、戴诸儒，为汉学大宗，已尽弃宋诠，独标汉帜矣。"[①] 惠栋之后，乾嘉时期的著名易学家如张惠言、焦循无不深受其影响。张惠言不仅受惠栋影响颇深，而且其基于补充惠栋易学之不足而专攻的虞翻易学，全面、系统地恢复和阐扬了虞翻易学。焦循著有《易学三书》《周易补疏》《易话》《易广记》等，构成了独特的易学体系。但是如果通观其对《周易》经传的解释，不难发现他提出的旁证、相错、时行诸说，都根源于汉易象数之学，换言之他仍在阐扬汉易传统。当然，焦循是在批判地继承汉代象数易学，比如他评论汉易卦变说："余既为当位、失道等图，以明其所之之吉、凶、悔、吝，此即为荀、虞之卦之说之所本。去其伪，存其真，惜不能起荀、虞而告之耳。"[②] 便可见其对荀、虞易学的扬弃和发展。因此总体而言，焦循的易学仍属惠栋所开创的汉学一派，只不过在惠栋、张惠言的基础上有所改造和创新，对汉易既非全盘肯定，也非一概承接。

在学术史方面，惠栋治学特别是治《易》方面，溯其古而求其源，重小

---

① （清）皮锡瑞：《经学历史·经学复盛时代》，中华书局，1939，第 313 页。
② （清）焦循：《易图略》卷七《论卦变下第三》，《易学三书》，九州出版社，2003，第 132 页。

学训诂与名物典制，对当时学术发展具有开风气之先的积极意义。尤其是乾嘉学派的吴派，正是由于惠氏的倡导才形成。吴派是清代学术史上的重镇，涌现出一大批著名学者，尤以沈彤、余萧客、江声、王鸣盛、钱大昕最为著名①。这些吴派学者大多恪守惠栋的治学之风和学术宗旨，始终崇尚汉学，注重强调文字、音韵、训诂的重要性，为推动中国经学以及史学发展做出卓越贡献。惠栋的再传弟子江藩深受其影响，撰述《周易述补》，甚至从汉学角度出发，阐述有清一代经学之渊源和流变，撰成《国朝汉学师承记》。

惠栋所倡导的这些通过文字、音韵、训诂等方式推明义理的路径，得到乾嘉学派中另一重镇即皖派代表人物戴震的响应。戴震深受惠栋治学方法的影响，其所撰《孟子字义疏证》就是通过训诂以明义理。从辑佚学角度而言，惠栋《易汉学》先解释、阐发汉《易》诸家的原理，然后补辑大量材料，这种辑佚方法直接为后来的四库馆臣所仿效。后来出现的其他易学辑佚之作，如孙星衍《周易集解》、李富孙《李氏易解剩义》、孙堂《汉魏二十一家易注》等，也全得益于他的启发和影响。

解经时重视对典章制度的引用，也是惠栋《周易述》的一大特点。比如在疏解《观》卦就多处引用明堂之制，疏解《豫·象传》又多处引用禘祭之礼。而且《明堂大道录》作为《周易述》系列著作之一，也是专门的典章制度之作，并开创了清代典章制度方面的专门之作，其后陆续出现了胡匡衷《仪礼释官》、戴震《考工记图》、王鸣盛《周礼军赋说》、任大椿《弁服释例》、焦循《群经宫室图》、晚清黄以周《礼书通故》等等。梁启超曾说："典章制度一科，在清代亦为绝学。其动机起于治三《礼》，后遂泛滥亦广，惠栋著《明堂大道录》，对古制度专考一事，渐成专书者始此。"② 可见惠栋在典章制度著作方面的影响还是较为明显的。

在解经方法上，惠栋依然有首创之功。《周易述》采汉儒之说，自为注

---

① 关于乾嘉学派的内部分野，自章太炎、梁启超以来，学术界向有吴派、皖派之说。近些年来，学术界又出现了吴派、皖派、扬州学派三派说和惠栋、戴震、钱大昕三派说，更有学者否定乾嘉学派内部分野之说，认为以地域分门户，实有违历史实际（参见胡凡《二十年来乾嘉学派形成原因与学术分野研究综述》，载《中国史研究动态》2003年第2期）。笔者姑且沿袭吴、皖之分的传统说法。

② 梁启超：《清代学术概论》，中华书局，2010，第70页。

而自疏之，开启了清人治诸经子的先河。众所周知，诸经由汉魏人作注，唐宋人作疏解，其后代代因之。及至惠栋终于另立新疏而打破这种局面，其敢于创新的胆识及其创新意识在当时颇具积极意义。比如就易学领域而言，《周易述》之后，出现张惠言《周易虞氏义》、李道平《周易集解纂疏》、姚配中《周易姚氏学》，尤其前两者受《周易述》影响最大。张惠言在《周易虞氏义序》中表述了撰写《周易虞氏义》的目的："古书亡而汉魏师说略可见者十余家。然唯荀、郑、虞氏三家略有梗概可指说，而虞又较备。然则求七十子之微言，田何、杨叔、丁将军之所传者，舍虞氏之注，其何所自焉？故求其条贯，明其统例，释其疑滞，信其亡阙，为《虞氏义》九卷，又表其大指，为《消息》二卷。"[1] 即追求虞氏的系统性，以补惠栋《周易述》之不足。因此，他以李鼎祚《周易集解》中的虞氏《易》注为主，并参考其他汉代《易》说及《经典释文》所载，逐句解释经传文句，用与《周易述》相同的注疏的形式，恢复虞氏《易》的全貌。李鼎祚《周易集解》一书，为唐朝以后保存汉易的唯一文献，受到其后代易学家的普遍重视。李道平《周易集解纂疏》全录《周易集解》原文，又纂集诸家对《易》的解释，逐句进行疏解，并间附自己的案语。通观《周易集解纂疏》，不但其体例与《周易述》相同，而且还大量征引惠栋《周易述》的疏解成果。总而言之，惠栋不仅是乾嘉学派的一代宗师，同时也是中国易学史、学术史上举足轻重、影响深远的代表性人物。

四　钱大昕易学

钱大昕（1728~1804），字晓徵，一字及之，号辛楣，晚年又号竹汀居士。因书斋名曰潜研堂，晚称潜研老人。江苏太仓州嘉定县（今上海嘉定区）人。在治经过程中，钱大昕始终坚持兼攻众艺、会通群经的学术理念，强调"必通全经而后可通一经"[2]。而江藩也说过：钱大昕"不专治一经，

---

[1] （清）张惠言：《周易虞氏义序》，《周易虞氏义笺订》，九州出版社，2015，第2页。
[2] （清）钱大昕：《与王德甫书二》，陈鸿森《钱大昕潜研堂遗文辑存》卷下，《嘉定钱大昕全集》，凤凰出版社，2016，第238页。

而无经不通；不专攻一艺，而无艺不精"①。惟其如此，作为一代儒宗，钱大昕在专经研究方面也是颇有特色、多有贡献的。这其中当然就包括《周易》和易学研究。

众所周知，《周易》为六经之首、六艺之源，易学在中国经学史上一直占有极为显赫的地位。在易学漫长的演变、发展过程中，曾经形成两个不同的学术流派，即义理之学与象数之学。三国时期的玄学家王弼、宋代理学家程颐，是义理之学的代表人物，而汉代孟喜、京房等人的卦气学说，则被公认为象数之学的核心内容。至宋代，又有图书易学兴起。到了清代，学者们对于《周易》的研究仍然兴致不减，热情高涨，而其中惠栋的易学著述更成为乾嘉汉学或者说朴学兴起的重要标志。钱大昕曾强调："松厓徵君《周易述》摧陷廓清，独明绝学，谈汉学者无出其右矣。"②在为惠栋作传时，钱氏又说：惠氏"专心经术，尤邃于《易》，谓：'宣尼作"十翼"，其微言大义，七十子之徒相传，至汉尤有存者。自王弼兴，而汉学亡，幸存其略于李氏《集解》中。'精研三十年，引伸触类，始得贯通其旨，乃撰次《周易述》一编，专宗虞仲翔，参以荀、郑诸家之义，约其旨为注，演其说为疏。汉学之绝者千有五百余年，至是而粲然复章矣"③。这是在"张大惠氏在易学上恢复汉易的绝绪，由汉易而推广为'汉学'"④。钱氏虽不像惠栋那样以易学名家，他自己也谦称"予于《易》素非专家"⑤，但他确实对《周易》之学做过深入思考和系统研究，其相关成果散见于他的《潜研堂文集》《十驾斋养新录》等著述之中。另外，钱大昕还有《演易》一文，其未刊稿本藏于今上海图书馆。

关于《周易》文本的产生，钱大昕坚持了《汉书·艺文志》"人更三

---

① （清）江藩：《国朝汉学师承记》卷三《钱大昕传》，中华书局，1983，第50页。
② （清）钱大昕：《与王德甫书二》，陈鸿森《钱大昕潜研堂遗文辑存》卷下，《嘉定钱大昕全集》，凤凰出版社，2016，第238页。
③ （清）钱大昕：《潜研堂文集》卷三十九《惠先生栋传》，《嘉定钱大昕文集》，江苏古籍出版社，1997，第662页。
④ 徐复观：《两汉思想史》第三卷，华东师范大学出版社，2001，第345页。
⑤ （清）钱大昕：《潜研堂文集》卷二十四《周易读翼揆方序》，《嘉定钱大昕文集》，江苏古籍出版社，1997，第368页。

圣，世历三古"以及由马融开其端的"人更四圣"的说法，进一步强化了伏羲、文王、周公和孔子在易学史上的重要地位。他指出："《易》之道，肇于皇羲，演于文王、周公，而大备于孔子。孔子读《易》，韦编三绝，序《彖》《系》《象》《说卦》《文言》，以三圣人为之经，宣尼为之传，此心此理，先后同揆，故舍'十翼'以言《易》，非《易》也。"① 钱大昕的这种认识，是对司马迁、刘向、班固等人的观点的继承和总结，只是现在看来不够准确。

关于《左传》《国语》中的占筮之法，钱大昕也有过探讨，并提出了自己的看法。他说："春秋之世，三《易》尚存。其以《周易》占者，一爻变，则以变爻辞占。如观之否，归妹之睽，明夷之谦之类是也。数爻变，则以彖辞占。如艮之八，屯贞悔豫皆八是也。六爻皆不变，亦以彖辞占，泰之八是也。以爻辞占，称九六；以彖辞占，称八。九六、八之名，惟《周易》有之，若杂以它占则否。'千乘三去'，'射其元王'，不云蛊之八、复之八者，非《周易》爻辞也。"② 我们知道，就《周易》筮法而言，在求得一卦的卦象后，需要依据某一卦爻辞来判断吉凶。对此，朱熹在《易学启蒙》中曾参考旧说，归纳出七项法式。钱大昕总结出的春秋时期的占筮之法，较之朱熹之说，有同有异，虽不够精确，特别是彖辞的出现时代不可能早于《左传》《国语》，但不管怎样，还是能对我们有某种启发意义的。

我们知道，太极阴阳说是《周易》宇宙生成理论的基本内容，向为历代学者所重视，有关的解说也是多种多样。例如，汉代郑玄曾将太极解释为"极中之道，淳和未分之气"③。对于"太极"一词的涵义及其流变，钱大昕也做过认真考察。他说："《易·上系》云：'易有太极，是生两仪。'有易而后有太极，非太极在天地之先也。韩康伯谓'有必生于无，故太极生两仪'。'有生于无'，语出《老子》。康伯以《老》《庄》说《易》，故

---

① （清）钱大昕：《潜研堂文集》卷二十四《周易读翼揆方序》，《嘉定钱大昕文集》，江苏古籍出版社，1997，第 367 页。
② （清）钱大昕：《潜研堂文集》卷四《答问一》，《嘉定钱大昕文集》，江苏古籍出版社，1997，第 55 页。
③ 《文选·张华〈励志诗〉》李善注引，《六臣注文选》，上海古籍出版社，1993，第 440 页。

云尔也。濂溪言'无极而太极',又言'太极本无极',盖用韩康伯义。'无极'二字,亦见《老子》("复归于无极"),六经初未之有也。陆子静疑《太极图说》非濂溪作,又谓'极'训'中',不训'至',合于汉儒古义,较朱文公似胜之。"① 从这里也可感受到钱氏实事求是、不因人废言的良好学风。如前所述,钱氏对陆九渊(子静)颇为反感,对其"六经注我"之说更是厌恶至极,斥之为"尊心而废学",对朱熹则颇为尊重。然而在这里,钱氏特别肯定了陆九渊关于"太极"的解释,认为要比朱熹所解为确,"合于汉儒古义"。钱氏此举,可谓难能可贵。

与对汉儒的推崇相联系,和惠栋、张惠言等乾嘉诸老一样,钱大昕系统考察和研究了汉代处于官方和主流学术地位的象数易学,其中既有京房、郑玄、虞翻的易学,又有《易纬》之说。钱大昕并不是一味反对和摒弃谶纬文献,而是主张有选择地加以利用。关于《易纬》,钱氏也同样表现出这样的倾向。《易纬》在汉代本有多种,但流传到清代时大都亡佚,仅有《乾凿度》上下两卷尚属完整。清代学者曾致力于《易纬》的辑佚工作。乾隆年间,朝廷诏儒臣校《永乐大典》,从中辑出了《易纬》八种,其中有《易稽览图》。钱大昕对此书很感兴趣,为之作序曰:"此书首言甲子卦气起中孚,卦气之法,以坎、离、震、兑四正卦主春、夏、秋、冬,爻主一气,余六十卦,卦主六日八十分日之七,始中孚,终颐,而周一岁之日,大指即《说卦传》'帝出乎震'一章之文而推演之。其以风雨寒温验政治得失,亦与《洪范》五行相为表里。汉人引此书者,或称《中孚经》,或称《中孚传》,或称《易内传》,或称《易传》,盖七十子之微言间有存者,而术士怪迂之说,亦颇杂其中。要其精者足以传经义,其驳者亦足以博异闻,穷经嗜古之士,宜有取焉。第中多脱简讹字,难以尽通,安得博物如郑康成、何邵公者出而正之。"② 这一学术观点,至今仍有助于我们认识《易纬》及其他纬书的文献价值。

---

① (清)钱大昕:《十驾斋养新录》卷十八《太极》,《嘉定钱大昕文集》,江苏古籍出版社,1997,第492页。
② (清)钱大昕:《潜研堂文集》卷二十四《易稽览图序》,《嘉定钱大昕文集》,江苏古籍出版社,1997,第366~367页。

| 第八章 | 清代易学

"纳甲"说是汉代象数易学的重要内容，由京房最早推出。京房将八卦及其各爻与十天干、十二地支相配，创建了"纳甲"说。八卦各配以十天干，天干之首为甲，故称"纳甲"；各爻分别配以十二地支，故称"纳支"。一般称"纳甲"而兼赅"纳支"。"纳甲"说还与"五行"说相互融合、相互为用，并得到后世易学家的不断丰富和发展。对于"纳甲"说以及与其密切联系的"纳音"说，钱大昕有过认真考索和深入研究。为了全面了解"纳音"说，钱大昕曾仔细研读晋代葛洪所言："按《玉策记》及《开明经》，皆以五音六属，知人年命之所在。子午属庚，卯酉属己，寅申属戊，丑未属辛，辰戌属丙，巳亥属丁。一言得之者，宫与土也。三言得之者，徵与火也。五言得之者，羽与水也。七言得之者，商与金也。九言得之者，角与木也。"① 在钱氏看来，《玉策记》、《开明经》乃汉魏人所撰，故纳音为古法无疑。他还指出："盖纳音之原实出于纳甲。纳甲者，以十干配八卦，乾纳甲壬，坤纳乙癸，震长男而纳庚，巽长女而纳辛，坎中男而纳戊，离中女而纳己，艮少男而纳丙，兑少女而纳丁。又以十二支配八卦，乾纳甲子壬午，坤纳乙未乙未癸丑，震纳庚子午，巽纳辛丑未，坎纳戊寅申，离纳己卯酉，艮纳丙辰戌，兑纳丁巳亥。"京房、干宝等人曾用纳甲之法说《易》，但其起源则可以追溯到先秦时期。根据《左传》庄公二十二年所记，钱氏说："周史筮陈侯，得观之否，知其当代姜姓有国。先儒谓六四辛未，未为羊，巽为长女，故曰姜，则布干支于八卦，古法已有之矣。"关于"纳音"，钱氏指出："以六十甲子配五音，三元运转，还相为宫，而实以震、巽、坎、离、艮、兑六子所纳之干支为本。""凡六十甲子，再终百有二十而复于始，还相为宫，循环无端，要皆本于纳甲。而用六子不用乾、坤，犹之八卦方位以震、兑、坎、离居四正，而乾、坤退居无事之地也。""于《易》，《蛊》之《彖》曰'先甲'、'后甲'；《巽》之五曰'先庚'、'后庚'。甲者，纳甲之始；庚者，纳音之始也。谁谓纳音非古法哉！"② 此前，

---

① （晋）葛洪：《抱朴子·内篇·仙药》，王明《抱朴子内篇校释》，中华书局，1985，第209页。"开明经"，钱氏《潜研堂文集》卷三《纳音说》所引作"开名经"。
② （清）钱大昕：《潜研堂文集》卷三《纳音说》，《嘉定钱大昕文集》，江苏古籍出版社，1997，第47页。

宋代沈括（《梦溪笔谈》《补笔谈》）、元代陶宗仪（《辍耕录》）等对"纳音"及其与"纳甲"的联系已有述及，但存在着不少疏失之处。这样，经过钱氏的努力，我们就可以比较清楚地了解"纳甲""纳音"之说的源流了。

郑玄曾经以"爻辰"等说解《易》，在汉代象数易学发展史上占有重要地位。例如，《比》之初六，辰在未，上直东井；《坎》六四，辰在丑，上直斗及天弁；《中孚》六四，辰在丑，上直天渊；《困》九二云，初六，辰在未，上直天厨，等等，皆援天文以取象。钱大昕首先考察了郑玄以"爻辰"说《易》的学术渊源，指出郑玄初习《京氏易》，后又从马融受《费氏易》，而费直撰有《周易分野》一书，郑氏以"爻辰"解《易》，或由费氏而出。他还进一步引申说明郑玄"爻辰"之例曰："初九，辰在子。《颐》初云'舍尔灵龟'，子为天鼋，龟者，鼋属也。《同人》初云'同人于门'，《随》初云'出门交有功'，《节》初云'不出户庭'，子，上直危，危为盖屋，故有门户之象。《节》九二'不出门庭'，二亦据初，故云门也。《明夷》初云'三日不食'，子为玄枵，虚中也，故有不食之象。九二，辰在寅。《泰》二云'用冯河'，寅，上直天汉，云汉天河也。九三，辰在辰。《大壮》三云'羸其角'，辰，上直角也。九五，辰在申。《革》五云'大人虎变'，申，上直参，参为白虎也。上九，辰在戌。《睽》上云'见豕负涂'，戌，上直奎，奎为封豕也。初六，辰在未。《小过》初云'飞鸟以凶'，未为鹑首也。六三，辰在亥，上直营室，营室为清庙，《萃》、《涣》之象辞皆云'王假有庙'，谓六三也。六四，辰在丑，《大畜》四云'童牛之牿'，丑，上直牵牛也。上六，辰在巳，《小过》上云'飞鸟离之'，巳为鹑尾也。《小过》六爻，惟初、上有飞鸟之象，此其义也。《解》上云'公用射隼'，巳，上直翼，翼为羽翮，有隼象也。此皆可以'爻辰'求之者也。"① 在这里，钱氏紧密联系天文取象之图式，细致入微地阐释郑玄的"爻辰"说，对后人颇有启示和影响，可谓大大有功于郑学。

---

① （清）钱大昕：《潜研堂文集》卷四《答问一》，《嘉定钱大昕文集》，江苏古籍出版社，1997，第58页。《革》五云"大人虎变"，"革"原作"萃"，据《周易》改。

第八章 清代易学

与此同时，钱大昕也继承、发挥了西汉费直开创的古文易学的学术传统，倡导以传求经、以传解经的治《易》解《易》路数，强调"舍'十翼'以言《易》，非《易》也"。也就是说，《易经》的诠释必须与《易传》之义相互发明，相为表里，不可离开《易传》来理解、阐释经文大旨，不可随意妄为说解经义。他批评一些学者的治《易》方法和风格，指出："后之儒者，不以传求经，而以意洇之，始疑经与传不合，于是分为伏羲之《易》、文王之《易》、孔子之《易》，甚且谓孔子之《易》，不必合于羲、文之《易》。乌呼，何其支离而害理与！"值得注意的是，钱大昕与当时其他学者复兴和张扬汉易的治学旨趣其实是大体相同的，尤其是兴盛于汉代的象数学说成为其研习的主要对象，而虞翻之说更是得到特别细致、深入的探讨和研究，但又明显不同于惠栋及张惠言等人对虞翻、对象数易学的过誉、过信甚至盲从，他对象数易学中穿凿附会的东西基本上采取了否定、摈斥的态度。这是与他实事求是的学术理念和学术精神相契合、相呼应的。所以，他称赞孙梦逵作《周易读翼揆方》，"潜心'十翼'，融洽贯串，因其各指所之之辞，揆其变动不居之方，其诠解大义，直而有要，简而不支，而互体、飞伏、世应、纳甲之术，俱无取焉"，且"不苟同乎先儒"[1]。在这里，钱大昕的治《易》理念和学术取向表现得是非常清楚的。当然，钱氏所探求、阐发的义理与宋易中的义理学派是有着明显不同的。他说："古之圣贤，求《易》于人事，故多忧患戒惧之词；后之儒者，求《易》于空虚，故多高深窈妙之论。"此处"后之儒者，求《易》于空虚"云云，其实主要就是针对宋易中的义理学派来说的。因为在他看来，"圣人观《易》，不过辞、变、象、占四者，今舍象占而求卦画，又舍卦画而求画前之《易》，欲以驾文王、孔子之上，自谓得千圣不传之秘，由是自处至高，自信至深，谓己之必无过，且患人之言其过，辩论滋多，义理益昧，岂《易》之教固若是乎？"[2] 这是站在求真求实的学术立场，来质疑那些阐发空洞义理的

---

[1] （清）钱大昕：《潜研堂文集》卷二十四《周易读翼揆方序》，《嘉定钱大昕文集》，江苏古籍出版社，1997，第367页。

[2] （清）钱大昕：《潜研堂文集》卷三十六《与程秀才书》，《嘉定钱大昕文集》，江苏古籍出版社，1997，第617页。

学者。

　　我们知道，钱大昕精于文字、音韵、训诂之学和版本学、金石学等，且卓有建树，多有成就。在易学研究中，他的这种优势和特点也得到一定程度的发挥。例如，钱氏认真研究过《周易》六十四卦之《象传》皆有韵的情况，并对其中以今韵求之而不合者，通过征引《说文》《广韵》《方言》等文献，做了精审、确当的考证，从而认定古本《周易》的这些文字应该是协韵的，与今本略有不同[①]。虽然此前顾炎武已经发现《周易》卦辞和《彖传》《象传》及《杂卦》用韵[②]，但所论未详，钱氏之说则在此基础上有了进一步细化和深化。再如，关于《周易》卦名之四声，他认为不应有两读的现象。像《观》卦之"观"相传读作去声，见于陆德明《经典释文》，但《释文》于个别"观"字又兼收平、去两音。钱氏对此予以否定，指出"六爻皆以卦名取义，平则皆平，去则皆去，岂有两读之理？而学者因循不悟，所谓是末师而非往古者也"[③]。又如，关于"易"之读音及其演变，钱氏也曾做过考察。他说："予向谓汉儒读经，字有异义，无异音。今又得一证。《易凿度》云：'易一名而含三意，所谓易也，变易也，不易也。'郑康成作《易赞》及《易论》，申其义云：'易简，一也；变易，二也；不易，三也。'是郑读易简与变易、不易初无两音。晋宋以后，分去、入两读。……自一字分数音，而经学益多穿凿之解。"[④] 对于《周易》之古本和今本在某些文字上的不同，钱氏也进行过考察。如《周易正义》，"咸淳乙丑九江吴革所刻《正义》大字本极精审。《杂卦》'遘，遇也'，不作'姤'，与唐石经同。案《说文》无'姤'字，徐铉新附乃有之。古《易》卦名本作'遘'，王辅嗣始改为'姤'。后儒皆遵王本，惟《杂卦传》以无

[①]（清）钱大昕：《十驾斋养新录》卷一《易韵》，《嘉定钱大昕文集》，江苏古籍出版社，1997，第 1 页。

[②]（清）顾炎武：《日知录》卷二十一《五经中多有用韵》《易韵》，《日知录集校注》，《陈垣全集》，安徽大学出版社，2009，第 1205～1208 页。

[③]（清）钱大昕：《十驾斋养新录》卷一《观》，《嘉定钱大昕文集》，江苏古籍出版社，1997，第 5 页。

[④]（清）钱大昕：《十驾斋养新录》卷十九《易》，《嘉定钱大昕文集》，江苏古籍出版社，1997，第 511 页。

王注偶未及改。宋本犹存此古字，明人撰《大全》者尽改为'姤'，自后坊本相承，皆用《大全》本"①。这些对于我们全面了解、系统研究易学文本的演变以及易学发展的历程和规律，还是非常有益的。我们研究中国学术史特别是易学史，应该关注钱大昕的易学思想和成就。

五　张惠言易学

张惠言，字皋闻，一字皋文，号茗柯，江苏武进人。生于乾隆二十六年（1761），卒于清嘉庆七年（1802）。易学著作有《周易虞氏义》九卷、《周易虞氏消息》二卷、《虞氏易候》一卷、《虞氏易言》二卷、《虞氏易礼》二卷、《虞氏易事》二卷、《虞氏易变表》二卷、《周易郑氏注》二卷、《周易荀氏九家义》一卷、《周易郑荀义》三卷、《易义别录》十四卷、《易纬略义》三卷、《易图条辨》二卷、《读易札记》二卷。《周易虞氏义》以李鼎祚《周易集解》所引虞翻易注为主，参考汉代其他《易》说，对《周易》经传文字作以疏解，力图恢复虞翻《易》说的全貌。《周易虞氏消息》则主要是阐发虞氏易学原理及其解《易》的体例。《虞氏易候》是对虞氏卦气说的解说。《虞氏易言》则是根据虞氏《易》说，加以发挥阐释。《易义别录》分别选录《子夏传》、孟喜、京房、马融、刘表、宋衷、陆绩、干宝、王肃等人《易》说和体例，加上《周易郑氏注》《周易荀氏九家易》等，遍采汉魏《易》说。从总体上来说，张惠言易学以汉代《易》说为宗，尤其重视对虞翻易学的发挥。

张惠言治《易》学，继承了惠栋以来的易汉学传统，注重发挥汉人《易》说。其中，尤其是对虞翻的易学，张惠言进行了全面系统的整理和分析。《周易虞氏义》开篇云："自汉成帝时刘向校书，考《易》说，以为诸《易》家皆祖田何、杨叔、丁将军，大义略同，唯京氏为异。而孟喜受《易》家阴阳，其说本于气，而后以人事明之。八卦六十四象，四正七十二

---

① （清）钱大昕：《十驾斋养新录》卷一《朱文公本义》，《嘉定钱大昕文集》，江苏古籍出版社，1997，第11页。

候变通消息，诸儒祖述之，莫能具当。汉之季年，扶风马融作《易传》授郑康成，康成作《易注》，而荆州牧刘表、会稽太守王朗、颍川荀爽、南阳宋忠，皆以《易》名家，各有所述。唯翻传孟氏学。……翻之言《易》，以阴阳消息六爻，发挥旁通升降上下，归于乾元用九而天下治。依物取类，贯穿比附，始若琐碎，及其沉深解剥，离根散叶，畅茂条理，遂于大道，后儒罕能通之。自魏王弼以虚空之言解《易》，唐立之学官，而汉世诸儒之说微，独资州李鼎祚作《周易集解》，颇采古《易》家说，而翻注为多。其后古书尽亡，而宋道士陈抟以意造为龙图，其后刘牧以为《易》之《河图》、《洛书》也。河南邵雍又为先天、后天之图，宋之说《易》者翕然宗之，以至于今牢不可拔，而《易》阴阳之大义，盖尽晦矣。清之有天下百年，元和征士惠栋，始考古义孟、京、荀、郑、虞氏作《易汉学》。又自为解释曰《周易述》，然掇拾于亡废之后，左右采获，十无二三，其所述大抵宗祢虞氏而未能尽通，则旁征他说以合之。盖从唐、五代、宋、元、明朽坏散乱，千有余年，区区修补收拾，欲一旦而其道复明，斯固难也。翻之学既世，又具见马、郑、荀、宋氏书考其是否，故其义为精。又古书亡而汉魏师说可见者十余家，然唯郑、荀、虞三家略有梗概可指说，而虞又较备；然则求七十子之微言，田何、杨叔、丁将军之所传者，舍虞氏之注，其何所自焉？故求其条贯，明其统例，释其疑滞，信其亡阙，为《虞氏义》九卷，又表其大旨为《消息》二卷，庶以探赜索隐存一家之学，其所未寐，俟有道正焉耳。"可见，张惠言以为自古学亡后，汉魏诸家《易》说各有所述，其中能够梗概古说的只有郑玄、荀爽、虞翻三家。而三家中又以虞氏《易》得孟氏之正传，承七十子之微言，学说最为完备。因此，张惠言的易学以整理和发挥虞氏易学为主。

对虞翻、郑玄、荀爽的《易》说，张惠言作了重点疏解。此外《易义别录》，又辑汉人《易》说十五家之多，即：孟氏、姚氏、翟氏、蜀才氏，属孟氏《易》；京氏、陆氏、干氏，属京氏《易》；马氏、宋氏、刘氏、王子雍氏、董氏、王世将氏、刘子珪氏，属费氏；子夏自为一家。张惠言对这些《易》说，明辨其师承，遍采诸说，而辨其优劣。《易义别录·总序》说："《易传》自商瞿子木以至田生惟一家，焦氏后出，及费氏为古文，而汉之《易》有三。自是之后，田氏之《易》，杨、施、孟、梁丘、高氏而五，惟孟氏久行。焦氏之易为京氏，费氏兴而孟京微焉。"

张惠言《易纬略义》，钞录《易纬》原文，依类序之，每类下略言其大义。他说："纬者，其源出七十子之徒相与传夫子之微言，因以识阴阳五行之序，灾异之本也。"对《易纬》的源出、价值具有较高的评价。又说："《稽览图》论六日七分之候，《通卦验》言八卦暑气之应，此孟、京氏阴阳之学。《乾凿度》论乾坤消息始于一，变而七，进而九，一阴一阳相并，而合于十五，统于一元，正于六位，通天意，理人伦，明王度，盖《易》之大义，条理毕贯，诸儒莫能外之，其为夫子之绪论，田、杨以来先师所传习，较然无疑。至其《命图书》、《考符应》、《算世轨》，则其传湮绝，文阙不具，不可得而通，亦非儒士之所说也。"① 对各书的评价较为贴当。《易纬略义》卷一有："《易》三义""易数一七九""上下经""六位""八卦用事""六日七分""七十二候"和"六十四卦主岁"。卷二有："卦轨""入厄""卦气""风雨""雷""霜水旱""杂异"。卷三有："《通卦验》八卦候""六十卦候""二十四气候""图书"。

张惠言所著《易图条辨》继承了黄宗羲、毛奇龄、胡渭等人的批判成果，对陈抟和刘牧的《河图》《洛书》说，邵雍的先天后天说，刘牧《太极生两仪图》、周敦颐《太极图》、赵撝谦《天地自然图》、赵仲全《古太极图》、《汉上易卦纳甲图》等一一加以辨解。

如其论陈抟《龙图》云："盖其始为此图，仍用汉儒消息，不过推其端于未合之时，有十五之位，二十四之用，以自异于古，虽妄以为《龙图》，而犹未敢尽没古人成象之义，故曰'天散而示之，伏羲合而用之。'则亦未便以为龙马背上之文也。雷思齐云：'全用《大传》五十有五之数，杂以纳甲，可谓窥其奥矣。'后祖述之者，妄为神奇，乃始凿凿如见龙马之毛、灵龟之背，遂并其原叙之文，亦不可解矣。"其论刘牧《四象生八卦图》云："乾坤艮巽，象其画数，可谓巧矣。坎、离、震、兑皆三画，何耶？不特此也，刘氏所谓《河图》之数，一六合北，坎乾也；三八合东，震艮也；二

---

① （清）张惠言：《易纬略义序》，《茗柯文编》，上海古籍出版社，2015，第57页。

七合西，坤兑也；四九合南，巽离也。乃今以九生兑坤，七生离巽，是何违错耶？《河图》之数，自一至九而虚五以应八卦。今于数虚其自一至五，而分六七八九为三者，五四五六者各一以为八卦，乃曰此《河图》之数也，其谁信之。"其论朱熹《河图》云："《河图》实有五十，而曰虚其五十为太极。以其五十为太极而虚之耶？将以五十在中，居太极之位而当太极耶？朱子与陆象山论太极，言极不可训为中，据此则极仅中之名。不然，五十非起数之本也，两仪有四，四象有八，其病与刘牧正同。而四方之象皆一阴一阳，又未见其分四象也。析四方之合，其谓六七八九乎？补四隅之空，其一二三四乎？然不识坤何以六，艮何以一，乾何以七，兑何以二，此于数无一合者，又不若刘牧之巧矣。"

张惠言继承了清初以来对宋易图书之学的批判成果，继胡渭之后，进一步驳斥了陈抟、刘牧的《河图》、《洛书》之说和邵雍的先后天易学，考辨了周敦颐的《太极图说》；同时又对《周易》经传文字作了校勘训诂，对汉代《易》说进行了整理和发挥，作为易汉学的代表，在易学史上有重要的地位。

六　焦循易学

焦循，字理堂，一字里堂，晚号里堂老人，江苏甘泉（今扬州邗江）人。生于乾隆二十八年（1763），卒于嘉庆二十五年（1820）。焦循以其博识天文数学、经史艺文、音韵训诂，号称"通儒"。焦循年少好《易》，至四十岁始专于易学，"年四十一始尽屏众说，一空己见，专以十翼与上下两经，思其参互融合，脉络纬度"[1]，终积十数年之功，完成了在乾嘉学术史和易学史上具有重要地位的《易学三书》，即《易通释》二十卷、《易章句》十二卷、《易图略》八卷。此外，焦循易学著述还有《易话》二卷、《易广记》三卷、《周易疏补》二卷、《注易日记》三卷、《易余集》一卷等。

---

[1]　（清）焦循：《雕菰集》卷二十四《告先圣先师文》，中华书局，1985，第391页。

| 第八章 | 清代易学

　　焦循反对宋儒张载"《易》为君子谋"、朱熹"《易》为卜筮之书"的说法。张载讲《易》理偏重于讲道德修养，如《乾》卦诸爻，王弼、干宝、孔颖达等人都解释为圣人由居处于下至进登王位的过程，以舜、文王的事迹来说明"潜龙""飞龙"等爻辞，而张载强调《乾》卦诸爻在君子道德修养方面的意义，而以孔子、颜回的事迹说明，初九为"颜子龙德而隐"，九二为颜子"求龙德正中，乾乾进德，思处其极，未敢以方体之常安吾止也"，九五为"仲尼犹天，九五'飞龙在天'，其致一也"①。朱熹认为"如《易》，某便说道圣人只是为卜筮而作，不解有许多说话"②，认为义理之学繁琐穿凿的病根就在于离开了《易》本卜筮之书这一事实根本。同时，朱熹主张严格区分伏羲、文王、孔子之易，说："今人读《易》，当自分为三等，伏羲自是伏羲之《易》，文王自是文王之《易》，孔子自是孔子之《易》"③。焦循反对区分伏羲、文王、孔子之《易》，反对区分卦辞和爻辞，视《周易》经传为一完整和精密的体系，其性质在于教导百姓避凶就吉，即改过迁善，提高道德修养，提出"夫《易》者，圣人教人改过之书也"④。

　　焦循继承了惠栋、张惠言以来的易汉学传统，在汉人象数之学的基础上，独辟蹊径，另立解《易》新体例，成为乾嘉易汉学的殿军⑤。在汉代象数易学系统中，虞翻《易》说保存最多，唐代李鼎祚《周易集解》所采甚广。清乾嘉以来，以惠栋为标志，汉代易学渐受重视，研究日趋兴盛，其中尤以对荀爽、虞翻易学的整理和研究为多。焦循自然也颇受这一风气影响，他还试图对汉易象数体系进行修补、完善。他指出："余既为当位失道等图，以明其所之之吉凶悔吝，此即为荀、虞之卦之所本。去其伪，存其真，惜不能起荀、虞而告之耳。倘殁后有知，当与之畅谈于地下也。"⑥ 基

---

① （宋）张载：《横渠易说·乾》，《〈横梁易说〉导读》，齐鲁书社，2004，第52~56页。
② （明）朱鉴：《朱文公易说》卷二十一，台湾商务印书馆，1986年影印文渊阁《四库全书》本。
③ （明）朱鉴：《朱文公易说》卷十八，台湾商务印书馆，1986年影印文渊阁《四库全书》本。
④ （清）焦循：《易图略》卷六《易学三书》，九州出版社，2003，第113页。
⑤ 朱伯崑主编《周易知识通览》，齐鲁书社，1993，第368页。
⑥ （清）焦循：《易图略》卷七《易学三书》，九州出版社，2003，第132页。

于此，焦循治《易》学特别重视"实测"的方法，他说："夫《易》犹天也，天不可知，以实测而知。七政恒星错综不齐，而不出乎三百六十度之经纬；山泽水火错综不齐，而不出乎三百八十四爻之变化。本行度而实测之，天以渐而明；本经文而实测之，《易》以渐而明。非可以虚理尽，非可以外心衡也。"通过对《周易》经传文字的实测，焦循认为："余学《易》所悟得者有三：一曰旁通，二曰相错，三曰时行。此三者皆孔子之言也，孔子所以赞伏羲、文王、周公者也。……余初不知其何为相错，实测经文传文而后知比例之义出于相错，不知相错则比例之义不明；余初不知其何为旁通，实测经文传文而后知升降之妙出于旁通，不知旁通则升降之妙不著；余初不知其何为时行，实测经文传文而后知变化之道出于时行，不知时行则变化之道不神。未实测于全《易》之先，胸中本无此三者之名，既实测于全《易》，觉经文有如是者乃孔子所谓所错，有如是者乃孔子所谓旁通，有如是者乃孔子所谓时行。实测既久，亦觉非相错、非旁通、非时行则不可以解经文、传文，则不可以通伏羲、文王、周公、孔子之意。十数年来，以测天之法测《易》，而此三者乃从全《易》中自然契合。"[①]

通过实测天象之法，实测《周易》经、传文字，焦循提出了旁通、相错、时行三种解《易》体例。旁通之意始于《易传》，《文言》有"六爻发挥，旁通情也"之说，《说卦》有"天地定位，山泽通气"之说。旁通指卦爻阴阳爻画之间的关系。至汉代虞翻推而广之，以旁通解《易》。按虞翻的解释，凡六爻皆相反的卦象，即为旁通之卦。

在旁通说的基础上，焦循又提出相错说。六十四卦由八经卦交相重叠组成，如《乾》上《坤》下为《泰》，《坤》上《乾》下为《否》，《离》上《坎》下为《未济》，《坎》上《离》下为《既济》，等等。凡八经卦相错者，相互联系，相互转化，其卦爻辞也可以相互发明。

在旁通、相错的基础上，焦循又提出时行说。"时行"一词源出《大有卦·象传》："柔得尊位大中，而上下应之，曰《大有》。其德刚健而文明，应乎天而时行，是以元亨。"焦循说：

[①] （清）焦循：《易图略·叙目》，《易学三书》，九州出版社，2003，第1页。

| 第 八 章 | 清代易学

  《传》云："变通者，趣时者也。"能变通即为时行。时行者，元亨利贞也。……《大有》二之五，为《乾》二之《坤》五之比例，故《传》言元亨利贞之义，于此最明。云"大中而上下应之"，大中谓二之五为元，上下应则亨也。盖非上下应，则虽大中不可为亨。《既济》传云："利贞，刚柔正而位当也。"刚位正，则六爻皆定，贞也，贞而不利，则刚柔正而位不当，利而后贞，乃能刚柔正而位当。由元亨而利贞，由利贞而复为元亨，则时行矣。①

  时行就是通过变通使卦爻当位，已达到元亨利贞。先二五，后初四或三上即当位，亦即元亨；先初四或三上，后二五即失道，亦不元不亨。在焦循看来，当位即吉，失道为凶，但吉凶可相互转变。

  焦循提出的旁通、相错、时行之说，都是对汉儒卦变说的发挥，把六十四卦作为一个有机联系的整体予以考察，深化了卦爻位周而复始的运动规律，重视卦爻辞之间的联系性。进而，焦循把这种《周易》的变通思想用于社会现状的探索。在焦循看来，要实现社会的长治久安，关键在于君子懂得变通，了解否泰转变的规律，若君子不明"否泰之义"，不懂春夏秋冬阴阳变化的道理，则无法变通，无法践行天道，无法实现社会大和。

  焦循治《易》，不仅重视由实测发掘六十四卦、三百八十四爻的变化规律，还重视运用文字、音韵、训诂等朴学的方法对《周易》进行解读，尤其充分利用六书中的转注、假借来理解经、传文字。许慎《说文解字叙》说："假借者，本无其字，依声托事。"焦循在《周易用假借论》中曾专论《周易》经传文字所用假借之例，他说："豹礿为同声，与虎连类而言，则借礿为豹，与祭连类而言，则借豹为礿。沛绂为同声，以其刚掩于困下，则借沛为绂，以其成《兑》于《丰》上，则借绂为沛。各随其文相贯，而声近则以借而通。"② 又说："非明九数之齐同、比例，不足以知卦画之行，非明六书之假借、转注，不足以知象辞、爻辞、十翼之义。"③ 焦循这一声

---

① （清）焦循：《易图略》卷三《易学三书》，九州出版社，2003，第60页。
② （清）焦循：《雕菰集》卷八《周易用假借论》，中华书局，1985，第125页。
③ （清）焦循：《雕菰集》卷十三《与朱椒堂兵部书》，中华书局，1985，第202页。

训解《易》之法，明显受到乾嘉时期训诂学风气的影响，尤其与王念孙《广雅疏证》有直接关系。焦循自己说："循近年得力于《广雅疏证》，用以解《易》，乃得涣然冰释，因叹声音训诂之妙，用以解他经，顾为切要，而用以解《易》，尤为必不可离。"①焦循易学著作中运用假借、转注解《易》之例很多。如，《萃》卦初六爻辞有"有孚不终，乃乱乃萃，若号，一握为笑，勿恤，往无咎"；《鼎》卦九四爻辞有"鼎折足，覆公餗，其形渥，凶"。对于"握""渥"，王弼《周易注》说："一握者，小之貌也。为笑者，懦劣之貌也"，"渥，沾濡之貌也"。对于王弼的解释，焦循批评说："王弼谓一握者，小之貌也。为笑者，懦劣之貌也。求之于经，皆不能达。畜疑者数十年矣。今日乃得之。"焦循注曰："握与渥同。《鼎》'其形渥'，渥，足也。足则终，终则乱，惟有孚于《萃》不终。"②根据握与渥同音，把《萃》卦与《鼎》卦的爻辞联系起来。按照同样的方法，焦循又把《周易》经传文字中的"获"与"穫"，"番""藩"与"魄"，"祥""详""羊"与"翔"等联系起来。

焦循在对汉易进行发挥的同时，也对汉代的"卦气""纳甲"说提出批评。他说：

> 《易》之序，孔子传之矣。《太玄》所准，用以训释卦名可耳，举《太玄》以证卦气之序，不可以。扬雄者，知卦气，而不知《易》者也。纳甲、卦气皆《易》之外道。赵宋儒者辟卦气而用先天。近人知先天之非矣，而复理纳甲、卦气之说，不亦唯之阿哉！③

对六日七分说与《周易》的关系也进行了驳斥：

> 夫《易》六十四卦三百八十四爻，与一岁三百六十五日四分之一不可以相配。术家取卦名以纪之，以《坎》、《离》、《艮》、《兑》为四

---

① （清）焦循：《焦里堂先生轶文·寄王伯申书》，《焦循文集》第十八册，九州出版社，2016，第448页。
② （清）焦循：《易章句》卷二《易学三书》，九州出版社，2003，第129页。
③ （清）焦循：《易图略》卷八《易学三书》，九州出版社，2003，第150页。

| 第 八 章 | 清代易学

正，以《乾》、《坤》侪十辟，以《艮》、《巽》为六日七分。《杂卦》彼原无取于八卦、六十四卦之义。譬如"纳甲"、"先天"为丹家修炼之法，原不妨《乾》南《坤》北《离》东《坎》西，亦不防《乾》甲《坤》乙《兑》丁《震》庚，彼别有用意，则风雨寒燠，自征飞候，汞龙铅虎，本契参同。用以说经，则谬矣。其取《坎》、《离》、《艮》、《兑》为四正，本诸《说卦传》东西南北之位。其取十二辟卦，第以阴爻阳爻自下而上者以为之度，其余不足以配。于是《乾》、《坤》、《复》、《姤》等既用以配十二月，又用以当一月中之六日七分，譬之罗经二十四向，于十干则舍戊己，于八卦止用《乾》、《巽》、《坤》、《艮》，其别有用意，原无关于《易》也。①

焦循对"唯汉是求而不求其是"的倾向进行了批评。他认为，乾嘉之际弥漫于学术界的汉学之风，"述孔子而持汉人之言，唯汉是求而不求其是，于是拘于传注，往往扞格于经文。是所述汉儒也，非孔子也"，"唐宋以后之人，亦述孔子者也，持汉学者或屏之不使犯诸目，则唐宋人之述孔子，岂无一足征者乎？学者或知其言之足征，而取之又必深讳其姓名，以其为唐宋以后之人，一若称其名，遂有碍乎其为汉学者也。噫，吾惑矣"②！

虽然对汉易象数易学多所批判，但焦循本质上其易学仍属于象数一派。熊十力曾说："焦氏实宗汉易，虽不必以求数家之说法作根据，而其方法确是汉易。汉易之方法，之向卦与卦，爻与爻之间，去作活计，自然不会探及道理。"③ 他按照《周易》六十四卦的序列，将各卦爻编成合乎逻辑的爻位变换，从而判断爻位象的吉凶祸福，以及对汉易的批判，从根本上说是汉代象数易学卦变理论的继承、修正和发展。嘉庆二十年，《易学三书》完成后，给学术界带来了轰动，焦循也被誉为"圣人复出"。皮锡瑞对焦循易学予以了高度评价。他说：

---

① （清）焦循：《易图略》卷八《易学三书》，九州出版社，2003，第167页。
② （清）焦循：《雕菰集》卷七《述难四》，中华书局，1995，第104页。
③ 熊十力：《原儒》卷上《原学统第二》，上海书店出版社，2009，第95页。

焦氏说《易》，独辟畦町，以虞氏之旁通，兼荀氏之升降，意在采汉儒之长而去其短。《易通释》六通四辟皆有据；《易图略》复演之为图，而于孟氏之卦气、京氏之纳甲、郑氏之爻辰，皆有驳正之，以示后学；《易章句》简明切当，亦与虞氏为近。学者先玩《章句》，再考之《通释》、《图略》，则于《易》有从入之径，无望洋之叹矣。①

对于焦循易学的评价，也有很多批评的声音。朱骏声认为焦循"以《九章》之正负，比例为《易》意，以六书之假借、转注为《易》词。虽其间不无心得，而附会难通者十居八九"②。李慈铭批评焦循易学是"貌为高简，故疏者概视为空论耳"③。杨向奎先生则指出："清人说《易》，不识大体，《易经》为卜筮书，各种变化，都为卜筮服务，社会人事，变化无端，《易》之占卜，必须有以应之，故亦多变。经中之有义理可言者，为分阴阳，宇宙二分为阴阳，是其卓识，因阴阳而有奇偶，因奇偶而有变化，是谓之《易》，《易》即变易，有变易则宇宙生成。这宇宙论在哲学史上占有重要地位，《易传》循此路发挥而抛却占卜，遂使《周易》哲学具有完整体系。……焦里堂之说《易》，永不能脱离卜筮本身，交易止于八卦中，不能脱颖而出，并《易传》不解，难与言《易》。"④ 对焦循易学着力于占验系统的变化之理而忽视《易传》哲学，批评较为客观。

当然，这些评价仅仅关注的是焦循解《易》系统的不完善，而没有看到焦循求实求是的学术态度。焦循治经，试图摆脱汉宋之学的分歧并融会贯通之。他说："经学之道，亦因乎时。汉初，值秦废书，儒者各持其师之学。守之既久，必会而通，故郑氏注经，多违旧说。有明三百年，率以八股为业，汉儒旧说，束诸高阁。国初，经学萌芽，以渐而大备。近时数十年来，江南千余里中，虽幼学鄙儒，无不知有许、郑者，所患习为虚声，

---

① （清）皮锡瑞：《经学通论·易经》，中华书局，2017，第 48 页。
② （清）朱骏声：《传经室文集》卷二《书焦孝廉循〈易图略〉后》，《续修四库全书》第 1514 册《集部·别集类》，上海古籍出版社，2002，第 593 页。
③ （清）李慈铭：《越缦堂读书记》，中华书局，1963，第 126 页。
④ 杨向奎：《清儒学案新编》第六卷，齐鲁书社，1985，第 218～219 页。

不能深造而有得。盖古学未兴，道在存其学；古学大兴，道在求其通。前之蔽患乎不学，后之蔽患乎不思。证之以实而运之于虚，庶几学经之道也。"① 总之，焦循治《易》的风格是治学求是，贵在会通，其易学思想是对乾嘉以来汉学的一个批判性总结，标志着汉学的鼎盛局面已经结束，以会通汉宋去开创新学风，正是历史的必然②。

---

① （清）焦循：《雕菰集》卷十三《与刘端临教谕书》，中华书局，1985，第 215 页。
② 陈祖武等：《乾嘉学派研究》，河北人民出版社，2005，第 410 页。

第九章
现当代易学研究

二十世纪是中国现代易学的形成和发展时期，现代易学的形成和发展是与中西文化交流过程密不可分的。明清之际最有代表性的一些易学家，王夫之、方以智、黄宗羲等人，或者重正本清源的历史辨析，或者以会通中西为鹄的，或者以"别开生面"为己任，体现了现代易学的思想取向。这种取向由于西方学术思想的传入而日趋显明而自觉，在根本上仍基于对源远流长的易学传统及对易学丰富的文化思想内涵的认同和利用。

二十世纪易学发展在两个基本的方面出现了新动向：一是传统经学易的"终结"以及随之而兴起的历史批判。十八世纪《四库全书》的编成，历代重要易著都按朝代的序列编入其中，传统易学走向最后归宿。"五四"运动兴起引发废读经书风潮，受西方科学精神感召的学者，视《周易》为封建迷信的渊薮而大加讨伐，《周易》在学术思想上的权威地位轰然崩塌。二是西方学术思想的新视角和研究方法的广泛应用。特别是古史辨派，倡言用科学的历史观和方法论探讨《周易》经传的名称、作者、创作年代及发源地域诸问题，其兴趣主要在于对其经文作历史性的疏解，将《周易》和其他经书作为重建中国古代社会史的基本资料。

伴随着现代学术体系在中国的建立，易学也完成了从传统向现代的转型。一批站在思想界顶端的中国学人跳出传统经学的藩篱，以更宽广的学术视野和角度来从事易学研究，主导了二十世纪易学的走向，也深刻影响着当代易学的发展格局。改革开放以后，跨学科研究的兴起、传统象数易学及科学易的复兴、人文易学的回归等使易学研究焕发出新的生机，多元化、全面化的易学研究新格局已成为全球性的研究热点。

第一节　易学与二十世纪中国学术

二十世纪以来，随着西方各种思想的传入，对中国传统学术和思想造成了巨大的冲击，深刻影响了现代中国学术的发展。易学作为传统经学的核心，在时代的剧烈变动中，也发生了巨大的改变。我们可以将二十世纪中国易学的发展划分为五个阶段。二十世纪的前二十年为第一阶段，新旧学术并存，一些学者跳出了经学的视角，引入了西学的研究方法，开始了易学由传统学术向现代学术的转型。二十世纪二十年代为第二阶段，在科学主义的氛围中，以科学精神和方法研究《周易》成为时代的潮流。在实践层面上，它体现在古史辨派和历史唯物主义的崛起中。在西方哲学和马克思主义哲学的影响下，《周易》哲学研究的面貌焕然一新。总的来说，在这十年间，易学经历了重大变革，为未来易学的发展奠定了方向。易学已经基本完成了向现代学术的过渡。二十世纪三十年代和四十年代为第三阶段，在前一阶段的基础上，易学各方面的研究都开始重建，并出现了一些新的特征：传统治《易》取向呈现回归趋势；以熊十力为代表的现代新儒学已成为易学研究的一个重要派系。新中国成立后直到二十世纪八十年代为第四阶段。这一阶段，大陆和港台地区走上了不同的发展道路。在大陆方面，易学研究主要集中在二十世纪五十年代末和六十年代上半期。利用辩证唯物主义和历史唯物主义探索《周易》的性质、成书年代，分析《周易》的哲学思想及方法论的探讨成为主流；港台地区沿着民国以来的学术发展道路，实证主义和传统学术都有深刻的影响。此外，第二代现代新儒学继续在香港、台湾地区和国外发挥影响力。二十世纪八十年代以后为第五阶段，出土文献的推动、跨学科研究的兴起、传统象数易学及科学易的复兴、人文易学的回归共同构成了易学研究多元化的繁荣面貌，反映易学发展的新趋势。

有学者为二十世纪的中国易学做了一些努力。于二十世纪六十年代初由台湾地区学者高明首次出版的《五十年来之易学》，总结了二十世纪上半叶的易学。徐芹庭在他的老师高明的基础上又增加了十年①。后来，吴怀祺、刘大钧、唐明邦、郑吉雄分别在二十世纪末和二十一世纪初发表了相关的总结性文章②。此外，汪学群、林忠军、周山、陈桐生、杨亚利、许维萍等学者对二十世纪易学的某些阶段或方面做出了一定的讨论。在出版专著方面，廖名春等人的《周易研究史》最后一章，对从民国初到二十世纪八十年代末的"现代易学"进行了专题讨论③。杨庆中的《二十世纪中国易学史》一书以二十世纪的中国"易学"为研究对象，总结了1900年7月至1997年7月香港回归前的近一百年的易学。这是目前惟一一部对二十世纪易学的专门论著④。赖贵三主编《台湾易学史》，对自古以来的台湾易学进行了论述，其内容主要集中在1949年之后⑤。

在对二十世纪的易学分期方面，唐明邦将其分为四个阶段：二十世纪初（1900～1919）为易学转轨之前奏，五四新文化运动（1919～1949）为易学转轨之初步，二十世纪中叶（1949～1979）为易学沉寂的三十年，二十世纪晚期（1979～1999）易学空前兴盛。郑吉雄将其分为1900～1930、1931～1973、1974～2000三个时期。廖名春等以三个派别、四次热潮对二十世纪易学进行概括。三个派别分别是现代义理易学、现代象数易学、现代考据易学。四次热潮分别是二三十年代古史辨派发动的对《周易》作者和成书年代的讨论；六十年代大陆学界的易学讨论；六十年代末在台湾地区兴起的科学易热潮；八十年代末在国内出现的《周易》热。杨庆中以1949年为限，将百年来的易学研究分为前后两大发展阶段，后一阶段又分

---

① 高明：《五十年来之易学》，黄寿祺、张善文编《周易研究论文集》第1辑，北京师范大学出版社，1987；徐芹庭：《六十年来之易学》，程发轫主编《六十年来之国学》，台湾正中书局，1972。
② 吴怀祺：《〈周易〉研究八十年》，载《周易研究》1989年第2期；刘大钧：《20世纪易学研究及其重要特色》，载《周易研究》2010年第1期；唐明邦：《20世纪中国易学回眸》，中国儒学网，http：//www.confuchina.com/10%20lishi/20shijiyixue.htm；郑吉雄：《从经典诠释传统论二十世纪易诠释的分期与类型》，郑吉雄《易图象与易诠释》，台湾财团法人喜马拉雅基金研究会，2002。
③ 廖名春等：《周易研究史》，湖南出版社，1991。
④ 杨庆中：《二十世纪中国易学史》，人民出版社，2000。
⑤ 赖贵三主编《台湾易学史》，台湾里仁书局，2005，第229页。

为大陆和台湾地区两部分,后一阶段的大陆部分,又以1978年的十一届三中全会为界,分为前后两个时期。

基于以上内容,笔者试图对二十世纪的易学进行新的划分和梳理。

一 二十世纪前二十年:新因素的孕育

抗日战争结束后,中国传统学术界出现了严重的危机。作为其中的重要组成部分,易学与其他学术一起,面临着从传统学术向现代学术转变的问题。在二十世纪的前二十年,作为经学的传统易学虽依然存在①,但在传统中以融入了新的因素,孕育了现代转型的特征。其代表人物便是章太炎、刘师培和杭辛斋。

章太炎是清代学术界的"正统派",他在1891年、1892年所作的《膏兰室札记》《诂经精舍课艺》,都是传统的乾嘉汉学研究法,1909年的《八卦释名》是他以文字学解《易》的杰作②。刘师培是"扬州学派"的遗脉,著有《周易言位无定》《易言不生不灭之理》《易系辞多有所本》《连山归藏考》《司马迁述周易义》《易卦应齐诗三基说》《王弼易略明象篇补释》《刘瓛周易注补辑》等,或阐发义理,或梳理历史。杭辛斋是民初象数派的代表人物,基于汉代象数学和宋代图书学,又吸收了历代的注疏成果。高明称赞他"盖欲集古往今来易说之大成"③,徐芹庭也称"其说易从上古、中古而汉魏隋唐乃至宋元明清,以迄近代,凡易学之宗旨,如象数、占筮、义理、卦气、图书、史事……几无所不包,可谓蕴易学二派六宗之大义,而独有心得者也"④。从学术渊源来看,这三者无疑是传统学术的代表,但在某些方面却又表现出对传统易学的超越。

---

① 这一时期的代表人物有俞樾、沈绍勋、马其昶、廖平等。俞樾、沈绍勋时代较早,但影响很大,俞樾有《易贯》《艮宦易说》《邵易被原》《易旁通变化论》;沈绍勋有《周易易解》《周易示儿录》;马其昶《易》主费氏,有《重定周易费氏学》;廖平在这一时期颇为活跃,有《易三天考》《易经古本》《易生行谱例言》《易经新义疏证》《四益易说》等。
② 章太炎:《八卦释名》,载《国粹学报》1909年5卷2期。
③ 高明:《五十年来之易学》,黄寿祺、张善文编《周易研究论文集》第1辑,北京师范大学出版社,1987。
④ 徐芹庭:《六十年来之易学》,程发轫主编《六十年来之国学》,台湾正中书局,1972。

（一）跳出经学的视角治《易》

一方面是传统学术在西学冲击下陷入危机，另一方面中华民族也在西方列强的压迫下陷入危机之中。面对文化与民族的双重危机，部分学者开始对传统的经学进行反思，希望能跳出经学之外，开启传统学术的新局面。章太炎与刘师培同属国粹派，他们一方面对传统文化进行批判，目之为君学，另一方面则强调民族文化对于国家、民族建构的重要意义。他们认为一个国家，一个民族之所以能立于世界民族之林，不仅在于武力，还在于"立国之元气"，即一国之"文化"，[①] 因此必须提倡"国粹"，通过"古学"的复兴来达到"激励种姓，增进爱国热肠"的目的[②]。这种文化救赎与民族命运相结合的思想，使他们的学术视野和观念与过去截然不同。他们不再把《周易》看作是"五经之首"，章太炎沿袭了章学诚"六经皆史"的观点[③]，刘师培则视《周易》为保存有上古学术资料的宝库[④]。与时代密切相关的紧迫感也经常出现在他们有关《周易》的文字中。章太炎在追忆他 1913 年和 1914 年被监禁时说："癸甲之际，厄于龙泉，始玩爻象，重《论语》。明作《易》之忧患，在于生生。生道济生，而生终不可济。饮食兴讼，旋复无穷。故唯文王为知忧患，唯孔子为知文王。"[⑤] 刘师培以卢梭的《民约论》为依据，从《周易》以来的历代圣哲思想中发掘"民约精义"[⑥]。面对民族危机的不断加重和传统文化的衰败，杭辛斋批评中国数千年的传统学术"专尚儒家以空言谈经，鄙术数为小道，崇虚黜实，末流之弊，举国皆无用之学，所谓形而上者，几坠于地矣"[⑦]，又感叹甲午之后"我国新进厌弃古学，而笃旧之士又墨守糟粕，不能发挥精义"[⑧]。面对"古

[①] 章太炎：《尚贤堂茶话会诸名流之演说》，载《时报》1916 年 7 月 18 日。
[②] 章太炎：《东京留学生欢迎会演说辞》，汤志钧主编《章太炎政论选集》上册，中华书局，1977，第 272 页。
[③] 章太炎曾说："《春秋》是明显的史，《易经》是蕴着史的精华的。"（《国学概述》，北京大学出版社，2009，第 30 页。）
[④] 刘师培在《经学教科书》中称《周易》为上古时之字典、为周公之旧典、为古代伦理学之书、为言哲理之书等等。（刘师培：《经学教科书》，上海古籍出版社，2006。）
[⑤] 章太炎：《菿汉微言·跋》，《菿汉三言》，辽宁教育出版社，2000，第 61 页。
[⑥] 刘师培：《中国民约精义》，《刘申叔遗书》，江苏古籍出版社，1997。
[⑦] 杭辛斋：《十字架》，《学易笔谈》，天津古籍书店，1988，第 212 页。
[⑧] 杭辛斋：《日本之易学》，《学易笔谈》，天津古籍书店，1988，第 36 页。

学"的废弃，经学成为文科的一部分，他疾呼"亦可谓臻晦盲否塞之极运矣"①！他坚信发明中国固有学术，可以实现弘道救世的目标，对于以易学为代表的传统学术，不应将其废弃，而是"亟宜革故鼎新，除门户之积习，破迂拘之谬见，以世界之眼光观其象，以科学之条理玩其辞"②。因此他抛弃了儒家的"空言"，代之以实在的象数尤其是数来阐发虚化的《易》理。同时，他还力图建立一套于世界学问无所不包的易学体系。杭氏这样的视野和胸怀，已非作为经学的易学所能容纳。

(二) 开启融贯中西的尝试

伴随着西学对中国传统学术的冲击，人们逐渐认识到传统学术的局限性，以西学的视野重新发掘古学的新义，已经成为时代的趋势和潮流。在国粹派看来，中西文化各有所长，各有所短，应该破除门户之见，实现中西互补，而"古学"复兴的过程就是中西文化会通的过程③。刘师培说"凡国学微言奥义，均可藉晳种之学，参互考验，以观其会通"，通过中西文化的融合，"则二十世纪为中国古学复兴时代，盖无难矣"④。杭辛斋也有类似的观点，他认为中国文化尚"空谈"，而西方文化尚"实证"，因此西方"形学发达于斯为盛"，其带来的弊端则是"世界将可以力争，强权几足以胜天演"，"物质之文明，浸成儳焉不可终日之势"，他主张贯通中西之学，"以此所有余助彼所不足，截此之所长补彼之所短"。而贯通中西的途径，"非易道又乌能贯而通之"⑤。

在易学上，三人都试图融贯中西学术。章太炎是中国社会学的先驱，在《检论·易论》和《自述学术次第》中，他将西方社会学理论和视角运用到对易学的研究当中，认为《周易》"实历史之结晶，今所称社会学是也"⑥。《周

---

① 杭辛斋：《日本之易学》，《学易笔谈》，天津古籍书店，1988，第36页。
② 杭辛斋：《今后世界之易》，《学易笔谈》，天津古籍书店，1988，第42页。
③ 参见郑师渠《晚清国粹派的文化观》，《思潮与学派：中国近代思想文化研究》，北京师范大学出版社，2005，第153~166页。
④ 刘师培：《拟设国粹学堂启》，载《国粹学报》1907年第1期。
⑤ 杭辛斋：《十字架》，《学易笔谈》，天津古籍书店，1988，第214页。
⑥ 章太炎：《历史之重要》，《制言》第55期，《章太炎年谱长编》下册，中华书局，1979，第930页。

易》"记人事变迁，不越其绳"，六十四卦记录了中国古代社会的国家形态、生产方式、婚俗制度的发展，六十四卦的卦序反映了社会进化的过程[1]。刘师培所著《经学教科书》，以现代西方的学科分类为基础，对《周易》进行科学式的阐发。他认为"《易经》一书，所该之学最广，惟必先明其例，然后于所该之学，分类以求，则知《易经》非仅空言，实古代致用之学"[2]。在《经学教科书》中，刘氏分 12 课论述了《周易》与文字、数学、科学、史学、政治学、社会学、伦理学、哲学、典礼的关系，并探讨了相关的内容和思想。杭辛斋以象数为基础对西学进行阐发。在他的论述中，象数不仅与西方的化学、物理学、光学、机械制造相契合，还蕴含了西方的民主、司法、教育制度甚至宗教思想，体现了杭氏调和新理，会通中西的理想。然而总的来说，在汇通中西的实践中，三人都明显地出现了比附倾向，既没有达到王国维认为的"学无中西"的高度，也与他们"中西互补"的理想截然不同。这表明，在当时的时代背景下，西学仍然处于更有利的地位，以西学来整合、改造中国传统才是当时学术发展的主要趋势。

陈平原认为中国传统学术的现代转型，是晚清和"五四"两代学者的共谋[3]。从易学来看，章太炎、刘师培、杭辛斋等人确实在二十世纪初开辟了新的发展趋势，对易学的发展产生了重要影响[4]。易学开启了从传统到现代的初步转型，但其根本转变则要到五四运动之后。

---

[1] 章太炎：《检论》，《章太炎全集》（三），上海人民出版社，1982，第 380 页。
[2] 刘师培：《经学教科书》，上海古籍出版社，2006，第 147 页。
[3] 陈平原：《中国现代学术之兴起——以章太炎、胡适为中心》，北京大学出版社，1998。
[4] 到二十年代，常乃惪也开始用社会学的方法对《周易》进行研究（常乃惪《〈周易〉中之社会哲学》，载《社会学界》1927 年 6 月 1 期）。郑吉雄认为，古史辨学者视《易经》为古史史料，胡朴安撰《周易古史观》，以古史解释《周易》观念和方法，虽与太炎不尽相同，但肯定是受太炎"以史释易"的启发（郑吉雄《20 世纪初〈周易〉经传分离说的形成》，《大易集奥》，上海古籍出版社，2004）。胡朴安也对《周易》的内容按近代学科进行了划分，他认为"《易经》一书，其言义理者，可入之哲理学类；其言筮龟者，可入之艺术学类；其音韵者，可入之语言文字学类；其言上古社会情形者，可入之史地学类"（胡朴安《古书校读法》，《胡朴安学术论著》，浙江人民出版社，1998，第 270 页）。在三四十年代，胡氏先后著《周易之政治思想》《周易古史观》《周易人生观》，可看作是对其学科划分理念的实践。当今学者普遍认为杭辛斋开科学易之先河，为象数易发展为科学易的过渡时段。

二　二十世纪二十年代：易学发展的大变革

二十世纪二十年代，西方思想的迅速涌入对中国学术的发展产生了深远的影响。易学深受西方思想的影响，其首要面对的是"五四"运动和新文化运动带来的科学主义信仰和激烈的反传统思想。在当时的时代氛围下，科学主义被分为两股力量。一个是胡适所代表的实验主义，另一个是陈独秀和李大钊所代表的历史唯物主义。在实践上则以顾颉刚等人的古史辨派和郭沫若等人的社会史研究为代表。由于"古书是古史材料的一部分，必须把古书的本身问题弄明白始可把这一部分的材料供古史的采用而无谬误"[1]，古史辨派进而由辨古史发展到辨古书，作为"最古的而且和'道统'最有深切关系"的《周易》成为了他们重要的研究对象[2]，以"破坏其伏羲神农的圣经的地位而建设其卜筮的地位"，为其"洗刷出原来的面目"成为他们易学研究的主要目的[3]。1931年《古史辨》第三册出版，其中收录了1926年至1929年间有关易学的16篇文章，显示了《周易》在古史辨派研究体系中的重要地位。在郭沫若那里，对易学的研究成为他研究古代社会史的重要组成部分。在他的《中国古代社会研究》中，易学研究是其中五个部分之一，是他创造的古代社会模式的主要支持。现在看来，古史辨派等人及郭沫若的易学研究是革命性的，主要表现在两个方面。

（一）观念的变革

许多学者指出，"五四"时期所倡导的科学更多地指的是科学精神。在处理中国传统文化时，这种客观追求的科学精神进一步演变为怀疑的态度和平等的视野[4]。就是在这样的背景下诞生的。他们将这种持怀疑态度和反

---

[1] 顾颉刚：《古史辨》第三册自序，上海古籍出版社，1982，第4页。
[2] 顾颉刚：《〈周易〉卦爻辞中的故事》，《古史辨》第三册，上海古籍出版社，1982，第1页。
[3] 顾颉刚：《古史辨》第三册自序，上海古籍出版社，1982，第1页。
[4] 1920年胡适等人发起的"整理国故"运动，主张用"评判的态度"对待中国传统文化，"重新估定一切价值"。（胡适《新思潮的意义》，季羡林编《胡适全集》第1卷，安徽教育出版社，2003。）历史的观念、疑古的态度、系统研究成为研究国故的主要方法。（胡适《整理国故的方法》，《胡适文集》3，人民文学出版社，1998。）

传统观念与中国传统的疑惑和思想结合起来，形成了一种强烈的疑古思潮。早在古史辨派对《周易》展开研究之前，旧的历史系统已被他们打破，黄金时代已经不复存在，《周易》随之失去了作为圣经的根源。因此在辨《周易》时无疑有了先入为主的优势。他们不再把《周易》视为充满圣贤智慧的圣书，而只是作为一种古老的历史材料。顾颉刚批评前人对民族习俗的"宗教式态度"。他认为，应该"立在家派之外，用平等的眼光去整理各家各派或向来不入家派的思想学术"。他说："我们也有一个态度，就是：'看出它们原有的地位，还给它们原有的价值'。我们没有'善'与'不善'的分别，也没有'从'与'弃'的需要。我们现在应该走的路，自有现时代指示我们，无需向国故中讨教诲，所以要整理国故之故，完全是为了满足历史上的兴趣，或是研究学问的人要把他当做一种职业，并不是向古人去学本领，请古人来收徒弟。"① 他们不再带着"尊经"的目的去研究《周易》，也不认为其中的思想对于现代的意义，他们只是站在一个纯粹客观的立场，以怀疑的态度审视自己的研究对象，以科学精神和平等视野进行实证研究以获得"科学材料"，这种"科学材料"与"上自星辰，下至河海，变幻如人心，污秽如屎溺"没有什么不同②。概念的转变直接带来了研究的突破。这种"外部式"研究使得"传统易学中本来都是定论的成说均成为不足凭信的东西，也使本来不是问题的问题都成了问题"③。他们把《周易》的成书年代推后到了西周初期甚至西周末期，推翻了"人更三圣，世历三古"的《周易》古史系统，而《易传》更推到战国末期，因此"孔子决不是《易传》的作者，《易传》的作者也绝不止一个人"④。他们揭示了《周易》作为占筮之书的本质，"只反映出文化初浅的社会的情况，却没有高深的道理存乎其中"⑤。他们将《周易》和《易传》确定为两个不同性质的作品，反映了不同时代的历史概念，从而否定了传统经典的研究路径。同古

---

① 顾颉刚：《我们对于国故应取的态度》，载《小说月报》14卷1号。
② 顾颉刚：《一九二六年始刊词》，载《北京大学研究所国学门周刊》第2卷第13期。
③ 杨庆中：《论古史辨派的易学研究》，载《首都师范大学学报》2001年第2期。
④ 顾颉刚：《论〈系辞传〉中观象制器的故事》，《古史辨》第三册，上海古籍出版社，1982，第50页。
⑤ 李镜池：《〈周易〉筮辞考》，《古史辨》第三册，上海古籍出版社，1982，第304页。

史辨派的破坏相比,郭沫若在易学上更多的体现了建设的一面。马克思主义的引入为当时的学者带来了另一种科学视野,为他们带来了现成的古代社会发展模式。郭沫若说:"只要是一个人体,他的发展,无论是红黄黑白,大抵相同。由人所组成的社会也正是一样……中国人不是神,也不是猴子,中国人所组成的社会不应该有甚么不同。"① 新历史观念的引入使他们重新审视古代中国的社会形态,同时也开始重新审视支持传统古代社会模式的历史文献。郭沫若认为"中国的社会固定在封建制度下已经两千多年,所有中国的社会史料,特别是关于封建制度以前的古代,大抵为历来御用学者所湮没、改造、曲解",而封建思想的禁锢又使得"我们的眼睛每人都成了近视,有的甚至害了白内障,成了明盲"②。他强调有必要用科学理论和批判精神对待中国的社会史料,"在实事之中求其所以是"③,再用这重新经过审视的史料来构建新的古代社会模型。同古史辨派一样,郭沫若也否定了"人更三圣,世历三古"的说法,认为"八卦是既成文字的诱导物,而其构成时间亦不得在春秋之前"④,《周易》非文王所作,孔子与《易》也并无关系,《易经》不过是"古代卜筮的底本,就跟我们现代的各种神祠佛寺的灵筮符咒一样,它的作者不必是一个人,作的时期也不必是一个时代"⑤。对于古史辨派将《周易》看作古史材料,郭沫若并不仅仅满足于此。他将《周易》看作是中国古代社会存在的反映⑥。他认为《周易》中的文句"大抵是一些现实社会的生活","如果把这些表示现实生活的文句分门别类地划分出它们的主从来,我们可以得到当时的一个社会生活的状况和一切精神生产的模型"⑦。因此,从《周易》的文本中,他发现了反映当时社会的生活状态,社会结构乃至社会精神的信息,并试图在经济,上层建筑和意识形态方面恢复古代社会生活的原貌。

---

① 郭沫若:《中国古代社会研究》自序,河北教育出版社,2000,第6页。
② 郭沫若:《中国古代社会研究》自序,河北教育出版社,2000,第6页。
③ 郭沫若:《中国古代社会研究》自序,河北教育出版社,2000,第7页。
④ 郭沫若:《〈周易〉之制作时代》,《中国古代社会研究》,河北教育出版社,2000,第361页。
⑤ 郭沫若:《〈周易〉时代的社会生活》,《中国古代社会研究》,河北教育出版社,2000,第37页。
⑥ 参见吴怀祺《易学与史学》,中国书店,2004,第219~223页。
⑦ 郭沫若:《〈周易〉时代的社会生活》,《中国古代社会研究》,河北教育出版社,2000,第38页。

（二）研究方法的突破

西方研究理论和方法的运用是古史辨派和郭沫若易学研究的一个主要特征。古史辨派受深受胡适实验主义的影响。实验主义的两个基本概念是："科学实验室的态度""历史的态度"[1]。在历史学上，前者主要以历史材料的严格研究方法为特征，而后者则表现为历史演化的研究方法。古史辨派在坚持传统的乾嘉考据学的同时，对历史演化的研究方法有着特殊的喜好。顾颉刚说："适之先生带了西洋的史学方法回来，把传说中的古代制度和小说中的故事，举了几个演变的例，使人读了不但要去辨伪，要去研究伪史的背景，而且要去寻出它的渐渐演变的线索，就从演变的线索上去研究，这比了长素先生的方法又深进了一层了。"[2] 胡适将其概括为"用历史演变的眼光追求传说的演变"[3]。古史辨派在易学研究上大都遵循这一研究路数。顾颉刚作《〈周易〉卦爻辞中的故事》，致力于研究故事背后的时代观念。他认为每个时代都是如此。具有独特的知识背景和那个时代的历史观念。他以《易林》《世本》所代表的历史观念为参考，通过研究《周易》卦爻辞及《易传》的历史观念，发现了《周易》由卜筮之书进入的"'经'的境遇"的发展脉络[4]。李镜池在《〈易传〉探源》中，通过对《左传》和《史记》相关材料的解释揭示了孔子作《易传》传说的演变过程[5]。余永梁在《〈易〉卦爻辞的时代及其作者》中，论证了儒家今古文派对《周易》作者的附会，呈现出"儒家将《易》作者附在文王、周公、孔子演变之迹"[6]。而钱玄同作《读〈汉石经周易〉残字而论及今文〈易〉的篇数问题》的目的，"专在研究汉代今文《易》的篇数之真相与变迁而已"[7]。郭

---

[1] 胡适：《实验主义》，季羡林编《胡适全集》，安徽教育出版社，2003，第282～283页。
[2] 顾颉刚：《古史辨》第一册自序，上海古籍出版社，1982，第78页。
[3] 胡颂平：《胡适之先生年谱长编初稿》第二册，台湾联经出版事业公司，1984，第563页。
[4] 顾颉刚：《〈周易〉卦爻辞中的故事》，载《燕京学报》1929年第6期。
[5] 李镜池：《〈易传〉探源》，载《史学年报》1930年第2期。
[6] 余永梁：《〈易〉卦爻辞的时代及其作者》，载《历史语言所集刊》1928年第1卷1期。
[7] 钱玄同：《读〈汉石经周易〉残字而论及今文〈易〉的篇数问题》，《古史辨》第三册，上海古籍出版社，1982，第84页。

沫若是第一位使用马克思主义研究《易》的学者。具体方法是用历史唯物主义重新审视《周易》及其历史价值，并将其与古代社会联系起来，作为古代社会存在的反映，用它来构建一种新的古代社会模式。同时，运用辩证唯物主义学说的视角解释其内在的辩证思维。

有意识地运用新材料，跨学科研究也集中体现在古史辨派和郭沫若的易学研究中。马衡对新出土的熹平石经残石上的《周易》文字进行考证，断定其用京氏易[1]。钱玄同对今文《易》的篇数问题的研究，主要利用的是马衡处和罗振玉处的残石拓片。李镜池、余永梁通过对甲骨卜辞与周易卦爻辞的句法比较，得出卦爻辞仿卜辞的结论，使《周易》为卜筮之书得到了最为重要的证据[2]。余永梁还利用最新的民族调查成果，论证了先卜后筮现象的合理性[3]。容肇祖运用甲骨卜辞，梳理了占卜的历史演变过程[4]。在跨学科研究方面，顾颉刚分析《周易》卦爻辞中的故事多少有他民俗学研究的影子；余永梁、郭沫若的研究很多属于社会史的范畴；郭沫若及李镜池则对《周易》的诗歌进行了开创性的研究。

在西方哲学和马克思主义哲学的影响下，传统的《周易》义理研究呈现出一种新的面貌。朱谦之被认为是第一个在易学研究中融入西方哲学的人。在"五四"时期，柏格森的人生哲学席卷了中国学术界和文学界，朱谦之深受其影响。他在1926年出版了《周易哲学》，"以《周易》为源，立'情'为本体，并与柏格森的生命哲学互相发明，从而建立起了独具一格的唯情哲学"[5]。他说"固然充塞天地间，不外'真情之流'"[6]。在他看来，天地万物的本体就是"情"，《周易》这一部书所包含的几个基本观念，"就是讲明'真情之流'的自然变化而已"。他说："大概《周易》千言万语，都只是这'情'字，更无其他"[7]。

---

[1] 马衡：《汉熹平石经〈周易〉残字跋》，《古史辨》第三册，上海古籍出版社，1982，第70页。
[2] 李镜池：《〈易传〉探源》，载《史学年报》1930年第2期；余永梁：《〈易〉卦爻辞的时代及其作者》，载《历史语言所集刊》1928年第1卷1期。
[3] 余永梁：《〈易〉卦爻辞的时代及其作者》，载《历史语言所集刊》1928年第1卷1期。
[4] 容肇祖：《占卜的源流》，《古史辨》第三册，上海古籍出版社，1982，第252页。
[5] 方用：《试论朱谦之〈周易〉哲学中的"情"》，载《周易研究》2007年第3期。
[6] 朱谦之：《与钱基博先生论〈周易〉书》，载《时事新报》1922年6月23日。
[7] 朱谦之：《周易哲学》，《朱谦之文集》第三卷，福建教育出版社，2002，第103页。

他对易学的研究可以看作是对"五四"主导的科学主义倾向的反应。所以，他不满于只对《周易》进行客观研究。他的治《易》思想得到了现代新儒学的进一步发展。郭沫若是第一个利用马克思主义唯物辩证法对《周易》进行哲学研究的人。在其《〈周易〉时代的社会生活》第一章最后部分和第二章，他对《周易》中存在的朴素的辩证观进行了发掘。他认为辩证法是一种自然反映，"是古时候就有的东西"，《周易》包含丰富的矛盾对立，运动转换的辩证概念和物质社会进化概念，而《易传》将《易经》辩证观点展开并进一步发展为折衷主义、改良主义和机会主义[1]。郭老的《易经》哲学研究的主要特征是在拥有大量真实材料的基础上客观地恢复《周易》的思想因素，并在时代背景下对其进行判断。它的本质仍然是一种"外在式"纯粹的客观性研究，对后来的马克思主义哲学研究产生了深远的影响。

以近代西方科学阐释易学或以易学治科学为特征的科学易作为一种新的治《易》路数也开始出现。沈仲涛是较早的践行者，他于1924年发表了《易卦与代数之定律》，以立方体的阴阳面解释八卦，认为八卦合拢起来是"表一个正负面正负线的立方体，分开来是表明这立方体上的八个部位"，采用数的法则，则"八卦合拢起来是一个二项和的三次方"，而六十四卦合拢来则"是一个二项和的六次方"[2]。同杭辛斋的研究相比，沈仲涛对西方自然科学的运用无疑更加成熟。通过对公式和法律的解释，真正将西方自然科学与象数、图书之学结合起来，不再停留在概念表面的比附。这表明，科学易跳出了传统象数易学的范畴，并开辟了一个独立的舞台。

总的来说，在二十世纪二十年代的短暂时间里，易学领域和当时的社会一样都发生了翻天覆地的变化。这主要有三种表现，一是治《易》概念的变化。受西方科学主义的影响，古史辨派和郭沫若摧毁了易学的传统观念。他们认为《周易》是"科学的材料"，并提倡超越《周易》之外的纯

---

[1] 郭沫若：《〈周易〉时代的社会生活》，载《东方杂志》1928年第二十五卷第21、22号。
[2] 沈仲涛：《易卦与代数之定律》，载《学灯》1924年1月。

粹客观的实证研究，研究和探索古代历史和意识。无论后来的学者是否同意，他们得出的新结论已成为他们无法回避的话题。西学冲击了中国传统学术，同时也带来了中国学术的分化。一些学者开始反思西方科学主义与传统文化的对立，并在西学的影响下为易学寻求新的出路。朱谦之在西方现代哲学中吸收了生命哲学和直觉主义，探讨了《周易》的时代价值，展现了寻求中西哲学融合的努力。他以《周易》为本体重构了新的形而上学，被认为是现代人文易学的开端[①]。治《易》的这两种观念，一个侧重于研究的客观性，一个侧重于形而上学的阐释，二者都具有深远的影响。从此以后，许多学者都继承和发展了这两个观念。第二是研究方法的突破。学者们开始将社会科学和自然科学的理论和方法被引入到易学中，易学的中西融合倾向更加广泛和深入。在这里，有一种趋势是用中学改变西学，用中学来治愈西学。新材料的使用和跨学科研究已经开始出现，促进了易学在更深层次、更广泛方向的发展。第三是新研究范式的出现。除传统的研究方法外，还出现了实证的研究方向和自然科学的研究方向，基本建立了现代易学的研究方法。总的来说，在二十世纪二十年代，易学在观念、方法和研究方面都发生了根本性的变化，所有这些都体现了现代易学的特征，表明易学基本上完成了传统向现代的转型。在此基础上，现代易学不断深化和发展起来。

三 二十世纪三四十年代：易学的重建与发展

二十世纪二十年代，《周易》作为儒家经典地位的打破，为此后的易学留下了无限的发展空间，易学在二十世纪三、四十年代开始了重建的历程。这一时代的易学基本承袭了二十年代的研究路数，但在这个时代却不那么激进，研究态度也更加平和。它对西学和传统文化中都更具包容性，表明现代易学正在逐渐成熟。在二十世纪二十年代被客观实证研究的风头遮蔽的传统易学复活，显示出强大的生命力。

---

① 汪学群：《二十世纪上半叶的易学新思潮》，载《光明日报》2006年6月26日。

三十年代之后，古史辨派和郭沫若的研究重心发生了变化，但他们造成的影响深远[1]。伴随着《周易》作为儒学、经学的经典地位被否定，传统的以阐发微言大义为主的易学研究也随之失去价值。学者们开始用新的视野和方法对《周易》经传进行研究，以还原其本来面目。于省吾于三十年代出版的《双剑誃易经新证》，对易学中的基本概念、卦爻辞及《易传》中的词句进行了系统性的考证。于氏与传统的象数易学渊源颇深，他说："易，象也。""欲求其理，须解其词，欲解其词须知其象，象即知矣则词至辨晰，理至显明。"[2] 因此，求易象之本义成为解《易》的关键。于省吾在解《易》时充分利用地下材料和先秦典籍，以古文字学考证易象之本意，再"复证以易象及古今小学诸说使古义幽而复明"[3]。于省吾的《易经新证》，体现了新的研究方法与传统学术的结合。他虽立足于易象，但易象已成为其求真求实的一种手段。他充分利用地下新材料和古代文献学方法扩大了《周易》材料和方法的范围。有学者指出，他在注《易》的实践中已经自觉得表现出经传分观的态度和历史演进的观念[4]。高亨于1940年写成《周易古经今注》，上册为通说，对《周易》名称、卦名、筮辞、筮法以及十个基本用词进行了考证；下册为注释，为《易经》经文的全注本。高亨受古史辨派影响很深，古史辨派提出的"经传分离""《易经》为卜筮之书""《易经》具有史料价值"等易学观念都被其采纳和继承。他解《易》不守《易传》，只承认"'十翼'是出现最早的、颇有可采的《易经》注解"[5]。他不谈象数，认为讲占筮固然离不开象数，但现在研究《易经》的目的是将其作为上古史料以"探求《易经》时代的社会生活及人们的思想意识、文学成就等"，无需理会卦爻辞的写作有什么象数方面的

---

[1] 此时古史辨派尚有李镜池治《易》，他于四十年代后期发表《周易筮辞续考》一文，将《周易》的写定时间定在西周末年。（李镜池《周易筮辞续考》，《周易探源》，中华书局，1978。）郭沫若于三十年代作《〈周易〉之制作时代》，对《周易》的制作年代和作者进行了考订，但他已无《周易》方面的社会史研究。

[2] 于省吾：《双剑誃易经新证》于序，上海书店出版社，1994，第3页。

[3] 于省吾：《双剑誃易经新证》尚序，上海书店出版社，1994，第2页。

[4] 杨庆中：《二十世纪中国易学史》，人民出版社，2000，第128页；姜燕：《古籍新证的典范——论于省吾先生的〈周易〉研究》，载《古籍整理研究学刊》2002年第3期。

[5] 高亨：《周易古经今注》重定自序，中华书局，1984，第3页。

根据，因此"只考究卦辞的原意如何，以便进一步利用它来讲那个时代的历史，也就够了"[1]。他解《易》既不受《易传》的框定，也不受文段之间固有逻辑的约束，只求还原文句的原始含义，因此他可以突破许多限制而不是沿袭旧说。闻一多于1941年出版了《周易义证类纂》。闻一多受历史唯物主义影响，在书的开头便说："以钩稽古代社会史料之目的解《周易》，不主象数，不涉义理。"[2] 他对爻辞进行了选择性的考释，仅选"可补苴旧注者百数十事。删汰芜杂，仅得九十"[3]，根据其作为社会历史资料的性质进行分类。在他看来，解《易》只是整理历史资料的初步工作。真正的目的是利用这些材料构建古代社会的物质和精神模型，体现了郭沫若社会史研究对其的影响。同传统易学相比较，于省吾、高亨、闻一多的易学无疑反映了五四以来求实求真的科学精神，延续了古史辨派和郭沫若等人治《易》的观念和方法。

在义理研究方面，学者们继续沿着客观和阐释的两条路径发展，但当他们整合西方思想时，却都倾向于回归传统。在客观性的研究上，主要有苏渊雷和金景芳。苏渊雷在三十年代推出的《易学会通》，"取证老庄，旁参佛氏，远征西哲，近引诸儒"[4]，以广《易》义。在这本书中，从传统的哲学理论到佛教，再到西方哲学、社会学，甚至几何学理论，都体现了他与古代和现代中外学者交流的意图。他强调了这种交流的重要性，并认为不可能从"故步自封、老死考据"中获得真正的知识[5]。他的这种会通，既未流于比附，也并非以西学来改造中学，难能可贵。在他的著作中，西学与其他学术一样，处于平等地位，达到了"融中外学说而一炉冶之"[6]并最终融归于《易》的目的。他称赞《周易》中包含的微妙思想。在《论生》部分，他说："纵观古今中外之思想家，究心于宇宙本体之探讨，万有原理

---

[1] 高亨：《周易古经今注》重定自序，中华书局，1984，第4页。
[2] 闻一多：《周易义证类纂》，蔡尚思主编《十家论易》，岳麓书社，1993，第503页。
[3] 闻一多：《周易义证类纂》，蔡尚思主编《十家论易》，岳麓书社，1993，第503页。
[4] 苏渊雷：《易学会通》自序，中州古籍出版社，1985，第1页。
[5] 苏渊雷：《易学会通》自序，中州古籍出版社，1985，第1页。
[6] 张棡：《阅平阳苏渊雷〈易学会通〉》，俞雄选编《张棡日记》，上海社会科学院出版社，2003，第541页。

之发明者多矣……顾未有言生者，有之，自《周易》始。"他作此书于忧患之中①，深知"《易》为忧患之书，而生生不已"，因此他赞叹"生之时义大矣哉"②！在《论时》一节中，他甚至开篇便赞叹"易道深矣！广矣！大矣！而会于时"③。在《易学会通》写成的60多年后，苏渊雷在华东工学院召开的"中国传统文化研讨会"上提交了《试论中国传统文化及其瑰宝》一文，阐述了他对民族文化命运的看法。在他看来，传统文化是培养新文化的沃土，不允许完全否定旧文化。一个善于吸收和消化外国文化的国家可能会创造出灿烂的文化，文化的创造是最高度的整合。④ 在60多年前的《易学会通》中，我们已可以依稀窥得苏渊雷这一文化观的影子。金景芳于1939年作《易通》，前七章为《易》之自身研究，后三章则论及与《易》有关之重要书说或人物。金景芳尊崇孔子，推崇儒家，他在《易通》的开篇便说："中国哲学，综为二大宗派，而以老、孔二大哲人为开山。二哲之思想结晶，则在《周易》与《老子》，是二书也，体大思精，并为百代所祖，而尤以《周易》为最正确、最有体系，洵吾炎黄胄裔所堪自诩之实典也。"⑤ 表明了他的儒学本位立场。在书中，他反复强调《周易》为哲理之书，"《易》之用在发明宇宙真理，以为人生准则"⑥、"先哲作《易》其目的在将其已由变动不居之宇宙现象中所发见之自然法则及社会法则，用蓍卦等符号衍变之方式表出之，以作人生行为之指针"⑦。他批评汉人象数、宋人图书之学而尊王弼、程颐的义理研究路数，他著《易通》本着"纯本研究态度，目的在求真理"，在研究过程中，"纯就原书，分析综合以推寻

---

① 1927年发生"四·一二"反革命政变，苏渊雷被捕入狱，经历"7年炼狱"。《易通》正是作于这期间。
② 苏渊雷：《易学会通》，中州古籍出版社，1985，第62页。
③ 苏渊雷：《易学会通》，中州古籍出版社，1985，第88页。
④ 苏渊雷：《试论中国传统文化及其瑰宝》，张荣明主编《道佛儒思想与中国传统文化》，上海人民出版社，1994。
⑤ 金景芳：《易通》自序，舒星、彭丹选编《金景芳儒学论集》（上册），四川大学出版社，2010，第140页。
⑥ 金景芳：《易通》，舒星、彭丹选编《金景芳儒学论集》（上册），四川大学出版社，2010，第144页。
⑦ 金景芳：《易通》，舒星、彭丹选编《金景芳儒学论集》（上册），四川大学出版社，2010，第153页。

第九章 现当代易学研究

条例"①，以客观的还原原书学说和思想的真实面目，这又与王弼、程颐有所不同。金景芳治《易》重视参稽，但不局限于传统学术，西学也成为其重要的参考对象。他从列宁的《谈谈辩证法的问题》中悟得如何运用辩证法的理论解释《易经》，使得"很多长期不能解决的问题，这回可以迎刃而解了"②。《易通》最后一章专门谈《周易》与唯物辩证法的问题，认为《周易》与唯物辩证法，"事隔几千年，地距几万里，而其说若合符节"③。他那时尚未接受马克思主义，他对唯物辩证法的引入仍走的是中西参证、以中学消融西学的路数。从苏渊雷和金景芳的易学来看，有一种回归传统义理的趋势。这种回归不是倒退，他们以客观的态度治《周易》以保持《周易》思想的真面目，并继续奉行自五四运动以来追求真理和求真的科学精神。同时，他们肯定了儒家学说，肯定了《易》的思想内涵，表达了对传统文化的同情和尊重。他们接受了传统思想学派的研究思路，积极寻求新知识，发现儒家的真正精神。对中西文化有更平等，理性和包容的愿景和态度。这种回归的实质是"五四"的过度激进调整，表明现代易学逐渐成熟。

阐发式研究则主要以熊十力、马一浮为代表。熊十力早年倾心佛教，后来转向儒家思想。他对《周易》着了迷。在二十世纪三十年代早期的《新唯识论》中，他基于《周易》形而上学，充分发挥了人与宇宙关系的理论，探讨了人类本体论的现状和最高存在的概念，从而构建了《新唯识论》的形而上学体系。他认为，《易》是对宇宙和生命的理解和整体把握，是中国的形而上之学，而《易》的原理，根本上是体用不二，生生不已，表现为阴阳（屈伸、翕辟、乾坤）的对待流行，变动不居④。在他看来，《周易》的这些思想，"不但可以从根本上提供儒家形上学的道德心

---

① 金景芳：《易通》，舒星、彭丹选编《金景芳儒学论集》（上册），四川大学出版社，2010，第141页。
② 金景芳：《金景芳自述》，《学人世纪自述》（第二卷），北京十月文艺出版社，2000，第176页。
③ 金景芳：《易通》，舒星、彭丹选编《金景芳儒学论集》（上册），四川大学出版社，2010，第218页。
④ 参见郭齐勇《熊十力思想研究》，天津人民出版社，1993，第35页。

性本体，而且可以由此重建中国人的道德主体的自我与中国传统文化的历史性的自我"①。因此，他着力借《周易》中"乾元""坤元""翕""辟"等词句阐发他"体用不二"的宇宙本体论。他治《易》不重象数，而是"即辞以究义"，但这并不同于传统的义理派，他的路数是"反本开新"，即从《周易》中发掘出现代的意义或将其作为现代意义阐释的根据。这种"反本开新"的特征往往能使他将《周易》与现代西方思想进行对话，他以《周易》为本，与黑格尔哲学相互辨别，对柏格森、叔本华哲学、达尔文进化论进行扬弃，从而实现以中国固有文化为中心的中西融合。总的来看，他的易学与他所建立的那一套宇宙论和人生论是相通的，《周易》是构成熊十力新儒家形上体系的基础。马一浮于三十年代末成《观象卮言》，其开篇曰："天下之道，统于六艺而已。六艺之教，终于《易》而已。学《易》之要，观象而已。观象之要，求之'十翼'而已。"② 在他看来，六艺之学可统摄中土及西来一切学术，而六艺之道，究其本源，乃固有性德之自然流露，故一切学术无不归宗于人心本然之善、性德之真。《周易》以"三才之道"显示了儒家的"性命之理"，故有"六艺之教，终于《易》而已"。又"圣人立象，以尽意"，故"寻象以观意，而意可尽也"。他坚持"十翼"为孔子之作，认为"不有'十翼'，《易》其终为卜筮之书"③。基于这一认识，他治《易》坚持义理与象数并重，力求通过"观象玩辞"寻得"十翼"中的"性命之理"。他治《易》贯通儒、释、道三家，但他认为"欲初明观象之法，直抉根原，刊落枝叶，必以'十翼'为本"，其它二说在于"假彼明此，为求其易喻"④，显示了儒学的在其学术体系中的本体地位。由于六艺之学是性德之自然流露，不是"凭籍外缘的产物，是自心本具的"⑤，他在治《易》中更

---

① 〔韩〕郑炳硕：《熊十力〈周易〉新诠释与儒学复兴》，载《周易研究》2002年第6期。
② 马一浮：《观象卮言·序说》，刘梦溪主编《中国现代学术经典·马一浮卷》，河北教育出版社，1996，第373页。
③ 马一浮：《观象卮言·序说》，刘梦溪主编《中国现代学术经典·马一浮卷》，河北教育出版社，1996，第373页。
④ 马一浮：《观象卮言·序说》，刘梦溪主编《中国现代学术经典·马一浮卷》，河北教育出版社，1996，第374页。
⑤ 马一浮：《泰和会语》，刘梦溪主编《中国现代学术经典·马一浮卷》，河北教育出版社，1996，第5~6页。

强调向内体究的功夫，通过"引入思维"，"反之自身"，"穷尽所以然"来求得"自心之义理"①。总的来看，马一浮治《易》以明心复性为要旨，深刻的受到理学的影响，并与他的"六艺论"体系相契合。

如果说二十世纪三四十年代是易学的重建年代的话，于省吾、高亨、闻一多等人无疑以实证的眼光对《周易》经传文本进行了重新的解释；苏渊雷、金景芳无疑对《周易》文本的思想内涵进行了客观的解释和分析，即冯友兰所谓的"照着说"；而熊十力、马一浮则对《周易》的形而上之学以新的时代要求进行了重建，即冯友兰所谓的"接着说"。熊十力、马一浮同为现代新儒家的开山祖师。面对在外来思潮冲击下中国思想界出现的"精神迷失"，他们本着强烈的忧患意识和道德使命感，怀着对传统儒学的敬意，开始建立以儒家学说为本位，会通西学，"以谋求现代化的一个学术思想流派"②。在现代新儒家中，熊十力和马一浮开治《易》先河，此后的第二代和第三代也都不约而同的将《周易》作为"反本"的重要思想源头和"开新"的重要阐释依据。现代新儒家逐渐发展成为易学研究的一个新的派别。

在二十世纪三四十年代，传统易学的回归是另一个重要的现象。现代易学由传统易学发展而来，传统易学是现代易学的基础，无论在任何时代，传统的治《易》方法都是值得重视的。即便是在激进的反对传统学术的二十年代，依然诞生了像尚秉和这样的象数大家与杨树达这样的传统义理派代表人物。尚秉和在二十年代作《周易古筮考》，辑录上自春秋，下迄明清所存筮案，对筮仪、筮法有精微的考证。杨树达作《周易古义》，博采三国前诸子及史籍有关《周易》的内容，将各种引证和诠释相应的集中于原句之下，使后进学者颇获便利。但总的来看，二十年代科学主义的风头盖过了传统易学的光芒。到三四十年代，一批象数易学大家开始活跃起来，主要有尚秉和、徐昂、黄元炳。尚秉和在三四十年代先后著《焦氏易林注》《焦氏易诂》《周易尚氏学》等，精研西汉焦氏易学，从《焦氏易林》中考

---

① 马一浮：《泰和会语》，刘梦溪主编《中国现代学术经典·马一浮卷》，河北教育出版社，1996，第33页。
② 方克立：《要重视对现代新儒家的研究》，载《天津社会科学》1986年第5期。

证出诸多轶象和易说，再以此为根基对《周易》作注，终成独树一帜的《周易尚氏学》。徐昂重象数而兼及义理，尤精虞氏易，有《周易虞氏学》《周易对象通释》《京氏易传笺》《释郑氏爻辰补》《河洛数释》等，他在继承虞氏易的同时又对逸象有所发展。黄元炳为汉宋卦气、图书之学的大家，有《易学探源经传解》《〈河图〉象说》《卦气集解》等。

科学易的研究也开始初具规模，并逐渐被人们所认可。沈仲涛以英文作《易卦与科学》。薛学潜作《易与物质波量子力学》，"欲以挽近物理与《易》理互证"①，他将六十四卦布为方阵，以易方阵导出相对论、各量子力学方程式及各图式。在书的最后，他引入佛学，通过哲学思辨，提出了"五度说"。此后，他又著《超相对论》，继续以易阵阐发其"五度说"。刘子华以近代科学资料或自然现象为根据，结合八卦理论与具体宇宙现象进行研究，提出八卦宇宙论，并测算出太阳系除九大行星外，还有一颗新行星的存在。在以《易》研究自然科学方面有开创性的研究，并凭借其《八卦宇宙论与现代天文——一颗新行星的预测——日月之胎时地位》一文，获得法国国家博士学位。丁超五作《科学的易》，对《周易》展开数理分析和自然定位，"致力于建构基于现代科学视域下的易学科学新体系"②。

四　1949～1978：海峡两岸迥异的治《易》门径

中华人民共和国成立后，由于学术取向不同，大陆与台湾地区的易学研究发展各不相同。在大陆方面，随着马克思主义在整个意识形态领域指导地位的确立，辩证唯物主义和历史唯物主义已成为学术研究的基本观点和方法。作为中国传统文化的重要组成部分，《周易》随着学者世界观和研究方法的变化，面临着被重新评价的问题，这一度成为学者讨论的焦点。从论文的发表情况来看，从1949年到1978年近三十年的时间里，《周易》在大陆的研究时间不长，主要集中在二十世纪五十年代末至六十年代初期③。在研究领域

---

① 薛学潜：《易与物质波量子力学》，蔡尚思主编《十家论易》，岳麓书社，1992，第1039页。
② 辛翀：《易学与科学：丁超五科学易学思想探究》，科学出版社，2009，第4页。
③ 参见高桂芬《〈周易〉研究论文索引》二，载《周易研究》1989年第2期。

上，主要集中在讨论《周易》成书年代、性质，以及《周易》的哲学思想和《周易》的研究方法的再分析。《周易》成书年代、性质等问题，源于二十年代，由于涉及如何对待民国学术制度以及对胡适实验主义的批判这一问题，民国以来的一些学术观点被打破了，学者们开始运用辩证唯物主义和历史唯物主义重新讨论这个问题，高文策、庄天山、汤鹤逸、沈飚民、任继愈、李镜池、平心、冯友兰、高亨、刘惠孙、李景春等都参与其中，从而形成了一定程度的易学讨论热潮。从讨论的结果来看，它并没有超出二十世纪二十年代古史辨的范围。然而，在此次讨论之前，学者们已经接受了马克思主义思想和方法的洗礼，因此"又明显的表现出不同于二三十年代的特征"[①]。

除了对《周易》经传成书年代、性质的探讨，学者们也讨论了《周易》经传的哲学思想问题。《周易》哲学的研究主要属于中国哲学史的范畴，用马克思主义的观点和方法重新审视和组织中国哲学史是时代的要求。早期的文章有1957年汤鹤逸发表的《易经中的辩证法及唯物主义因素》一文。汤鹤逸在文中认为，西欧的一些资产阶级学者提出中国哲学中的自然哲学和宇宙学的内容远没有西方那么发达，这是对中国哲学的歪曲。中国古代的《周易》"不仅是蕴藏着中国古代关于自然哲学及宇宙观有一整套的见解，而其是一部朴素的唯物主义"，但国内学者对此也很少注意，不能不说是"数典忘祖"[②]。在这之后，冯友兰分别在1960年和1961年发表了《〈易传〉的哲学思想》和《易经的哲学思想》，关于《周易》哲学思想的讨论开始热烈起来。任继愈、李景春、繁星、高亨、李镜池、刘惠孙、沈飚民、王明、王占元等人参与其中，学者们主要采用历史唯物主义的方法和原则，认为《周易》的哲学思想发生在一定的社会经济背景下。他们把思想与社会背景联系在一起。在研究中，它坚持严格的历史性，旨在客观真实地还原《周易》的思想，既发掘其中的朴素的唯物主义和辩证法思想，也对其中的唯心主义进行批判。由于占有的材料或对材料的理解不同，学者们

---

① 杨庆中：《二十世纪中国易学史》，人民出版社，2000，第184页。
② 汤鹤逸：《易经中的辩证法及唯物主义因素》，载《人文科学杂志》1957年第1期。

《周易》经传是代表了唯物主义还是唯心主义产生了分歧。

到1962年，学者们已经从《周易》本身的讨论转向了《周易》研究的方法论讨论。从方毅的《研究〈周易〉不能援〈传〉于〈经〉》文章开始，学者们就如何对待《传》《经》关系，《周易》研究和哲学史方法论开始了热烈的讨论。本次讨论的重点是对李景春"两千多年前以古人名义解释马克思列宁主义哲学经典"问题的批评。关于哲学史方法论的思考对于促进马克思主义哲学的发展具有一定的指导意义，但同时也清楚地显示了转向政治批评的特征。随着文化大革命的爆发，大陆易学的研究基本上被打断了。

中国港台地区的易学则主要延续了民国以来的发展道路。既有受实证主义影响较深的，也有坚持传统治《易》取向的，此外，第二代现代新儒学继续在香港、台湾地区和海外发挥影响力。在二十世纪六十年代后半期，科学易在台湾地区开始蓬勃发展。二十世纪七十年代，台湾地区第二代易学学者开始出现。

在台湾地区，最早的一批治《易》者主要是随国民党退居台湾地区的学者。主要有高明、蒋复璁、林尹、程发轫、南怀瑾、陈立夫、戴君仁、屈万里、程石泉、方东美等[1]。这其中，受实证主义影响较深的是屈万里。早在大陆之时，屈万里受胡适、傅斯年影响颇深，重出土材料，善古文字、古器物学，对经学子集都有涉猎，对《周易》独有倾心。到台湾地区后，在易学上有《先秦汉魏易例述评》《汉石经周易残字集证》《周易卦爻辞成于周武王时考》《易卦源于龟卜考》《周易爻辞中之习俗》等著述。他治《易》以求真求实为目的，"先以音韵训诂解释字义，再以群经、诸子、甲骨、金文参释文旨。在字义文旨已明的基础上，再以《周易》经文为史料，对其进行各个方面的研究"[2]。他认为《周易》中含有丰富的社会史料，"研究古代社会史者，自不应束之高阁，惟其成书之时代不明，则影响于史料之运用者甚巨"[3]，故

---

[1] 参见许维萍《台湾五十年来的易学研究》，林庆彰主编《五十年来的经学研究（1950—2000）》，台湾学生书局，2003。

[2] 廖名春等：《周易研究史》，湖南出版社，1991，第449页。

[3] 屈万里：《周易卦爻辞成于周武王时考》，《书佣论学集》，台湾联经出版事业公司，1984，第7~29页。

| 第九章 | 现当代易学研究

作《周易卦爻辞成于周武王时考》，对其进行考证。而《周易爻辞中之习俗》一文，是将《周易》作为历史材料来研究古代社会历史的具体实践。

受传统易学影响较深的，以高明为代表。高明早年随黄侃治学，精古文字学，为章黄学派传人。在来台湾地区之前，易学上有《连山归藏考》《易图书学传授考源》。来台后，作《五十年来之易学》《易象探源》《孔子的易教》。其文《五十年来之易学》，是第一篇总结二十世纪易学的的文章，文中他评价古史辨派时称："大抵均对伏羲画卦、文王重卦、周公系辞、孔子作'十翼'诸说深加抨击，肆意怀疑，而其所自立之说，则又各各互异，难得定论。"① 可见其对传统文化的捍卫立场。

在此期间，现代新儒家易学开始蓬勃发展。1949年后，以钱穆和唐君毅为代表的现代新儒家在香港创办了新亚书院，张君劢、牟宗三、徐复观先后在这里讲学。此举被视为中国儒学复兴的基础。钱穆在二十年代末作《论十翼非孔子所作》，成为古史辨派打破孔子与《周易》关系的重要立论依据，而他也将这一学说坚持了一生。他重视经典的价值，强调经史子集的交流，这使他善于把握各种观念之间的关系。他用考据训诂的方法来理解义理，并通过对词语根源的解释来获得其思想根源，这是他治《易》的一个主要特征。牟宗三早年著《周易的自然哲学与道德含义》②，引入新实在论与数理逻辑，致力于对汉代象数易学的研究，他的易学研究也成为其逻辑研究的起点。到后期，他放弃了汉代及清代易学中有"数理逻辑方法论"的看法，由象数学的研究转为对《周易》内在精神生命的发掘，从而实现了由自然哲学向道德行上学的转变。方东美易学的相关著述有《生生之德》《原始儒家道家哲学》等，他认为《周易》是以生命为中心、以价值为中心的哲学体系，他以《大易》生生之德为核心，构建了一个融贯中西古今的生命价值体系。在他们之外，唐君毅、徐复观、张君劢也都对《周易》有不同程度的涉及。总的来说，除了钱穆的历史考据之外，其他几位现代新儒家在易学中都延续了熊十力的心性儒学，并通过对《周易》思想

---

① 高明：《五十年来之易学》，黄寿祺、张善文编《周易研究论文集》第1辑，北京师范大学出版社，1987。
② 原名为《从周易方面研究中国之元学与道德哲学》。

内涵的创造性解释和发挥而发掘出《周易》在现代社会的精神和道德意义。到六十年代，以成中英为代表现代新儒家第三代发展起来，使这一具有普世价值的现代新儒学不仅在香港和台湾地区，而且在海外也发挥着重要作用。

六十年代后半期，科学易开始在台湾地区兴盛起来。1964年薛学潜的《超相对论》一书在台湾重版，并改名为《易经数理科学新解》，引发了大的争论，也触发了科学易研究的热潮。此后，先后有《周易科学思想》《现代科学方法与易经》《现代科学·电脑与易经》《莱伯尼兹与易经》《谈易经与科学》《易经和数学的关系》《周易天文学》《周易物理学》等论文和著作出现①。到七十年代末，陈立夫倡议和组织应用易学，把科学易的研究推向高潮。

自七十年代以来，徐芹庭、高怀明、胡自逢、戴琏璋、黄庆萱、黄沛荣等台湾地区第二代易学学者开始崭露头角。他们多承袭师法，同时又在易学考据、象数、义理及易学史上各自有所开拓。在他们和第一代学者的共同训练下，第三代学者逐渐成长，台湾地区的易学得到了蓬勃发展。

五　二十世纪的最后二十年：易学发展的多元化

改革开放后，大陆易学逐渐焕发出新的生机。在此期间，出土文献的推动、跨学科研究的兴起、传统象数易学及科学易的复兴、人文易学的回归共同构成了易学研究多元化的繁荣面貌，反映了易学新的发展趋势。

二十世纪末，地下材料的出土再次改变了易学的发展面貌。1978年张政烺发表《古代筮法与文王演周易》一文，首次运用《周易·系辞》中所载揲蓍法解释周原新出土甲骨上的记数符号，拉开了数字卦研究的序幕，对人们重新认识《周易》的最初面貌、数筮关系、辞象关系提供了新的视角。1973年，长沙马王堆汉墓帛书《周易》的出土，对人们探索孔子与

---

① 参见高桂芬《〈周易〉研究论文索引》三、四，载《周易研究》1990年第1、2期；许维萍《台湾五十年来的易学研究》，林庆彰主编《五十年来的经学研究（1950—2000）》，台湾书生书局，2003。

《周易》的关系、《易传》的形成、早期易学思想及西汉易学的面貌提供了宝贵一手文献资料,极大的突破了人们对《周易》经传的认识。故刘大钧赞其为"易学研究史上'石破天惊的大事'","恐怕今后的经学史也将因此而改写"[①]。地下材料的出土对人们易学观念的影响是巨大的,《易》起源于数、孔子与《易传》有密切关系、《易传》不可能晚出等观点,基本被人们所认同,李学勤所提出的"走出疑古时代"在易学上基本已经实现。

如果说新材料的出现使人们对《周易》有了更深的认识,那么新方法的引入则扩大了易学的研究空间。跨学科研究成为二十世纪末易学发展的又一个显著现象。除了传统的易学与哲学、文字、训诂、历史诸学科的结合以外,易学与心理、逻辑、管理、艺术、伦理、美学等社会科学,与数学、天文、信息工程、环境、灾害预测等自然科学及中医、历法、养生、气功等传统科学都产生了结合。使得易学不断的迸发出现代意义,并向着更广阔的空间发展。

传统象数易学和科学易复兴是二十世纪末易学的又一重要现象。刘大钧于八十年代率先倡导并开展传统象数易学的研究。在他的带领下,传统的象数易学呈现逐渐恢复的趋势。随着易学研究的深化,象数易学开始超越传统的义理象数之辨,走上了与义理更为紧密的道路,彰显出象数易学的现代意义。

随着跨学科研究的深入以及"东西方学术思想某些层面的重新被整合"[②],以象数易学为根基的科学易取得了长足的发展。一批具有理工科知识背景的人开始对物理学的原子结构模式、生物学的遗传密码编排以及信息、系统、网络理论等诸多科学前沿的成果进行《周易》式的阐释,具有积极的探索意义。同时,一些学者也开始对科学易的方法论问题进行反思,倡导从思维模式的深度对《周易》与自然科学进行对比分析,以找到它们之间的真正联系[③]。

人文易学的回归也是二十世纪末易学的一个显著现象。随着国家综合

---

① 刘大钧:《20世纪的易学研究及其重要特色》,载《周易研究》2010年第1期。
② 萧萐父:《人文易与民族魂》,载《周易研究》1991年第4期。
③ 萧萐父:《中国〈周易〉学术研讨会开幕词》,《吹沙集》,巴蜀书社,2007,第194页。

实力的不断增强，人们要求回归文化传统。如何继承传统文化的价值观和人文理想，使传统文化显示出时代的意义，成为人们思考的问题。在这种背景下，学者们开始重新审视《周易》。他们反思了二十世纪以来易学在科学话语系统中的位置，思考了易学发展的真正价值和出路。他们意识到《周易》作为民族精神载体的重要性。他们深入探讨了《周易》文字，象数和图式中包含的道德和道德意义，并用时代的价值对其进行了解释，试图在现实层面找到正确的位置。人文易学的回归，反映了二十一世纪易学发展的重要趋势。回顾二十世纪，我们钦佩那些充满忧虑，始终追求国家和民族发展根本动力的人。面对二十一世纪，我们真诚地希望人们能够承担起历史的责任，进一步推动易学研究的深化和发展。

六　关于现当代易学的一点思考

通过梳理二十世纪的易学，我们可以得到一个清晰易学的发展轨迹：二十世纪二十年代以前，传统的易学包含了新的发展因素，促进了易学的现代转型；二十世纪二十年代，科学精神在易学中得以建立，导致了观念和方法的转变，打破了易学的经典地位，易学基本完成从传统到现代的转变；在二十世纪三十年代和四十年代，易学开始了各方面的重建过程，表明了易学在"中西古今"问题上的包容性。一些学者开始在《周易》中寻找人类存在的深层含义；1949年以后，易学在中国大陆、香港和台湾地区形成为不同的发展道路。这种情况一直持续到大陆的改革开放；在二十世纪的最后二十年，易学出现了多元化的发展趋势，一些学者开始重新反思易学的发展，思考易学发展的真正价值和正确出路。

综观易学在整个二十世纪的发展，不难发现，时代对学术发展的影响和制约因素。与此同时，我们也看到思想的转变已成为学术发展的重要推动力。二十世纪二十年代，在科学主义气氛的影响下，古史辨派和郭沫若等人突破了研究的障碍，从材料的角度对待《周易》，并对其进行了客观的实证研究，从而实现了对作为经学的易学以根本性改造。对于他们的研究，虽有不少人颇多微词，但我们不得不承认其对建立现代易学的意义。如果

| 第九章 | 现当代易学研究

没有他们的突破，如果易学没有经历过疑古思想的洗礼，即使是儒家为本位的熊十力那样的"过度诠释"也是不可想象的，而他们提出的客观实证的治《易》方法也影响至今。在二十世纪的最后二十年中，新材料的出现再次给人们以震撼。在易学研究中，人们开始逐渐摆脱疑古思想的影响。前一种易学观开始于二十年代，终结于八十年代，刚好统治了一个甲子。

思想上的差异往往会导致态度上的不同。在这方面，我们可以从二十世纪的易学中找到三条重要的发展线索。一是客观实证的治《易》与"同情之理解"的治《易》。在科学主义的影响下，客观实证的治《易》态度成为二十世纪易学发展的主流，无论是实证研究还是义理研究，即使是现代新儒家的代表方东美也认为，对于《周易》属历史材料者，应该用符合历史原貌的认识去解释①。而朱谦之、马一浮、熊十力等人代表反对这一客观和实证方法治《易》的态度②。事实上，客观实证与"同情之理解"并不冲突，苏渊雷、金景芳等学者就很好的处理了这一关系。客观实证是一种科学的治学精神，"同情之理解"是一种对待传统文化的态度，科学精神与传统态度并不冲突。二是以西学来改造中学与以中学来消融西学。引入西方学术治《易》是二十世纪易学发展的普遍现象，但存在一个以谁为中心的问题。章太炎、刘师培、杭辛斋虽有"会通中西"的意愿，却不免流入比附。古史辨派和郭沫若引入西学和马克思主义，以实现传统学术的转变。他们认为学术纯粹是客观的，"所以是超国界的"③。苏渊雷、金景芳及现代新儒家则始终坚持以中学为本位，现代新儒家们甚至认为中学对于全体人类而言都有着普世价值式的意义④。三是易学对当代社会的价值问题。古史

---

① 参见赖贵三主编《台湾易学史》，台湾里仁书局，2005，第229页。
② 对于实证主义研究，熊十力曾痛批其为"六经四子几投厕所，或则当做考古资料而玩弄之"。（熊十力《纪念北大五十周年并为林宰平先生祝嘏》，《国立北京大学五十周年纪念特刊》，北京大学出版部，1948，第28~30页。）
③ 顾颉刚：《一九二六年始刊词》，载《北京大学研究所国学门周刊》第2卷第13期。
④ 对于弘扬六艺之道，马一浮认为并不仅仅是保存国粹，发挥民族精神，其更大的意义在于通过对全人类的普及，"革其全人类习气之流失，而复其本然之善，全其性德之真"。（马一浮《泰和宜山会语》，《马一浮集》第1册，杭州古籍出版社，1996，第23页。）

辨派认为《周易》对学者来说有一定的史料价值，但对其他人来说没有任何意义[1]。除古史辨派外，绝大多数学者在有意或无意中都将易学与同时代的社会联系起来。对章太炎、刘师培而言，治《易》的目的在于保存国粹，就是复兴民族；在杭辛斋那里，《周易》可以涵盖现代社会的一切；科学易研究，本身就是在探讨易学与现代自然科学的关系问题；而在现代新儒家那里，《周易》无疑是其"反本开新"的思想依据与阐释基础。对于二十一世纪的易学研究者来说，如何把握当代社会的价值，使得古老的《周易》显示出时代的意义，这一点尤为重要。

---

[1] 顾颉刚：《古史辨》第三册自序，上海古籍出版社，1982，第 1~10 页。

参考文献

一 基本文献

〔日〕安居香山、中村璋八辑《纬书集成》,河北人民出版社,1994。

(元)保巴:《周易原旨·易源奥义》,中华书局,2009。

(明)蔡清:《蔡文庄公集》,《四库全书存目丛书》本。

(明)蔡清:《易经蒙引》,商务印书馆,2017。

陈伯君校注《阮籍集校注》,中华书局,1987。

陈根雄、何志华编著《先秦两汉典籍引〈周易〉资料汇编》,香港中文大学出版社,2007。

(清)陈澧:《东塾读书记》,上海古籍出版社,2012。

(宋)程颢、程颐:《二程集》,中华书局,2004。

(宋)程颐:《周易程氏传》,中华书局,2011。

戴明扬校注《嵇康集校注》,人民文学出版社,1962。

(清)戴震:《戴震集》,上海古籍出版社,2009。

(元)董真卿:《周易会通》,严灵峰编《无求备斋易经集成》,台湾成文出版社有限公司,1976年影印通志堂解经本。

高亨:《周易大传今注》,齐鲁书社,1979。

高亨:《周易古经今注(重订本)》,中华书局,1984。

(元)胡炳文:《周易本义通释》,严灵峰编《无求备斋易经集成》,台湾成文出版社有限公司,1976年影印通志堂解经本。

（宋）胡宏：《易外传》，中华书局，1987。

（清）胡渭：《易图明辨》，中华书局，2008。

（清）胡煦：《周易函书》（附卜法详考等四种），中华书局，2008。

（元）胡一桂：《周易启蒙翼传》，严灵峰编《无求备斋易经集成》，台湾成文出版社有限公司，1976年影印康熙十九年通志堂原刊本。

（宋）胡瑗：《周易口义》，台湾商务印书馆1986年影印文渊阁《四库全书》本。

（清）黄汝成集释《日知录集释》（外七种），上海古籍出版社，1985年影印本。

（元）黄泽：《易学滥觞》，中华书局，1985年影印《丛书集成初编》本。

（清）黄宗羲：《明儒学案》，中华书局，1985。

（清）黄宗羲：《宋元学案》，中华书局，1986。

（清）黄宗羲：《周易象数论》（外二种），中华书局，2010。

（清）惠栋：《周易述》（附易汉学、易例），中华书局，2007。

（清）焦循：《雕菰集》，中华书局，1985。

（清）焦循：《雕菰楼易学三书》，清光绪九年广东学海堂刻本。

（汉）焦延寿：《易林》，上海古籍出版社，2012年徐传武等汇校集注本。

（汉）京房：《京氏易传》，《汉魏丛书》本。

《康熙帝御制文集》，台湾学生书局，1966年影印本。

《康雍乾间文字之狱》（外十二种），北京古籍出版社，1999。

（清）康有为：《康有为全集》，中国人民大学出版社，2007。

（唐）孔颖达：《周易正义》，台湾商务印书馆，1986年影印文渊阁《四库全书》本。

（明）来知德：《易经集注》，齐鲁书社，2009年周立升导读本。

（宋）黎靖德编《朱子语类》，中华书局，1986。

（清）李道平：《周易集解纂疏》，中华书局，1994。

（唐）李鼎祚：《周易集解》，中华书局，2016。

（宋）李觏：《易论》，《李觏集》，中华书局，1981。

（清）李光地等：《御纂周易折中》，严灵峰编《无求备斋易经集成》，台湾成文出版社有限公司，1976年影印清康熙五十四年武英殿刻本。

（清）李光地：《榕村语录·榕村续语录》（全二册），陈祖武点校，中华书局，1995。

（清）李光地：《周易通论》，严灵峰编《无求备斋易经集成》，台湾成文出版社有限公司，1976年影印清乾隆元年刻李文贞公全集本。

（宋）李光：《读易详说》，台湾商务印书馆，1986年影印文渊阁《四库全书》本。

（明）李贽，张建业主编《李贽文集》，社会科学文献出版社，2000。

（宋）刘牧：《易数钩隐图》，上海古籍出版社，1989。

（唐）柳宗元：《柳宗元集》，中华书局，1979。

（清）毛奇龄：《推易始末·易学管窥》，中华书局，1991年影印《丛书集成初编》本。

（宋）欧阳修：《易童子问》，《欧阳修全集》，中华书局，2001。

（清）钱大昕：《嘉定钱大昕全集》，江苏古籍出版社，1997。

《清实录》，中华书局，1985。

（明）丘濬：《大学衍义补》，中州古籍出版社，1995。

（清）阮元辑《皇清经解》，清道光九年广东学海堂刊咸丰十一年补刊本。

（宋）邵雍：《皇极经世书》，中州古籍出版社，2007年卫绍生校注本。

《十三经注疏》，中华书局，1980年影印阮元校刻本。

（唐）史徵：《周易口诀义》，中华书局，1985年影印《丛书集成初编》本。

（明）释智旭：《周易禅解》，江苏广陵古籍刻印社，1998年影印民国四年刊本。

（宋）司马光：《潜虚》，《司马光集》，四川大学出版社，2010。

（宋）司马光：《太玄集注》，中华书局，1998。

（宋）司马光：《温公易说》，《司马光集》，四川大学出版社，2010。

（清）永瑢等：《四库全书总目》，中华书局，1965年影印本。

（宋）苏轼：《东坡易传》，《津逮秘书》本。

苏舆：《春秋繁露义证》，中华书局，1992。

孙剑秋编著《清儒黄宗炎易学著作合辑》，中华文化教育学会，2007。

（清）孙堂辑《汉魏二十一家易注》，清嘉庆四年平湖孙氏映雪草堂本。

（清）王夫之：《周易内传》，严灵峰编《无求备斋易经集成》，台湾成文出版社有限公司，1976年影印清道光二十二年刻船山遗书本。

（清）王夫之：《周易内传·周易大象解·周易稗疏·周易外传》，岳麓书社，2011。

（元）王申子：《大易缉说》，严灵峰编《无求备斋易经集成》，台湾成文出版社有限公司，1976年影印通志堂解经本。

（明）王守仁：《王文成公全书》，吴光、钱明、董平、姚延福编校，浙江古籍出版社，2010。

王明校注《太平经合校》，中华书局，1960。

（宋）王应麟：《困学纪闻》，商务印书馆，1959。

（宋）王应麟：《玉海》，江苏古籍出版社，1987。

（元）吴澄：《易纂言》，严灵峰编《无求备斋易经集成》，台湾成文出版社有限公司，1976年影印通志堂解经本。

（宋）项安世：《周易玩辞》，严灵峰编《无求备斋易经集成》，台湾成文出版社有限公司，1976年影印清康熙十九年原刊本。

（元）许衡：《读易私言》，中华书局，1985年影印《丛书集成初编》本。

《续修四库全书总目提要》，中华书局，1993。

（汉）严遵：《老子指归》，中华书局，1994。

（宋）杨简：《慈湖遗书》，台湾商务印书馆，1986年影印文渊阁《四库全书》本。

（宋）杨简：《杨氏易传》，《丛书集成续编》本，上海书店，1994。

（宋）杨万里：《诚斋易传》，中华书局，1985年影印《丛书集成初编》本。

（宋）叶适：《习学记言序目》，中华书局，1977。

《易纬》，齐鲁书社，2002年林忠军导读本。

（元）俞琰：《周易集说》，严灵峰编《无求备斋易经集成》，台湾成文出版社有限公司，1976年影印通志堂解经本。

（清）张惠言：《易义别录》，严灵峰编《无求备斋易经集成》，台湾成文出版社有限公司，1976年影印清道光九年刻黄清经解本。

（清）张惠言：《周易虞氏义》，严灵峰编《无求备斋易经集成》，台湾成文出版社有限公司，1976年影印清咸丰十年补刻印《皇清经解》本。

（明）张居正：《张太岳集》，上海古籍出版社，1982年影印明刻本。

张涛编委会主任、邓瑞全主编《中国易学文献集成》（68册），国家图书馆出版社，2013。

张涛编委会主任、邓瑞全主编《中国易学文献集成续编》（70册），国家图书馆出版社，2018。

（宋）张载：《张载集》，中华书局，1978。

章太炎：《章太炎全集》，上海人民出版社，1982。

（宋）周敦颐：《太极图说》，《周敦颐集》，中华书局，1990。

（宋）朱鉴：《朱文公易说》，台湾商务印书馆，1986年影印文渊阁《四库全书》本。

（宋）朱熹：《晦庵集》，台湾商务印书馆，1986年影印文渊阁《四库全书》本。

（宋）朱熹：《周易本义》，中华书局，2009。

（清）朱彝尊：《经义考》，林庆彰、蒋秋华、杨晋龙等主编《经义考新校》，上海古籍出版社，2010。

（宋）朱震：《汉上易传》，严灵峰编《无求备斋易经集成》，台湾成文出版社有限公司，1976年影印宋刊抄补本。

二 研究文献

蔡尚思主编《十家论易》，岳麓书社，1993。

陈昌武：《柳宗元评传》，南京大学出版社，1998。

陈鼓应：《易传与道家思想》，北京三联书店，1996。

陈居渊：《汉魏〈易注〉综合研究》，齐鲁书社，2017。

陈来：《宋明理学》（第2版），华东师范大学出版社，2004。

陈祖武：《乾嘉学术编年》，河北人民出版社，2005。

陈祖武：《清儒学术拾零》，湖南人民出版社，1999。

陈遵妫：《中国天文学史》（一、二、三、四册），上海人民出版社，1980~1989。

程发轫主编《六十年来之国学》，台湾正中书局，1972。

程石泉：《易辞新诠》，上海古籍出版社，2000。

丁四新：《楚竹简与汉帛书〈周易〉校注》，上海古籍出版社，2011。

段长山主编《周易与现代化》，中州古籍出版社，1992。

冯天瑜：《明清文化史散论》，华中工学院出版社，1984。

高怀民：《宋元明易学史》，广西师范大学出版社，2007。

高翔：《康雍乾三帝统治思想研究》，中国人民大学出版社，1995。

葛兆光：《七世纪前中国的知识、思想与信仰世界》，《中国思想史》（第一卷），复旦大学出版社，1998。

顾颉刚编著《古史辨》第三册，上海古籍出版社，1982年影印本。

韩自强：《阜阳汉简〈周易〉研究》，上海古籍出版社，2004。

杭辛斋：《学易笔谈》，天津古籍书店，1988年影印本。

何泽恒：《焦循研究》，台湾大安出版社，1990。

胡自逢：《程伊川易学述评》，台湾文史哲出版社，1995。

胡自逢：《先秦诸子易说通考》，台湾文史哲出版社，1974。

胡自逢：《周易郑氏学》，台湾新文丰出版公司，1983。

清华大学出土文献研究与保护中心编《清华大学藏战国竹简（肆）》，中西书局，2013。

黄元炳：《卦气集解》，严灵峰编《无求备斋易经集成》，台湾成文出版社有限公司，1976年影印1943年铅印本。

黄庆萱：《魏晋南北朝易学书考佚》，华东师范大学出版社，2012。

黄寿祺：《易学群书平议》，北京师范大学出版社，1988。

简博贤：《今存三国两晋经学遗籍考》，台湾三民书局，1986。

简博贤：《魏晋四家易研究》，台湾文史哲出版社，1986。

姜广辉主编《中国经学思想史》（第四卷），中国社会科学出版社，2010。

姜海军：《程颐易学思想研究——思想史视野下的经学诠释》，北京师范大学出版社，2010。

姜海军：《宋代浙东学派经学思想研究》，齐鲁书社，2017。

姜海军：《二程经学思想研究》，北京师范大学，2016。

金春峰：《汉代思想史》（修订增补版），中国社会科学出版社，1997。

金景芳：《易通》，《金景芳儒学论集》，四川大学出版社，2010。

金生杨：《汉唐巴蜀易学研究》，巴蜀书社，2007。

孔繁：《魏晋玄谈》，辽宁教育出版社，1991。

赖贵三：《雕菰楼易学研究》，台湾里仁书局，1994。

赖贵三主编《台湾易学史》，台湾里仁书局，2005。

李长之：《司马迁之人格与风格》，三联书店，1984。

李开：《惠栋评传》，南京大学出版社，1997。

李泽厚：《中国古代思想史论》，人民出版社，1986。

连劭名：《帛书周易疏证》，中华书局，2012。

梁启超：《清代学术概论》，上海古籍出版社，1998。

梁启超：《中国近三百年学术史》，东方出版社，1996。

廖名春、康学伟、梁韦弦：《周易研究史》，湖南出版社，1991。

林丽真：《王弼及其易学》，台湾大学文史丛刊，1977。

林庆彰：《清初的群经辨伪学》，文津出版社，1990。

林庆彰主编《明代经学研究论集》，台湾文史哲出版社，1994。

林益胜：《胡瑗的义理易学》，台湾商务印书馆，1974。

林忠军：《易纬导读》，齐鲁书社，2002。

林忠军：《易学源流与现代阐释》，上海古籍出版社，2012。

林忠军：《周易郑氏学阐微》，上海古籍出版社，2005。

刘炳良：《北宋易学与变法思想研究》，人民出版社，2015。

刘国梁：《道教与周易》，北京燕山出版社，1994。

刘师培：《经学教科书》，上海古籍出版社，2006。

刘秀兰：《宋代史事易学之义理风华》，台湾丽文文化事业股份有限公司，2011。

刘玉建：《汉代易学通论》，齐鲁书社，2012。

楼宇烈：《王弼集校释》，中华书局，1980。

卢央：《京房评传》，南京大学出版社，1998。

马非百：《秦始皇帝传》，江苏古籍出版社，1985。

马其昶：《重定周易费氏学》丛书集成续编，台湾新文丰出版公司，1988年影印集虚草堂丛书本。

孟乃昌：《〈周易参同契〉考辨》，上海古籍出版社，1993。

牟宗三：《宋明儒学的问题与发展》，华东师范大学出版社，2004。

潘雨廷：《读易提要》，上海古籍出版社，2003。

潘雨廷：《易学史发微》，复旦大学出版社，2001。

（清）皮锡瑞：《经学通论》，中华书局，1954年重印商务印书馆《国学基本丛书》本。

（清）皮锡瑞：《经学历史》，周予同注释，中华书局，2011。

濮茅左：《楚竹书〈周易〉研究——兼述先秦两汉出土与传世易学文献资料》，上海古籍出版社，2006。

漆永祥：《乾嘉考据学研究》，中国社会科学出版社，1998。

钱穆：《王守仁》，商务印书馆，1934。

钱穆：《中国近三百年学术史》，中华书局，1986。

钱穆：《中国学术思想史论丛》，台湾东大图书有限公司，1979。

钱穆：《中国学术通义》，台湾学生书局，1975。

钱穆：《朱子新学案》，台湾三民书局，1982。

屈万里：《读易三种》，《屈万里全集》（第一册），台湾学生书局，1983。

屈万里：《汉石经周易残字集证》，台湾联经出版事业公司，1984。

屈万里：《先秦汉魏易例述评》，《屈万里全集》（第八册），台湾学生书局，1984。

任俊华：《易学与儒学》，中国书店，2001。

沈瓞民：《周易孟氏学》，严灵峰编《无求备斋易经集成》，台湾成文出版社有限公司，1976年影印1936年铅印本。

苏渊雷：《中国思想文化论稿》，华东师范大学出版社，1989。

谭德贵：《项安世易学思想研究》，中华书局，2017。

汤一介、李中华主编《中国儒学史》（隋唐卷、明代卷），北京大学出版社，2011。

汤用彤：《魏晋玄学论稿》，上海古籍出版社，2000。

汤用彤：《魏晋玄学论稿》，《汤用彤全集》（第四卷），河北人民出版社，2000。

田昌五：《中国古代社会发展史论》，齐鲁书社，1993。

田昌五：《中国历史体系新论》，山东大学出版社，1995。

田昌五：《中国历史体系新论续编》，山东大学出版社，2002。

汪学群：《清初易学》，商务印书馆，2004。

汪学群：《清代中期易学》，社会科学文献出版社，2009。

汪学群：《王夫之易学——以清初为视角》，社会科学文献出版社，2002。

王伯祥等：《中国学术思想演进史》，中国文化服务社，1936。

王明：《道家与传统文化研究》，中国社会科学出版社，1995。

王风：《朱子易学散论》，商务印书馆，2017。

王洪霞：《经学大语境下的胡瑗易学》，中国社会科学出版社，2013。

王铁：《宋代易学》，上海古籍出版社，2005。

王新春：《易学与中国哲学》，人民出版社，2012。

王永祥：《董仲舒评传》，南京大学出版社，1995。

王仲尧：《易学与佛教》，中国书店，2001。

闻一多：《周易义证类纂》，《闻一多全集》，湖北人民出版社，2004。

夏金华：《佛教与易学》，台湾新文丰出版股份有限公司，1997。

萧汉明、郭东升：《〈周易参同契〉研究》，上海文化出版社，2001。

萧萐父，许苏民：《明清启蒙学术流变》，辽宁教育出版社，1995。

萧汉明：《王船山易学研究》，华夏出版社，1987。

〔日〕小野泽精一等编著《气的思想——中国自然观和人的观念的发展》，李庆译，上海人民出版社，1990。

熊十力：《新唯识论》，上海书店出版社，2008。

徐昂：《周易虞氏学》，南通竞新公司，1936年铅印本。

徐复观：《两汉思想史》（一、二、三卷），华东师范大学出版社，2001。

徐芹庭：《魏晋七家易学之研究》，台湾成文出版社，1977。

徐志锐：《宋明易学概论》，辽宁古籍出版社，1997。

续晓琼：《南宋史事易学研究》，人民出版社，2016。

杨宏声：《本土与域外——超越的周易文化》，上海社会科学院出版社，1995。

杨庆中：《二十世纪中国易学史》，人民出版社，2000。

杨向奎：《清儒学案新编》，齐鲁书社，1994。

杨向奎：《西汉经学与政治》，独立出版社，1945。

杨效雷：《清儒易学举隅》，香港国际学术文化资讯出版公司，2003。

杨新勋：《宋代疑经研究》，中华书局，2007。

杨自平：《清初至中叶〈易〉学十家之类型研究》，台湾"国立"台湾大学出版中心，2017。

〔英〕李约瑟著《中国科学技术史》（第二卷），何兆武等译，科学出版社、上海古籍出版社，1990。

余敦康：《何晏王弼玄学新探》，齐鲁书社，1991。

余敦康：《内圣外王的贯通——北宋易学的现代阐释》，学林出版社，1997。

余敦康：《汉宋易学解读》，华夏出版社，2006。

余英时：《宋明理学与政治文化》，《余英时文集》（第十卷），广西师范大学出版社，2006。

庾潍诚：《胡煦易学研究》，台湾南大教育与研究基金会，2007。

袁江玉：《康雍乾三朝易学研究》，现代出版社，2014。

曾春海：《王船山易学阐微》，台湾文津出版社，1989。

曾春海：《朱子易学探微》，台湾辅仁大学出版社，1983。

詹石窗、连镇标：《易学与道教文化》，福建人民出版社，1995。

张广智：《明代哲学史》，中国人民大学出版社，2012。

张善文：《历代易学家与易学要籍》，福建人民出版社，1998。

张善文校理《尚氏易学存稿校理》，中国大百科全书出版社，2005。

张涛：《经学与汉代社会》，河北人民出版社，2001。

张涛：《秦汉易学思想研究》，中华书局，2005。

张涛：《易学·经学·史学》，北京师范大学出版社，2011。

张涛：《易学研究新视野——从综合百家到融通三教》，社会科学文献出版社，2019。

张涛主编《中华易学》（第一、第二卷），人民出版社，2018。

张涛主编《周易文化研究》（第一辑），东方出版社，2009。

张涛主编《周易文化研究》（第二~第九辑），社会科学文献出版社，2010~2017。

张祥浩：《王守仁评传》，南京大学出版社，1997。

张绪峰等：《康有为易学思想研究》，知识产权出版社，2013。

章权才：《魏晋南北朝隋唐经学史》，广东人民出版社，1996。

章伟文：《宋元道教易学初探》，巴蜀书社，2005。

章伟文：《易学历史哲学研究》，社会科学文献出版社，2012。

周予同：《中国经学史讲义》，上海文艺出版社，1999。

朱伯崑：《易学哲学史》（一、二、三、四卷），昆仑出版社，2009。

朱谦之：《周易哲学》，《朱谦之文集》，福建教育出版社，2002。

后 记

  本书是我多年来跟随张涛教授学习易学文化的心得和总结。全书以时间为线索，将中国易学的发展分为先秦易学、秦汉易学、两晋南北朝易学、唐代易学、宋代易学、元代易学、明代易学、清代易学、现当代易学九个阶段，采用专题研究的形式，通过选取不同历史时期具有代表性的易学人物和学派进行具体的考察和评述。在研究方法上，传世文献与出土文献相结合，义理与考据并重。在学术视野上，跳出门户之见，对历史上的象数派与义理派的易学成就都做出了充分的肯定。总的来说，在吸取大量前沿研究成果的基础上，融汇众家之长，删繁就简，勾勒、总结出了中国易学发展的主要线索和基本规律。

  2013年9月，我有幸从首都师范大学历史学院推免至北京师范大学中国史专业，成为张涛教授易学文化方向的硕士研究生。易学之博大精深众所周知，因此刚开始接触易学文化和易学文献时，自己很胆怯，没信心，害怕学不好。幸好得到张老师的耐心指导。张老师既热情又严格，他在学习上对我谆谆教导，循循善诱，时常鼓励和督促我的学习，给我开列书目，要求定期汇报阅读和学习心得。而我也怀着对易学文化的好奇和热忱之心，逐渐投入到相关的学习和研究中。在这个过程中，我跟随张老师阅读了大量海内外易学研究成果，对中国易学发展规律有了基本的了解和认识，并从中获得了学术研究的快乐。

  导师张涛老师长期致力于易学文化的教学和研究，成果丰富，得到学术界的一致认可和好评。他的《秦汉易学思想研究》一书通过历史线索与逻辑线索的密切结合，对秦汉时期易学思想的演进历程和基本规律作了系

| 后 记 |

统、全面的梳理和研究，认为易学史研究应该在研究方法、研究对象、研究内容上不断有所突破，有所创新，不应再拘泥于传统经学研究的路数，不应再将注意力放在经传注释、授受源流、学派演变和论争等问题上面。通过系统梳理和深度研究，该书提出，《易传》是秦汉思想的内在灵魂和重要源头，易学思想则是秦汉思想发展的主潮、主旋律。另外，他的《易学·经学·史学》一书，易学方面的内容是全书的重点。该书强调将易学研究的考察范围扩展至受《周易》及易学启示、影响的全部历史过程和学术文化现象上来，研究在《周易》和易学启示、影响下的整个思想文化领域，包括曾经研究易学、运用易学的所有重要人物和著作的思想主张。总的来说，张涛老师所秉承的学术传统、倡导的治学方法、取得的研究成果、提出的学术观点得到了同行的充分肯定，前辈学者更是给予高度评价。余敦康先生评价他的《秦汉易学思想研究》说，该书为易学研究开拓了一个崭新的领域，以历史的眼光、宏观的视野，指出易学的形成是综合百家、超越百家的产物，体现了中国文化兼容并包、开放进取的精神，对整个易学研究都是一种突破性的进展。该书把易学置于整个中国文化思想的大格局下进行全方位审视，重新界定了易学研究的对象，大大拓宽了易学的研究范围，是一次易学领域的思想解放，学术创新意义突出。

张老师为师门培养、积淀了良好的文化传统和学术氛围，其对易学文化的诸多创建成为了我的易学理论基础和写作基础。在张老师如此恢弘的学术成就影响下，我秉承着慎思笃行的态度，认真学习，积极求教。非常感谢导师张涛老师，没有他的耐心指导，我不可能踏上学术研究这条道路。

师门具有良好的学术氛围，师兄师姐们的论文也受到诸多老师的充分肯定和高度评价，展现了师门的优良学术传统，成为了我努力的榜样。随着我对易学史知识的不断丰富和自我见解的不断涌现，加之在老师和众位师兄师姐们的认可和鼓励下，我开始了对各个时代的易学史进行深度探索和研究，并不断着笔成文，累积成篇。在这个过程中，除了参考张涛老师的著述，还参考了孙照海、任利伟、袁江玉、续晓琼、苗盛林、熊艺钧等师兄师姐的多篇学位论文，以及姜海军、谢辉、张轶等老师的研究成果，悉数借鉴、吸收其有创新、开拓之处，最终呈现出了本书的内容和体量。

此外，感谢我的家人。感谢父母一直以来给予的我很多精神上的支持，让我可以全心全意地投入学术研究。父母都已是花甲之年，身体也不太好，但仍时常记挂我的学业，经常关心我的学术研究情况和论文进展情况。每次回家父母都会跟我仔细讨论在学校的学习和生活状况，关心我学习和生活中出现的问题，让我倍感温暖。此恩此情衔草难报。

感谢北师大易学文化研究团队的张沫飞、张美玲、周雷杰、李泰衡、韦祎等。是他们的无私帮助和不吝赐教，使我的写作顺利展开并得以完善。

感谢社会科学文献出版社的张倩郢师姐，是师姐的辛勤劳动促成了本书的最终出版。这份帮助让我十分感激，心存温暖。

最后恳请学界前辈和同仁不吝赐教，以助我进步。在此表示衷心感谢！

傅海燕

2019年6月于北京师范大学学3楼

图书在版编目（CIP）数据

中国易学史略 / 傅海燕著 . -- 北京：社会科学文献出版社，2019.8
 ISBN 978 - 7 - 5201 - 5635 - 6

Ⅰ.①中… Ⅱ.①傅… Ⅲ.①《周易》- 研究 Ⅳ.
①B221.5

中国版本图书馆 CIP 数据核字（2019）第 215224 号

中国易学史略

著　　者 / 傅海燕

出 版 人 / 谢寿光
责任编辑 / 谢蕊芬
文稿编辑 / 张倩郢

出　　版 / 社会科学文献出版社·群学出版分社（010）59366453
　　　　　 地址：北京市北三环中路甲29号院华龙大厦　邮编：100029
　　　　　 网址：www.ssap.com.cn
发　　行 / 市场营销中心（010）59367081　59367083
印　　装 / 三河市尚艺印装有限公司
规　　格 / 开　本：787mm × 1092mm　1/16
　　　　　 印　张：20　字　数：308千字
版　　次 / 2019年8月第1版　2019年8月第1次印刷
书　　号 / ISBN 978 - 7 - 5201 - 5635 - 6
定　　价 / 108.00元

本书如有印装质量问题，请与读者服务中心（010 - 59367028）联系

△ 版权所有 翻印必究